도시의 두 얼굴

경기도 신도시의 탄생과 성장

KB077600

경기그레이트북스 27

www.ggcf.kr

도시의 두 얼굴

경기도 신도시의 탄생과 성장

경기문화재단

이 책은 경기문화재단이

경기도의 고유성과 역사성을 밝히기 위한 목적으로 발간하였습니다.

경기학센터가 기획하였고 관련전문가가 집필하였습니다.

경기도 신도시에서 한국 도시화와 산업화의 맥과 결을 찾다

원래 도시都市라는 말에는 도읍都邑 곧, 정치와 행정의 본거지라는 의미와 경제활동의 중심지인 시장市場이라는 뜻이 담겨 있다 합니다. 도시는 통치가 이뤄지고 물품이 교환되는 근거지로서, 인간집단이 삶을 영위하고 대를 이어 존속하는 인위의 장소이자 일종의 구성된 공간인 셈입니다. 일반적인 도시가 대체로 수십 수백 년에 걸쳐 형성되고 변모되기에 이 도시가 가진 인위의 힘과 배치와 짜임이라는 구성 특성이 뚜렷하게 드러나지 않을 뿐이죠. 어느 한 세대 특정 세력의 의도나 특별한 집단만의 기획으로 한 도시의 틀과 색이 완전히 자리잡는 경우도 드문 편입니다. 오랜 시일에 걸쳐 여러 세대의 의지와 다양한 집단의 설계가 중첩되거나 누적되면서 한 도시의 시설과 장치, 제도가 만들어지고 그러면서 그 도시의 양상과 성격이 형성됩니다.

전통적이거나 일반적인 이러한 도시와 비교되는 현대의 신도시는 특정한 집단이 일정한 의도를 가지고 비교적 단시일 내에 조성한 계획도시를 이릅니다. 그 성립과 운영 면에서 일반 도시가 대체로 호흡이 길고 부분적이며 예외를 허용하는 계획성과 인공성을 가졌다면 신도시의 그것은 전격적이고 전면적이며 일괄적입니다. 그 추진방식은 때로는 강압적이기까지 합니다.

특히 현대 한국사회의 신도시 조성에는 이 포괄성과 강제성이 한층 강하다고 알려져 있습니다. 심지어, 수만 세대 수십만 인구가 살아갈 곳인데도 도시 구상에서 공사와 입주까지 신도시 건설 전체가 불과 수년 만에 이뤄져 그 졸속성이 가히 비교를 허용치 않을 정도라는 비판을 받곤 합니다.

경기지역에 자리 잡은 신도시 또한 마찬가지입니다. 1970년을 전후한 시기에 조성한 성남시를 시작으로 이후의 안산시와 과천시, 1990년대 전반기에 지은 분당과 일산 등 수도권 1기 신도시, 거기에 2000년대와 2010년대에 건설한 판교와 동탄 등 수도권 2기 신도시에 이르기까지 경기도 내 신도시는 한국사회 신도시가 가진 이 속성의 테두리를 벗어나지 못합니다.

게다가, 조성 초기엔 반월 신공업도시라 부른 안산시와 같은 일부 신도시를 제외하면 그 대부분이 자족 기능을 갖춘 신도시가 아니라 베드타운bed town 성격이 강한 도시로 설계되고 개발됐습니다. 특히 조성 초창기에는 서울지역이나 모도시母都市로 출퇴근하는 직장인이 입주민의 대다수를 이루는 신도시가 한둘이 아니었죠. 이처럼 출발부터 침상도시의 성격이 다분했던 탓에 신도시 자체가 대규모 아파트단지를 중심으로 구성되고 운영됐습니다.

에두르지 않고 말하면, 경기도 신도시는 그 대부분이 수도 서울의 인구 과밀과 주택 문제, 부동산가격 급등과 투기 등의 사회문제를 해결하기 위한 대책의 하나로 입안되고 추진된 측면이 강합니다. 그래서 서울지역과의 관계성이 그 어느 도시보다 긴밀하며 영향력 또한 만만치 않습니다. 물론 어느 한쪽이 기류를 뒤흔들거나 좌우하는 일방적인 관계는 아닙니다만, 경기지역 신도시가 수도 서울이라는 거대도시의 파장을 가장 현실적으로 체감할 수 있는 지역임은 분명합니다.

성남시를 비롯한 경기지역 신도시는 한국 현대사회 도시화의 명암이 집약된 곳이기도 합니다. 신도시 조성사업은 대규모 주택단지와 편리한 도시기반시설 건설로 주거생활 수준을 높였지만 오래된 지역 커뮤니티 파괴와 무대책에 가까운 원주민 축출, 교통난과 지가地價 상승, 신구 시가지 불균등발전과 이분화 등 심각한 도시문제를 불러온 것 또한 사실이죠.

이런 도시화와 연관해, 경기도 내 신도시는 1970년대를 전후한 초기 산업화에서 1990년대 후기 산업화를 거쳐 2000년대 지식정보 산업화에 이르는 한국 현대사회의 산업화 추세와 근대화의 양상이 반영된 곳이기도 합니다. 건설 기간과 규모에서 세계에서 유례를 찾기 힘들다는 대규모 신도시 조성사업은 경제성장에 따른 한국사회의 저력과 과학기술의 발전이 가져온 성과 없이는 불가능했을 겁니다. 세계를 선도하는 최첨단 지식정보기술이 동원돼 도시기반시설과 주거공간에 유비쿼터스ubiquitous 환경을 구축할 수 있었죠.

하지만 그 이면에는 정치권력과 개발자본의 결탁이라는 밀실야합과 부패의 그늘이 자리하고 있음을 부인할 순 없습니다. 일방적인 도시행정에 따른 주거권 무시는 물론 억압적이고 획일적인 도시건설 추진에 따른 생존권 훼손도 다반사였습니다. 누대를 이어가야 할 삶터 만들기가 마치 군사작전과도 같이 진행되었죠. 미래에도 유용할 가치와 대체하기 힘든 지혜가 담긴 오랜 삶의 양식마저 희석하고 짓밟아버리는 개발지상주의의 기치도 뜬눈으로 바라봐야 했습니다.

지금 경기지역 신도시를 되돌아보는 까닭이 여기 있을 것입니다. 이 책은 1960년대 후반 이후 경기도 내에 건설된 주요 신도시를 대상으로 그 탄생 과정과 진화 양상을 탐색하고 거기에 담긴 내막과 사연을 살폈습니다. 어떤 특정 세력이 신도시 건설을 주도했으며, 그 과정에서 이들 세력이 내심으로 원한 의도와 기획이 어떻게 관철돼나갔는지를 짚어보았습니다. 이들 정치권력과 개발자본이 결탁해 주도한 신도시 건설사업이 어떤 결과를 가져왔는지도 펼쳐보았죠. 새로운 거처를 찾거나 고된 세상살이에 밀려 신도시에 들어온 주민은 성장과 발전의 명분 아래 결속한 권력과 자본의 개발행위에 어떻게 대응해나갔으며, 또 어떻게 낯선 이주지를 정착지로 만들어나가고자 했는지를 돌아보

있습니다. 신도시가 들어선 그 자리에서 오래전부터 살아왔던 주민은 이 느닷없는 개발 바람에 어떻게 대처했는지도 살펴보았습니다.

이런 방향 아래, 이 책은 경기지역 신도시 건설이 가져온 공과功過와 명암明暗, 희비喜悲에서 아무래도 과過와 암暗, 비悲에 좀 더 무게를 두게 되었습니다. 세상에 제대로 드러나지 않은 곡절 깊은 이야기인 비화秘話와 함께 다소 슬픈 이야기인 비화悲話에 초점이 맞춰진 셈입니다. 그렇다고 지금까지 이 신도시 개발이 이룬 공功과 명明의 성과를 폄하하려는 건 아닙니다. 지난 시기의 오판과 실책을 되짚어, 더 나은 미래의 도시공간을 창출하는데 필요한 지침 하나라도 찾아보려는데 뜻이 있습니다.

경기지역 신도시를 비롯한 한국 현대사회의 도시에 대한 여러 방면의 연구성과가 축적돼 있어 이 책의 집필이 가능했다는 점도 밝혀둡니다. 이제는 일반화된 내용이나 널리 받아들여지는 개념을 제외하곤, 참고해 전개한 정보와 개념에 대해서는 가능하면 그 출처를 기재하고자 했습니다. 이 자리를 빌려 관련 연구자들에게 깊은 감사를 드립니다.

아울러 이들에게도 심정을 표합니다. 저 1970년대를 전후한 개발독재의 시대, 힘을 가진 자들의 욕망과 기획으로 인해 서울에서 축출돼 빈곤과 소외의 고통을 겪어야 했던 이들, 하지만 그 고난을 감내하며 성남이라는 어엿한 한 도시의 밑바탕을 억척스레 다진 이들 주민에게 이 부족한 책이 위로가 되었으면 합니다. 개발 광풍에 밀려, 오래된 미래의 한 요소가 될 수 있었을지도 모를 마을과 고향을 떠나야 했던 이들에게도 이 책의 한 자락을 들려주고 싶습니다. 스산하기까지 했던 이주의 신도시에서 새로운 마을공동체와 후대의 고향을 만들고자 마음을 열고 어울려 걸었던 이들에게도 말입니다. 이 소소한 책이 끝내 꺾이지 않을 당신들의 의지와 모두를 향한 지향의 발걸음을 북돋우는 격려의 전언이 되었으면 합니다.

2021년 6월 조윤민

한국 신도시의
한 원형을 찾아서
-성남지역 신도시의 유산

언덕의 도시

한 도시 두 시가지, 혹은 세 곳의 시가지

성남 도시사都市史 50년 −한국 현대 도시화와 산업화의 명암

성남의 뿌리, 광주대단지는 정녕 무엇을 남겼나?

언덕의 도시

한때 그곳은 언덕의 도시라 했다. 고개가 많고 경사가 심한 언덕 지형이 이어져 그 도시의 도로에서는 자전거를 찾아보기 쉽지 않다는 말이 나돌았다. 비만에 시달리던 사람도 그곳에서 몇 년 살고 나면 다리근육이 발달하고 정상 체중으로 돌아온다는 농담조의 말조차 들릴 정도였다. 그 도시에서도 유난히 경사가 심한 지역에서는 폭설이 내리면 마을버스가 운행노선을 바꾸고, 빙판길 이 생긴 주택가 좁은 골목길은 밧줄을 설치해야 나다닐 수 있다고 했다. 가파른 경사지까지 주택과 상가가 빼곡하게 들어차고 학교도 대부분 비탈진 언덕지대 에 자리 잡아 그곳 주민에게는 평지가 오히려 낯설게 느껴질 때가 있다고 했다.

그곳은 돈벌이에 혈안이 된 건설업자가 마구잡이로 지은 시가지가 아니라 나라에서 조성계획을 수립하고 건설을 주도한 엄연한 신도시였다. 그래서, 수 도권 최초의 계획도시이기도 한 그곳을 인공위성 사진으로 보면 네모난 격자 형 가로와 필지가 빈틈없이 촘촘하게 들어차 있음을 쉽게 확인할 수 있다. 도시 의 길이 지형에 맞춰 구부러지거나 복잡하게 나 있는 것이 아니라 경사진 지형 을 무시하고 직선으로 뻗어 나간다. 지도만 보면 도로망이 정연하고 필지가 반 듯해 계획도시라는 말이 절로 나올 뿐, 언덕의 도시를 그려보기 힘들 정도다.

그곳은 경기도 성남시의 원도심으로, 지금은 성남 원도시나 성남 본시가 지, 성남 구시가지로 불리는 지역이다. 행정구역상으로는 성남시 수정구와 중 원구에 속하며, 특히 수정구의 태평동 일대는 네모난 격자형 가로 체계와 경사 지 택지의 표본이 될만한 곳이다. 더구나 이곳 주택가는 골목이 좁고, 한 가옥의 필지가 매우 협소해 20평$^{(66.1㎡)}$ 정도인 곳이 대부분이다. 이 비탈진 도로와 좁은 골목길, 협소한 집터는 수십 년 동안 성남 원도시의 도심체계와 도시구조의 바탕을 결정짓는 근본 요인이었다. 그것은 1970년을 전후한 시기의 성남시 탄생이 남긴 그늘진 유산이기도 했다.

성남시 조성 초기인 1970년대 초의 주택가. 지금의 성남 본시가지로, 1970년을 전후한 시기엔 광주대단지라 불렀다. | 성남시청

1968년 서울시는 지금의 성남 원도시 지역인 경기도 광주군 중부면 일원 300만 평$^{(991만 7355㎡)}$의 땅에 주거단지를 조성해 서울의 철거민을 이주시킨다는 야심 찬 계획을 추진했다. 1968년에서 1970년까지 3년에 걸친 이주 대상 계획인구는 10만 가구 55만 명 선이었다. 이른바 광주대단지 조성사업으로, 이는 1960년대 들어 서울 시내에 급격하게 증가한 무허가판자촌을 헐어내고 철거민을 서울 외부로 이주시키는 도시정비사업의 하나였다. 사업 주체는 서울시였지

만, 최고 권력자의 관심을 받는 사실상의 정부정책이었다.

대단지가 들어설 곳은 광주군 중부면의 성남지역이었다. 남한산성이 자리한 남한산 준령의 남쪽 아래로, 수진리·탄리·단대리·상대원리·창곡리 등지를 아우르는 곳이었다. 남한산성의 남쪽에 자리 잡고 있다는 뜻으로 예로부터 성남城南이라 불러왔다고 한다. 이 지역은 중부면의 가운데에 솟은 남한산 준령으로 인해 행정 불편을 겪어왔는데, 해방 직후인 1946년에 이를 해소하기 위해 중부면에서 이곳 성남지역을 분리하고 이를 관할하는 '광주군 중부면 성남출장소'를 설치했다. 1964년에는 광주군 직할 성남출장소로 승격돼 행정 독립성이 강화된다.

힘을 가진 사업추진자들은 도시 입지로는 적합하지 않은 이곳에 지금의 성남 원도시를 건설하고자 했다. 내륙의 외진 지역으로 사업지의 60% 정도가 산지山地였는데, 이는 새로운 도시건설보다 철거민 이주문제를 해결하는 데 중점을 둔 입지 선정 결과였다. 게다가 건설비를 줄이기 위해 정지整地작업을 제대로 하지 않고 표피만 벗겨내는 산림개간 수준에서 택지와 도로 공사를 서둘렀다. 야산지대와 구릉지, 경사가 심한 언덕 지형을 거의 그대로 둔 채 시가지 부지를 조성한 것이다. 당시 광주대단지 지역을 관할한 행정기관인 성남출장소에 근무했던 공무원은 그때의 공사 실상을 이렇게 전한다[1]

> 정지작업을 하긴 하지만 웬만한 건 그냥 껍데기만 까는 정도지. 은행동 오다 보면 보이는 산도 살짝 벗긴 거야. 평평한 곳은 옛날에 전부 논이었던 곳이에요. (성남출장소 근무자 A)[2]
> ─권락용, 「광주대단지사업의 주체별 갈등구성」, 서울대학교대학원 건설환경공학부 석사학위논문

굴삭기 작업을 제대로 안 한 거예요. 그냥 슬쩍 바깥만 벗기는 거죠. 공사비 문제인지 설계가 어떻게 된 건지, 그렇게밖에 정지작업을 안 하더라고요. 만약 그때 제대로 정지작업을 했더라면 이렇게까지는 되질 않아요. (성남출장소 근무자 B)

－권락용, 「광주대단지사업의 주체별 갈등구성」, 서울대학교대학원 건설환경공학부 석사학위논문

그렇게 해서 언덕의 도시가 만들어졌으며, 그때의 무모한 입지 선정과 부실한 정지작업의 여파는 수십 년 동안 이 도시의 정체성과 이미지 형성에 질긴 그림자를 던졌다.

일방적이고 억압적인 시책은 이뿐만이 아니었다. 가능하면 더 많은 철거민을 이주시키기 위해 판자촌에서 밀려난 입주민에게 기껏해야 20평 정도의 택지를 분양했다. 최소한의 주택용지에도 미치지 못하는 이 좁은 땅마저 그냥 내주는 게 아니라 분양비용이 책정돼 있었으며 가옥 건축비는 본인 부담이었다는 점을 고려하면, 광주대단지 조성사업은 정착지 사업이라기보다 택지분양을 통한 땅장사에 가까웠는지도 모른다. 이렇게 할당된 이 협소한 택지는 1970년대 고도성장 시기에도 족쇄로 작용해 성남시 도시 전체는 성장했지만 주택은 여전히 그에 매여 있었다. 광주대단지 사업 시기의 이 시가지 조성 골격은 지금까지 그 뿌리로 남아 성남 원도시 지역에는 20평, 40평, 60평처럼 20의 배수로 된 대지 소유가 일반적이다.

태생부터 빗나가고 어긋난 도시 만들기였다. 그 결과는 이 도시의 주거환경 개선과 도시정비사업에 자주 걸림돌로 작용했으며, 도시 발전의 장애물이 되었다. 언덕의 시가지와 일괄적으로 구획한 분양지는 성남시를 서민층의 도시로 규정짓은 족쇄이기도 했다. 협소한 필지로 인해 주로 저소득 계층 내에서 전

입과 전출이 이뤄지면서 도시 전체가 한동안 못사는 동네로 낙인찍혔다.

무시와 배제의 뜻이 담긴 이러한 외부의 시선은 성남시민의 가슴에 상처를 내고, 결국은 성남시의 뿌리에 대한 회피의 자세를 스스로 다지게 했다. 심지어, 성남시를 대표하는 문화계의 한 유력인사가 문화학교 개소식에서 "성남은 서울에서 똥오줌 아무 데나 싸는 사람들을 갖다버린 곳"이라는 말을 공공연히 내뱉기도 했다.[3] 일반 시민에게도 성남시의 모태인 광주대단지의 '이주민 이력'과 '성남 출신'은 감추고 싶은 속내로 가슴에 들어앉았다. 광주대단지 조성 시기인 1969년에 이주해왔는데도 굳이 시 승격 뒤인 1970년대 중반 이후에야 성남시로 이사해왔다고 강조하는 시민이 있었으며, 성남 외부에 나가 생활하면서 성남 출신임을 밝히지 않는 이들도 없지 않았다고 한다. 이런 도시 정서 속에서, 2010년대 초에 시 기념행사의 하나로 열린 학술토론회에 참가한 시의원이 1971년 8월 10일에 일어난 '성남 민권운동(광주대단지 사건)'을 두고[4] "부끄러운 일을 왜 굳이 다시 꺼내려 하느냐"는 취지의 발언을 당당히 할 수 있었을 것이다.[5]

'8.10 성남 민권운동'은 수만 명의 이주민이 무분별한 졸속행정에 항의하며 최소한의 자활대책 수립을 촉구한 대규모 집단시위였다. 당시 대단지에는 주거시설과 도시기반시설이 제대로 갖춰지지 않은 상태였으며, 상당수의 주민이 천막이나 임시판잣집에 살며 빈곤에 시달렸다. 서울의 무허가판잣집 철거에만 급급했지 대단지 이주 뒤의 주민 생계와 생활에 대해서는 별다른 조치를 하지 않았던 것이다. 대단지 주민은 서울이라는 중앙에서 배제돼 주거지로서는 황무지나 다름없는 척박한 땅으로 내몰린 버려진 사람이나 다름없었다.

이러한 삶의 벼랑 끝과도 같은 곳에서 5만여 명에 이르는 주민이 거리로 뛰쳐나와 6시간 동안 시가지를 점령하며 과도한 분양지 대금과 무리한 세금 징수 등 부당한 행정조치를 시정하고 민생고를 해결하라는 구호를 외쳤다. 생존권 차원의 절박한 외침이자 시위였는데도, 정부와 언론은 이를 불순한 폭동이자 한 지역을 불법 점거한 소요 내지 난동으로 몰아갔다. 이날 시위에서 폭력행위라 부를 수 있는 건 차량 탈취와 훼손, 관공서 서류 소실과 비품 손괴, 10명 정도의 경상자가 거의 전부였다.[6] 수만 명이 참가한 시위 규모에 비하면 실제 폭력행위는 미미했으며, 시위의 양상 자체가 폭동이나 난동으로 불릴만하지 않았다. 당시 행정관서인 성남출장소에 남아 사건을 지켜본 한 공무원의 증언도 이런 사실을 뒷받침한다.

> 실제 이곳에 사는 주민들, 철거민들은 아무런 난동 없이 절대 자제했어요. 다만 돈을 벌기 위해서, 복덕방에서 투기를 하기 위해 들어왔던 일부 사람들이 오히려 큰소리쳐서 진실한 철거민들이 도매금으로 넘어가 같은 사람 취급을 당하게 돼버린 거예요. 그 사람들은 여기 있다 다른 데로 가버리면 되거든. (…) 성남시민 5만, 6만 전부 난동을 부렸다는 것은 말도 되지 않을뿐더러 성남시민에 대한 모욕적인 말이에요. 그런데 자제를 했기 때문에 이 정도 피해에 그쳤다? 말이 안 되는 거요. 처음부터 시민들이 자제해서 난동을 안 한 거지. 그러니까 이 정도 피해가 난 거죠.[7]
> ―임미리(구술정리), 「성남시와 함께한 40년 공직생활」『성남시사 8: 생애사』

그런데도 사태를 왜곡해 부풀리고 폭력 이미지만을 부각함으로써 시위 자체를 온통 폭력 난동으로 매도했다. 최소한의 생활이라도 유지하게 해달라는 몸짓이 폭동으로 규정되고 주민이 폭력난동자로 내몰리면서 이후 이날의 민권운동은 흔히 광주대단지 사건으로 지칭됐으며, 이마저도 성남주민에게는 금기

어가 되다시피 했다. 그렇게 찍힌 폭동과 난동자의 낙인은 성남주민의 가슴에 치유하기 힘든 상흔을 남겼으며, 광주대단지의 실상과 그날의 민권운동에 대해 성남주민은 '말할 수 없는 자'가 되어야 했다.

성남시 초기 형성과정인 광주대단지 조성사업과 그 외중에 일어난 '8.10 성남 민권운동'은 학계와 사회운동 세력에게도 오랫동안 '잊힌 사실'로 남아 있었다. 2000년대 들어 몇 편의 논문이 나오기 전까진 학계의 관심을 끌지 못했으며, 시민사회운동 계열에서도 광주대단지에 대한 자리매김 작업에 치열하게 달려들지 않았다. 이들에게 1971년 8월 10일의 민권운동은 조직화된 운동이 아니었으며, 사회변혁에 대한 전망이 부재하고 사회운동의 동력으로 작용하지 않은 우발 사건으로 한동안 남아 있었다.[8]

하지만 한편으론 광주대단지의 실상을 제대로 알리고 8월 10일에 일어난 집단시위의 진실을 규명하려는 움직임이 점차 활발해졌다.[9] 2000년대 들어 기념사업추진위원회가 발족했으며, 광주대단지를 주제로 한 학술토론회를 개최하고 증언록과 자료집 발간에 힘을 쏟았다. 광주대단지 조성, 곧 성남 탄생의 과정을 적확하게 밝히고 집단항거의 진상을 규명하기 위해 진실화해위원회에 진실규명신청서를 제출하기도 했다. 실태조사와 명예회복, 기념사업 지원활동, 역사재조명 특별위원회 구성 등에 관한 조례안을 추진해 성남시의 뿌리인 광주대단지의 위상을 재정립하려 했다. 하지만 기념사업을 위한 예산이 삭감되고 조례안이 부결되는 등 재조명 작업이 순탄치는 않았다. 이런 난관 속에서도 2019년엔 '성남시 광주대단지사건 기념사업 등 지원에 관한 조례'를 통과시킬 수 있었다.

이 조례에서 "광주대단지 사건"이란 서울특별시 무허가 주택 철거계획에 따라 경기도 광주군 중부면 일대(지금의 성남시 수정구·중원구)로 강제 이주당한 주민들이 1971년 8월 10일 정부의 무계획적인 도시정책과 졸속행정에 항의해 생존권 투쟁을 벌인 사건을 말한다.

-「성남시 광주대단지 사건 기념사업 등 지원에 관한 조례 - 제2조(정의)」

이 조례는 1971년 8월 10일 광주대단지에서 일어난 민권운동을 그간의 규정처럼 폭력이나 난동이 아니라 시민의 생존권 수호 행위로 보았다. 하지만 광주대단지를 성남시의 뿌리이자 원형으로 받아들이자는 측과 굳이 내세워 그럴 필요가 없다는 측의 갈등이 모두 해소된 건 아니었다. 이 조례는 성남시 조성의 주역이자 희생양이기도 했던 초창기 시민의 명예를 회복하고, 성남시의 뿌리를 찾아 어엿한 도시사都市史의 맥을 세우는 작업의 작은 여정에 불과할지도 모른다.

한 도시 두 시가지, 혹은 세 곳의 시가지

하천(탄천) 좌우로 분당 시가지가 펼쳐지고, 사진 우측 최상단으로 판교 시가지가 이어진다(2020) | 성남시청

　　서울 철거민의 강제이주로 시작된 성남시는 광주대단지 조성 약 20년 뒤에 큰 전환기를 맞는다. 1989년에서 1990년대 전반기에 걸쳐 성남 원도시 남쪽 지역에 수도권 1기 신도시의 하나인 분당 신도시가 건설되면서 도심이 이원화하고 인구가 급증한다. 수도권 1기 신도시는 분당을 비롯해 고양시의 일산, 안양시의 평촌, 군포시의 산본, 부천시의 중동을 이르는데, 분당은 이들 신도시의 선두주자 격이었다. 특히 분당은 성남 원도시와 달리 서울 강남을 대체할 수 있

는 중산층의 도시로 출발했으며, 얼마 지나지 않아 "제2의 강남", "한국 현대사에서 가장 성공한 신도시"라는 평가를 받으며 자신만의 신도시 정체성을 만들고 위상을 높여나갔다.

2000년대 들어서는 성남 원도시와 분당 신도시 사이에 또 하나의 중산층 거주지이자 수도권 2기 신도시를 대표하는 판교 신도시가 들어섰다. 수도권 2기 신도시는 판교를 비롯해 화성시의 동탄, 수원시의 광교, 김포시의 한강, 파주시의 운정, 성남시·하남시·서울시의 3개 지방자치단체에 걸친 위례 등 수도권 9개 지역에 들어선 신도시로 2000년대와 2010년대에 조성됐다.[10] 이 중 판교 신도시는 1기 신도시의 성공사례로 꼽히는 분당과 접해 있고 서울 강남과의 접근이 용이해 분양 이전부터 큰 관심을 모았다. 저밀도의 주택단지이자 공원과 녹지의 비중이 다른 신도시보다 높은 환경친화적 시가지로 개발됐다.

2009년 들어 판교 신도시 입주가 본격적으로 시작되면서 성남은 수정구와 중원구의 원도시 지역과 분당구에 속한 분당과 판교 두 신도시를 거느린 경기도 최고의 도시로 발돋움했다. 서울이라는 중앙으로부터 배제돼 소외의 시선을 받았던 위성도시 성남이 인구 94만에 기초단체 중 유일하게 예산 규모가 3조 원이 넘는 대도시로 성장한 것이다.

위례 신도시를 포함해 모두 네 번의 신도시 건설을 통해 확장하고 성장한 성남은 사실상 도시 전체가 계획지구로 조성된 셈인데, 이 신도시 건설에 따른 이주집단의 계층 차이는 성남시 내부에서 또 다른 배제와 차별의 벽을 만들어냈다. 서울 강남의 확장이라는 성격이 강해 "강남 5구", "준강남"으로 회자되는 분당지역의 주민 다수는 철거민의 이주지인 광주대단지의 유산이 남아 있는 성남이라는 도시의 정체성을 공유하지 않고 중산층이 사는 쾌적한 도시라는 자기들만의 새로운 도시 정체성을 갖고자 했다. 이들은 "성남에 거주한다"고 하지 않고 "분당 신도시에 거주한다"고 했으며, 성남시민이 아니라 분당시민으로 불리길 원했다.

> 나도 들었는데, 성남이 70년대만 해도 진짜 달동네 사람 아니면 서울에 살다가 사업 완전히 쫄딱 망해서 이런 사람만 산다고. 그래서 파출부와 일용근로자는 모조리 성남 사람이다, 그런 얘기들이 아직도 있거든요. 성남이라고 그러면 그때 사람들은 무조건 파출부 출신, 찢어지게 가난한. 이래서 사람들이 성남 산다고 안 그런데요. (분당 거주자 A. 2002년 구술)[11]
> 　　　-박지환, 「분당 신도시의 사회적 생산과 구성」, 서울대학교대학원 인류학과 석사학위논문

> 이렇듯 서울 사람도 아니고 성남시민은 되기를 거부하는 경향은 전형적인 현대인의 모습이 아닐는지요. 자신과 동일한 수준과 교양을 갖춘 사람들끼리 그룹을 지어 살려는 것, 그리고 배타적이면서 특별한 위치를 고수하려는 성향을 분당 신도시라는 이미지와 위치가 만족시켜주는 것이 아닐까 하는 생각이 듭니다. 성남시 소속이 아니고 분당시로 되기를 원하는 것도 그런 것이 아닐까요? (분당 거주자 B. 2002년 구술)
> 　　　-박지환, 「분당 신도시의 사회적 생산과 구성」, 서울대학교대학원 인류학과 석사학위논문

일부 분당주민은 자녀가 다니는 학교에 본시가지 아이들이 등교하는 걸 꺼렸으며, 자신들이 낸 세금을 본시가지 개발에 쓴다며 시의 재정 활용에 불만을 드러냈다. 한때는, 분당을 성남시에서 분리해 독립된 시로 만들자는 주민운동을 펼치기도 했다. 거기에는 철거민의 도시이자 서민층의 도시로 규정된 기존 도시에 편입돼 그곳 주민과 동일시되는 걸 피하려는 계층구별의 욕망이 자리하고 있었다.

도시 내 지역 이질화와 차별화는 여기서 그치지 않았다. 판교 신도시가 건설되면서 이번에는 판교주민과 분당주민 사이에 행정구역 조정을 둘러싼 신경전이 벌어졌다. 판교 신도시 입주 전인 2007년, 성남시에서는 인구 급증에 따른

성남 판교신도시(2020) | 성남시청

행정 효율화를 이유로 분당구를 둘로 나누는 분구分區 계획을 추진했다. 분당구에 속한 판교 신도시 구역과 분당 신도시 구역의 일부 지역을 합해 따로 판교구를 조성하고자 했다. 하지만 분당 신도시 주민들은 이 판교구 신설을 반대하고 나섰다. 분당구를 남구와 북구로 나누는 분당남구와 분당북구로의 분구라면 몰라도 판교구라는 명칭의 분구는 허용할 수 없다는 입장이었다. 반면 판교 신도시 입주 예정자들은 분당이라는 명칭이 들어가는 구가 아니라 판교 명칭이 들

어가는 구를 고집했다. 십수 년 전 성남이라는 도시 명칭에서 벗어나고자 밀어붙였던 분당 독립시 추진 구도가 이름만 바꾸어 다시 진행되는 셈이었다. 그렇게 1년 넘게 논란이 이어졌지만, 어느 쪽도 물러서지 않아 분구 논의는 결국 원점으로 돌아갔다. 판교 신도시는 분당구의 한 지역으로 남게 됐지만, 이 판교구 신설 움직임은 언제든 다시 튀어나올 수 있는 잠복 상태로 보인다.

사실, 이 시기의 판교구 독립 분쟁은 지역 명칭 선호라는 단순한 감정싸움에 그치지 않았다. 그것은 분당과 판교라는 도시브랜드를 놓고 우열을 다투는 가치 분쟁이자, 지역 간 부동산가격 경쟁과 그에 따른 개개인의 이익이 걸린 매우 현실적인 문제였다.

판교 신도시 입주민의 판교구 명칭 고집에는 분당이라는 명칭에 기대지 않고 판교라는 이름만으로도 가치 높은 도시브랜드를 창출할 수 있다는 자신감이 묻어난다. 판교 신도시에는 여느 신도시보다 앞선 고급 주거시설과 환경 친화적인 시가지가 들어섰으며, 거기에 도시 자족성을 보완해줄 판교 테크노밸리까지 조성 중이어서 판교구라는 자체 이름만으로도 경쟁력이 있다고 여겼던 것이다. 길게는 건설한 지 15년이 넘어 낡아가는 분당 지역을 분리해내어야 자신들만의 한층 고급한 신도시 이미지를 만들 수 있다고 여겼는지도 모른다.

하지만 분당주민은 판교 신도시를 분당구에 제한해 두는 게 여러모로 유리하다고 여겼을 것이다. 판교 신도시가 독립해 판교구로 되면 분당구의 유명세가 상대적으로 약화할 가능성이 없지 않았으며, 판교가 분당 신도시와 함께 분당구에 속해 있으면 결과적으로 분당 신도시의 몸집은 물론 도시브랜드 가치까지 키울 수 있다는 판단에서였을 것이다.

분당이 조성되면서 도시 이분화에 시달렸던 성남시는 판교 신도시가 들어서면서 원도시와 두 신도시 간의 이질화는 물론 도시 삼분화의 갈등에 직면하게 됐다. 분당과 판교라는 중산층 신도시 건설은 새로운 공간형태의 등장이었으며, 그것은 성남의 행정구조만이 아니라 지역주민 간 사회관계의 성격과 양상까지 변화시켜나갔다. 분당의 등장으로 성남 원도시는 "철거민의 뿌리를 가진 곳"이자 "서민층의 도시"라는 뒷소리를 들으며 한 도시 내의 배척이라는 이전과는 또 다른 배제와 차별을 받아야 했다. 거기에 판교라는 한층 세련된 신도시의 출현은 중산층 신도시 간의 우위 경쟁과 반목을 불러왔다. 성남이라는 한 도시에 두 시가지가, 때로는 세 곳의 시가지가 서로를 밀쳐내고 누르면서 계층의 분할선이자 위신을 둘러싼 구별짓기인 사회적 경계를 공고히 다지고 있었던 것이다.

성남 도시사都市史 50년
– 한국 현대 도시화와 산업화의 명암

성남 본시가지인 수정구와 중원구를 나누는 산성대로 주변의 재개발 구역(2018) | 성남시청

　　최근엔 성남 본시가지에도 도시 변화의 바람이 거세게 불어닥쳤다. 2020년 현재 본시가지의 거의 절반에 이르는 가구가 재개발 대상일 정도로 시가지 전체가 개발 열기에 휩싸여 있다. 거기에 본시가지 남서쪽 외곽지역에는 공공주택지구 개발까지 한창이다. 비교적 경사가 심하지 않은 지역을 선두로 재개발 아파트단지 공사가 진행 중인 구역이 여러 곳이며, 이미 입주를 한 구역도 있다. 사업시행인가를 받거나 구역지정을 받는 등 재개발 절차를 밟는 곳도 한

둘이 아니다.[12] 이런 개발 바람은 성남 본시가지의 집값 상승을 부추기며 투기 분위기를 지속해서 조장해왔다.

하지만 도시개발에 밀려 본시가지를 떠나야 하는 주민이 한둘이 아니다. 재건축 비용을 감당할 수 없는 주민은 어쩔 수 없이 거주지를 떠나야 하며, 경제력이 뒷받침되지 않는 일부 세입자도 성남지역을 이탈할 수밖에 없다. 2020년 5월 성남시의 인구는 94만 500여 명인데, 이는 4년 전인 2016년의 97만 4600여 명에서 3만 4100여 명이 감소한 수치다. 재개발사업으로 인한 본시가지 주민의 성남 이탈을 인구 감소의 주된 요인으로 보고 있으며, 재개발사업이 단계적으로 추진되고 있어 앞으로도 인구 감소 현상이 지속할 것으로 전망한다.

더구나 성남 본시가지는 20평 필지로 인해 구역당 가구가 많은 인구과밀지역이라 재개발사업으로 기존보다 적은 가구수의 아파트단지가 지어지는 곳이 여럿이다. 광주대단지사업의 무분별한 졸속행정이 낳은 여파가 50년이 지난 지금의 도시개발에까지 부정적인 영향을 미치고 있는 것이다. 재개발구역에 따라서는 30% 정도의 주민이 다른 지역으로 이주해야 하는 상황이며, 본시가지 전체 재개발로 인해 10만 명 남짓한 주민이 성남시를 떠날 것으로 추정하기도 한다. 이 중에는 성남시 초기에 철거민이나 이주민으로 본시가지에 들어온 이들도 상당할 것으로 보는데, 이들 주민은 도시개발이라는 시대의 힘과 명분에 눌려 거주지에서 억지로 밀려나야 하는 이주의 설움을 다시 한번 겪는 처지가 됐다.

경기도의 여타 신도시도 그러하지만, 특히 성남은 한국 신도시 건설과 도시화의 명암이 집약된 도시다. 50년 전 철거민 이주단지인 광주대단지 조성에서 비롯된 성남시의 탄생과 이후 두 번의 신도시 건설을 포함한 도시 전체의 성장 과정은 한국 신도시 건설의 빛과 그림자를 압축해 보여준다. 또한 성남을 현대 한국사회 도시화의 문제점이 응축된 곳으로 보기도 해, 이곳만큼 도시화 과정에서 야기된 여러 문제를 여실하게 보여주는 도시도 없다고 한다.[13] 도시에서 실제로 삶을 영위할 주민들의 의사와 상관없이, 국가를 위한다는 명분과 정치권력의 필요에 의해 자의적으로 도시조성계획이 이뤄졌으며, 정책상의 이유를 들어 서둘러 개발을 추진했다. 개발비용을 지대차익으로 충당했기 때문에 건설은 졸속으로 시행됐으며 잦은 부실공사를 동반했다. 그러면서 갖가지 문제가 일어났다. 단기간의 신도시 건설과 전면적인 개발로 인한 파행적 도시공간 출현, 시가지 공간구조의 왜곡된 팽창과 비합리적인 사회간접시설 조성, 교통과 환경생태 문제, 지가地價와 주택가격의 심각한 불균형, 도시 내부의 신구 도심 간 불균등발전, 공간적 경계이면서 문화적 경계로 이분화된 본시가지와 신시가지의 장벽문제….

　　성남은 한국사회의 파행적 산업화와 압축적 근대화를 상징하는 도시이기도 하다.[14] 50년의 도시사 속에 초기 산업화(1차 근대화), 후기 산업화(2차 근대화), 지식정보 산업화(탈근대)의 양상이 반영됐으며, 각 시기 산업화의 성과는 물론 폐단까지 어김없이 녹아들었다.

　　성남의 뿌리인 광주대단지 조성은 1960년대 서울을 중심으로 한 산업화와 도시화 과정에서 발생한 인구집중과 주거문제를 해결하려는 방안으로 시작됐으며, 초창기 성남은 한국 초기 산업화와 근대화의 급격한 변동 양상과 그에 따른 폐해를 또렷하게 보여주는 역사의 현장이었다. 국가의 이름으로 행한 주거권 무시와 폭압적 도시행정, 인권유린과 생존권 박탈은 성남 탄생의 쓰린 그늘이었다. 그런 열악한 삶의 조건을 개선하고자 주민들은 '8.10 성남 민권운동'이라는 생존권 투쟁을 벌였으며, 이후 척박한 환경을 딛고 주거지와 시가지를 하나하나 쌓아나갔다. 이는 성남시 성장의 한 축과 동력이 시민의 의지와 활력에 있었다는 사실을 여실히 보여준다.

1990년대의 분당 신도시 건설은 후기 산업화시대를 대표하는 수도권 1기 신도시의 핵심 사업이었다. 세계무대로 도약한 한국 산업화의 결실이 토목과학과 건축기술을 앞세운 대규모 신도시 건설의 동력으로 집약돼 나타났다. 물론, 이 시기에 한층 공고화된 정치권력과 자본의 결탁이라는 밀실야합의 어두운 그림자도 어김없이 반영됐다. '마을 공동체'와 '나누는 삶의 양식'이라는 오래된 가치가 개발 지상주의에 눌려 미처 돌아볼 시간도 없이 한순간에 사라지는 허망함도 이 도시의 성장사에 아프게 잠겨 들었다.

2000년대 이후 이룬 판교 신도시는 도시개발 분야에서 지식정보 산업화 시대를 여는 포문이었다. 도시시설과 주거환경 조성에 최첨단 지식정보기술이 동원됐으며, 신시가지 구역에 정보통신기술·생명공학기술·콘텐츠기술·나노기술 관련 기업과 연구기관을 모은 테크노밸리를 조성해 신도시의 자족성 강화를 꾀했다. 이 판교 테크노밸리는 2000년대 초반에 들어선 분당 지역의 복합 벤처타운과 함께 지식정보화 도시라는 성남의 또 다른 도시이미지를 창출했다. 이곳의 테크노밸리와 벤처타운은 수도권을 넘어 국가경쟁력 강화와 맞물려 있어 지대한 관심을 받으며 성장을 거듭하고 있다.

하지만 일반 시민이 감당하기 힘들 정도로 치솟은 판교와 분당 신도시의 집값은 이곳 직장인의 주거를 성남 외부지역으로 내몰았다. 그래서 판교 테크노밸리는 주말이면 유령도시로 변하고 만다. 이곳에 근무하는 종사자가 7만여 명에 이르지만, 이 중 70%가 성남시가 아닌 다른 지역에서 집을 마련해야 하는 처지라 주말이면 도시 공동화 현상이 나타날 수밖에 없는 실정이다.

성남의 뿌리, 광주대단지는 정녕 무엇을 남겼나?

흔히 도시는 인류문명을 담는 그릇이라 한다. 나아가, 도시의 역사 자체를 문명사의 핵심 줄기로 보기도 한다. 이는 도시의 탄생과 성장에는 정치와 경제, 문화, 예술 등 인류가 이뤄낸 다방면의 성과가 반영되고, 한편으론 이런 도시 공간이 바탕이 되어 이전보다 문명이 진척되고 문화가 풍요해질 수 있다는 시각이다.

도시의 이러한 역할과 함께, 도시 존속에 영향을 미치는 복잡한 여러 요인을 고려하면 도시는 우리가 눈으로 보는 것 이상의 그 무엇을 품고 있음을 어렵지 않게 짐작할 수 있다. 그래서 도시는 단순히 스펙터클spectacle로서 '보는 것'이나 나름의 질서를 지닌 '보이는 공간'을 넘어 인간의 생존전략과 통치를 위한 방책, 거기에 여러 인간군상의 욕구까지 뒤엉킨 다양하고 복잡한 복합체의 구성물로 다가온다.

이러한 맥락에서, 20세기 전반기에 활동한 독일의 철학자이자 평론가인 발터 벤야민은 현대도시를 권력과 욕망의 거대한 생산공장이자 소비시장으로 보아야 한다고 했다. 그는 도시에는 여러 가지 정치적·경제적·문화적 욕구와 그 표현이 갖가지 갈등을 일으키고 사회적 모순을 구성한다고 보았다. 정치면에서 보면 감시와 처벌이, 경제면에서 보면 유혹과 사치가, 문화면에서 보면 광기와 환각의 분출로 도시는 공룡처럼 으르렁거리며 신음하고 도시민은 혼란과 퇴폐를 거듭해서 확대재생산 한다고 했다.

우리의 도시라고 다르지 않을 것이다. 새로운 도시 건설과 공간 배치는 종종 정치권력에 대한 지지 여부와 통치의 효율성에 좌우됐으며, 거기에는 투기 자본이 어김없이 찾아들어 이전투구의 난장판을 연출했다. 편리하고 효용 높은 첨단 도시시설을 건설하기 위해, 화려한 상가와 당당하게 자리 잡은 고층빌딩을 올려세우기 위해 힘없고 가난한 원주민은 고달픈 쫓김의 길로 내몰려야 했다.

한국 신도시의 명암을 담은 성남의 초창기는 어떠했을까? 광주대단지는 서울의 무허가판자촌에 거주하는 빈민을 합법적으로 추방하는 결과를 가져왔는데, 이는 산업화와 도시화의 궤적에 제대로 편입되지 못한, 서울의 급증하는 빈민을 손쉽게 처분하려는 정치권력의 폭압에 가까운 통치술의 하나였다. 더구나, 싼값에 매입한 토지의 가격을 올리기 위해 홍보와 선전으로 투기 붐을 조성하기까지 했다. 자신의 집을 소유하려는 욕망을 가진 자와 분양증 매매로 차익을 남기려는 투기꾼이 몰려들었고, 택지 정지작업이 끝나지 않았는데도 이미

'8.10 성남 민권운동'이 일어나기 약 8개월 전의 광주대단지(1970.12) | 서울역사박물관

술집과 무허가건물이 즐비했다.

그렇지만 이 성남의 뿌리는 버릴 수 없는 우리 사회의 자산이기도 하다. 철거민 집단 거주지라는 도시건설의 어두운 뒤안길은 결국은 도시개발정책의 획기적인 변화가 필요하다는 인식의 변화를 가져왔다. 공공연한 배제와 차별로 성남 초창기의 시민이 받은 음습한 상처는 바람직한 도시 조성은 물론 참된 사회 유지와 운영을 위해서는 무엇이 필요한지를 끊임없이 묻게 한다. 광주대단지 조성 시기인 1969년에 개발지원을 담당한 부처에 근무했던 한 공무원은 성남 탄생의 의미를 이렇게 도출했다.

> 그렇게 개발을 할 수밖에 없었을 겁니다. 기준을 현재로 바라보고 한다지만, 그러면 그때 그 시절의 개발은 이해할 수가 없을 거예요. 모든 것이 부족한 시절이었어요. (…) 너무 무모하고 무지하게 집행이 되지 않았나 하겠지만, 그러나 신도시의 개념이라든가, 우리나라에서는 그게 계기가 되어서 지금 도시개발의 단초가 되지 않았는가 하는 의미는 부여하고 싶습니다. 현재 그 역량으로 판교 신도시 개발까지 이어지지 않았을까 하는 생각입니다. 물론 그곳에 사는 사람들은 불편하기에 부정적으로 생각할 수 있겠지만 그 당시 기준으로 본다면 그렇게 할 수밖에 없었기에 이루어진 결과라 생각합니다.
> -권락용, 「광주대단지사업의 주체별 갈등구성」, 서울대학교대학원 건설환경공학부 석사학위논문

그런데도, "그때 그 시절의 개발"이자 "지금 도시개발의 단초"가 된 그 국가적 건설사업의 한 축은 분명 광주대단지 주민이 떠받치고 있었다. 변변한 주거지도 최소한의 생활시설도 제대로 마련되지 않은 황량한 땅에서 집을 짓고 도로를 내어 그래도 사람 사는 마을을 꾸려간 그들이 성남시 탄생의 진짜 주역이었다. 낯선 땅에 강제로 내몰려 더는 내려갈 수 없는 밑바닥 삶을 감내해야 했

던 그들의 희생이 없었다면, 목숨을 옥죄는 그런 현실에서도 삶의 끈을 놓지 않고 하루하루를 헤쳐나갔던 그들의 질긴 생의 의지가 일순 스러졌다면 오늘의 성남도 없었을 것이다.

성남 초기의 척박한 험지에서 또 다른 삶을 시작했던 그들의 광주대단지에 대한 기억과 인식은 통제자의 입장에 있었던 이들과는 사뭇 다른 결과 층을 내포한다. 1960년대에 서울 영등포구 문래동에서 살다 1969년 가을에 가족과 함께 광주대단지로 들어온 한 주민은 1970년을 전후한 성남시 조성 시기를 다음과 같이 전한다.[15] 광주대단지 사건이 일어나던 때 열아홉 살이던 그는 시위 난동자로 체포돼 고문을 받고 옥고를 치르기도 했다.

> 어머니한테는 그냥 지나가다가 재수 없어서 붙잡혔다고 그랬죠. 부모님들에게 걱정도 될 것 같고. 그래서 그렇게만 알고 계세요, 아직도. 지나가다가 운이 없어서 형사가 뒤에서 낚아채 갔다 이런 식으로 그냥. 그때 대해서는, 그 시절, 또 오지 말아야지, 그렇게밖에 얘기를 안 해요. 그런 세상 다시 오면 안 된다고. 그게 개, 돼지보다 못한 생활이지 사람 사는 거냐고. 아마 누구나 다 그렇게 생각했을 거예요.
> －임미리(구술정리), 「철거이주민이 겪은 광주대단지」, 『성남시사 8: 생애사』

그들은 가난하다는 이유로 쓸모없는 사람으로 낙인찍히거나, 중앙에서 밀려난 주변화된 집단의 구성원이었다. 가진 것 없는 자였으며, 자신의 권리와 의사를 펼칠 최소한의 힘조차 뒷받침되지 않는 말할 수 없는 자였다. 정상正常의 세상을 한층 풍요롭게 하기 위해 정상의 세상 바깥에 버려져야 하는 존재, 저들의 정상 사회에서 쫓겨나 어떤 보호도 받지 못하는 추방자와도 같았다. 인도 출신의 인문학자인 가야트리 스피박의 개념으로 보면 그들은 중심에서 배제되고 억압당하는 서발턴subaltern(하위주체)이었다. 이탈리아의 철학자이자 미학자인 조르조 아감벤의 언어로 말하면 어떠한 사회적 권리도 인정되지 않는 벌거벗은 생명인 호모사케르homo sacer에 가까웠다.

　이제 그들이 당당하게 말할 수 있게 그들의 언어를 되찾아주어야 한다. 그들이 힘써 이룬 삶의 공간과 생의 장소가 실은 또 하나의 탄탄한 정상의 세상을 일구는 모태가 되었다는 사실을 분명하게 기록해야 할 것이다.

2장

누가 왜 광주대단지를
조성했나?

광주대단지, 기회의 땅과 절망의 땅 사이

1969년 5월 중순, 손정목(1928~2016) 교수는 동료와 함께 경기도 광주군 성남지역에 조성 중인 광주대단지 현장을 찾았다.[1] 1950년대 초 행정공무원으로 공직생활을 시작한 그는 6년 전인 1963년부터는 중앙공무원교육원(국가공무원인재개발원의 전신) 교수로 재직하며 도시계획과 도시행정 등 도시학 관련 연구에 힘써왔다. 그런 만큼, 수도권 최초의 신도시 조성사업인 광주대단지는 지대한 관심거리일 수밖에 없었다.

사실 손정목 교수는 도시개발 연구자로 만족하지 않고 행정실무에 뛰어든 인물이기도 하다. 1970년에 서울시 기획관리관을 시작으로 도시계획국장, 내무국장 등을 역임하며 강남개발과 시가지 정비 등 서울시의 도시개발사업에 깊숙이 관여한다. 1970년대는 서울시의 공간구조에 일대 변화가 밀어닥친 시기였는데, 그는 이런 격변기에 일어난 서울시 도시개발의 산증인이란 평가를 받는다.

대단지 현장에는 기초공사가 한창이었다. 하천을 개수改修하는 제방축조공사 일부와 기존 도로와 연결되는 간선도로공사가 마무리 작업에 들어갔고, 택지구역에서는 땅바닥을 고르는 정지整地작업이 벌어지고 있었다.

불행히도 우리의 경우 영세 판자촌 주민의 집단수용지이기는 하나 머지않아 30만이 정착하게 되면 여기는 여기 나름대로 자율적인 에너지가 타오르게 되고 신진대사에 의해 이상도시도 되려니 자위하면서 현장에 도착한 것은 12

시. 아직은 겨우 정지의 기초작업이 시작된 데 불과한 실정이니 우선 계획의 내용이나 고찰하면서 돌아보았다.[2]

-손정목, 「광주지구 대단지 조성사업, 그 현장을 가다」『도시문제』 4-6 (1969)

도시개발 연구자로서 손정목은 광주대단지가 서울시 외부의 또 다른 빈민집단수용소에 머물지도 모른다는 우려를 했지만, 서울시가 밝힌 광주대단지 개발계획의 지향점과 방침에 큰 기대를 걸고 있었다.

이 무렵 서울시에서는 지난해 발표한 신도시 조성계획 일부를 변경했다. 50만 평의 자연녹지를 포함한 350만 평 지역에 최대 35만 명의 주민을 유치한다는 계획을 세워 이주민 규모를 20만 명 정도 줄여 잡았다. 철거에 따른 이주민은 약 27만 8000명으로 전체 계획인구의 80%를 차지했다. 사업기간은 1968년에서 1973년까지의 6개년으로 전보다 3년을 늘려 잡았다.[3] 이는 이전보다 좀 더 현실화한 사업계획이었다. 서울시에서 내놓은 광주대단지 조성사업은 계획상으론 무허가판자촌 주민을 이주시켜 단순히 거주지를 조성하는 데 그치지 않았다. 도로·교통·상하수도·전기 등 도시기반시설과 시장·학교·보건시설·복지기관 등의 공공시설을 마련해 하나의 생활권을 형성함은 물론 대단지 구역 내에 공업단지까지 조성해 일자리를 창출하고 경제적 자족성까지 일부 갖춘 위성도시 건설을 목표로 내세웠다. 이러한 계획의 기본적인 틀과 내용이 충족된다면 수도권 1호 신도시로서의 최소한의 위상은 확보할 수 있을 터였다.

이제 기초공사를 한 지 2개월 남짓이었다. 서울시에서는 지난해(1968) 5월 대단지사업 인가가 나자마자 토지 매입에 들어갔으며, 올해 3월부터 공사를 시작했다. 간선도로 1300m가 완공을 앞두고 있고, 상수도시설은 공사에 착수할 예정이었다. 한 달 뒤에는 버스노선을 연장해 단지까지 운행하도록 했으며, 장

성남지역 개발 초기의 부지 조성공사 현장. 그 한쪽으로 천막촌이 들어서 있다. | 성남시청

기적으로는 서울과의 일일생활권 형성을 목표로 서울 외곽과 연결되는 전철노선까지 계획하고 있었다. 손정목 교수는 이 같은 공사 진척 상황과 건설계획을 살피며 이곳에 제대로 된 신도시를 조성하기 위해서는 무엇이 필요한지 하나하나 짚어나갔다. 도시기반시설과 주거환경 마련, 교육과 문화 시설 구비, 서울과 광주대단지 지역을 잇는 원활한 교통 시스템 구축은 기본 사안이었고 산업단지 건설도 조속히 이뤄져야 했다. 바람직한 신도시 조성을 위해서는 지금의 설계안 수정도 필요하다고 보았다.

도시화의 최대를 위해 적합한 산업업종을 유치함에 따라서 현재의 개발 초기 단계의 저소득층 대신에 중류 이상의 소득층도 상당한 거주가 예상된다. 도시의 소득별 인구 구성에 있어서 중류층이 거주함으로써 도시인구 구성상 평형을 유지하고 이에 따라 제3차 산업으로 발전되어 가는 것이다. 따라서 설계 면에 있어서도 현재의 저소득층을 대상으로 20~40평을 책정하고 있는 대지垈地 규모를 지구에 따라서는 중류층도 입주할 수 있는 대지 규모로 설정해야 하며 중류층만을 위한 지구도 아울러 설정하여 입주조건을 구비해야 할 것이다.

-손정목, 「광주지구 대단지 조성사업, 그 현장을 가다」 『도시문제』 4-6 (1969)

단지개발 방침에는 1가구당 20~40평(66~132.㎡) 대지 분양이라 했지만, 실제 분양은 20평 기준으로 이뤄졌으며, 때로는 이마저 잘라 10평 정도의 대지를 분양하기도 했다. 손정목 교수는 성남시를 수십 년 동안 빈민의 도시로 규정짓게 한 바로 그 20평 대지 분양의 문제점을 일찌감치 지적하며 저소득 계층만의 주민구성에 대한 우려까지 나타냈다.

불길한 조짐은 이뿐만이 아니었다. 불과 두 달 전에 기반시설 공사와 대지 정지작업을 시작해 아직도 기초공사 초기 단계인데도, 대단지 구역에 이미 철거민 130여 세대 570여 명이 입주해 있었다.[4] 서울시에서는 5월 초에 무허가판잣촌 주민 28세대 이주를 시작으로 '선입주 후개발'이라는 앞뒤가 뒤바뀐 단지 조성 절차를 가시화했다. 가옥은 물론 전기시설과 상하수도, 화장실 등 주거에 필요한 최소한의 설비조차 갖추지 않은 상태에서 서둘러 철거민을 입주시킨 것이다. 정상에서 한참 벗어난 단지조성 과정이었다.

이곳에는 벌써 많은 문제가 일어나고 있다. 20평씩 분양된 대지에 한창 판잣집들이 세워지고 여기저기 새로이 파진 우물에는 옥타아브 높은 여인들의 소리가 요란하다. 철도청에서 파견 나온 한두 직원의 지휘에 불도저가 길을 내고 측량을 하고 줄을 긋고, 가관인 것은 제방 위에 즐비한 복덕방, 대포집, 여기에 벌써 무허가 판잣집이 들어서고 있다. (…) 곧 다가올 여름철, 식수의 소독도 해야 하고 변소도 마련되어야겠다. 전염병은 이런 데서 먼저 찾아오기 쉽다.

-손정목, 「광주지구 대단지 조성사업, 그 현장을 가다」『도시문제』4-6 (1969)

정지작업이 한창인 공사판에 주거지가 들어선 모양새였다. 판잣집과 루핑집 등의 임시 주거시설마저 모자라 천막에서 지내야 하는 이주민이 상당했다. 게다가, 할당한 임시 거주지가 좁고 천막도 충분하게 지급되지 않아 이곳에서 다시 무허가 날림집을 짓는 가구가 늘어나고 있었다.

광주군 주택단지 건설사업 추진현황

8. 문제점

　(…)

　다. 서울 철도국에서는 셋방살이를 하던 이주민에게는 3세대를 기준으로 20평을 분양하므로 협소하여 주택지 외에 무단 건축하는 사례가 있음.

　라. 당초에는 1천막에 4세대를 수용토록 계획되었으나 1천막에 8세대를 수용함으로써 무단 건축하는 사례가 있음.

　마. 철거민 중 대부분이 극빈자일뿐더러 현재 이곳에서는 생계유지에 필요한 수입을 얻을 수가 없는 형편으로 이들을 계속 구호치 않을 시는 아사 지경에 달할 우려가 있음.

-「성남지구 주택단지 조성계획」『신도시개발(광주대단지 일반서류)』, 광주군(1969.5)

철거이주민들은 이주비를 지급하고 식량 배급을 해야 할 정도로 곤궁한 상태였다. 교통이 불편해 매일 대단지와 서울을 오가며 일을 하기 곤란했으며, 대단지 지역에도 공사현장 막일 외에는 마땅한 일자리가 마련돼 있지 않았다. 이주민 자녀의 교육 대책도 제대로 수립돼 있지 않아, 학급 증설은 물론 학령아동에 대한 취학대책은 아직 논의조차 되지 않고 있었다.

그런데도 대단지에는 이미 부동산투기 조짐이 감지됐다. 부지 외곽으로 부동산 중개소인 복덕방이 여럿 들어섰고 벌써 무허가판잣집까지 자리를 잡은 상태였다. 앞으로 계속해서 철거이주민이 대단지로 들어올 예정이어서 조만간 택지분양증 매매 차익을 노린 투기 바람이 거세게 일지도 몰랐다.

단지개발의 목표와 방침에 비춰보면, 지금의 사업추진 방향에는 분명 큰 문제가 있었다. 생계대책은 물론 정상적인 주거시설과 생활기반시설이 조속히 마련되지 않으면 서울시에서 내건 신도시 건설 목표는 헛공약에 그칠 우려가 다분했다. 서울시에서는 대단지사업 계획을 밝히면서 "주택 및 공업단지의 적정 개발로 인구흡수와 취업을 배려한 자족도시", "도시시설 정비를 병행한 건전한 신흥도시", "수도권의 광역적 개발정비 구상에 부합하는 신시가지" 등을 내세웠는데,[5] 건설 초기이긴 하지만 사업현장은 이와는 상당한 거리가 있었다. 이런 실정에서도 손정목 교수는 광주군수를 비롯한 사업현장 책임자들의 건투를 빌며 대단지의 미래에 대한 기대를 완전히 놓아버리지는 않았다.

진정과 건의, 상대는 결코 만만치가 않다. 서울시, 철도청, 문교부, 보사부, 내무부, 그의 건투를 빌며 이곳을 떠난다. 미국 캘리포니아주의 셰라·네바다 산맥에서 금광이 처음 발견됐을 때, 금 노다지를 찾아 모여든 수만의 노무자들이 천막을 치고 집을 짓고 하던 서부 개척사의 한 단면이 상상된다. 20세기 후반 대도시의 토지는 바로 셰라·네바다의 금광과 다를 바 없다. 이삿짐을 싣고 삼륜차가 한 대, 또 한 대. 아직은 어설프기 짝이 없는 이곳 대규모 단지 조성사업이 한 해를 지나고 또 한 해를 지나고 하는 어느 훗날에 샌프란시스코와 같은 차분하고 기풍 있는 대도시로 성장하기만을 간절히 바라면서 차는 여전히 먼지투성이의 시골길을 질주해 간다.

—손정목, 「광주지구 대단지 조성사업, 그 현장을 가다」 『도시문제』 4-6 (1969)

손정목 교수가 광주대단지를 다녀간 5월 이후에도 서울에서 밀려난 철거이주민은 계속해서 대단지로 유입됐다. 하지만 여름이 가고 가을에 들어서도 철거이주민은 늘어났지만 주거시설은 열악했고 생활기반시설은 극히 미비했다. 1969년에 광주대단지로 들어온 이주자의 증언이다.

2.5톤 트럭이나 5톤 트럭 정도 될 것 같아요. 거기에 세 가구씩 차 한 대에 사람하고 짐하고 같이 실어가지고, 가면 아파트를 다 지어 놨으니까 들어가서 몸만 살면 된다, 또는 일부가 덜 되었더라도 다 살게 해 줄 테니까 들어가라 해서, 근데 속아서 들어간 거죠. 속아서 들어가 보니까 그야말로 남한산성 밑에 지금 은행동이나 신흥동 이쪽으로 전부 완전 허허벌판이었어요. 겉에 나무만 뽑아버리고 풀하고 무덤, 온갖 잡동사니가 다 있는 데를 갖다가, 텐트(천막) 하나에 세 세대씩 들어가게끔 해서 바닥에다 그냥 부려놓고 간 거예요. 먹을 것도 없지, 당장 돈도 없지. 그렇게 텐트에서 한 1년 넘게 산 것 같아요. 텐트에서 계속 산 거죠! 그때까지만 해도, 근데 인제 문제는, 아파트 지을 계획이 없다, 생활을 할 수 있는 기반을 만들어 줄 수가 없다, 예산 부족이다, 그냥 쓰레기처럼 갖다 버려진 거죠! 그 바람에 사람들은 화가 있는 대로 났었고,

저마다 전부 다 이제 터지기 일보 직전이어서….

-임미리(구술정리), 「철거이주민이 겪은 광주대단지」, 『성남시사 8: 생애사』

대단지를 기회와 약속의 땅이라 믿고 발을 들여놓은 이주민이 있었을 것이며, 장차 분양받을 토지를 자기 삶의 금광으로 만들어가고자 한 철거민도 없지 않았을 것이다. 하지만 대단지를 설계한 이들의 생각은 종종 그와 같지 않아, 기회의 땅을 일구고 삶의 금광을 채굴하는데 필요한 도구와 시설에는 그리 관심을 두지 않았다. "살 수만 있게 해달라"는 절박한 목소리는 가볍게 무시당했고, 신도시 조성의 기치에 내걸렸던 거창한 약속은 차일피일 미뤄졌다.

그런데도 이주민은 급격히 증가해 이듬해 12월이면 1만 7300여 세대 8만 6700여 명에 이른다.[6] 이러한 증가 추세는 계속 이어져 대규모 집단시위가 일어나는 1971년 8월 무렵이면 2만 5200여 세대 12만 4300여 명에 달했다. 그런데, 이때까지도 정상 가옥이 제대로 건설되지 않아 판잣집과 천막 같은 임시 주거시설에 지내야 하는 주민이 수만 명이었으며 수도와 전기, 전화, 도로 등 기반시설은 계획량의 20% 수준에도 미치지 못했다. 공업단지도 예정대로 조성되지 않아 다수 주민이 안정된 일자리를 찾지 못하고 생계 위험에 처해 있었다.

이주민 다수가 추위에 떨었고 생활고에 시달렸으며, 살아남기 위해서라도 신도시 설계자들의 처사와 횡포에 저항하며 떨쳐 일어날 수밖에 없는 실정이었다. 대단지 건설현장을 다녀간 2년 3개월 뒤, 서울시 기획관리관이 된 손정목은 바로 그 현장에서 이번에는 대단지 주민이 일으킨 분노의 물결을 목도한다. 1971년 8월 10일, 광주대단지 집단시위 당일에 협의를 위해 대단지를 찾은 서울시장을 수행하며 사건의 한복판에 놓이게 된다. 그날 그는 수만 군중이 토

'8.10 성남 민권운동'이 일어나기 5개월 전의 광주대단지(1971.3) | 경기도청

해내는 분노의 함성 속에서도 처음 대단지를 찾았을 때 가슴에 담았던 그 신도시에 대한 염원을 버리지 않을 수 있었을까? 난민 집단수용소와 크게 다름없는 대단지가, 생존을 건 투쟁의 땅이 된 그곳이 언젠가는 "이상도시"이자 "기풍 있는 도시"로 성장할 것이라는 처음의 그 희망을 버리지 않을 수 있었을까? 분명한 것은 철거이주민에게 이 시기 대단지는 가난한 이들의 금광이 될 수 없었으며, 삶의 토대를 세울 수 있는 기회의 땅이지도 못했다는 사실이다.

청와대에서 광주대단지 조성사업을 지휘하다

손정목 교수가 광주대단지 건설현장을 찾은 보름 뒤인 6월 초, 청와대에서는 정무 담당 수석비서관의 주재로 광주대단지 관련 긴급회의가 열렸다. '광주군 위성도시 건설 추진에 대한 관계관 회의'로, 내무부 지방국장·서울시 도시계획국장·철도청 관계자·광주군수·광주경찰서장 등이 참석했다.[7] 광주대단지 조성 상태를 점검하고 사업추진에 대한 지시를 내리는 자리였다.

현황을 보고받은 수석비서관은 철도청 관계자에게 철로변 무허가판잣집 철거에 따른 이주민을 책임지고 광주대단지의 가수용소에 보내라는 지시를 내렸다. 광주군수에게는 대단지 가건물에 대한 통제를 강화하고, 광주경찰서장과 협의해 경찰관 5명을 현지에 배치하도록 했다. 택지 공사에 필요한 건설비 6천만 원은 대통령의 재가를 받아 조치할 것이며, 대단지 조성사업은 지금까지의 동향으로 미루어 서울시가 계속 주관해 추진할 방침이지만 이 또한 대통령의 의중에 따라 최종 결정될 것이라 했다. 앞으로는 대단지 조성 추진상황을 공문을 통해 정기적으로 보고하라는 지시까지 내렸다. 이에 따라 경기도에서는 이주민 입주와 건축공사 현황을 비롯해 현지 기구의 활동 사항, 문제점과 건의 사안 등을 매주 1차례 정기적으로 보고해야 했다.

지방중요동향보고 6월 18일
수신: 내무국장 참조: 지방과장 발신: 광주군수

보고사항: 6. 17 현재 상황 보고

1. 입주상황　철도청 11세대 64명

소계 758세대 3669명

합계 806세대 3823명

2. 취학아동 전입　금일 25명. 누계 427명

3. 시영뻐쓰 운행　현재 06:00~22:00까지 1시간 간격으로 운행하고 있음.

내주부터 2대 증차 계획임(서울시)

4. 경찰관 5명 증원 배치(현재 10명)

–「지방 중요동향 보고」『신도시개발(광주군 도시건설)』, 광주군(1969.6.18)

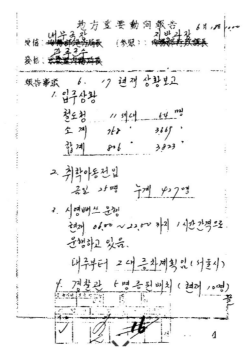

경기도 광주군에서 작성한 광주대단지 동향보고서(1969.6.18)
| 국가기록원

이처럼 청와대 정무실에서 내무부, 서울시와 경기도, 광주군으로 이어지는 지휘체계에 따라 당시 최고 권력자였던 박정희는 대단지 조성사업 추진에 관한 제반 사항을 점검하고 있었다. 정무 담당 수석비서관을 통해 사업추진 현황을 보고받고 사업 주체에 대한 검토와 재정 지원 여부까지 직접 챙길 정도였다. 광주대단지 조성사업은 서울시가 사업을 맡았지만, 한편으론 청와대에서 사업의 방향과 각 기관의 역할을 지시하며 대단지 건설에 직접 개입하고 있었던 것이다. 서울시의 독자사업이라기보다 청와대와 정부가 움직이는 정치적 성격이 짙은 국책사업이었다.

광주대단지사업이 국가적 차원에서 기획되고 정부의 영향력 아래 시행됐다는 사실은 이 사업에 관여한 협의회 활동을 통해서도 알 수 있다. 광주대단지 입주 직후 조직된 '광주군 위성도시 건설협의회'는 정부 부처의 핵심 책임자들이 대거 참여한 가운데 청와대가 주도해 이끌어간 협의기구였다.[8] 광주대단지 건설과 관련한 사실상의 최고 협의단체로, 청와대 정무비서관·국무총리 정무비서관·내무부 차관·내무부 지방국장·건설부 주택도시국장·경기도지사·서울시 부시장 등으로 구성돼 '관계 부처 간부회의'로도 불렸다. 광주대단지 개발의 실질적 조처가 이 협의회에서 결정됐다고 해도 과언이 아니다. 예를 들면, 토지가격 재조정과 가수용소의 설치, 전기시설과 제방 보수, 공동변소와 식수용 펌프 설치, 철거민 이탈을 막기 위한 주민등록업무 처리와 구호식량 배분, 이주민 방역과 보건소 설치 등 대단지 개발을 위한 기본시설은 물론 의식주 생활대책 지침까지 이 협의회의 회의 결과를 따라 이뤄졌다.

대단지 조성사업에 청와대의 특별한 힘이 작용했다는 사실은 일사천리로 진행된 사업 인가 과정에서도 드러난다. 사업지가 경기도에 있었기 때문에 사업 인가를 받기 위해서는 먼저 경기도의 동의가 필요했다.[9] 1968년 5월 초, 서울시는 필수 제출서류인 '단지 조성 종합계획서'는 사무 형편으로 인해 사업 승인 뒤에 송부하겠다고 하고 도면만을 첨부한 채 사업을 설명했다. 이어 5월 4일엔 공문을 보내 경기도지사에게 사업동의를 요청했고, 경기도에서는 이틀 뒤인 5월 6일에 동의 답변서를 보냈다.[10] 그 이튿날인 5월 7일 서울시는 건설부에 도시계획사업 인가를 신청했으며, 건설부는 신청 당일 바로 사업을 승인했다. 수십만 명의 인구가 행정구역 경계를 넘고, 당시 돈으로 1년 예산만 십수 억 원을 책정할 정도로 규모가 큰 사업이었으나 관계기관에 사업동의와 승인을 얻기까지 불과 나흘밖에 걸리지 않았다. 사업계획을 제대로 검토할 시간 여유가 없었으며, 심지어 경기도의 동의 절차에는 구비서류마저 미비했다. 세부 계획과 지침이 빠진 부실한 조성계획서가 국가 최고 행정기관들 사이에서 버젓이 통용됐던 것이다.

광주대단지 조성사업이 이렇게 일사불란하게 재빨리 추진될 수 있었던 데는 박정희 정권 하의 행정 시스템과 업무방식에 기인하는 바가 크다. 쿠데타를 통해 정권을 잡은 박정희는 지방의회를 해산하고 서울시장을 비롯한 지방자치단체의 최고 책임자를 대통령이 임명할 수 있도록 했다.[11] 지방자치단체의 자율성은 미약했으며, 중앙정부에서 추진하는 사업은 지방행정기관을 통해 일사천리로 진행됐다. 지방은 중앙의 팔다리 역할을 하는 처지나 다름없었던 셈이다.

광주대단지 계획의 허점은 관련 기구 설치에서도 찾아볼 수 있다. 광주대단지 조성사업 초기에 현지에서 사업을 추진하거나 보조하는 공공기관은 크게 보면 경기도 소속 기구와 서울시 소속 기구로 이분화돼 있었다. 광주대단지 지역을 관할하는 행정기구로 '광주군 성남출장소'가 있었으며, 대단지사업 건설

분야를 지원한 '광주군 성남지구 도시건설사업소'가 새로 생겼다. 1969년 8월에 설치된 이 '광주군 성남지구 도시건설사업소'는 이듬해 9월에 광주군 성남출장소에 통합돼 운영된다. 서울시에서는 1969년 9월에 '광주대단지사업소(중부면 대단지사업소)'를 따로 설치해 공사에 관한 현지 업무를 주관하게 했다. 이처럼, 광주대단지 사업으로 새로 조직한 두 관리기구는 대단지 입주가 시작된 1959년 5월을 넘겨 3, 4개월 뒤에야 설치됐는데, 이 또한 '선입주 후개발' 사업방식에 따른 결과로 볼 수 있다.

대단지사업의 투자와 수입 계획은 현지 관리기구 설치보다 더 늦게야 확정됐다.[12] 첫 입주 6개월 뒤인 1969년 11월에 가서 그 윤곽이 드러났는데, 구체적인 재정계획이 불확실한 상태에서 사업을 먼저 실행한 셈이다. 그런데, 이렇게 뒤늦게 수립한 계획마저 변경되다 1971년 3월에 가서야 '광주대단지 6개년 종합계획'으로 정리된다.

규정에 어긋난 사업인가 과정, 뒤늦은 현지 관리기구 설치, 사업시행 뒤의 투자와 수입 계획 확정 등 불합리하고 어긋나 보이는 이들 사안에서 찾아지는 공통점은 이 모두 대단지 조성공사를 하루라도 빨리 시행하기 위한 목적에 부합하는 조치라는 점이다. 공사 조기시행에 따른 무리한 시책이기도 하며, 이는 또한 철거이주민을 한시라도 빨리 광주대단지에 입주시키려는 데 의도가 모아지고 있었다. 광주대단지 조성사업을 설계한 최고 지휘부에서는 왜 이토록 공사 일정을 앞당기려 했을까? 무엇이 철거민 입주를 그토록 서두르게 했을까?

국민투표 이전에 철거민을 이주시켜라

　청와대에서 광주대단지 관련 긴급회의가 열린 그해 가을, 위태위태했지만 정세政勢는 결국 청와대 최고 권력자의 바람대로 돌아가고 있었다. 1969년 9월과 10월에 걸쳐 6차 헌법개정안이 국회 표결을 통과하고 국민투표를 통해 확정되면서 박정희는 1971년 7대 대통령 선거에 다시 출마할 수 있게 되었다. 대통령의 3기 연임 허용을 골자로 하는 이른바 3선 개헌三選改憲이 이뤄진 것이다.

　이 시기는 4년 중임제 대통령제를 채택하고 있었고 1963년 이후 두 차례 대통령을 지낸 박정희는 당시 헌법대로라면 7대 대통령 선거에 나갈 수 없었

전투경찰과 대치하고 있는 3선 개헌 반대시위대(1969) | 경향신문사

다. 이에 박정희는 헌법 개정에 착수하며 장기집권을 꾀했는데, 야당의 거센 반대에 부딪혀 통과가 쉽지 않은 상태였다. 여론도 우호적이지만은 않아, 전국의 대학생은 물론 경상북도와 대구 지역의 고등학생까지 3선 개헌 반대시위에 나설 정도였다.

정부 여당은 정치 공세와 야당 의원 매수는 물론 여론전까지 펼치며 개헌안을 계속 밀어붙였다. 남북 화해 분위기를 조성하고, 훗날 성사되는 '7.4 남북 공동성명'에 대한 얘기까지 흘리며 민심을 얻고자 했다.

한편으론 서울의 무허가주택 문제가 개헌에 영향을 미칠 것으로 보고 이에 대한 대책 마련에 들어갔다. 1967년 6대 대통령 선거에서 박정희는 서울의 무허가판자촌 문제를 해결하겠다고 공언했는데, 개헌안을 확정할 국민투표에서 다수의 지지를 얻기 위해서는 이 무허가주택 문제에 대한 가시적인 해결책을 보일 필요가 있었다.[13] 광주대단지 조성사업은 그에 대한 적절한 본보기가 될 수 있을 터, 청와대에서는 서둘러 광주대단지 조성사업 계획안을 새로 마련하고 속전속결로 사업인가를 냈으며 현지 공사를 급하게 추진해나갔다.

무엇보다, 국민투표 이전에 무허가판잣집이 실제로 철거되면서 무허가주택 문제가 하나둘 해결돼 가고 있다는 사회적 분위기를 조성해야 했다. 수만 채에 이르는 무허가판잣집을 철거하기 위해서는 이들 철거주민을 이주시킬 새로운 정착지가 필요했으니, 광주대단지가 그에 맞춤한 곳이었다. 그렇게 해서 서울의 철거민들은 거주할 가옥 마련은커녕 택지 정지공사마저 본격화되지 되지 않은 1969년 5월에 무리한 입주를 시작했으며, 헌법 개정안은 그해 9월 국회를

변칙 통과하고 10월에 국민투표에 부쳐져 유권자의 77% 선거에 그 65%의 찬
성을 얻어 가결되었다.

이 3선 개헌으로 박정희는 7대 대통령이 될 수 있었으며, 이어 헌정중단을
통한 10월 유신을 단행해 대통령선거를 간선제로 바꾸고 이후 다시 대통령에
올라 본격적인 독재의 길로 들어섰다. 정권을 강화하고 독재를 지속하려는 권
력의 야욕과 정치 음모가 철거민 이주와 대단지 조성의 향방과 성격, 속도에 영
향을 미쳤던 것이다.

서울시의 난제
– 늘어나는 판잣집, 확산하는 무허가촌

광주대단지 조성사업이 추진되기 전해인 1967년의 늦여름, 서울 무허가촌에서 두 건의 자살사건이 잇따라 발생했다. 먼저 목숨을 끊은 이는 성북구 종암동의 고지대 무허가판자촌에 사는 송씨였다. 목공 일을 하며 근근이 생계를 이어온 그는 10년 동안 살아온 집이 기동경찰을 앞세운 철거반에 의해 헐리자 이를 비관해 인근 채석장 벼랑에 올라가 몸을 던졌다.

송씨는 약 두 달 전 "판잣집을 양성화한다"는 당국의 공약을 믿고 빚을 얻어 평소 살던 판잣집을 기와집으로 개축했는데, 이날 집이 헐린 데다 빚 20여만 원을 갚을 길이 없어 비관 자살한 것이다.

-『경향신문』 1967년 8월 14일

1967년 4월 25일, 서울시는 도시계획에 현저히 저촉되지 않는 무허가주택을 합법화한다는 양성화 계획을 발표했다. 지주가 사용을 승낙한 대지나 임대하거나 매각한 국공유지에 지어진 무허가주택을 대상으로, 판잣집과 토담집을 블록집이나 슬레이트집, 기와집 등으로 개량하면 소유권을 인정해 합법화한다는 정책이었다.

그러자 언론은 "그동안 무허가주택을 무자비하게 철거해오던 시 당국이 돌연 방침을 바꿨다"고 보도하며 양성화 계획을 "합리성을 띤 타당한 정책"이라 치켜세웠다. 6대 대통령선거 8일 전이었고, 7대 국회의원선거를 40여 일 앞둔 시기였다.[14] 대통령선거 뒤에도 이 양성화 정책은 계속 추진됐고, 사업지역이 한정됐음에도 마치 서울시에서 무허가주택 전부를 양성화해주는 것처럼 과잉 홍보되기도 했다. 게다가 당시 여당이었던 서울지역 민주공화당의 후보자 절반이 양성화와 관련한 공약까지 내세워, 허름하고 불편한 무허가 가옥을 개량하는 주민이 점차 늘어났다. 가난한 살림을 쪼개고 빚을 내 집을 개량한 주민들은 이제는 합법화된 자신 소유의 집을 가질 수 있다는 꿈에 부풀어 있었다. 그런데 국회의원선거가 끝나자 서울시에서는 돌연 무허가주택 철거에 돌입했다. 무허가주택 양성화 사업은 표심을 얻기 위한 선거용 공약에 불과했던 것이다.

서울시는 양성화를 공언한 지역에 다른 주택사업을 추진하기도 했다. 서대문구 일부 무허가촌 일대는 6월 8일에 치러질 국회의원선거를 며칠 앞두고

무허가주택 양성화 지구의 한 곳인 서울시 홍제동 고지대 주택가.
약속과 달리 무허가 가옥을 철거해 집터만 남아 있다(1967.10) | 서울역사박물관

서울시와 정부의 최고위 책임자가 찾아와 무허가주택 양성화를 약속했던 곳인데, 선거가 끝나자 아파트를 설립해야 한다면 이 지역 주민들에게 철거계고장을 발부했다. 무허가촌 주민을 진퇴유곡進退維谷의 막다른 골목으로 내모는 권력의 횡포였으며, 폭압과 다름없는 이 철거 압박은 결국 또 한 사람의 가난한 주민을 죽음으로 내몰았다.

> 김백년(35세) 씨 집에 전세 들고 있던 박희준(69세) 노인은 주인집이 무허가 건물로 철거당하게 돼 전셋돈 3만 원을 받지 못하게 되자 충격을 받고 음독 자살했다. 3년 전 김씨 집에 전세를 들고 실업자인 아들 등 6식구와 단칸방에서 살아온 박 노인은 21일까지 자진 철거하라는 계고장을 받고 "가옥이 철거당하면 공중에 있을 수도 없으니 세상을 떠난다"는 짤막한 유서를 남기고 자살했다. 그런데 이 현저 1동 판잣집 400여 세대는 지난 6월 초에 김현옥 시장이, 그리고 6월 6일에 정일권 국무총리가 찾아와 무허가 판잣집을 양성화시켜준다는 약속을 했기 때문에 기와를 올리고 블록까지 쌓았다는 것이다.
> ―『동아일보』 1967년 8월 22일

이 시기에도 무허가주택은 기본적으로 철거의 대상이었지만 도시 빈곤층에게는 생계와 관련된 거주공간이자 필수적인 생존기제였다. 위정자들은 이를 악용해 빈민의 생존이 걸린 이 주거지를 놓고 필요에 따라 합법과 불법으로 임의로 재단하면서 자신들의 이익을 채우려 했다. 가난한 이들의 궁핍한 처지와 최소한의 주거나마 이어가려는 빈자貧者의 생존 욕구는 그렇게 해서 종종 권력자들의 정치기반 조성을 위한 디딤돌로 활용되었다. 3선 개헌과 관련된 광주대단지 조성이 그러했으며, 1967년에 치른 두 선거와 무허가주택 양성화 정책 또한 이러한 틀을 벗어나 있었다고 보기는 힘들 것이다.

서울 청계천변의 판자촌(1969) | 서울역사박물관

1960년대 들어 서울에는 무허가판잣집이 급격히 늘어났다. 이 시기 무허
가촌은 대개 도심지역이나 도심에 접근이 용이한 인접 지역에 밀집됐다. 남산
과 인왕산, 낙산 등 구릉지나 산기슭 고지대는 물론 청계천과 한강변, 철로 주
변의 도심지까지 무허가건물이 들어서 서울 시내 곳곳에 대규모 무허가촌이
형성된다.

이런 판잣집은 대개 나무기둥에 판자를 엮어 올려 지붕을 이었으며, 판자

사이로 스미는 바람을 막기 위해 루핑이나 거적을 둘러 씌어 움막처럼 보이기도 했다. 대지면적이 평균 7~8평(23.1~26.4㎡)에 불과할 정도로 매우 협소했지만, 한 집에 한 가구가 사는 곳은 상당히 드물었다. 대체로 한 지붕 아래 여러 세대가 함께 살았는데, 많게는 예닐곱 세대가 거주하기도 했다. 방 하나에 대여섯 명의 식구가 함께 살거나, 방을 두세 개 만들어 세를 놓는 판잣집도 있었다. 외부 생활시설도 부족하고 열악해, 상수도와 하수도 시설은 아예 없었으며 변소는 여러 세대가 함께 사용해야 했다.

> 산 위의 식수난은 판잣집 생활의 막바지 | 한 우물에 2천여 가구가 매어 달려 새벽부터 물싸움을 벌인다. 다섯 살 꼬마까지 바가지를 들고 가파른 산길에 줄지어 차례를 기다려야 하고 여름 가뭄 때면 소방차가 실어다 주는 식수에 기대도 보지만 대부분은 산 위에 괴인 구정물에 바가지를 긁기가 일쑤.
>
> —『경향신문』 1966년 1월 24일

> 이곳(마장동)에서 제일 심각한 문제 중의 하나는 변소이다. 10가구 이상이 오직 하나의 변소를 같이 이용하다 보니 아침이면 변소 앞에 줄이 길게 늘어선다. 변소에 들어가 앉으면 변소 문 반대편 벽면이 판자로 엉성하게 막아져 청계천 건너편 독방 변소의 앉아 있는 사람과 판잣집이 보인다.
>
> —최협, 『판자촌 일기 — 청계천 40년 전』

이런 상태에서도 판잣집은 그 수가 매년 증가해 1962년에 7만 5100여 채에서 1964년에는 10만 8200여 채로 늘어난다.[15] 1966년 무렵에는 13만 6600여 채에 23만 3535세대, 127만여 명이 거주해 380만 서울 인구의 3분의 1이 무허가건물에 살고 있었다. 1968년에는 20만을 넘어 22만 8800여 채에 이르고

1969년엔 26만 9000여 채에 달한다.

서울의 무허가건물 증가와 무허가촌 확장은 이 시기에 본격적으로 추진한 경제개발과 그에 따른 산업화 추세와 맞물려 있다. 경제개발계획은 제조업을 중심으로 한 2차 산업의 성장을 목표로 했으며, 이에 따라 2차 산업이 집중된 도시지역이 크게 발전했다. 농업을 주축으로 한 1차 산업에 대한 투자는 상대적으로 저조했으며, 여기에 저곡가정책까지 겹치면서 도시와 농촌 간의 빈부격차가 갈수록 심해졌다.

이런 실태에서 가난을 벗어나 더 나은 삶을 살려는 농민이 늘어났으며, 이들은 일자리를 찾아 도시로 몰려들었다. 이농민은 경제개발과 산업화의 중심지인 서울에 가장 많이 유입됐는데, 1960년대 농촌에서 도시로 이동한 이주자 가운데 70% 정도가 서울로 이주했을 정도다. 이들 이농민의 유입으로, 1960년에 244만 5000명에 불과했던 서울 인구는 1970년에 이르면 무려 그 두 배가 훨씬 넘는 585만 명으로 급증한다.

이농민은 대부분 빈곤층에 속했으며, 이들 다수는 무허가판자촌으로 흘러들어갔다. 인구 증가는 땅값과 집값을 상승시켰고, 경제력을 갖지 못한 이농민은 무허가건물에 기대서라도 생계를 이어가야 했다. 서울의 무허가촌 확장은 공업과 도시 위주의 편중된 경제개발이 가져온 후유증이자, 저소득층에 대한 대책엔 소홀했던 급속한 산업화가 낳은 필연적인 결과였다.

한편, 농촌경제로부터 이탈한 이농민은 기업의 저임금 실현을 가능하게 했다. 지속해서 도시로 들어오는 빈민층은 광범위한 산업예비군을 형성했으며, 이러한 노동력의 과잉공급을 통해 기업과 정부는 어렵지 않게 저임금 정책을 밀어붙일 수 있었다. 자본 축적과 기업 성장 위주의 산업화 전략에 필수불가

결한 값싼 노동력 시장이 확보된 것이다. 이런 초기 산업화의 양상이 바탕이 돼 이후에도 경제개발의 몫과 산업화의 열매가 자본과 기업 위주로 돌아가는 편중된 분배체계가 공고하게 자리 잡을 수 있었다.

산업화에 필요한 노동력의 원활한 공급을 위해 이농민을 양산했다면, 이들에 대한 적절한 생활대책을 마련해야 했지만 권력과 자본은 이런 면에는 늘 소홀했고 모자랐다. 그러면서 이들이 사는 무허가촌은 도시미관을 해치는 불량 주거지이자 범죄와 위생문제의 온상으로 지목되기 일쑤였다. 거기다 무허가촌 주민은 종종 사회낙오자나 반사회적 인물로 취급되기도 했다.

하지만 이 시기 무허가주택 주민 대부분은 반사회성을 가진 위험한 자도 아니었고 나태한 낙오자도 아니었다. 오히려 일하려는 동기가 분명했고 계층의 상향 이동에 대한 강한 열망을 가진 사람들이었다. 빈궁한 농촌을 떠나 도시환경에 적응하며 생활기반을 다지고자 하는 출발자들이었지만 최소한의 생활기반이 뒷받침되지 않아 힘든 하루하루를 보내는 자들이 대부분이었다. 가난한 형편으로 인한 이웃과의 다툼과 미래에 대한 불안에서 오는 소란행위가 자주 일어났지만, 이들 대부분은 일탈이나 반사회적 행위와는 일정한 거리를 두고 있었다.

그런 이들에게 무허가촌은 지출을 극소화해 그나마 생계를 꾸려갈 수 있게 해주는 요긴한 살림터였다. 직업 활동과 도시생활에 필요한 정보를 주고받고, 이웃과의 친밀과 연대를 통해 빈곤의 위기를 이겨나가게 하는 나름의 생활공동체였다. 1969년에 서울의 마장동과 하월곡동 판자촌에 들어가 지내며 그곳 주민의 생활을 관찰했던 연구자는 당시 무허가촌의 실상을 이렇게 전한다.

판자촌 주민의 생활은 놀라우리만치 정상적인 이미지가 지배적이다. 판잣집의 내부는 썩 잘 정돈되어져 있고 깨끗한 편이며 피상적 관찰로도 그 거주민들은 비교적 조화 있게 관련을 가진 공동체로 보여진다. 20세를 전후한 젊은이를 제외한 주민들은 거의 농촌에서 익혀온 행동 유형을 벗어버리지 않았고 또한 촌락공동체에서의 상부상조와 공동책임이란 전통도 얼마간 남아 있었다.

-최이구 · 최협, 「서울 판자촌의 인류학적 조사(하)」 『형성』 4-1

어느 이농민에게 서울의 무허가촌은 도시생활에 연착륙할 수 있게 해주는 사회교육의 마당이었으며, 또 다른 무허가촌 주민에게는 '빈곤에서 벗어나야 한다'는 의욕과 '빈곤에서 벗어날 수 있다'는 희망의 불을 꺼지지 않게 해주는 의지처였다.

그렇지만 도시정책 입안자와 도시행정 관리자의 입장에서 보면, 빈민의 주거지인 무허가촌은 시급히 해결해야 할 정책과제일 뿐이었다. 도시미관은 물론 건실하게 발전해야 할 서울을 좀먹는 사회적 고질병과도 같았다. 당장 철거해야 할 위험지역이었고, 뜯어고치거나 재배치해야 할 통제지역이었다. 무허가촌은 화재와 수재, 전염병 등 각종 재해에 취약했으며, 도심에 자리한 무허가건물지대는 교통과 환경 문제에도 영향을 미쳤다. 무허가건물을 그대로 두고서는 넓은 도로를 원하는 대로 닦을 수도, 새로운 건물을 마음껏 지어 올릴 수도 없었다. 도시 개발과 확장을 꾀하며 공간구조와 가로체계를 효율적으로 바꾸는 데 큰 장애물로 작용했다.

이처럼 당시 무허가촌은 서울의 도시정책과 도시행정에 가장 큰 걸림돌이었다. 서울시 도시개발사업의 산증인인 손정목이 "20세기 후반 서울의 도시계획은 무허가건물과의 싸움 바로 그것이었다고 해도 그리 틀린 말은 아니다"[16] 라고 했을 정도로 무허가촌 문제는 서울시의 시정市政에 광범위하고 심각한 영향을 미쳤다. 그런 만큼 무허가촌 문제는 풀기 힘든 정책적 난제이기도 했다.

서울시의 선택
- 무허가판잣집을 철거하고 주민을 이주시켜라

　1960년대 후반 서울시는 무허가촌 문제를 해결하기 위해 세 가지 대책을 마련한다. 무허가건물 일부를 개량해 합법화하는 양성화 사업이 그 하나로, 이는 앞에서 살펴보았듯이 선거를 앞두고 추진한 공약空約 성격이 짙고 실현성이 낮은 주택정책이었다. 이런 배경 아래, 양성화 계획의 대상이 되는 무허가건물은 13만 채에서 3만 5000채로 줄었으며, 이마저도 제대로 실행되지 않아 실제로 이 사업의 대상이 된 무허가건물은 그 4분의 1에도 미치지 못하는 7700여 채에 불과했다. 오히려 선거를 치르는 동안 무허가건물 신축을 방관하고 철거를 눈감아주어 무허가주택 난립을 부추겼다는 지적을 받았다.

　다른 하나는 무허가촌 주민을 위한 시민아파트 건립정책이었다. 서울시가 아파트 골조를 짓고 입주자가 내부 공사를 담당하는 방식으로 1969년에서 1971년까지 2000동 9만 호를 건설하겠다는 계획이었다. 하지만 시설비와 아파트관리비를 감당하기 힘든 대다수의 철거민은 입주권을 전매하고 다시 무허가건물에 살림을 풀거나 주거비가 싼 곳으로 이주했다. 철거입주민의 경제 형편을 고려하지 않은 이 정책 또한 무허가촌 문제의 궁극적인 해결책이 되지 못했으며, 오히려 빈민 정착지 조성이라는 명분을 빌어 중간계급의 주거공간을 개발한다는 비판을 받았다.

　하지만 이마저도 충족시키지 못했으니, 당시 시민아파트의 하나로 지은 아파트 한 동이 준공한 지 불과 3개월여 만에 무너져내리면서 이 정책도 중간에 막을 내린다. 1970년 4월에 일어난 이른바 와우아파트 붕괴사고로, 33명의 사망자와 40명의 부상자가 발생하면서 시민아파트 건립정책이 전면 중단되기에 이른다. 준공 기일에 맞추기 위한 무리한 공사기간, 면밀한 현장조사나 설계도 없이 시공한 하부구조, 최고 권력자에게 보이기 위한 전시효과의 하나로 선택한 고지대 산비탈 입지 등이 그 원인이었다. 공무원의 전시행정은 물론 행정기관과 건설사의 결탁에 의한 부정부패의 전형을 그대로 보여준 대참사였다.

서울시에서 가장 힘을 들였던 무허가촌 정책은 철거와 재배치 전략, 곧 집단이주정착지 조성사업이었다.[17] 서울 외곽지대의 국공유지에 주거지를 지정해 무허가촌 주민을 집단으로 이주시키는 방안이었다. 1958년 '미아리 정착지 조성사업' 이후 지속해서 이 정착지 조성책을 추진해 1972년까지 6만 4100여 가구 30여만 명을 시 외곽 98개 지구 930만 평(3074만 3801㎡)에 이주시켰다.

서울시에서 조성한 이주정착지는 무허가촌이 급격히 증가하는 1960년대 중반 이후 많이 늘어난다. 지역도 기존의 홍은동과 구로동에서 신림동과 봉천동, 목동, 사당동, 상계동, 가락동, 마천동 등 도심부에서 멀리 떨어진 변두리 지역으로 확산한다. 이들 정착지는 1963년에 경기도에서 서울시 행정구역으로 편입된 곳으로, 철거민이 이주할 당시에는 정착 여건이 갖춰지지 않은 황무지나 다름없었다. 토지 용도가 대부분 임야와 공원, 하천, 제방 등의 비주거용이었고 주거용 토지는 겨우 20%에 불과했다. 그나마 내어준 세대당 대지면적이 평균 10평(33㎡) 내외로 1967년에 개정된 건축법의 정상주택 최소 기준치인 약 27평(89㎡)에 훨씬 못 미쳐, 이주정책은 사실상 무허가주택의 '장소 이전'에 다름없었다. 당시 언론에서도 이 집단이주정책을 "무허가주택 철거민의 유기"라

고 표현하며 적지 않은 수의 시민을 시 구역 외곽으로 내몰기만 할 뿐, 이들에 대한 하등의 사후책도 강구하지 않는다며 강하게 비판했다.[18]

실제로 서울시에는 철거민 이주에 급급했을 뿐, 정착에 필요한 시설이나 생계대책에는 소홀했다. 1965년 10월, 중구 양동의 무허가주택 주민 1400여 명은 "영등포구 사당동 천막촌에 이주시켜주겠다"는 서울시의 약속을 믿고 자진 철거했지만 이주한 곳은 천막은커녕 우물마저 찾기 힘든 임야지대였다.[19] 이들이 거세게 항의하자 서울시에서는 이번엔 용산구 이촌동 한강변으로 실어날랐는데, 그곳 역시 천막도 우물도 없는 황량한 곳이었다. 이들은 농성을 벌이며 대책을 마련해달라고 외쳤지만 기동경찰대의 힘에 밀려 다시 사당동으로 들어가 험난한 이주생활을 시작해야 했다.

화재나 수재를 당한 무허가촌 주민도 집단이주의 대상이었다. 서울시에서는 1966년 6월 초, 화재를 당한 숭인동 무허가촌 주민 3590명을 목동으로 이주시켰다.[20] 하지만 그곳 이주지는 식수가 없는 벌판지대로 정착에 필요한 최소한의 시설조차 갖춰지지 않은 곳이었다. 항의에도 소용없이 이주지에 머물게 됐지만, 그해 7월 하순에 폭우로 이주지가 물에 잠기면서 이번엔 인근 초등학교에 임시 수용되는 처지가 된다. 이후 학교가 개학하면서부터는 인근 개인 소유의 임야에 천막을 치고 살았는데, 서울시 당국에서는 애초의 목동 이주지로 들어가라며 계속 압박을 가했고, 이주민들은 해마다 수재가 날 것이 명약관화한데 다른 대책을 세워달라고 호소하는 안타까우면서도 참담한 사태가 벌어지기도 했다.

예외적인 경우이긴 하지만, 심지어 서울시에서는 시 행정구역이 아닌 경기도 지역에 철거민을 버리다시피 이주시키기도 했다. 1966년 8월 말, 서울시 철거반은 동대문구 홍릉 인근의 고지대 무허가촌 주민 1170여 명을 트럭 18대에 분승해 당시엔 양주군에 속했던 구리지역의 인창리 뒷산에 내려놓고 돌아가 버렸다. 경기도와의 협의는 물론 사전 통고조차 없이 행해진 일방적인 이주조치였다.

이 철거민들은 수년 전부터 홍릉에다 무허가로 움막과 주택을 짓고 거주해오던 중 이날 아침 출동한 청량리경찰서 기동대에 의해 강제철거를 당하게 된 것인데 주민들과 경찰 간에 충돌이 생겨 손 노파(70세) 등 10여 명이 부상을 했다. 철거민들은 당장 먹을 식량도 없어 대책이라고는 1가구당 가마니 세 장

씩을 가지고 산비탈 무성한 풀밭에다 깔고 칠순 노파에서 어린이들까지 밤이
슬을 맞으면서 밤을 지새웠다. 한편 갑자기 1천1백여 명의 철거민을 사전 통
보도 없이 받아들이게 된 양주군 당국은 사회과 직원을 긴급 출동시켰으나
인원이 많은 데다가 준비된 양곡이 없어 대책을 마련 못 하고 있다.

-『경향신문』 1966년 9월 1일

인창리 이주사건은 이로부터 약 2년 뒤에 가시화된 광주대단지 조성사업
을 떠올리게 한다. 이 사업은 형식상으론 경기도의 동의를 받고 정식 인가를 거
쳐 추진한 정책이지만, 경기지역에 대규모 주택단지를 건설하려는 애초의 목적
이 골치 아픈 철거민 문제를 타지로 떠넘기려는데 있었다는 점에서 인창리 이

서울시 홍릉 인근에 들어선 무허가촌(1966) | 서울역사박물관

주와 묘하게 닮아있다.

　가능하면 도시 중심부에서 멀리 떨어진 곳에 철거민 정착지를 조성하고자 한 서울시의 정책은 철거이주민을 공간적으로 격리하고 사회적으로 배제하는 효과를 낳았다. 도심지역에서 일용노동이나 행상, 노점상 등으로 생계를 꾸리던 철거민들은 변두리 지역으로 이주하면서 교통 시간과 비용 부담이 가중돼 고용기회가 줄어들게 되었다. 게다가 도로포장이 안 된 곳이 많아 비가 조금만 와도 중간에 하차시키고 임의로 버스를 운행하기도 했으며, 버스정류장이 너무 멀어 도심으로의 출퇴근을 포기해야 하는 이주민도 있었다. 이주지 교통문제는 자녀의 학교 교육에도 지장을 가져왔다. 초등학교(국민학교)가 거주지에서 멀리 떨어져 있어 등교에 애를 먹었으며, 심지어 거주지와 학교 사이의 거리가 $6km$ 가 넘는 곳도 있어 제대로 등교하기가 거의 불가능한 이주지도 있었다.

　저희들은 지난 8월 20일 동부이촌동, 대방동, 구로동, 신대방동, 가리봉동, 독산동 등지에서 불시에 철거되어 신림동(낙골) 정착촌에 자리 잡은 철거민들입니다. 제일 다급하고 딱한 사정은 첫째, 교통난과 자녀교육문제입니다. 저희들은 매일 시내 일터로 가서 노동일을 해야 하는데 버스를 타려면 신림동 종점 아니면 대방동까지 도보로 1시간 30분 이상이 걸리니 출퇴근이 불가능합니다. 또 국민학교가 개학이 되었는데도 자희 자녀들을 등교시키지 못하고 있습니다. 다급한 대로 저희들 하루살이들에게 시영버스를 마련해주시고, 학교를 신축하기에는 너무나 오랜 시일이 요하므로 우선 천막으로나마 임시 가교실에서 어린아이들이 공부할 수 있게 해주십시오. 둘째, 공중변소시설이 아직 없으며 쓰레기 버릴 곳이 없습니다. 셋째, 우물시설이 없어 심지어는 산에서 흘러내리는 개울물을 먹고 있는 형편이니 조속히 우물을 마련해주십시오.

넷째, 상설 의료시설이 없어 위급한 환자들의 가련한 생명을 앗아가곤 합니다. 그 실례로 26일 자 각 신문 지상에 보도된 바와 같이 (아이가) 독사에 물려 주민들이 먼 곳에 있는 병원으로 옮기는 도중 숨진 일이 있답니다. (…) 〈서울 신림동 난민정착촌 대표 김용복 외 주민 일동〉

-『경향신문』 1968년 9월 7일

생계와 생존을 위해서라도 이주지를 떠날 수밖에 없는 실정이었다. 교통난과 실업 위기에 열악한 교육여건과 생활시설, 거기에 위생과 건강 문제까지 겹치면서, 이주한 철거민의 절반 정도가 분양받은 택지를 투기꾼이나 일반 주민에게 전매하고 도심으로 들어가 다시 무허가건물을 짓거나 세를 들었다. 일부 철거이주민은 택지를 넘긴 뒤 이주정착지 주변을 무단 점유해 또 다른 무허가건물을 세우기도 했다. 도심의 무허가촌은 일소되지 않았으며, 오히려 이주정착지까지 무허가주택이 들어서는 사태를 불러오기도 했다.

한편, 시간이 지나 이주정착지 지역에 도시기반시설이 어느 정도 갖춰지면 부동산 투기자본가들이 철거이주민에게서 넘겨받은 택지를 개발해 중산층이나 부유층을 대상으로 전매했다. 이런 과정을 거치면서, 개발 후의 수익은 대부분 투기자본가와 중간계급이 차지하고 도시빈민은 무허가촌과 이주정착지를 전전하는 악순환이 반복됐다.

이러한 결과는 집단이주정착지 조성사업의 궁극적인 목적이 어디에 있었는지를 여실하게 보여준다. 도심 무허가촌 철거와 철거민의 시 외곽 이주정책은 도시빈민의 안정된 주거공간 확보보다는 산업화에 따른 도시공간구조 재편성을 합리화하고 정치권력과 자본의 이익이 보장되는 방향으로 도심 공간을 활용하는데 주된 목적이 있었다. 장기적으로는 도시 외곽을 개발하기 위한 터를 닦는데도 의미를 두었지만, 결과적으로 투기자본과 중간계급의 이익을 우선 시했으며 철거이주민의 생계와 생활은 언제나 뒷전이었다.

철거와 이주는 행정 면에서 보나 재정 면에서 보나 비교적 손쉬운 방책이었지만 문제는 이주정착지로 쓸 유휴 국공유지였다. 이농민의 서울 유입이 갈수록 가속화하고 새로운 무허가판잣집이 계속 양산되면서 쓸 수 있는 국공유지가 한계에 달했다. 그렇다고 도심 내 무허가촌을 그대로 둘 수도 없는 상태여서, 이제는 이주정책에 대한 전환이 필요했다. 때맞춘 것처럼 "시 구역 바깥으로 나가자. 장차 시역市域 내에 편입시켜버리면 될 것이 아닌가" 하는 의견이 나오던 시기였다.[21]

정책 책임자와 위정자는 결국 서울의 경계를 넘기로 했다. 서울에서 멀지 않은 경기도의 미개발 지역에 위성도시, 신흥도시, 신시가지 등의 수식어를 내세울 수 있는 철거민 정착지를 조성하자는 계획이었다. 선진국에서는 이미 위성도시 건설의 성과를 거두고 있었던 터라 대외적 명분 또한 충분하다고 보았다. 이로써 뒷날 수도권 최초의 계획도시이자 신도시가 될 광주대단지 조성사업이 시작됐다.

3장

광주대단지가
성남으로 간 까닭은?

1969년 늦여름, 철거이주민의 광주대단지 집단시위

왜 경기도 광주군 성남城南이었나?
값싼 땅을 찾아라
안보 사항을 점검하라
주민통제를 고려하라

성남의 첫 도시개발 시도 – 모란단지의 경험

광주대단지 조성을 경영사업화 하라 – 서울시의 땅장사

서울시의 재정적자와 광주대단지 경영사업

1969년 늦여름, 철거이주민의
광주대단지 집단시위

　　1969년 늦여름의 광주대단지, 한쪽에서는 대지(垈地) 정지작업으로 잡목을 밀어내는 중장비의 기계음이 요란하고, 다른 한쪽에서는 빗물 새는 천막에 겨우 살림살이를 가린 이주민들이 힘든 하루하루를 보내고 있었다. 구릉지 공사장에는 건설의 깃발이 높이 올랐지만, 천막촌에는 상하수도 시설은커녕 공동변소마저 모자라 오물이 넘치고 쓰레기가 곳곳에 널려있어 언제 전염병을 불러올지 몰랐다. 이주정착촌 정책의 획기적 전환으로 새 삶터를 마련해주겠다는 구호가 여전히 요란했지만 정작 철거이주민들은 배고픔과 질병의 위협에 시달리고 있었다.

　　어긋나 보이는 대단지의 이 풍경을 한층 허물어뜨리며, 이날의 사태는 결국 극단으로 치달았다. 광주대단지 입주가 시작된 지 3개월이 지난 1969년 8월 20일, 철거이주민 수백 명이 대단지를 관할하는 행정관서인 성남출장소를 점거하며 농성을 벌였다.[1] 이들은 택지분양과 생계대책을 요구하며 벌써 4시간째 집단시위를 이어가고 있었다.

　　시위는 이날 오전 10시 30분 무렵, 대단지 건설사업을 지원하는 '성남지구 도시건설사업소'에서 시작됐다. 회의 중인 도시건설사업소 사무실에 몰려온 철거이주민 400여 명은 약속한 대로 택지를 분양하고, 택지분할 측량과 배수로시설 공사를 조속히 시행해 주택을 지을 수 있도록 해달라고 요구했다. 근로작업장을 알선하고 구호양곡을 늘려서 지급하며, 대단지 내 주택지구에서 서울 중심부까지 운행하는 버스노선을 마련해달라고 했다. 이 모두 당장의 생계가 걸린 일이지만, 이는 성남지구 도시건설사업소에서 해결할 수 있는 사안이 아니었다. 도시건설사업소에서 분명한 답을 내놓지 못하자 흥분한 철거이주민들은 사무실 책상과 의자를 부수며 난동을 부렸다.

> 광주군 중부면 주택단지에 이주해온 철도변철거민 중 약 400명이 광주군 성남지구 도시건설사업소에 침입 난동(사무실 천막 3동, 책상과 의자 등 기물 파괴)한 사건의 경위 및 조치사항을 보고합니다.
>
> 1. 난동 경위
>
> 　가. 철거민(1322세대, 6440명) 중 1008세대가 296동의 천막에서 지난 5월부터 3개월간 불편한 생활을 하고 있어 조속 택지분양을 해줄 것을 서울특별시에 요구해왔으나 아무런 반응이 없어 불만을 가진 철거민이 본도 광주군의 성남지구 도시건설사업소에 대하여 폭력적으로 대책을 요구한 것임.
>
> ―「광주군 중부면 철도변철거민 난동사건 보고」, 『신도시개발(광주군 도시건설)』, 경기도(1969.8.21)

택지분양 사안은 서울시 소관이라는 해명을 들은 시위군중은 서울시에서 설치한 현장사무소로 몰려갔다. 하지만 이날은 근무를 나오지 않아 현장사무소는 비어 있었다. 그러자 시위군중은 인근의 성남출장소로 달려가 앞마당을 점거하고 농성을 계속했다. 그렇게 치달은 집단시위가 오후 2시를 넘기며 장기화할 조짐을 보이자 광주군수와 경찰서장이 사태 해결에 나섰다. 광주군의 행정과 치안 책임자인 이들이 대책을 강구하겠다는 다짐을 하고 시위대는 광주군 당국에 사과하면서 4시간에 걸친 집단시위가 막을 내렸다.

3. 조치사항

　　가. 택지분양에 대하여는 공한으로 촉구하였으며, 광주군수로 하여금 서울
　　　　시와 협의하여 곧 착수토록 조치하였음.

　　나. 극빈자의 구호는 지난 8월 13일~8월 14일 단대천 제방보수공사에 859
　　　　명을 취로케 하여 4345명분의 구호양곡 정맥 7703kg을 지급하였음
　　　　(1일 1인 1.75kg, 7일분)

　　다. 시영버스 노선연장에 대하여는 서울시에 요청하겠음.

　　(…)

　　나. 난동 주모자에 대하여는 현지 경찰에서 조사 중에 있음.

　　수신처: 내무부 장관(행정과장), 청와대 비서실장

　　－「광주군 중부면 철도변철거민 난동사건 보고」『신도시개발(광주군 도시건설)』, 경기도(1969.8.21)

　광주군의 재량으로 당장 취할 수 있는 조치는 사실상 거의 없었다. 근로구
호양곡을 지금의 '1일 1인 1.75kg, 7일분'을 '1일 1인 3.6kg, 18일분'으로 늘려달
라는 철거이주민의 요구는 재정과 관련된 문제여서 상급기관과의 협의나 승인
을 거쳐야 했다. 택지분양과 측량, 시설공사, 교통대책 등은 대단지사업 주체인
서울시에서 결정할 사안이지 광주군에서는 협조 공문을 발송하고 협의 자리를
마련할 수 있을 뿐이었다. 대단지 조성사업의 주체는 엄연히 서울시였다.

　그런데도 5월 초에 첫 철거이주민이 대단지에 들어온 이래 경기도의 두
행정기구에서 이주민 생계지원과 민원 일은 물론 공사 관련 현장 업무까지 맡
아오고 있었다. 서울시에서는 대단지 기초공사를 시작하고서도 현지 업무를 주
관할 정식 기구를 현장에 설치하지 않고 임시 사무소만을 운영하고 있을 뿐이
었다. 집단시위가 일어난 10여 일 뒤에서야 광주대단지사업소를 현장에 두어

광주대단지 부지 조성 공사현장. 대로변 한쪽으로 천막촌이 형성돼 있다(1970) | 서울역사박물관

공사현장을 감독하고 현지관리를 해나갔는데, 철거이주민의 집단시위가 없었다면 더 늦어졌을지도 모를 일이었다.

　서울시에서는 시 구역 내의 무허가촌 철거작업에는 다급하게 움직이며 진력을 쏟았지만, 철거이주민이 정착할 대단지 건설공사와 이주민 생계대책에는 힘을 다하지 않았다. 그러면서 택지와 도로, 기반시설 건설과 같은 대단지 조성 공사는 지지부진했으며, 택지분양은 계속 미뤄졌다. 일자리는 언제 생길지 몰랐고, 버스노선 연장과 증차는 말만 앞설 뿐이었다. 광주대단지 조성 초에 성남지구 도시건설사업소에 근무했던 한 공무원은 철거민 이주에만 급급했던 당시 서울시의 태도를 이렇게 증언한다.

서울시에서는 우리 생각하고는 다른 것 같았는데, 무허가건물로 철거 대상인데 땅 20평이라도 줘가지고 내보낸다는 시혜적 견해가 주류인 듯했어요. 그런데 우리가 볼 때는 인간을 인간답게 최소한은 취급해야 될 것 아니냐는 생각이었지요. 비가 오든 눈이 오든 먹을 것이 있든 없든 '이게 당신 땅이요!' 하고 그냥 내려놓고 가버리는 거예요. (…) 서울시로서는 철거 대상이고 언제든지 내쫓을 사람인데 땅을 마련해서 줬다고 선심 쓴 것으로 생각한 것이 주류였지만 여기서 그 비참한 생활을 보고 있는 사람으로서는 인간 취급을 이렇게 할 수가 있느냐, 또 나 같은 사람은 특히 그랬죠. 내 자신이 그러한 생활을 어렸을 때 했기 때문에 의식적으로든 무의식적으로든 철거민 편에 서게 되었던 겁니다.

-임미리(구술정리), 「성남시와 함께한 40년 공직생활」 『성남시사 8: 생애사』

하지만 그 20평$(66.1m^2)$ 좁은 땅마저 무상분양이 아니었으니 그리 내세울 게 없는 정책이었으며, "시혜"는 더더욱 아니었다. 게다가 불량건물 일소와 도시 재정비라는 기치 아래, 서울시 구역에 사는 주민을 타 행정구역으로 내모는 반강제적 이주정책이 아닌가? 그러면서도 이주 뒤의 철거민 대책에 대해서는 한 발을 빼고 있으니, 이주정착지에서 일어나는 온갖 잡다하고 성가신 일은 모두 경기도에 떠넘기는 듯한 분위기였다. 무허가촌 증가라는 서울시의 사회문제를 틀어막기 위해 타 행정구역에 속하는 주변 지역을 활용하는 이 정책은 식민지를 만들어 자국의 사회모순과 병폐를 해결하려 했던 제국주의 국가의 통치전략을 연상하게 한다.[2] 이주정착촌이 들어선 이곳 대단지 지역이 마치 제국주의 침략 하의 점령지처럼 취급된 것은 아닌지 하는 의심을 떨쳐버리기 힘들다. 그 사업이 국가 규모의 정책이자 최고 권력자가 지대한 관심을 쏟는 시책임을 고려하더라도 말이다.

과연 광주대단지 조성사업은 수도 서울의 발전과 그에 따른 나라의 번영을 위해서는 피할 길 없이 겪어야만 했던 국가정책이었을까? 그 사업장이 왜 군이 산림이 제법 울창했다는 이곳 성남지역이어야 했을까? 대단지 설계자들이 경기도 광주군의 성남을 선택한 까닭은 무엇일까? 1969년 늦여름에 일어난 철거이주민의 집단시위는 이러한 의문을 불러오고 있었다.

왜 경기도 광주군 성남城南이었나?

값싼 땅을 찾아라

　광주대단지가 들어선 수진리와 탄리, 단대리, 상대원리 등 성남 일대는 서울 중심부까지 직선거리로 불과 20㎞ 안팎에 자리했지만 산간벽지라는 표현이 어울리는 한적한 지역이었다. 야산에는 참나무와 소나무, 오리나무 등속이 들어찼고 새우재 고개, 바우백이, 복우물 고개 등의 이름을 가진 고개와 개울이 산재해 있었다. 야산 기슭과 구릉지에는 논과 밭이 자리했으며, 몇몇 가구로 이뤄진 자연부락이 산록을 등지고 드문드문 앉아 있었다.[3] 수십만 명의 인구가 상주하는 도시를 조성하기 위해 이런 산지를 선택했다는 게 믿기지 않을 정도로 입지로서는 제법 거친 곳이었다. 그것도 수십 년 수백 년에 걸친 장기계획이 아니라 건설 기간이 단 6년에 불과하지 않은가.

　그런데 이 지역은 광주대단지를 입안하고 설계한 자들이 애써 찾던 바로 그 적합지였다. 서울시가 초기에 작성한 대단지주택조성계획 시책에는 "단지는 미개발된 지방(경기도 영내)으로 지정하되 수도의 위성도시로 형성한다"고 되어 있다. 입지를 경기도 지역으로 한정한 것은 철거민을 옮기기에 서울에서 너무 멀지 않아야 하고, 또한 장차 서울의 위성도시 역할을 할 것이라는 계획상의 지향 목표 때문이었으리라. 굳이 "미개발된 지방"을 찾은 데는 재정 상태와 농업 증산이라는 경제 측면의 고려와 기준이 작용했다고 한다.

입지를 물색하던 초기에 서울 주변의 하남과 시흥, 안양, 부천 등지가 거론 됐는데, 이들 지역은 농경지 훼손이 우려되는 데다 이미 개발이 된 구역이 많아 지가地價가 높았다.[4] 이곳 후보지가 일찌감치 제외되면서 비교적 농경지가 적고 국공유지가 많은 광주군의 중부면이 부각되었다. 광주지역으로 눈을 돌리면서 처음에는 성남지역 동북쪽에 자리하고 한강변에 가까운 광주군 동부면 신장리 (지금의 하남시 신장동) 일대가 후보지로 관심을 끌었다. 이 지역은 교통 여건이 비교적 양호해 서울과의 근접성 면에서는 큰 문제가 없었지만 이곳 또한 농경지가 많고 비교적 땅값이 비싸 곧 포기하게 된다.

서울시는 재정 상황을 고려해 평당 300원 이내로 토지를 매입할 수 있는 지역을 찾고 있었다. 이제 남은 후보지는 광주군 중부면의 성남지역이었다. 이곳은 교통이 불편하고 임야가 차지하는 면적이 전체 면적의 60%를 차지해 택지개발이 쉽지 않은 지역이지만 국공유지가 많아 재원 확보라는 면에서는 최적의 장소였다. 실제로 광주대단지 사업지역의 매수 계획토지 중 국유지가 285만 1086평(942만 5077㎡)으로 전체의 77.3%에 달했지만 사유지인 민유지는 83만 7718평(276만 9316㎡)으로 22.7%에 불과했다. 더구나 이 민유지 중에서도 지가가 싼 산림지가 60만 7260평(200만 7471㎡)으로 민유지 총면적의 72%나 되었다. 서울시는 주택단지로서의 입지 조건보다는 땅값이 싸서 매입이 쉬운 토지를 우선해서 고려했던 것이다.

산지나 구릉지를 선택해 건축법에 어긋나는 주택지구를 조성한다 해도 평지가 대부분인 개방된 지역과 비교하면 문제가 적을 것이라 판단했다는데, 이또한 선택에 유리하게 작용했다고 한다. 재정 상황과 책임회피를 우선시한 이러한 입지 선정으로 보아, 서울시의 초기 계획은 광주대단지를 하나의 엄연한 도시로 건설한다기보다 사회 고질병으로까지 치부했던 무허가촌 일소와 그곳의 빈민 이주에 더 중점을 두었다고 볼 수 있다. 지속적인 무허가판자촌 철거로 발생할 대규모 철거민의 집단이주라는 난제를 싼값에 해결하고자 했던 것이다.

광주대단지 조성 시기의 택지개발공사 현장 | 경기도청

안보 사항을 점검하라

　　대단지 입지 선정에는 안보 측면도 충분히 고려되었다.[5] 서울 북부에 위치한 고양과 의정부는 물론 서울 동부에 자리한 구리 지역은 휴전선과 가까운 안보 취약지여서 일차적으로 제외되었다. 서울 서쪽의 김포와 강화도 지역도 같은 이유에서 탈락했다. 광주대단지 조성사업이 승인되기 약 100여 일 전에 발생한 무장공비침투사건이 이러한 안보 차원의 검토를 더 신중하게 했을 것으로 본다. 1968년 1월 21일, 청와대 폭파와 요인 암살을 목적으로 김신조를 비롯한 무장공비 31명이 서울 도심에 침투해 교전을 벌이다 진압됐는데, 청와대 인근의 청운동 일대까지 이들 무장공비가 내려와 국가안보와 수도방위에 대한 경각심을 불러일으켰다. 서울시 도시개발의 산증인인 손정목은 "당시의 분위기에서 조금이라도 휴전선에 가까워진다는 것은 절대로 불가한 조건이었다"고 단언한다. 한강 이남의 내륙지역인 광주군 성남 일대는 이런 우려에서 벗어나 있었다.

　　안보문제와 관련해 덧붙이자면, 근래 들어 광주대단지를 조성하게 된 동기나 목적 자체를 국가안보 차원에서 분석해야 한다는 주장이 제기됐다. 1960년대 후반 급격히 늘어난 서울의 무허가촌이 간첩이나 공산주의자의 은신처가 될 수 있다고 보고, 이에 대한 대책으로 광주대단지 조성사업을 추진했다는 것이다.[6] 이는 불순분자가 암약할 수 있는 근거지나 잠재적인 안보 위험지대를 사전에 없애고, 그곳 주민은 서울 외곽의 한곳에 모아 집단관리하는 안보 차원의 도시빈민 통제방식이라는 주장으로, 광주대단지 조성을 국가보안 대책의 하나로 볼 수 있다는 입장이기도 하다.

　　이 시각에 따르면, 1960년대 베트남전쟁에서 베트콩(베트남 공산주의자)이

거둔 게릴라 투쟁의 성과가 이러한 안보전략을 채택하는 데 영향을 미쳤다고 한다. 당시 베트콩은 빈민촌을 근거지로 삼아 테러와 저격, 군수시설 파괴와 물자탈취, 사보타주와 사회교란 등을 일으켰는데, 서울의 빈민촌 또한 불순세력의 활동 근거지가 될 수 있다고 본 것이다. 이 같은 논의를 받아들이면, 1968년 1월의 무장공비침투사건은 입지 선정뿐 아니라 무허가촌과 도시빈민에 대한 '철거 후 집단관리'라는 안보 차원의 통제방식 선택과 그 추진 속도에까지 영향을 미쳤다고 볼 수 있다.

주민통제를 고려하라

효율적인 주민통제라는 행정과 치안상의 일반적인 통치방안도 광주대단지 부지 선정에 영향을 주었을 것으로 본다.[7] 결론부터 말하면, 산으로 둘러싸인 위요圍繞 형태의 지형과 서울로 나가는 길이 한 곳밖에 없다는 당시 성남지역의 공간 특성이 주민을 통제하기에 상당히 효율적이며, 이런 자연환경 조건이 이 지역을 광주대단지 부지로 선정하는 데 긍정적인 영향을 끼쳤다는 주장이다. 광주대단지 건설 초기에 성남지구 도시건설사업소에서 근무했던 공무원의 전언이다.

그 당시에는 되도록 서울과 (일정 부분) 단절도 되면서 대규모 이주가 가능한 지역을 선정하려고 했기 때문에 지형이 우선적으로 고려되었다고 봐요. (⋯) 일단 개발 초기 당시에는 철거민들의 대규모 이주라서 사회적으로 취약계층이 많았기 때문에 (부정적 이미지로 인하여) 다른 지역과 활발히 연결하려는 사안은 아니었습니다. 서울 외곽에 위치하면서도 너무 멀지 않은 지역, 공간적으로 주민통제가 가능하고 외부로 잘 드러나지 않는 지역. 그런 기준으로 보면 지금의 성남은 산으로 둘러싸여 있고 외부로 나가는 길이 한 방향으로만 나 있는데, 이 지형상의 특징이 대상지 선정에 영향을 미쳤습니다. 학계에 있는 전문가 구성원들로부터 그런 내용을 들은 기억이 있습니다. 상당히 근거 있는 소문이었지요. 비슷한 시기에 (서울 외곽의) 거여동도 산기슭으로, 산에 둘러싸인 지형상 특징으로 인하여 서울시의 철거민들을 이주할 공간으로 선정되었어요.[8]

-권락용, 「광주대단지 사업의 주체별 갈등구성」, 서울대학교대학원 건설환경공학부 석사학위논문

당시 통치계층은 서울을 비롯한 대도시의 무허가촌과 그곳에 사는 도시빈민층을 산업화와 근대화 과정에서 생기는 과도기적 성장통이라 보면서도 때로는 감춰야 할 사회적 치부로 여겼다. 한편으로는, 이들 도시빈민은 사회 혼란이 일어나거나 안보 위기가 닥치면 위험세력이나 적대계층으로 변할 수 있는 부류로 보았다. 손정목 또한 2000년대 들어 기고한 글에서, 산동네나 달동네로 불리는 무허가촌과 그곳 주민이 "언제나 시 행정의 큰 짐이거나 위협적 존재가 될 수밖에 없었다"고 회고한다.[9]

이런 시각을 가진 위정자와 행정관리자의 입장에서 보면, 도시빈민층은 언제든 통제하고 관리해야 할 계층이었다. 동태를 살피고 민심 동향을 파악해야 하며, 유사시를 대비한 진압책과 통제방안까지 마련해 두어야 했다. 사회 일반계층과 공간적으로 일정 부분 거리를 둘 필요도 있었다. 광주대단지가 들어설 성남지역은 이러한 요건을 충족시키는 곳이었다. 이 지역이 국도에서 비켜난 곳에 자리 잡고 있어 일단은 외부의 시선을 피할 수 있었으며, 산으로 둘러싸인 지형은 서울과의 도시공간 분절성을 꾀하기에도 적절했다. 서울로 연결되

는 도로가 한 곳밖에 없어 비상사태가 발생해도 그 길목만 막으면 서울로의 진입이 더는 어려웠다. 이는 대단지 조성사업이 결정된 지 약 3년 뒤에 실제로 확인된 사실이기도 하다. 1971년 8월에 광주대단지에서 집단시위가 일어났을 때 일부 젊은이들이 차량을 탈취해 서울로 진출하려 했는데, 경찰은 당시 서울로 통하는 유일한 도로인 지금의 성남대로 일대를 막음으로써 이들 시위대의 서울 진입을 효과적으로 차단할 수 있었다.

성남의 첫 도시개발 시도
- 모란단지의 경험

한편으론, 1960년대 전반기에 민간에서 개발한 모란단지가 철거민 이주정착지인 광주대단지 부지를 선정하는 데 영향을 끼쳤을 것이란 견해가 조심스럽게 제기됐다.[10] 모란단지는 민간인 수십 명이 함께 농장을 일구고 주거지를 조성해 생활하는 일종의 개척지구였다. 당시 행정구역상으론 광주군 돌마면 하대원리 일대로, 지금의 성남 본시가지 남단에 자리잡고 있었다. 뒷날 들어서는 광주대단지 부지의 서남쪽 아래에 인접한 곳이었다. 당시 "모란농장" "모란지구" 등으로 부른 이 모란단지 개척은 지금의 성남 시역市域 내에서 이뤄진 도시개발의 첫 시도였다.

육군 대령으로 예편한 김창숙은 1960년 들어 광주군 돌마면과 중부면을 비롯한 인근 지역 청장년 40~50명을 규합해 재향군인개척단을 조직하고 개척 활동을 시작했다.[11] 육군사관학교 출신으로 5.16 군사쿠데타 주역인 김종필과 동기였던 그는 쿠데타 직후인 1961년 6월부터 9월까지 경기도 광주군수를 지내기도 했는데, 이후 개척단의 이름을 모란개척단으로 바꾸고 본격적인 단지 조성에 들어갔다. 황무지나 다름없는 메마른 땅을 농토와 택지로 개간하는 사업을 벌여 이 지역을 도회지와 같은 거주지역으로 만들고자 했다. 단원들은 김창숙의 지휘 아래 집단생활을 하며 제방을 쌓고 논밭을 일구었으며, 수십 채의 블록 벽돌집을 지어 새로운 삶터를 조성해나갔다. 모란단지가 신개척지로 외부

1960년대 성남지역에서 개척 활동을 펼친 모란개척단의 국기게양식 | 『성남시사 9』 (게재)

에 알려지면서 서울의 실향민촌과 저소득층 주민이 유입돼 모란 지역 여기저기에 집단촌이 형성되었다. 1960년대 중반에, 모란단지 내에 설립한 모란학원 교사로 근무했던 이의 경험담이다.

여기 원주민 청년들이 중심이 돼서 제대 막 하고 취직이 안 된 시골의 청년 놈들을 30명을 모란개척단 해가지고 자기가 그 사람들 데리고 흑벽돌 찍고 학교 만들고, 우체국 만들고, 버스정류장 개설하고 시장 개설하고 그러다 보니까 한 달 지나, 1년 지나, 내가 여기서, 근 65년 3월에 와서 66년 11월에 나왔으니까 햇수로는 2년이고 만으로는 1년 반이 넘었잖아요. 그 1년 동안에 얼마나 변화가 많은지 모르죠. 서울 천호동에서 택시가 다 들어오고 버스가 하루에 네 번밖에 안 들어오던 것이 그냥 시간 시간마다 들어오고 그러면서 여기 투자하는 사람이 부동산꾼들이 들이닥쳐서 모란 땅이라든가 논밭을 사는 것이 시작되는 거죠. 모란개척단의 이름으로 그게 커지면서 버스정류장도 그냥 지나가던 동네, 사람 없으면 그냥 지나가던 동네가 정식으로 표를 파는 정류장 시설을 갖추고 있고, 학교, 교회, 우체국, 그리고 시장 서고 그러니까 시골 사람들은 편하고, 외부 사람들 좀 들어오고, 그게 내가 나갈 때는 저녁에 술집까지도 흥청망청할 정도로 사람들이 왔다 갔다 하는 사람들이 많이 있었어요.

-김수현, 「지역개발 계획, 모란단지와 광주대단지」, 『성남시사 6: 도시개발사』

황무지를 개간해 만든 집단농장이 나름의 성과를 내면서 모란개척단은 생활기반시설을 조성해나갔다. 오늘날 전국 최대 규모의 민속시장이 된 모란장을 5일장으로 열었으며, 성남우체국의 전신인 모란우체국을 별정우체국으로 개설했다. 지금의 풍생 중고등학교 전신인 모란학원을 세워 자녀교육에도 대비했다. 서울로 오가는 시외버스가 증편되면서 교통 여건도 개선됐으며 단지 규모도 점차 확장했다. 1965년 무렵엔 수백 명의 주민이 거주하는 제법 규모를 갖춘 거주지역이 조성되기에 이른다. 5년 전만 해도 버려진 땅이나 다름없었던 모란 지역이 소규모의 면사무소 소재지 수준으로 성장한 것이다. 토지에서 주거지, 공공시설과 생활기반시설에 이르는 모란개척단이 이룬 이러한 성과는 뒷날 성남 본시가지가 성장하는데 밑거름이 된다.

그런데도 단원들의 노동과 의지에만 기댄 당시의 개척지 조성은 한계가 분명했다. 지속적인 재정지원이 없는 상태에서 단지개발이 주춤해지고 답보 상태가 이어지자 단원들의 의욕도 한풀 꺾일 수밖에 없었다. 단원들이 하나둘 흩어지면서 건물 소유자가 바뀌었고 모란학원도 기업가의 손으로 넘어갔다. 상가 형성도 진척이 없었다. 그러던 차 1968년에 나온 광주대단지 조성사업 발표는 모란단지를 침체의 길로 내몰았다. 모란단지 인근에 대규모 재정이 투입되는 국가 차원의 시가지 조성사업이 시작된다는 소식은 그나마 남은 단원들의 의지마저 퇴색하게 만들었다. 모란단지 지역은 광주대단지 조성사업 구역에서 제외돼 있었던 것이다.

그렇다고 이 시기 모란개척단의 활동을 실패로 규정지을 수는 없다고 본다. 모란단지는 국가에서 추진한 광주대단지와는 조성 배경과 사업 성격이 달랐다. 민간이 주체가 되어 벌인 잘살기 운동의 하나였으며, 힘을 합쳐 함께 가난을 벗어나려는 자발적인 주민운동이기도 했다. 이런 측면이 강조되면서 모란개척단의 활동과 모란단지가 "1970년대에 시작한 새마을운동의 양상을 10년 앞서 보여주었다"는 평가를 받기도 한다.[12]

이러한 모란개척단의 성과는 이주정착지 조성사업 설계자들에게 현실적인 정보와 나름의 지침을 주었을 가능성이 높다. 우선, 제법 성공적인 개척단지로 외부에 알려진 모란단지의 존재 자체가 이주정착지 부지를 찾고 있던 설계자들의 관심을 끌어 결국은 인근의 성남지역을 이주정착지 후보지로 삼게 했을 가능성이다. 이미 1960년대 초반에 "재향군인 모란지구 농장개척단", "모란개척농장" 등으로 언론의 주목을 받은 모란단지를 이주정착지 설계자들도 어렵지 않게 인지할 수 있었을 것이다.[13]

자갈밭 25만여 평을 개간하고 있는 이곳 '재향군인 모란지구 농장개척단'에는 자매결연한 하와이 교포들로부터 두 트럭의 의류가 8일 하오에 도착하여 개척민들을 기쁘게 하였다. 이 사랑의 선물은 이날 현지 주민 200여 명과 개척단에서 운영하는 모란학원 학생 200여 명이 모인 가운데 미8군 민사부장 네일 대령에 의해 개척단장 김창숙 씨에게 전달되었다. 앞으로 유축농장을 목표하고 개척에 힘쓰는 이들 주민은 한국의 토산물들을 생산하여 하와이 교포들에게 보낼 것을 이 자리에서 다짐하였다.

–『동아일보』 1962년 2월 9일

다른 하나는, 모란단지의 앞선 성과가 이주정착지 사업, 곧 광주대단지 조성사업에 대한 확신을 강화했을 가능성이다. 빈약한 재정에 수십 명의 소규모 인원으로 시작한 민간 주도의 모란단지 개척이 이 정도의 결과를 나타냈다면, 국가 차원에서 대규모 자원과 재정을 투입할 대단지 조성사업은 더 큰 성과를 낼 수 있을 것이라는 자신감을 주었을 것이다. 더구나, 모란개척단의 활동이 알려지면서 서울 외곽의 빈민층이 모란 지역으로 집단이주까지 했다는 사실을 고려하면, 대단지 조성으로 서울 무허가촌 주민의 자발적인 이주까지 기대할 수 있을 터였다.

1960년대 후반 침체기를 보낸 모란단지는 광주대단지 집단시위가 일어나기 약 8개월 전인 1970년 12월에 다시 세간의 이목을 집중시킨다. 모란단지 초기와 유사한 황무지 개척과 주거지 개발로 관심을 받았는데, 이번에는 그 규모가 이전과는 크게 달랐다. 모란단지를 이끌었던 김창숙이 다시 등장해 광주대단지의 12배나 되는 4200만 평(1억 3884만 2975㎡)의 택지를 인근 지역에 개발한다고 공언했다. 당시 서울 인구의 절반에 가까운 250만 명이 거주할 수 있는 직할시 규모의 도시건설계획이었다. 그런데 발표 몇 개월 뒤, 이 어마어마한 계획은 당국의 허가를 받지 않은 사기행각임이 밝혀지고 김창숙은 도피행각 끝에 체포된다. 무려 8000장의 분양증이 팔리고, 8만 9000평(29만 4215㎡)의 택지가 조성됐으며, 986동의 건물이 지어져 6600여 명이 입주한 뒤였지만 말이다.

　모란단지 개척이 광주대단지 설계자들에게 부지 발견의 기회와 사업 실행에 대한 확신을 주었듯이 수년이 지난 이번엔 광주대단지 조성사업이 모란개발계획에 일종의 본보기로 작용했다. 김창숙을 비롯한 모란개발계획 공모자들은 광주대단지 조성사업에서 개발방식에 대한 발상의 계기와 사기행각 실행에 대한 확신을 얻어 이 허위 개발계획을 설계하고 추진해나갔던 것이다. 광주대단지 조성사업과 그 투기 열기에 기댄 모란개발계획 사기사건은 이 책의 6장 네 번째 절節(모란단지 사기사건과 광주대단지 조성사업)에서 다시 살펴보도록 하자.

광주대단지 조성을 경영사업화 하라
- 서울시의 땅장사

1968년 5월 7일 건설부에서 광주대단지 조성사업을 승인하자 서울시에서는 즉시 토지매입에 들어갔다. 서울시 공무원 총동원령을 내리다시피 해서 사업지 내의 사유지를 사들이고자 했는데, 서울시장까지 직접 나설 정도였다. 당시 서울시장은 관할 경찰서장과 함께 성남지역을 돌며 토지매입에 열을 올렸다고 한다. 밤중에 현금이 든 포대를 들고 다니며, 토지를 내주면 그 자리에서 즉시 현금을 주겠다고 원주민을 설득했다는 말도 전한다.[14] 그해 6월에 광주대단지 사업계획이 공식 발표될 예정이었는데, 그 전인 5월에 원주민 소유의 땅을 집중해서 매입하기 위한 방책이었다. 원주민이 개발 정보를 알게 되면 지가 상승을 예상하고 토지수용에 순순히 응하지 않을 것이란 예상에서였다.

광주대단지 조성사업이 발표된 뒤에도 토지매입은 계속됐다.[15] 원주민들은 사업 자체에 대해서는 별다른 반대 의사를 나타내지 않았다. 국가 차원의 계획이기도 했지만, 개발에 따른 반사이익을 기대할 수 있었고, 기회가 생기면 이농하려는 농가도 여럿이어서 대체로 토지매입으로 인한 현금 보상에 상당히 호의적이었다.

문제는 역시 토지가격이었다. 서울시가 제시한 가격은 평당 120원에서 250원 사이였는데, 이는 원주민 입장에서는 수용하기 곤란한 금액이었다. 원주민들은 당시 시세만도 그보다 2배가 넘는다며 난색을 보였다. 좋은 입지의 논은 평당 1000원을 호가하고, 천수답과 같은 질이 떨어지는 논도 평당 400~500원에 이른다고 했다. 200원 선의 토지는 임야뿐이라며 토지수용에 은근히 반기를 들었다. 분묘 이장비에서도 차이가 심해, 서울시에서는 1기당 1800원을 제시했지만 원주민들은 "그 돈으로는 묘터조차 살 수 없다"며 원성을 높였다.

토지가격에 대한 주민들의 불만이 커지면서 토지매입이 지체되었다. 토지매입이 순조롭지 못하면 정지작업과 택지조성, 도로와 시가지 기반공사도 늦어질 것이며, 그러면 철거민 이주도 계획대로 추진하기 힘들었다. 다급한 쪽은 서울시였다. 원주민과 마찰이 잦아지고 토지매입에 차질이 빚어지자 서울시는 대단지 지역을 관할하는 행정기관인 성남출장소에 이전보다 더 자주 업무지원을 요청했다. 서울시에서는 토지수용을 시작하면서 이미 경기도에 토지매입에 대한 협조를 요청했으며, 그 즉시 경기도지사가 광주군수에게 대단지사업을 적극적으로 지원하라는 지시를 내려놓은 상태였다. 토지매입 작업이 한창이던 1968년 당시 광주군 성남출장소에 근무했던 한 공무원은 이때의 상황을 이렇게 전한다.

> 뭐 개발에 있어서는 (서로 커뮤니케이션이) 거의 없고, 서울시 대단지사업소에서 토지매수가 안 되니 협조 좀 해달라고 하면 마을 이장들 불러서 협조해준거지. 서울시에서 토지를 매수하는데 이장들 협조를 받아야 해요. 서울시에서 협조 좀 해달라고 나를 찾는 거지요. 이장들과 친해져야 하니까, 그럴 때만 '(광주군) 중부면 성남출장소'를 찾았어요. 당시엔 전입할 때도 이장의 서명을 받아오는 사인란이 따로 있을 정도로 이장의 권한이 세었어요. 지원 나가는 쌀이나 구호 물품도 전부 이장을 거쳐서 주민들에게 나눠줬으니 말이에요. 그러니 이장들이 그 지역에서 권한도 컸고, 토지매수에 있어서도 원주

민의 여론을 좌지우지했으니까 서울시에서 토지매입할 때 이장들을 많이 찾았지.

-권락용, 「광주대단지사업의 주체별 갈등구성」, 서울대학교대학원 건설환경공학부 석사학위논문

그렇게 중재와 협의, 조정을 거쳐 서로가 조금씩 물러서면서 토지수용이 진척되는 듯했지만, 또 다른 난관이 기다리고 있었다. 개발사업이 실제로 시작되고 땅값이 예상보다 크게 오르자 원주민들은 시세에 못 미치는 현금 보상이 아니라 환지換地를 요구했다. 서울시에서 땅을 매입해 토지구획정리작업을 한 뒤 그 일부를 토지매매대금 대신에 자신들에게 되돌려달라는 것이었다.

이에 서울시에서는 가옥의 대지와 소규모 경작지, 가옥 주위의 토지 100평(330.5㎡) 내외를 매입에서 제외하는 안을 제시했으며, 원주민들은 토지 전체가 매수되는 경우에 그에 상응하는 토지를 환지해 달라고 했다. 매입토지의 면적이 각기 다른 만큼 토지매수면적 대비 비율로 토지를 환지로 내주길 원했다. 요구를 내건 원주민들이 단합해서 아예 매수에 응하지 않자 한 발 물러설 수밖에 없는 처지로 몰린 서울시는 결국 양보안을 내놓는다. 대지는 매입에서 제외하고, 임야는 전부 매입하되 임야에 대한 환지는 배정하지 않으며, 전답 등 다른 토지는 20%의 환지를 배정한다는 조건이었다.

처음에는 서울시에서 환지를 안 준다고 해서 매수가 안됐어요. 근데 환지를 준다니깐 1000평 주면 뭐 200평은 주니까, 환지 주기로 한 이후로부터 그때부터 많이 응했지. 그때 이장 역할이 컸지. (1966~1973년 성남출장소 근무자)

-권락용, 「광주대단지사업의 주체별 갈등구성」, 서울대학교대학원 건설환경공학부 석사학위논문

하지만 사태가 모두 해결된 건 아니었다. 20% 환지가 결정된 뒤 잠시 화해

국면이 찾아왔지만 얼마 지나지 않아 다시 갈등이 불거졌다. 이번엔 '어떤 토지를 환지하느냐'를 두고 대립했는데, 원주민들은 자신들이 원하는 토지를 환지해 주길 요구했고, 서울시는 요지에 해당하는 토지를 환지에서 제외하고 이를 유보지留保地로 묶어두고자 했다. 장차 땅값이 오를 요지를 확보하고자 했던 서울시는 환지 지정을 미루거나 원주민이 요구한 환지를 제공하지 않으려 했던 것이다.

이렇게 환지 선택 문제로 대립이 본격화되자 원주민들은 '광주대단지 성남지구 환지위원회'라는 단체를 조직해 서울시와 대치했다.[16] 환지 거부는 일종의 사유재산 침해라며 진정서를 냈으며, 서울시청을 방문해 부시장과 회담하며 압박을 가하는 등 집단 항의를 벌였다. 결국 이번에도 서울시가 양보하는 선에서 갈등이 마무리된다. 환지 지역 내의 유보지 책정을 50%로 제한하고, 노면路面 접선지역에 환지를 배정하기로 했다. 환지 지역은 경사도를 완화해 토지이용도를 높이며, 환지 내 도로는 6m 이상으로 하고 간선도로는 8m 이상으로 내기로 했다. 환지 지역 내 무허가 시설물까지 서울시가 정리하기로 해 원주민들의 요구가 대부분 수용된 셈이었다.

이제 토지매수는 순조롭게 진행됐다. 서울시는 1969년 4월까지 매입 예정 면적 100만 평(330만 5785㎡) 중 54만 평(178만 5124㎡)을 사들였다. 나머지 대부분의 토지에 대해서는 예산이 모자라 매입을 잠시 늦추고 있었는데, 1971년 6월이 되면 사유지 매입은 거의 완료 단계에 이른다.

하지만 대단지 환지 문제가 끝난 건 아니었다. 택지가 조성되고 환지가 배당되면서 원주민들이 다시 거세게 항의하며 일어났다. 서울시가 약속을 어기고, 대로변 요지를 환지에서 제외된 토지인 유보지로 책정해 고가로 매도하고

광주대단지 대로변에 조성된 택지와 주택(1969.12) | 서울역사박물관

원주민에게는 지가가 낮은 산비탈이나 구석진 곳의 택지를 환지로 배정해버린 것이다.

> 지금 본시가지의 평평한 곳은 옛날에 전부 논이었던 곳이에요. (…) 환지 20% 나눠줄 토지 중에 대로변에 접한 좋은 땅은 전부 유보지라고 해서 서울 시가 다 팔아먹었거든. 큰 길가 옆에, 이거 다 팔아서 사업비에 다 보탰다고 하더라고. 코너 자리랑 길가 전면부는 다 팔고 뒤쪽은 주민들한테 분양한 거지 뭐. 주민이 당했지. (1966~1973년 성남출장소 근무자)
> ─권락용, 「광주대단지사업의 주체별 갈등구성」, 서울대학교대학원 건설환경공학부 석사학위논문

서울시가 땅장사를 잘 한 거지요. 분양지 중에서 가치가 좀 떨어지는 것은 주민에게 팔고, 대로변 좋은 땅은 상가로 해서 분양해버리고 그랬으니까요. (1969년 성남출장소 병역 및 주민등록 업무 담당자)

-권락용, 「광주대단지사업의 주체별 갈등구성」, 서울대학교대학원 건설환경공학부 석사학위논문

원주민들은 유보지를 취소하고, 애초에 약속한 대로 큰길에 접한 곳의 택지를 환지로 재배정하라고 목소리를 높였다. 요구가 관철되지 않으면 어떤 행동도 불사할 것이란 강경한 자세로 집단행동에 들어갔지만, 이번엔 서울시도 물러서지 않았다. 원주민 측이 진정서를 내고 서울시의 답변이 오갔지만 다른 개발사업으로 보전하겠다는 통보만 할 뿐, 기존의 환지 결정을 굽히지 않았다. 이 환지배정 문제는 장기화해 1977년까지 미해결분이 남아 있었다고 한다.

토지 수용과 보상 과정에서 원주민은 크게 세 번의 양보를 얻어내며 자신들의 요구를 하나둘 밀어 부쳐나갔지만, 마지막 관문에서 관권官權에 눌리며 결국은 원하는 걸 모두 취하지 못했다. 서울시는 원주민과의 행정 약속을 일방적으로 깨버리고 결과적으로 땅장사를 한 셈이었다. 시세보다 낮게 사유지를 매입해 택지를 조성한 뒤 지가를 높여 되파는 부동산 투기업자와 다를 게 없는 수법인데, 서울시는 택지개발 비용을 제하고도 상당한 이득을 취할 수 있었다. 서울시가 원주민이 요구한 지가 조정과 환지 채택 등에는 의외로 협의에 곧장 나서면서도 지가가 높은 평지와 대로변에 접한 택지를 환지로 배정해달라는 목소리에는 끝내 묵살에 가까운 태도를 보인 까닭이 여기 있었던 것이다.

서울시의 광주대단지 개발은 모든 개발투자자금을 토지매각에서 충당하려는 '주택지 경영사업'이었다.[17] 개발지역의 토지를 수용해 택지로 조성한 뒤 분양해, 토지수용에 필요한 자금은 물론 모든 개발비용을 이 택지분양 매각대

금으로 충당하는 방식이었다. 이는 서울시가 작성한 대단지주택조성계획에도 그대로 반영돼 있었다. 서울시는 광주대단지 개발의 목적과 시책을 밝히면서 "단지사업은 도시계획법이 정하는 바에 의하여 일단—團의 주택지 경영사업으로 실시한다"고 명시해 놓았다. 건설부의 사업 승인서에 명기된 사업명도 "주택지 경영사업"으로 나온다. 쉽게 말해, 대단지사업이 철거민의 이주지 마련에 목적이 있긴 하지만 이를 기회로 이윤이 남는 사업을 벌이겠다는 심사였다. 서울시는 이런 의도 아래, 원주민의 환지배정뿐 아니라 철거이주민에게도 목이 좋은 평지나 도로변 택지를 분양하지 않고 일반 매각을 해 이득을 남기고자 했다.

서울시의 땅장사는 대단지사업의 수입·지출계획에서도 확인할 수 있다. 여기에는 9억 3천만 원에 사들인 땅을 유보지와 공장부지로 개발해 54억 3000만 원에 매매하고 그 차액인 45억은 도로 건설과 택지조성 등에 충당하게 돼 있었다. 서울시는 부동산투기 붐으로 예상보다 큰 수익을 올리자 투자 규모를 아예 56억 원에서 93억 원으로 늘려 잡는다. 유보지의 경우, 그 매각수입을 1969년 계획에서는 17억 6000여만 원으로 책정했는데 이후엔 세 배 가까운 50억 2000여만 원으로 높인다.

서울시의 재정적자와 광주대단지 경영사업

사기업이 아닌 서울시가 이렇게 드러내놓고 경영사업에 뛰어든 까닭은 무엇일까? 결론부터 보자면, 이 무렵 서울시가 직면한 재정난이 광주대단지 사업을 과도한 이윤사업으로 몰아간 핵심 요인이었다. 1960년대 서울시는 무허가건물 철거와 이주정착촌 건설 외에도 도로 확장과 신설, 도심부 재개발, 한강 개발, 여의도 개발사업, 영동지구(지금의 강남지역) 택지개발 등 여러 개발사업을 지속해서 벌여 여기에 엄청난 돈을 쏟아부었다. 1960년에 24억 7000만 원이던 재정지출이 1965년엔 77억 원으로 세 배가 늘어났고, 1966년에는 전년도의 두 배에 가까운 132억 원으로 증가한다. 1969년엔 1960년의 스무 배가 증가한 426억 5000만 원에 이른다. 이렇게 재정지출은 급격히 팽창했지만 세입은 이를 따라가지 못해 갈수록 재정적자 폭이 늘어났다. 1970년 와우아파트 붕괴사건도 건설비를 계획의 절반 수준으로 낮추면서 일어난 부실공사가 한 원인이었다. 여의도 개발사업은 결국 민간자본에 기대야 했으며, 1971년에 가면 공무원 임금마저 체불할 정도로 심각한 재정난에 허덕였다.

누적되던 재정적자는 광주대단지 사업에도 부정적으로 작용해 "무단 토지 점유와 불법주택 건설을 일삼는 철거민들을 위해 과연 그렇게 많은 예산을 투자할 필요가 있느냐"는 내부 반발까지 나왔다.[18] 그렇지만 어지럽고 조악한 빈민촌 풍경을 걷어내고 근대화에 걸맞은 찬연한 수도 서울을 건설하기 위해서는 철거와 이주 전략이 필요했고, 여기에는 경영사업 외에 다른 선택의 여지가 없었다. 남한산성 아래 그 성남은 이런 경영사업을 펼칠 최적지였으니, 대단지

사업 설계자에게 더 이상의 논의는 불필요했다.

이제 투기 바람에 의한 유보지 땅값 상승이 광주대단지 조성사업, 그 "일
단의 주택지 경영사업"을 성공으로 이끌 가장 힘찬 동력이 되었다. 광주대단지
개발사업의 성패는 택지매각에 달려 있었던 것이다. 앞으로 택지가격을 한껏
올려 책정할 수 있는 분위기를 만들고, 그 최고조에 이르렀을 때를 택지매각의
시점으로 잡으면 되었다. 서울시는 광주대단지에 부동산 붐을 일으키기 위해

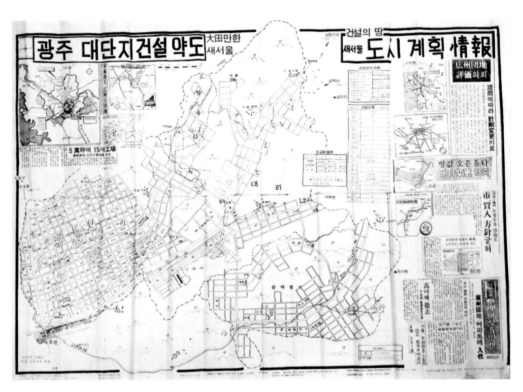

광주대단지 분양을 위해 제작한 '광주대단지 건설 약도'. 지역도와 함께 도시계획 정보와 땅값 시세 등의 기사를 편집해 제작했다.
'대전만한 새서울'이란 과장된 홍보 문구가 눈에 띈다(1971) | 성남시청

대대적인 선전과 홍보에 나섰으며, 철거이주민이 분양증을 일반인에게 매매하는 분양권 전매轉賣를 한동안 방치해 부동산투기를 방조하기까지 했다.

1971년 7월, 마침내 그 최고의 매각 시기가 다가왔으니 서울시에는 전매 입주자에게 평당 8000원에서 16000원에 이르는 택지가격을 매긴다. 토지를 수용하면서 원주민에게 처음 제시한 가격이 평당 120원에서 250원이었다는 사실을 상기하면 이는 실로 놀라운 금액이었다. 만일 서울시가 매긴 가격이 받아들여진다면 실제 토지수용과 택지조성에 들어간 비용을 제하더라도 서울시는 폭리에 가까운 이득을 취할 수 있었다. 서울시 입장에선 광주대단지 개발이 황금알을 낳는 거위가 되어가고 있었지만 가난한 이주민에게는 척박하지만 이젠 생존을 걸고 지켜야 하는 삶터가 되었다. 이주민들은 "100원에 사서 10000원에 판다"며 항의의 목소리를 높이면서 서울시의 부당한 처사와 억압 행정에 반기를 들었다. 결국, 이 고가의 택지분양대금은 그해 8월 10일에 터져 나온 대규모 집단시위의 도화선이 된다. "경영사업으로 실시한다"는 건설 시책은 광주대단지의 향방을 바꾼 그날의 항쟁을 일으키게 한 가장 큰 요인이었다. 경영사업 계획 내에 이미 광주대단지의 문젯거리와 모순, 갈등과 다툼의 씨앗이 자리하고 있었던 것이다.

광주대단지 조성정책은 철거이주민의 지역사회 정착과 생활 안정을 꾀한다는 거창하고 정의로운 명분을 내세웠지만 그 이면에는 경영사업이라 부른 이른바 땅장사를 통해 재정위기를 벗어나 보려는 야심 찬 책략이 내재해 있었다. 광주대단지 조성사업이 최고 권력자가 계획 수립을 지시하고 건설부와 서울시, 경기도라는 최고 행정부처 간의 긴밀한 협조 아래 사업 인가가 이뤄줬다는 점에 비추어보면, 광주대단지의 경영사업 또한 국가 수준에서 추진된 것이나 마찬가지였다.

　국가 차원의 그 땅장사를 위해 가난한 철거민이 이주정착이라는 미명 아래 동원됐으며, 오래되고 평온했던 성남이라는 한 향토가 대단지라는 건설사업지로 내몰려야 했다. 광주대단지 예산은 도시 기능 확보를 위한 투자보다 유보지 매각에 따른 이익에 좌우됐으며, 인구분산 명목으로 강제이주 된 철거민은 이런 이익을 가져다줄 택지조성을 위해 동원된 자원인 셈이었다. 그렇게 수익 창출 체계가 자리 잡히고 경영사업의 추진력이 강화되면서 정작 철거민 정착에 필요한 주거와 생활 기반시설 조성은 뒷전으로 밀려나기 일쑤였다. 그래서 경영사업이 그 최고조의 시점을 향해 한 발씩 나아갈 때 이주민은 한층 더한 배고픔과 추위에 떨었으며, 이제는 주목받는 경영사업의 본거지가 된 성남지역은 개발과 성장의 기치 아래로, 머지않아 터져 나올 분노와 항거의 응어리를 조금씩 키워가고 있었다.

4장

산과 골에 짓는 도시
- 서울시의 무리한 이주정책

그들이 본 광주대단지와 철거이주민
– 대한민국 국회, 광주대단지로 언성을 높이다
국회 내무위원회의 서울시 국정감사 | 1969년 12월 8일
'광주대단지 특별조사위원회' 구성에 대한 찬반론 | 1970년 12월 24일

'8.10 성남 민권운동' 뒤의 광주대단지
– "돼지 굴"과 "밝은 대단지" 사이 | 1971년 8월 14일

공사하고 입주하고 – 혼잡한 광주대단지 건설현장

철거민 이주를 보류하라 – 경기도의 요청

그들이 본 광주대단지와 철거이주민
– 대한민국 국회, 광주대단지로 언성을 높이다.

　　광주대단지에 서울의 철거민이 한창 입주하던 1969년 7월 중순, 미국은 "인류의 위대한 도약"이라 일컫는 세계사의 쾌거를 이룬다. 아폴로 11호가 달에 착륙해 닐 암스트롱과 에드윈 올드린이 달에 첫 발걸음을 내디뎠다. 그로부터 한 달 뒤, 한국의 최고 권력자가 워싱턴의 백악관이 아닌 샌프란시스코의 한 호텔에서 미국의 최고 권력자와 만나 방위조약 고수와 우호를 다지며 공동성명을 발표한다. 당시 한국의 최고 권력자는 대통령의 3기 연임을 허용하는 3선 개헌을 추진하고 있었는데, 그는 이 개헌안에 미국의 정상이 지지를 보낸다는 메시지를 국민에게 심어주기 위해 다소 굴욕적일 수 있는 호텔 정상회담까지 기꺼이 받아들였다.

　　도시개발 면에서는 새해 벽두부터 굵직한 건설사업이 추진됐다. 전해에 일어난 무장공비 침투에 자극받아, 김현옥 서울시장이 북한의 남침에 대비한 피난소로 쓸 남산 터널을 건설한다는 이른바 '서울시 요새화 계획'을 수립한다. 달 착륙이 이뤄지던 그날엔 2년 전에 착공한 경인고속도로가 완전히 개통했으며, 민족중흥의 대동맥이 될 경부고속도로는 이듬해 여름의 완공을 앞두고 건설에 박차를 가하고 있었다. 서울 무허가촌 주민을 비롯한 저소득층의 주거 마련을 구실로 기치를 올린 '시민아파트 2000동 건립사업'이 시작돼 이 해에만 400여 동의 부실 아파트가 지어졌다.

그해 가을, 격렬한 반대투쟁에도 3선 개헌이 통과돼 최고 권력자는 장기집권을 위한 정치적 포석을 마무리하며 잠시 한숨을 돌렸다. 권력 성취의 쾌감에 흡족해하며 최고 권력자야 어쩌면 미소까지 머금었을지도 모를 일이지만, 그의 총애를 받으며 수도 개발을 진두지휘하던 서울시장은 다소 우울하지만 다분히 의도적인 정보를 내놓는다. 그동안 최고 권력자의 의중을 담아 새 시대에 걸맞은 서울 개조에 앞장섰던 서울시장 김현옥은 "광복 이후 누적된 서울시의 채무가 20억 원에 이른다"고 발표한다.

국회 내무위원회의 서울시 국정감사 | 1969년 12월 8일

채무 발표 나흘 뒤, 국회 내무위원회 소속 국회의원들이 서울시를 대상으로 국정감사를 벌였다. 서울시장의 지휘 아래 추진한 광주대단지 입주가 시작되고 맞은 바로 그 첫 겨울의 한파가 점차 위세를 떨쳐가던 1969년 12월 초순이었다.

오전 9시 30분 무렵, 서울시회의실에서 국정감사가 개시됐다.[1] 이른바 주무위원회인 내무위원회에서는 이틀에 걸쳐 서울시 국정감사를 실시했는데, 이날은 그 둘째 날이었다. 이날 감사는 아무래도 서울시에서 벌인 개발정책과 건설사업에 초점이 모이고 있었다. 서울시에서는 김현옥 시장이 부임한 1966년 이래 도로에서 주택, 시가지와 도시기반시설에 이르기까지 다방면에 걸친 개발사업을 의욕적으로 추진해왔는데, 이 해에도 토목건설과 도시정비가 서울 핵심 시정市政의 거의 전부였다 해도 과언이 아니었다. 김현옥 시장은 재정압박과 주변의 반대 여론에도 불구하고 여러 개발사업을 동시에 밀어붙여 '불도저

bulldozer 시장'이란 별명을 얻었으며, 뒷날엔 지금의 서울시 도시계획의 기초와 도시구조의 틀을 구축한 인물로도 평가받는다.

이날 감사의 세 번째 질의자로 나선 공정식 의원이 서울시 개발사업에 대한 본격적인 비판의 포문을 열었다. 경상남도 밀양에 지역구를 둔 공정식 의원은 당시 여당인 민주공화당 소속이었지만 제법 날카롭게 파고들었다.

> 어떻게 해서 한진韓進이라든지 뉴서울이라든지 대연각이라든지 낙원상가 아파트라든지 이런 데는 불법을 묵인해주고 판자촌에서 판잣집을 짓고 있는 사람은 법에 의해서 철거시키고 이렇게 하는 것이에요. 서울시민 중에서 특별시민이 있고 보통시민이 있는 것이에요? 시민은 다 마찬가지예요.
>
> —국회사무처 편, 「1969년도 국정감사 제72회 내무위원회회의록」(1969.12.8)

공정식 의원은 무허가 증축에 나이트클럽 불법 허가까지 내준 대연각 호텔의 위법성을 지적한 뒤, 심지어 서울시청 앞에도 허가 없이 고층빌딩이 들어서고 있다며 서울시장을 질타했다. 그러면서, 저소득층이 사는 시민아파트는 전시효과를 노려 길가에서 잘 보이는 고지대에만 지어놓고 비상구나 소방전(소화전) 같은 최소한의 안전시설조차 갖추지 않았다고 우려를 표명했다. 이어, 겨울에도 무분별하게 밀어붙이는 무허가촌 철거정책을 문제 삼았다.

> 여기 신문에 12월 3일 자에 나와 있습니다. "강추위에 내쫓긴 4천 주민"이라 이렇게 나와 있습니다.[2] 서민아파트를 완공 전에 판잣집을 7000채나 헐었다는 것입니다. 이것 누가 지시한 것입니까? 어떻게 시민아파트가 완공되기 전에 판잣집에 사는 사람들을 이주하기 위해서 강추위에 판잣집을 헐었습니까? 이것은 서대문구청장이 한 것입니까? 시장이 지시를 해서 한 일입니까? 왜

판자촌을 헐려면 봄이나 여름에 헐지 왜 엄동설한에 헙니까?

－국회사무처 편, 「1969년도 국정감사 제72 내무위원회회의록」(1969.12.8)

덧붙여, 서울시장은 한정된 특별시민에게만 시민을 위한 일을 하지 서민을 위한 일은 하지 않는다며 건설공사와 철거정책을 위시한 서울시 개발사업의 편향성과 차별성을 지적했다.

경기도 강화·김포에 지역구를 둔 민주공화당 소속 김재소 의원은 서울시의 철거정책에 따른 광주대단지 사업의 부당성을 정면으로 짚고 나왔다.

이 사람이 경기 출신이라 말씀하는 것 같습니다마는 서울의 식량공급지인 경기도가 큰 피해를 보고 있습니다. 서울시내 철거민을 왜 자꾸 경기도로 내보냅니까? 보내려면 무슨 대책이 서 있어야 할 텐데 아무 대책도 없이 마치 사람을 내동댕이치듯이 엄동설한에 광주에 내보냅니까? 현재 1만 2000여 명 인구가 거주하고 있는데 이들에 대한 대책은 어떻게 세웠는지, 당초에 경기도지사와 협의가 된 것으로 아는데, 그 후에는 일방적으로만 하지 않느냐, 이것입니다. 경기도가 무슨 서울시의 쓰레기통인 줄 아십니까? 서울시장을 부르도자(불도저)라고 하는데 영광스러운 명칭이 아닙니다. 왜 이렇게 추운 날 밀어냅니까? 그 사람들이, 제가 보기에는 아마 틀림없는 요구호자要救護者로 보이는데….

－국회사무처 편, 「1969년도 국정감사 제72회 내무위원회회의록」(1969.12.8)

서울시에는 1969년 가을을 넘기고 겨울 들어서도 거주할 가옥 건축은커녕 택지조성도 끝나지 않은 광주대단지에 계속해서 철거민을 보내고 있었다. '선입주先入主 후건설後建設'이라기보다 '일단 무작정 이주, 사후 방치'에 가까웠다. 이런 어처구니없는 현실에서 광주대단지를 관할하는 경기도의 행정기관에서

광주대단지 조성 시기, 철거민을 임시 수용한 천막촌이 마을에 들어서 있다. | 경기도청

는 이주민의 생계지원과 민원 처리에 애를 먹고 있었다. 김재소 의원은 더 추워지면 천막에서조차 살기 힘들다며 주거시설에 대한 조치는 물론 근본적인 생계대책을 세워야 한다고 목소리를 높였다.

지금 좀 있으면 추워지는데 이 천막 속에서 살기 어렵습니다. 내일이라도 시장님이 위문을 하십시오. 누구를 위해서 행정을 하는 것입니까? (…) 난민들이 살고 있는데도 생산공장이라든지 이러한 시설을 해주어야 그 어려운 사람들이 생활토대로 삼을 것입니다. 서울의 어떤 직장에 있거나 노동을 하는 영세민들인데 그곳으로 나가려니 이제는 교통수단도 나쁘고 해서 이 사람들의 생계는 더 어렵게 되고 있는데 이런 면에 대해서 장차 계획을 세워주시기 바랍니다.

－국회사무처 편, 「1969년도 국정감사 제72회 내무위원회회의록」(1969.12.8)

그런데 김현옥 시장은 오히려 올해는 원래 계획한 철거이주민 수효를 미처 다 채우지 못했다며 경기도의 행정 고충을 외면하는 듯한 발언을 하고서도, 생활기반시설과 일자리 대책은 서울시에서 미흡했다며 한편으론 한발 물러서는 입장을 보였다.

> 사실 금년에 지역 자체의 사전事前 개척이 미진된 탓으로 해서 철거를 해가지고 계획된 세대 수를 못 옮겼습니다. (…) 여기에 수도, 전기, 가내공장센터 그 외에 여러 가지 시정책을 종합해 볼 때 계획이 되어 있습니다마는 사실 금년에 그 계획이 계획대로 이행되지 못했습니다. 이런 점에 대해서는 늦기는 했지만 내년도 예산과 또 금년에 조금 늦었습니다마는 곧 종합적으로 대책을 세우겠습니다.
>
> ―국회사무처 편, 「1969년도 국정감사 제72회 내무위원회회의록」(1969.12.8)

이에 김재소 의원은 "금년이 끝나면 시장이 광주대단지에 직접 가서 이주민을 위안하고 대책을 세워달라"고 다시 한번 힘주어 말했으며, 서울시장은 김재소 의원의 의사에 수긍하며 답변을 마쳤다.

'광주대단지 특별조사위원회' 구성에 대한 찬반론 | 1970년 12월 24일

하지만 국정감사에서 행한 서울시장의 긍정의 끄덕임은 잠시뿐이었으며, 곧 세우겠다는 종합대책 또한 제때 수립되지도 제대로 실행되지도 않았다. 1년 뒤 국회운영위원회에 광주대단지 실태조사단을 구성하자는 결의안이 상정됐는데,[3] 이때의 논의에 따르면 광주대단지에는 철거민이 계속 들어오는데도 여전히 주거시설은 물론 생계와 구호 대책이 미흡해 이주민들이 힘든 하루하루를 보내는 것으로 드러났다. 광주대단지 실태조사단 구성을 제안한 당시 야당인 신민당 소속 의원의 말을 들어보자.

> 서대문 행정구역 단위에서 광주단지에 추방 내지 철거된 사람만 하더라도 수만 명에 달하고 세대수로서는 만여 세대가 넘습니다. 그뿐만 아니라 동대문 용산 마포 종로 중구 성북 성동 이와 같은 지역에서 당국의 방침에 의해서 강제로 추방당한 세대는 5만 세대를 산하고 있습니다. 그러나 여기에 따르는 구호나 대책은 미흡합니다. (서울시 서대문구 국회의원 김재광)
> -국회사무처 편, 「제75회 국회운영위원회회의록 제28호」(1970.12.24)

> 무엇보다도 우리가 상상하는 이상으로 광주단지에 문제점이 있다는 것은 우선 그 단지 조성에 있어가지고 택지 조성도 안 된 데다가 한마디로 말하면 토지를 분양해서 그것을 조금만 노력해가지고 기반을 확고히 조성하면 참 좋은 단지가 조성될 수 있는 것을 산 같은 데다가 그저 주민들에게 분양을 해가지고 바로 땅 위에 천막을 쳐가지고 몇 세대씩 사는데 결국은 머리 정도가 누워서 들어가야 들어가지 앉아서 들어갈 수 없는 이러한 생활을 하고 있는 사람이 그 단지에 파견 나와 있는 정부의 관리자에 의해서 우리가 보고를 듣더라도 1500세대가 넘는다. (…) 우리가 이런 추세를 조사해서 정부에 건실한 우리 국회로서의 7대 국회가 하나의 선물로서 우리 국민들에게 무엇인가 보탬이 되는 이런 것을 갖기 위해서도 조속한 조사특별위원회가 필요하다고 생각합니다. (신민당 전국구 국회의원 김상현)
> -국회사무처 편, 「제75회 국회운영위원회회의록 제28호」(1970.12.24)

하지만 여당인 민주공화당 소속 국회의원들은 광주대단지에서 일어나는 문제를 도시개발과 사회성장에 따른 불가피한 결과라며 실태조사단 구성에 난색을 보였다.

이것은 돌발적인 사태가 아니고 근대국가가 하나의 도시를 형성하는데 있어서에 따르는 필연적인 사태라고 보지 않을 수 없습니다. 예를 들면, 하나의 고속도로를 달성할 때는 고속도로 부근의 사람들이 이런 피해를 보는 것이고 또 대도시를 건설하는 데 있어서는 거기에 따라서 만반의 준비를 하지만 일부에 피해가 있다는 것은 항상 우리가 국가건설 도상에 있어서는 예측하고 있는 것이 아닌가 생각합니다. (강원도 춘천시·춘성군 국회의원 김우영)

－국회사무처 편, 「제75회 국회운영위원회회의록 제28호」(1970.12.24)

다른 여당 국회의원은 이미 국가원수가 대책을 강구하라는 특명을 행정부에 내렸으니 따로 실태조사단을 구성할 필요가 있느냐며 언성을 높였다.

대통령 각하께서도 한 며칠 전에 명령을 해가지고 월동대책을 완전히 해라 지시를 했습니다. 45일 전에 월동대책을 완전히 하는 동시에 공장 같은 것을 유치해서 고용증대를 해라 그러셨는데, 그러면 특조위가 구성되어서 할 것을 다 했단 말이에요. 그것을 또 건의하느냐 그 말이에요. (강원도 영월군·정선군 국회의원 장승태)

－국회사무처 편, 「제75회 국회운영위원회회의록 제28호」(1970.12.24)

여당 측에서는 실태조사단의 현장답사 같은 특별조사위원회 활동보다는 내무부나 보건사회부에 대한 정책질의 정도로 다루어도 충분한 성과를 낼 수 있을 것이라며 반대의사를 분명히 했다.

정리하면, 야당 의원들은 광주대단지 주민의 생활고가 갈수록 심해지는데도 사업주체인 서울시에서는 별다른 대책을 내놓지 않고 있으며, 더구나 이런 무책임한 서울시를 견제할 기관마저 없으니 국회에서라도 나서서 특별조사위원회를 꾸리고 현지조사를 해야 한다는 입장이었다. 이와 달리 여당 측에서는 광주대단지 문제의 여파가 확산하는 걸 원치 않았다. 1년 전 서울시 국정감사 내무위원회에서 행한 국정질의와 유사한 수준에서 문제를 봉합하려 했다. 이처럼 실태조사단 구성에 대한 찬반 논의가 팽팽히 맞서다 결국 표결이 들어갔는데, 찬성하는 의원이 과반수에 미달해 결의안은 자동 폐기된다.

'8.10 성남 민권운동' 뒤의 광주대단지 – "돼지 굴"과 "밝은 대단지" 사이 | 1971년 8월 14일

　　본격적인 한파를 앞두고 최고 권력자가 내린 그 특명도 광주대단지의 헐벗고 얼어붙은 형편을 녹이지는 못했다. 대통령 각하의 특별한 명령이었다지만 이 또한 실무행정 선에선 말의 성찬에 머물렀으니, 대단지 주민의 생활과 생계

성남 광주대단지 천막촌(1971) | 서울역사박물관

에는 그리 큰 효용이 없었던 것이다. 그해가 지나도 주거와 생활기반시설은 여전히 부족하고 열악해 일상은 고통스러웠고, 살림살이 또한 바닥을 벗어날 수 없어 생계는 늘 최악의 상황을 염두에 두어야 했으니 말이다. 그 끝이 보이지 않는 가난과 점점 커지는 미래에 대한 불안, 행정기관의 반복되는 약속 미이행과 그에 따라 누적돼가는 불만은 결국 이듬해인 1971년 여름에 분노와 절규의 집단항거로 터져 나온다.

광주대단지 조성사업의 모순과 부조리, 이주정착지 정책의 졸속과 부실이 그대로 드러난 그날 이후, 이제 위정자들은 광주대단지와 그곳 주민을 어떻게 보고 있었을까? 집단시위가 일어난 나흘 뒤에 이를 두고 국회 건설위원회에서 행한 질의와 답변을 살펴보자.[4] 먼저, 1년 4개월 전 와우아파트 붕괴로 자리에서 물러난 김현옥 시장을 대신해 그동안 서울 시정을 지휘해온 양택식(양탁식梁鐸植) 시장의 변辨이다.[5]

> 우리 실정에 맞는 위성도시 건설, 인구의 분산 이러한 것을 목표로 하고 현실적인 면에서 불안정하고 비위생적인 청계천 하천변, 중랑천 하천변의 그야말로 우리가 볼 수 없을 정도의 그러한 모습으로부터 전 시민을 밝고 불안감 없이 살 수 있는 생활터전을 마련해주어야 되겠다고 생각하고, 또 실제 말씀드려서 서울 시내의 판잣집 상태보다는 몇 배로 개선되고 밝은 그러한 지금 광주단지가 건설되고 있습니다. 그중에는 여러 가지 문제가 있습니다. 지금도 많은 문제를 내포하고 있습니다. 그러나 우리가 이러한 문제점은 큰 사업을 하기 위해서 부닥쳐보고 해결해나가고 이렇게 나가면서 우리가 이 사업을 건설해야 된다고 봅니다.
>
> ―국회사무처 편, 「제77회 건설위원회회의록 제3호」(1971.8.14)

서울시민 전체를 대리하고 시정을 최종적으로 책임진다는 시장에게 무허가촌은 혼란스럽고 불결한 곳이었다. 그곳 주민은 불안감을 조성하는, 언제가 정화해야 할 교정의 대상이었다. 그래서 철거를 단행해 다른 곳에 따로 이주정착지를 조성했으며, 이제 그곳이 지난날의 그 무허가촌보다 몇 배로 안정되고 위생적이며 희망찬 주거지로 건설되고 있다고 했다. 여러 문제가 일어나고 잠재해 있을 테지만 이는 "큰 사업"이라는 대의大義를 실현하기 위해서는 어쩔 수 없이 부딪쳐야 하는 과정이라 보았다. 자신들이 폭동이라고 명명한 집단시위가 일어나 그 속내가 모두 드러났는데도, 약 8개월 전에 국회운영회 소속 여당 국회의원들이 내보인 견해에서 한 발도 벗어나지 않고 있었던 것이다. 광주대단지에서 일어나는 문제는 "근대국가의 도시를 형성하는 데 따른 필연적인 사태"이며 "대도시를 건설하는 데는 일부 피해를 감수해야 한다"는 요지의 그 당당해 보였던 발언 말이다.

그런데, 이러한 시각과 주장의 타당성 여부는 차치하더라도 과연 광주대단지가 서울의 무허가촌보다 "몇 배로 개선되고 밝은" 거주지로 건설되고 있기는 한 것일까? 대단지에서 일어나는 문제점과 폐해를 성장통이나 필요악 정도로 치부하는 권력자들의 발언을 검토하기 위해서는 광주대단지 조성의 실상과 그 지향점에 대한 사실 여부, 요즘 언론의 말을 빌리면 '팩트 체크fact check'가 먼저 필요해 보인다. 더구나 이날 국회 건설위원회 질의에서 야당인 신민당 소속 한 국회의원은 서울시장과는 너무 다른 대단지 실상을 피력해 보이지 않았는가?

본 위원이 알기로는 거기 후생시설이 엉망진창이 되어가지고 마치 돼지 굴같이 생겼다는 이런 얘기를 마 보고를 듣고 있습니다. 한 텐트 안에서 수십 세대가 우글대가지고 도무지 후생시설, 위생시설이 되지 않아 아주 불결하기가 한이 없다고 나는 이렇게 듣고 있는데 과연 그러한 문제에 대해서 서울시장은 그러한 후생시설을 가지고 그 주민들은 충분하니 위생이 관리되고 있다고 이렇게 생각하는 것인가? 이런 문제에 대해서 정확한 보고가 있어 주시기를 바랍니다. (전라남도 광주시 국회의원 김녹영)

-국회사무처 편, 「제77회 건설위원회회의록 제3호」(1971.8.14)

"돼지 굴"과 "밝은 대단지" 사이의 메우기 힘든 이 간극은 어디에서 오는 것일까? 1969년 5월 이주가 시작된 이래 광주대단지에서 대체 무슨 일이 있었던 것일까? 초기 입주 시기로 돌아가, 광주대단지 건설사업이 현장에서 어떻게 진행됐고 철거이주민을 비롯한 광주대단지 주민이 그곳에서 어떤 생활을 했는지 가감 없이 들여다보도록 하자.

공사하고 입주하고
– 혼잡한 광주대단지 건설현장

　　1969년 초여름에 들어서면서 광주대단지에는 이주민이 이미 3000명을 넘어서고 있었다. 6월 초에 630여 세대 3030여 명이었던 철거이주민이 6월 중순 막바지엔 820세대 3900여 명으로 늘어나 며칠 뒤면 4000명 선을 거뜬히 넘길 것으로 보였다.[6] 서울시에서 아직 주재관을 대단지에 파견하지 않고 있어 광주군 성남출장소 단독으로 민원과 구호 업무를 처리하기에는 상당한 어려움이 있었다.

> 하루에 트럭이 몇 차씩 들어오면서 이주민을 실어 나르거든. 그러면 주민등록증이 산더미만큼 이주민과 같이 오거든. 그러면 우리가(성남출장소 공무원) 밤새워서 주민등록업무만 하는 거지. 그때 손으로 다 작성하니 직원들 고생이 심했지. 오늘 밤새워서 끝내면 내일 또 그만큼 오니 말야. (1966~1973년 성남출장소 근무자)
>
> ─권락용, 「광주대단지 사업의 주체별 갈등구성」, 서울대학교대학원 건설환경공학부 석사학위논문

　　그런데 이 행정인력 부족보다 더 큰 복병은 날씨였다. 6월 말경에 장마가 닥치면 발생할 수 있는 문제가 한둘이 아닌 것으로 파악됐다. 공사현장에서는 부지를 고르는 정지작업이 한창이었는데, 택지가 들어설 일부 지대가 하상보다 낮은 지역이어서 침수 가능성이 높은 것으로 드러났다. 구릉지에 들어선 천막촌은 지대 붕괴가 예상됐으며, 장기간의 천막생활을 견뎌야 하는 이주민은 질

河床보다 낮은 지역의 건축용도
위 천막은 가수용소.

간이 변소 (분뇨의 넘쳐흐르고 있다)

경기도에서 서울시에 보낸 「광주군 도시건설에 따른 협조요청」 공문서에 첨부된 현장사진(1969.6) | 국가기록원

병 위험에 노출돼 있었다. 위생시설도 열악해 100세대 약 500명이 하나의 공동 우물과 공동변소를 사용해야 할 정도였다. 더구나, 서울시에서는 분뇨수거 차량을 제때 배치하지 않아 위생환경이 점점 악화하고 있었다. 이대로 한여름까지 가면 수질 오염은 물론 대단지에 전염병이 돌 가능성을 배제할 수 없었다.

상황이 심각해지자, 광주대단지 업무를 맡은 경기도청 지방과에서는 서울시청에 실태를 알리고 조속히 처리해야 할 업무사항을 전달했다.

> 광주군 위생도시 건설에 따른 현지의 문제점을 통지하오니 적극 협조하여 주시기 바랍니다.
>
> 　가. 하상보다 낮은 지역의 성토작업이 시급한 바, 이는 6월 말경부터의 우기로 인한 가수용자의 질병 발생, 가수용 지대의 붕괴 등이 예상되므로 조속 입주 조치가 완료되어야 할 것으로 사료됨.
>
> 　나. 간이변소의 분뇨가 넘쳐흐르고 있어 인근 음료수가 오염될 우려가 있으니 합의사항과 같이 분뇨수거 차를 배차하여 주실 것.
>
> 　다. 주민등록, 구호업무 등을 효과적으로 수행키 위하여 귀시의 주재관을 광주군이 설치한 주재관사무소 내에서 합동 근무토록 조치하여 주실 것.
>
> 　　　－「광주군 도시건설에 따른 협조 요청」『신도시개발(광주군 도시건설)』, 경기도(1969.6.20)

저지대에 조성 중인 택지 문제는 철거민 입주가 시작된 5월 초순에 이미 제기됐지만 여전히 시정되지 않고 있었다.[7] 택지가 수로의 하상과 지반 차이가 없거나 낮게 시공되고 있어 나중에 배수와 하수 처리에 문제가 생기고 홍수가 나면 수해를 입을 수밖에 없다고 했지만, 택지가 들어설 지반 위에 흙을 쌓아 올리는 성토盛土작업은 차일피일 미뤄졌다. 저지대를 돋우지 않고 그대로 정지하면 고지대 부지와의 연결에 어려움이 있고, 활용하기 힘든 터가 적지 않게 생길 수도 있었다. 광주대단지가 들어서는 이곳이 평야지대가 아니라 산지라는 점을 고려하면 문제가 한층 심각했다. 따라서 정지공사는 고지대인 야산과 구릉지는 낮추고 저지대인 골짜기와 개천, 논 지역은 높이는 방식이어야 했다. 하지만 공사현장에서는 가장 기본적이어야 할 이 원칙이 제대로 지켜지지 않고 있었다.

광주대단지 구역은 야산과 구릉, 골짜기로 형성된 산지가 전체의 60%를 차지해 넓게 보면 산림지대에 속했다.[8] 밭이 차지하는 면적이 약 15%였고, 논은 16% 정도였다. 원래 대지堡地였던 곳은 2%를 조금 넘는 수준이었고 그 외는 하천과 도랑, 연못, 늪 등 주택지로 삼기에는 부적당한 곳이었다. 이런 지역에 주택단지를 조성하기 위해서는 부지 정지공사를 비롯한 대규모 토목공사가 반드시 선행돼야 했다. 야산지대와 구릉지는 충분히 깎아내리고 골짜기와 냇가 웅덩이, 무논은 제대로 메워야 했건만 그 지형의 기본 형태는 거의 그대로 둔 채 나무만 잘라내고 수렁을 메우는 수준에서 정지작업을 끝내버렸다. 그러면서 경사 심한 언덕 지형에 주택이 들어서고 곳곳에 고개를 둔 도로가 나게 된다. 말하자면 산과 골짜기 지형에 주거지와 시가지가 생겨난 셈이었으니, 이때의 졸속 시책과 부실공사의 여파는 오래도록 남아 지금까지도 성남 원도시 지형의 근간을 이룬다.

새로운 도시 조성이 힘든 곳을 사업지로 정하면서 부지 조성에 난관이 예상됐는데, 여기에 공사비 문제까지 더해지면서 정지작업은 한층 더 부실해졌다. 서울시는 정지공사비로 평당 430원 정도를 책정했는데, 건설사에서는 제대로 정지작업을 하려면 가파른 지형과 암반 지질로 인해 손실을 감수해야 한다고 하소연했다. 시공업체는 여러 차례 작업을 중단하고 공사비 인상을 요구했지만, 서울시에는 토지 매입금마저 모자라던 당시 재정 상태에서 정지공사에 예산을 더 투여할 여유가 없었다. 결국, 공사는 대충 이뤄졌으며 능선과 산기슭, 골짜기 지형이 거의 그대로 남아있게 된다.

공사비 부족은 때론 택지를 흥정의 대상으로 삼게 했다. 광주대단지 주민이 급증한 1970년도 후반기에 일어난 일이긴 하지만, 서울시에서는 택지를 분양하는 조건으로 정지공사비를 철거이주민에게 떠넘기기도 했다.[9] 서울시 동대문구 창신동 돌산마을에 거주하던 주민 3500세대가 1970년 11월에 광주대단지로 이주했는데, 서울시 대단지사업소에서는 1000세대만 입주할 수 있고 2500세대는 수용할 수 없다는 태도를 보였다. 이에 돌산마을 이주민들은 번영

성남지역 개발 초기의 택지조성공사 현장 | 성남시청

회를 조직해 행정기관과 협상을 벌여 1000세대 추가 입주라는 결과를 얻어냈다. 나머지 1500세대는 뿔뿔이 흩어져야 했는데, 수용 허락을 받은 세대도 일정한 조건을 수행해야 입주가 가능했다.

> 서울시 대단지사업소 소장이 '한성지구에서 살 수 있도록 배려할 테니 그 땅을 주민이 자체적으로 정지해서 살라'는 구두 약속만 남기고 갔었어요. 그래서 그 말만 믿고 주민들은 정지작업을 했던 거예요. (돌산마을에서 광주대단지로 이주한 주민)
> -권락용, 「광주대단지 사업의 주체별 갈등구성」, 서울대학교대학원 건설환경공학부 석사학위논문

> 서울시 대단지사업소 소장이 번영회 소집요구를 해서 가봤더니 봉우리를 기준으로 손으로 나누면서 주민에게 10평씩(도로 2평 포함) 자비 정지 후 입주허가를 하겠다는 구두 약속을 했지요. 토지가 약 3만 평 정도 나올 것으로 예상한다고 했으나 실제 정지작업을 하니 5만 평 정도가 형성되었어요. 초석 건설에서 정지작업을 하였으나 실제 거의 작업한 것은 없고 껍데기만 까놓았죠. (돌산마을에서 광주대단지로 이주한 주민. 번영회 회장)
> -권락용, 「광주대단지 사업의 주체별 갈등구성」, 서울대학교대학원 건설환경공학부 석사학위논문

토지매입이 다 이뤄지기 전에 택지조성공사를 실시한 것도 부실공사의 원인이었다. 시공업체에서는 정지작업을 하는 부지 군데군데에 미매입지가 있는데도 비용 절감을 위해 공사를 밀어붙였으며, 이에 토지 주인들이 항의하면서 자주 마찰이 일어났다. 그런데도 서울시에서는 하루라도 빨리 철거민을 이주시키기 위해 택지 조성작업을 강행했으니 졸속에 부실공사는 예견된 결과였다. 분양된 택지에 건물 기초공사조차 하기 어려워 입주민이 다시 정지작업을 벌

인 경우도 있었다고 한다.[10]

한편으론, 택지 정지공사 단계에서 철거민을 입주시킨 무리한 시책 자체가 정지작업에 차질을 가져오는 요인이 되기도 했다. 공정 단계별로 차근차근 진행해도 문제가 없지 않을 대규모 건설사업인데, 토지매입과 택지조성, 철거민 이주가 함께 이뤄지다 보니 현장 업무는 혼선에 혼란을 거듭했고 제대로 된 공정이나 작업이 거의 없을 정도였다.

철거민 이주를 보류하라
- 경기도의 요청

1969년 7월 하순 들면서 상황이 더욱 악화하자, 경기도청 지방과에서는 이번엔 서울시청에 철거민 이주 자체를 보류해달라는 공문을 보낸다.

> 1. 건축 2054.51-2797(69.7.16)에 대한 회시임.
> 2. 69.7.31까지 약 1000동을 철거 이주하는 문제는 택지조성이 전혀 되지 않으므로 택지조성 완료 후 이주토록 조치하여 주시기 바랍니다.
> 3. 현재 가수용 중인 철도변철거민도 배수시설의 미비로 가옥이 침수되는 등 일대 혼잡을 이루고 있는 실정임을 감안하시기 바랍니다.
> 4. 이미 완공 단계에 있는 철도변철거민용 택지는 조속 분할측량을 실시해 분양토록 조처하여 주시기 바랍니다.
>
> -「광주대단지 이주계획에 따른 가수용」『신도시개발(광주군 도시건설)』, 경기도(1969.7.26)

그런데도 서울시에서는 지속해서 철거민을 공사가 한창인 대단지로 실어 날랐다.

> 우리가 69년도에 들어왔어. 용산서 살 적에 개인 땅인데 용산구청장이 모르고 철거를 해서 그저께 계고장이 나왔는데 사흘 만에 우리 집을 헐었어요. 그래서 어떻게 해? 그래서 광주대단지로 들어오게 되었어요. (1969년 광주대단지 이주자 A)
>
> -권락용, 「광주대단지 사업의 주체별 갈등구성」, 서울대학교대학원 건설환경공학부 석사학위논문

서울 영등포에서 무허가 땅인데 무허가인 줄 모르고 집을 산 거예요. 방 4개 중 2개 세를 받고 그랬는데 구청에서 며칠 안에 철거할 테니 나가라고, 무조건 나가야 한다고…. 그래서 1969년 음력으로 10월 초하룻날 여기(성남시 태평동)에 왔어요. 트럭으로 태워서 여기로 와가지고 여기로 오는데 트럭이 어찌나 복잡한지, 그냥 트럭에서 뻗어서 왔어요.(1969년 광주대단지 이주자 B)

-권락용, 「광주대단지 사업의 주체별 갈등구성」, 서울대학교대학원 건설환경공학부 석사학위논문

광주군과 경기도에서는 서울시의 이주정책 추진에 시정을 요청하고, 서울시는 이에 아랑곳없이 이주민을 광주대단지로 옮기는 양상이 반복해서 계속되고 있었다.

1. 내무 414-4544(69.11.9) 통첩으로도 시정요구를 한 바 있으나 아직껏 다음과 같이 시정되지 않고 있으니 이 점에 있어서 앞으로 사전 조처하여 혼란이 일어나지 않도록 다시 촉구합니다.
2. 시정을 요하는 사항
   가. 입주예정일자 및 사전통보.
   나. 가수용 상태까지 서울시에서 책임지고 조처하여 줄 것.
   다. 철거민 이송시 안내원 배치.
3. 69년 11월 29일 토요일 오후 4시부터 7시 30분 사이에 귀시 용산구청 관하 철거민 96세대를 이주시킴에 있어 안내원도 없었으며 사전 통고도 없어 철거민들은 이삿짐을 그 익일까지 풀지 못하고 경찰지서 건물 또는 민가에서 밤을 세웠던 실정임을 첨언합니다.

- 「주택단지 철거민 이송에 따른 결함 사항 시정요구」
『신도시개발(광주군 도시건설)』, 광주군(1969.12.1)

더구나, 경기도지사가 직접 나서서 철거민 이주정책을 잠시 중지해달라고 여러 차례 요청하기도 했다.[11] 광주군청과 성남출장소에서는 한때 물리적으로라도 철거민 이송을 저지하려고 대단지 입구에서 수송차량을 막으려 했으나 역부족이었다고 한다.

서울시가 이렇게 이주정책을 무리하게 서두른 데는 당시 추진 중이던 청계천 복개공사와 세운상가 아파트 건립사업이 한몫을 했다.[12] 서울시는 이 지역에 들어선 판자촌을 철거하고 정비한 뒤에 부지를 매각해 시 세입을 확충하려 했는데, 그러려면 이곳 철거민을 이주시킬 정착지가 필요했다. 그런데 이 무렵 서울 시역 내의 유휴 국공유지는 거의 고갈된 상태였고, 눈을 돌린 곳이 광주대단지였으니, 아직 택지공사 중인 이곳에 무리를 넘어 무례하다시피 한 이주를 감행한 것이다. 에두르지 않고 말하면, 서울시의 땅장사와 돈벌이를 위해서는 광주대단지 조기 입주가 필요했으며 이주민 정착방안과 생계대책은 나중의 일에 지나지 않았던 것이다.

넓고 반듯한 도로와 교량, 세련되고 정돈된 고층건물은 근대화 시대를 선도하는 도시를 표상했으며, 또한 산업화를 이끄는 권력자의 치적을 드러내 주는 상징물이었다. 그런 시대에 무허가촌과 불량거주지는 개조하거나 배제해야 할 대상물에 지나지 않았다. 앞서 근대화를 이룬 선진 외국의 힘 있고 교양미 넘치는 인사들에게도 보여서는 안 될 치부였다. 그래서 최고 권력자까지 나서서, 외국 귀빈과 관광객을 맞이해야 하니 철도 부근 무허가판잣집을 말끔히 정리하라는 지시를 내렸을 것이다. 근대화를 선도한다는 최고 권력자의 그 명령은 정작 근대화의 기치와 어울리지 않는 독단과 폭압, 야만으로 귀결되기 일쑤였다. 이제, 도시공간에서의 근대화 시책과 산업화를 담아낼 도시개조를 위해서는 무허가촌과 그곳 빈민을 일소해야 했으며, 이를 옮겨갈 외진 곳의 새로운 거주지가 필요했다. 광주대단지는 서울이라는 도시공간의 멋진 근대화를 위해 급조된 배제의 공간장치였다. 그곳 이주민은 근대화와 산업화를 이루기 위해서는 필요한 인력이었지만 그 성과를 알리고 과시하는 도시정화와 환경미화 작업을 위해서는 축출되어야 하는, 쓰고 난 후 버려진 희생자였는지도 모른다.

5장

성남시민 1세대, 그들은 광주대단지에서 어떻게 살았나?

사람과 동물의 경계 – 난민촌과 같은 광주대단지

짐짝처럼 실려 와 천막에 수용되다

개천 우물과 넘치는 오물

부족한 일자리, 열악한 교육시설

굶주림과 공포 – 식인食人 소문의 진실

무허가촌보다 못한 삶
– 난민촌, 게토ghetto, 배제와 차별의 통치전략

사람과 동물의 경계
- 난민촌과 같은 광주대단지[1]

짐짝처럼 실려 와 천막에 수용되다

광주대단지 정지작업을 시작한 지 불과 두 달 뒤인 1969년 5월 초순, 택지 조성공사가 한창인 광주대단지 건설현장에 철거민 입주를 환영하는 현수막이 내걸렸다. 중장비 소음 오르고 흙먼지 이는 대단지 부지로 철거민들이 하나둘 들어오고 있었다. 서울 도심 고지대의 무허가촌에서 살다 판잣집이 헐려 살길을 찾아온 이도 있었으며, 하천변 루핑 집이 뜯겨나가고 강제나 다름없는 겁박에 못 이겨 대단지에 발을 들인 자도 있었다. 높으신 분의 뜻이라며 철로변 판잣집을 죄다 허물어뜨리는 통에 어쩔 수 없이 서울 바깥의 이곳 대단지까지 밀려난 주민도 있었다. 이후 수년 동안 계속될 철거민 이주 행렬의 시작이었다. 고난과 장애가 뒤섞인 장도長途와도 같은 이주일 것이란 예상에도 희원 한줄기 품었지만, 철거이주민들이 어제보다는 나을지도 모른다는 그 염원을 끊는 데는 그리 오랜 시간이 걸리지 않았다.

철거민들은 군용 트럭이나 삼륜차, 심지어는 쓰레기 차량에 짐짝처럼 실려서 광주대단지로 들어왔다. 이들은 군대 막사같이 지어진 천막에 두 가구 내지 네 가구씩 수용되었다.[2] 거적으로 장판을 대신하고 전기와 수도도 없는 피난민 같은 생활을 해야 했다. 야영하듯이 천막을 치거나 움막이나 다름없는 조

성남지역 개발 초기의 천막촌. 어린아이를 안은 여인이 보이고, 천막에는 '성동 95'라는 번호가 매겨져 있다(1971) | 경기도청

악한 판잣집을 지어놓고 여러 세대를 밀어넣으니, "새 집에 들어가 산다"는 입주入住라는 말이 무색했다. '선입주先入主 후건설後建設'이라는 말조차 쓸 수 없는 비참한 주거시설이었다. 그래서였을까, 행정기관에서는 천막과 판잣집에서 임시로 거처한다는 뜻의 가수용이라는 말을 정상주택을 지을 때까지 공식 용어로 사용하기도 했다. 이런 상태에서도 서울시에서는 거의 매일 수십 대의 트럭이 철거민들을 실어날랐고, 대단지 산비탈과 구릉은 천막촌으로 뒤덮여갔다.

1969년에 '경기도 성남지구 도시건설사업소'로 발령받아 이후 줄곧 광주대단지 행정업무를 맡았던 한 공무원은 입주 초의 상황을 이렇게 기억한다.

철거민 들어올 때, 지금도 생각하면 눈물이 나요. 판잣집에 살다 철거돼서 온 사람은 20평 땅 그것이 생명선과 같은 거예요. 화물차들이 사람들과 철거한 판자, 나뭇조각, 이런 것들을 전부 싣고 오는데 여기서 우선 바람막이라도 해야 될 것 아닙니까? 가지고 온 것으로 바람막이 움막집을 짓고 그 안에서 생활해야 하는데 한번은 진눈깨비가 심하게 내렸습니다. 움막집 안 판자 바닥 밑으로는 물이 흐르고, 어린애는 추워서 벌벌 떨고, 먹지를 못해서 굶주림에 시달리는 참상은 눈물 없이 볼 수 없을 정도로 처참했어요. 보고, 결재 등 행정절차를 밟을 시간적 여유가 없다고 생각해 사비 부담을 각오하고 백지에 내 도장을 날인해주면서 이걸 미리 얘기해둔 음식점에 보이면 수제비라도 먹을 수 있도록 긴급조치한 사례도 있었지요.

-임미리(구술정리), 「성남시와 함께 한 40년 공직생활」 『성남시사 8: 생애사』

행정업무의 대상이지만 철거이주민을 보는 시선에 애처로움과 연민이 가득하다. 당장의 하루가 힘들었던 철거이주민 당사자에겐 입주 초기가 어떠했을까? 대단지로 실려 온 자신들의 처지는 또 어떠했을까? 1969년에 광주대단지에 들어온 한 이주민은 당시의 참담했던 심정을 이렇게 토로한다.

아마 한두 달 두어 달 지났나, 도저히 못 살겠다고 저희 아버님께서 구청에 쫓아가셔서 억지로 뺏어오다시피 싸움박질 해가지고 갖고 온 게 세대당 쌀 두 되인가 세 되, 그다음에 솥단지가 없는 사람은 솥단지, 담요 한 장, 한 가족이 생활할 수 있는 먹을거리 같으면 불과 이삼일 거리, 그것만 가지고 들어왔지 국가 차원에서 배급처럼 나눠준다, 이런 건 없었어요, 분명히. 그러니까 국가 차원에서 본다고 그러면 서울 정화 작업한다는 식으로 해서 사람을 속여가지고 쫓아 보내놓고 나 몰라라 하고 넘어져 버린 거고, 우리 입장으로 봐서는 너네들 죽어라 하고 내다 버린 거고. 그러다 보니까 그 사람들은 지나가면 잊어버리지만 우리는 잊어버릴 수가 없잖아요.

-임미리(구술정리), 「철거이주민이 겪은 광주대단지」 『성남시사 8: 생애사』

어떻게든 살아남아야 한다는 절박한 의지가 하루하루를 버티게 했지만, 속았다는 것에서 오는 울분과 내다 버려졌다는 데서 오는 소외감은 치유할 수 없는 상처가 되어 평생을 괴롭힐 터였다.

그렇게 1969년 12월 말까지 모두 2200여 세대 1만 1100여 명의 철거민이 광주대단지로 들어왔다. 시간이 갈수록 증가하는 추세여서 그 이듬해에는 1만 5100여 세대 7만 5500여 명이 대단지에 짐을 풀어 모두 1만 7300여 세대 8만 6600여 명이 이주했다. 임시 주거시설에서 생활해야 하는 가구 또한 늘어나, 전체 이주 가구의 절반에 가까운 7830여 세대 3만 9100여 명이 가건물이나 판잣집, 천막 등에 거주했다. 2040여 세대 1만여 명은 방한시설이 없는 곳에서 한겨울을 보내야 할 정도로 주거시설이 열악했다. 생활기반시설도 여전히 부족해 1970년 초까지도 위생시설로는 10여 개의 공동우물과 공동화장실이 전부였을 정도다. 광주대단지 사업을 경영사업으로 추진해 토지매각에 치중하다 보니 생활 기본시설인 상수도는 1970년에, 하수도는 1971년에 설치하는 것으로 계획하고 있었다.

> 서울시에서 정말 너무 했었죠. 어느 날 사람을 태워서 가본 적도 없는 광주시에 거의 쏟아 내놓고 그냥 가버렸으니 말이에요. 적어도 그럼 식수는 나오게끔 해주고 가야 할 것 아니에요. 정말 아무것도 없는 곳에 놔두고 가버렸으니…. 허허벌판 금도 안 그려진 곳에 어디가 내 땅인 줄도 모르고 찾아가서 살라고 하니. (1967~1973년 성남출장소 근무자)
> ─권락용, 「광주대단지 사업의 주체별 갈등구성」, 서울대학교대학원 건설환경공학부 석사학위논문

광주대단지 개발사업은 토지를 매입하고 도로와 택지를 조성하는 사업이

나 다름없었다. 주택 건축과 시가지 기반시설 공사는 애초부터 뒷전이었다. 철거민 입주가 시작된 1969년에도 투자액 3억 8300만 원 중 그 대부분을 토지를 사들이고 도로를 닦고 택지를 조성하는데 할당했고, 겨우 1000만 원 정도를 40여 개의 공동변소 건축비와 측량비로 사용했을 뿐이다.[3] 이듬해에는 상수도와 전기가설, 정화시설 등의 생활기반시설 조성에 투자를 늘리긴 했지만 이미 8만 명을 넘어선 주민을 감당하기에는 미봉책도 되지 못하는 액수였다. 전기와 상수도 시설은 1971년 8월에도 필요량의 절반을 넘지 못할 정도로 미흡했다.

개천 우물과 넘치는 오물

열악한 주거환경과 기반시설은 먹고 사는 문제를 더 힘들게 했다. 대단지 이주 초기엔 인근 산에서 생나무를 꺾어 밥을 짓고 호롱불을 켜고 식사를 해야 하는 가구가 다수였다.[4] 수도시설은커녕 공동으로 쓰는 우물마저 충분하지 않아 개울을 길어다 써야 할 때가 다반사였다. 때로는 먹는 물조차 모자라 개천에 웅덩이를 파서 식수를 구해야 해, 늘 질병의 위험에 노출돼 있었다.

식수 등 생활의 터전이 될 환경을 제대로 갖추지 못한 채 서울 난민촌의 철거민들이 천막 속에서 살아가는 광주대단지(경기도 광주군 중부면 단대리·탄리)에 대장염이 집단적으로 발생, 한은성 군 등 2백 81명이 3일까지 5일째 앓고 있다. 이중 약 한번 써보지 못했다는 송숙 씨는 2일 하오 동부시립병원에 옮겨졌으나 중태에 빠져있다. 이곳 주민들은 지난달 30일 내린 비로 더러워진 웅덩이의 물을 그대로 마신 뒤 설사와 열이 나며 병이 생겼다는 것이다. 이 웅덩이는 주민들이 가뭄으로 메마른 단대리 앞 개천바닥에 27개(깊이 50cm, 지름 70cm가량)나 파놓고 식수로 써왔는데, 30일의 비로 주변의 시궁창 물이 스며 들어 물속에는 육안으로도 보일 만큼 벌레가 들끓고 있다. (…) 약한 노인들과 어린이들은 습기가 많고 온도의 차가 심한 천막 안에 머물러 환자도 노인과 어린이가 대부분이고 그 밖의 많은 주민도 피부색마저 까맣게 변색, 이질 증세의 병을 앓고 있다.

-『경향신문』 1970년 6월 3일

오염된 물을 마셔야 했던 주민들은 위로차 나온 광주군수에게 벌레가 우글거리는 냇물을 떠다가 "우리가 마시는 물이니 당신도 마셔보라"며 들이대기도 했다 한다.

광주대단지 주택가 펌프 우물(1969) | 성남시청

광주대단지 천막촌 소독(1969) | 성남시청

변소 문제도 심각했다. 천막촌 여기저기에 공동변소를 설치했지만 간이변소에 불과해 늘 악취가 풍겼다. 그마저 부족해 아침이면 길게 줄을 서서 기다려야 했으며, 때로는 분뇨가 넘쳐났다. 치우지 못한 쓰레기와 오물까지 구석구석 널려있어 대단지에는 환경오염과 전염병의 위험이 상존해 있었다. 분뇨와 오물

수거는 1970년 5월까지 정기적인 수거 대책이 없다가 1970년 말에 가서야 분뇨차 1대와 청소차 5대를 배정하고 청소원 18명을 상주시켰다. 보건위생시설은 1970년까지도 의사 2명과 간호사 3명이 근무하는 임시무료진료소 1곳과 보건소 1곳이 상주했을 뿐이다. 거기에 서울대학교 의과대학에서 일주일에 한 번 순회진료를 하고, 일주일에 두 번 정도 소독을 하는 것이 전부였다.

하수처리시설도 미비해 길이 진흙탕이 되기 일쑤여서 "대단지에서는 부인 없이는 살아도 장화 없이는 못 산다"는 말이 나올 정도였다. 길거리 어디서나 간첩신고 표어와 포스터를 볼 수 있었던 군사정권 시절이라 이에 얽힌 서글픈 일화도 전해온다.

> 예전 가수용지에서 돌아다니면 땅이 질퍽하니까 진흙이 많이 묻었거든요. 가끔 사람들이 서울 나갈 때 구두 신고서 나가다 보면 진흙이 많이 묻어요. 그 상태로 서울로 나가서 시내를 걷다 보면 서울 사람들이 진흙 묻은 사람이 시내를 걸어 다니니 이상하게 생각했지요. 그때는 군사정권이었으니 말이에요. 그 당시 산에서 내려오는 사람은 간첩이라고 생각했거든요. 그래서 간첩신고로 신고를 받고 경찰서 다녀오신 분도 꽤 있었어요. (1970년 광주대단지 이주자)
> -권락용, 「광주대단지 사업의 주체별 갈등구성」, 서울대학교대학원 건설환경공학부 석사학위논문

부족한 일자리, 열악한 교육시설

대단지 초기의 열악한 환경위생과 부족한 생활기반시설이 불편함을 넘어 건강과 생존을 위협하고 있었다. 여기에 생계 위협까지 겹치면서 대단지 이주민들의 일상은 고통과 불안의 연속이었다. 1971년 8월경의 조사에 따르면, 인구의 30%를 경제활동이 가능한 인구로 잡았을 때 정상취업자는 39.7%에 불과했다.[5] 비정상취업자가 37.3%였으며, 완전 실업자도 23%에 달했다. 당시 전국의 완전 실업률이 4.5%였다는 점을 고려하면 대단지 실업률은 극히 이례적인 현상이자 비정상적인 상태임이 분명했다.

일하는 철거이주민 다수는 하루 벌어 하루 먹고사는 임시직 저임금 노동자였다. 1971년 9월 무렵의 조사에는, 대단지 이주민 중 49.1%가 공사현장에서 일용직 노동을 하고, 25.4%가 노점상과 행상 등의 영세상업에 종사하는 것으로 나타났다. 월수입은 3000~5000원이 29%, 5000~1만 원이 약 36.7%, 1만~1만 5000원이 17.9% 정도로, 3000원에서~1만 5000원 벌이를 하는 주민이 약 84%에 달했다. 당시 서울지역 가구당 평균소득이 4만 4400원 선이고 일반 도시지역은 3만 7600원 정도였다는 점에 비추어 보면 대단지 이주민 대부분이 빈민층에 속했음을 알 수 있다. 1971년 당시 단지 내 3만 770여 세대 가운데 공식 구호대상자만도 9530여 세대로 약 31%를 차지했을 정도다.[6]

대단지 내 생계수단은 공사현장에서의 막노동이 있었으나 지속적이지 못해 불안정하긴 마찬가지였다. 철거이주민들은 택지 정지작업과 도로 개설공사, 주택 건축공사와 공장 건설현장 등에서 일하게 해달라고 서울시에 요청해 1주일에 세 번 일용노동을 할 수 있는 증서를 받아내기도 했다. 천막이나 리어카를 개조해 가게를 내고 술이나 분식을 파는 이주민도 있었는데, 이들의 수입 또한 보잘것없는 수준이었다고 한다.[7]

1968년부터 1971년 사이의 공업단지 조성 실적을 보면, 공장유치는 100개소 목표에 49개소만 건립되었고, 목표 고용인원은 4만 5000명인데 비해 실제 고용된 수는 1570명으로 전체의 3%에 불과했다.[8] 광주군에서 1971년 5월경에 상부에 올린 보고서에 따르면, 제1 공업단지에는 공장을 유지하는 8개소 중 7개소가 가동되고 있는데, 그마저 임금이 월 3000~6000원 정도의 저임금에 머무르고 있었다.[9] 제2 공업단지는 계획한 40개 업체 중 4개 업체만 기공起工해 이해에는 아예 고용이 불가능한 상태였다. 이 무렵 광주대단지 내 실업자수는 2만 1920여 명으로 추산됐다. 제조업체는 1971년 말 기준으로 보면, 기와와 블록을 찍어내는 공장, 제지공장, 식품공장 등이 있었는데 고용인원이 모두 합해 420명에 불과할 때도 있었다고 한다.[10]

약속과 달리 대단지 내 산업시설 조성이 늦어지면서, 먹고살기 위해서는 서울로 나가야 했지만 이 또한 쉬운 일이 아니었다. 서울과 연결되는 하나뿐인 도로가 1970년 말에 가서야 포장공사를 시작했을 정도로 도로 사정이 열악해, 서울 중심부를 비롯해 특정 목적지까지 가는데 1시간 30분에서 2시간 30분이 걸렸다.

광주대단지에 살면서 일은 서울 성수동에서 했죠. 서울 성수동에 출근을 하는데, 출퇴근 시간만 2시간 30분 걸려요. 당시 왕복이면 5시간입니다. 서울로 가려면 고개(수진리 고개) 넘어가는 길밖에 없으니 서울 나가는 주민들 모두 줄 서서 버스 기다렸지. 사람들에 끼어서 타고 고개 넘어 천호동까지 타고, 천호동에서 그때 당시에 광나루 다리에서 전차가 지나갔었어요. 그거 갈아타고 출근했어요. 하루에 이 정도로 출퇴근 시간이 걸리니 정말 저녁에는 파김치가 되었어요. (1969년 광주대단지 이주자)

-권락용,「광주대단지 사업의 주체별 갈등구성」, 서울대학교대학원 건설환경공학부 석사학위논문

게다가 차편마저 드물어, 일용노동자 처지에서는 서울에서 일자리를 얻는 게 사실상 거의 불가능했다. 그러면서 불안정한 직장을 이참에 그만두거나 서울에서 일자리 찾기를 포기하는 주민이 생겨났다.

당연히 배는 고프고, 하루에 한 끼 먹으면 잘 먹는 거고, 서울로 마땅히 출퇴근할 수 있는 것도 아니고. 시에서 영업하는 시영버스라고 있었어요. 그때 그 많은 인구를 놓고 한 시간에 한 대인가 이렇게 다녔으니까. 버스를 못 타서 출근 못 하는 사람들이 많았고, 또는 엄두가 안 나서 뭐 아예 나갈 생각을 못 한 사람들도 많아요. (1969년 광주대단지 이주자)

-임미리(구술정리),「철거이주민이 겪은 광주대단지」『성남시사 8: 생애사』

성남지역(광주대단지)에서 서울 을지로 5가까지 운행하던 시영버스(1971) | 성남시청

그나마 서울에 비교적 안정된 일자리가 있는 이주민은 서울에서 월세를 얻거나 여관 신세를 지기도 했다. 아예 가족 모두가 서울로 거처를 옮기기도 해, 이주정착지 조성사업의 명분을 무색하게 했다.

열악한 교통 사정은 자녀교육에도 영향을 미쳤다. 개발 직전까지 대단지 구역 내에는 고등학교와 중학교가 없었으며, 초등학교(국민학교)는 한 곳뿐이었다.[11] 철거이주민 자녀들은 중학교나 고등학교에 다니려면 부득이 원거리 통학을 하거나 서울이나 경기도의 다른 지역으로 나가 따로 생활해야 했는데, 미흡한 경제력에다 교통 불편까지 겹치자 다수의 철거이주민은 자녀의 중고등 교육을 포기할 수밖에 없었다.

학교 증설마저 진척이 더뎌 광주대단지 교육 여건은 그야말로 최악의 상황이었다. 이주 2년 차인 1970년에도 초등학교가 세 곳, 중학교가 한 곳뿐이었다. 1971년 9월 무렵에는 초등학교가 다섯 곳, 중학교는 두 곳으로 계획량의 30%를 밑돌았다.[12] 집단시위가 일어난 이 무렵까지도 고등학교는 한 곳도 설립되지 않았다.

광주대단지에 거주하는 주민 자녀의 실제 취학률은 어떠했을까? 집단시위가 발생한 뒤에 서울대학교 법과대학 사회법학회 학생들이 조사한 '광주대단지 빈민실태 조사보고서'에 따르면, 설문에 응한 177명 중 76명이 초등학교도 못 보낸다고 했다.[13] 전체의 42.9%에 이르는 거의 절반에 가까운 취학아동이 의무교육조차 받지 못하고 있었던 것이다. 1970년 전국의 6~14세 아동 약 806만 명 중 90.4%가 초등학교에 재학 중이거나 졸업했다는 사실과 비교해 보면 광주대단지의 초등학교 취학률이 극히 낮았음을 알 수 있다. 또한, 중학교와 고등학교는 못 보낸다는 주민이 77명으로 43.5%의 비율이었고, 어떻게든 중고등학교는 보낸다는 주민은 24명으로 13.6%에 지나지 않았다. 이주 3년 차 실태가 이러할 진대 학교 수가 적었던 그 이전 연도에는 취학률이 더 낮았을 것이다.

1970년을 전후한 시기는 한국사회 전반에 교육열이 강해지면서 교육수준이 가파른 상승곡선을 그리기 시작하던 때였다. 고등교육은 빈곤의 재생산에서 벗어나고 사회적 지위를 향상하는 가장 확실한 계층이동의 수단이었다. 광주대단지 주민들은 이러한 교육 영역에서도 차별받음으로써 가난의 대물림에서 벗어날 기회를 박탈당하고 있었던 것이다.

굶주림과 공포
– 식인食人 소문의 진실

    일자리 미비와 고용기회의 상실로, 대단지 초기의 이주민 대부분은 극심한 빈곤에 시달려야 했다. 그나마 기댈 곳은 대단지 내에서 행정업무를 보는 경기도 산하의 성남출장소였다.

> 그 당시 구호업무를 하는 직원이 고생이 많았어요. 다들 창고로 와서 밀가루를 달라고 그렇게 하니 말이에요. 자기 업무가 따로 있었는데도 하도 주민들이 창고로 와서 밀가루를 달라고 하니 업무도 못하고 하루 종일 밀가루 창고에 있었어요. 주민들이 와서 달라고만 하고 시달리니 스트레스가 정말 심했죠. 그 직원이 밀가루를 하얗게 뒤집어쓰고 있던 모습이 생각납니다.
> (1967~1973년 성남출장소 근무자)
> -권락용, 「광주대단지사업의 주체별 갈등구성」, 서울대학교대학원 건설환경공학부 석사학위논문

    이주민들은 서울시에 구호양곡을 요청해 소량의 밀가루를 지급받았지만, 이마저 부정기적이어서 이 구호양곡으로는 생계를 지탱하기 힘든 가구가 많았다.

> 그 사람들이 먹을 게 뭐 있겠어요? 남한산성으로 올라가야지. 소나무껍질 벗겨 먹고 칡뿌리 캐서 먹고, 먹을 수 있는 것은 다 먹었어요. 그래서 한때는 남한산성이 지금 은행동 쪽에서 이렇게 보면, 그 꼭대기 아래쪽에는 완전히 허허벌판이었습니다. 다 사람들이 파헤쳐가지고. 그러니까 소나무껍질이고 뭐

고 사람이 씹을 수만 있다면 뭐든지 다 먹었으니까. 소나무를 벗기면 빨간 게 나와요. 빨간 거 그 속에 하얀 게 있고 하얀 막 그것을 벗겨내야만 나무가 나와요. 하얀 거 그것을 씹으면 달짝지근해요. 그것을 갖다가 계속 씹어 먹고 삶아 먹고 그런 적이 많이 있었어요. 그러니까 나물이라는 '나'자는 찾을 수가 없고 아예 뭐 나무까지 다 벗겨 먹었으니까 풀 자랄 데가 어디 있겠습니까?
(1969년 광주대단지 이주자)

-임미리(구술정리), 「철거이주민이 겪은 광주대단지」 『성남시사 8: 생애사』

갈수록 형편은 어려워졌고, 내일 먹을 양식을 걱정해야 하는 주민들에게 하루하루는 불안과 막막함의 연속이었다. 이웃과의 다툼과 소란이 잦아지면서 천막촌 분위기가 점점 거칠어져 갔다. 생계를 위협하는 불안한 하루하루는 결국 '당장 내일 어떻게 될지 모른다'는 두려움과 무서움을 몰고 왔다. 그러면서,

성남지역 개발 초기의 주택가. 일반 가옥과 천막집이 함께 들어서 있다(1971) | 경기도청

대단지에는 가난의 비참함에 미래에 대한 공포가 뒤섞인 갖은 이야기가 떠돌았는데, "산모가 갓난아기를 삶아 먹었다"는 믿기 힘든 풍문까지 삽시간에 퍼져 나갔다. 서울로 돈벌이를 간 남편이 돌아오지 않은 상태에서 열흘 넘게 굶은 임신한 부인이 출산하자마자 아기를 삶아 먹었다는 끔찍한 소문이었다. 당시 대단지에 거주하거나 행정업무를 보았던 이들은 그때의 흉흉했던 분위기를 이렇게 전한다.

> 자기가 낳은 애를 삶아 먹었다고 (소문이 난) 그 본인을 나는 직접 봤어요. 집 위치도 잘 알아요. 실제 그랬는지 내 눈으로 목격을 안 해서 모르겠는데, 우리 친구 하나가 그 옆에서 살았어요. 지금도 성남에 그 친구는 살아요. 팔각정, 그러니까 옛날 성남극장에서 팔각정으로 올라가는 길이 있어요. 팔각정에서 더 올라가면 우측에 그 집이 있었어요. 그런데 실제 그런 일 있었는가는 사실 몰라요. 어디 가니까 어떤 소문이 있더라, 어디가 어떻더라 한번 가볼래, 그렇게 하고 궁금해서 가본 적이 있었어요. 그 집 확인도 하고 그 사람도 보고 했었어요. 근데 그거 가지고 뭐라고 물어보겠습니까? 물어보지는 못했죠. 근데 충분히 가능성이 있다고 생각이 드는 게 그때 당시는 이삼일 굶은 게 일도 아니었으니까, 영양실조로 머리가 잠깐 돌지 않았었나, 안 그러면 그 사람 자체가 정신이상이 아니었었나, 만약에 그랬다면⋯. 또는 뜬소문일 수도 있겠고, 정확한 근거는 없는 얘기니까, 그거는 뭐라고 말을 할 수가 없네요. (1969년 광주대단지 이주자)
>
> ―임미리(구술정리), 「철거이주민이 겪은 광주대단지」, 『성남시사 8: 생애사』

그때 주민 생활이라는 것이 팔각정 인근에서 워낙 배가 고파서 애를 낳아가지고 먹었다는 헛소문이 먹혀들어갈 정도로 인심이 그랬으니까, 실제로 그럴 수 있겠다고 생각할 수 있었으니까요. (1969~1973년 성남지구 도시건설사업소 및 성남출장소 근무자)

-임미리(구술정리),「성남시와 함께 한 40년 공직생활」『성남시사 8: 생애사』

생명을 가릴 정신을 놓게 할 정도의 극심한 가난도 정책입안자와 힘 가진 자들에게는 먼 고장 다른 족속의 푸념으로 들렸나 보다. 당시 성남출장소에 근무하며 대단지 주민의 구호업무에도 간여했던 공무원의 증언이다.

그래서 보사부에 밀가루 100톤만 지원해 달라고 요청을 했어요. 당시에는 광주대단지사업소에서 서울시로 해서 중앙에 보고하면 제대로 통과가 되는데, 경기도청을 통해 보사부(보건사회부)에 보고를 하면 통과되기가 더 어려운 것 같았어요. 그런데 보사부에서는 요청한 밀가루 100톤이 누구 이름이냐 하면서 거절하는 거예요. 그때는 트럭 큰 것이 보통 4톤이었으니까 트럭 25대분을 달라고 한 거란 말이에요.

-임미리(구술정리),「성남시와 함께 한 40년 공직생활」『성남시사 8: 생애사』

'배고픈 산모' 사연이 사실처럼 퍼져갔듯이 "굶어 죽는 사람이 많다, 매일 같이 사람이 죽어 실려 나갔다"는 소문 또한 대단지를 떠돌았다. 이때의 아사자餓死者 소문이 뒷날 사실로 받아들여져 책에 기록되기도 했지만, 이는 사실이 아닌 것으로 여겨진다.[14] 1969년 9월 성남지구 도시건설사업소에서 근무를 시작해 성남출장소를 거쳐 성남시청 재무국장으로 퇴임한 공무원의 증언에 따르면, 병으로는 죽었어도 굶어서 죽는 사람은 없었다고 한다. 제대로 먹지 못해 건강 상태가 나빠져 병으로 죽기는 했겠지만, 기아가 죽음의 직접 원인은 아니라는 것이다.

겨울이 되면 배고픔에 추위까지 겹쳐 대단지 주민들은 한층 혹독한 생존투쟁을 벌여야 했다. 하지만 겨울을 넘겼다고 안심할 수는 없었으니, 이번엔 영양부족과 위생불량으로 인한 질병과 전염병의 위협에 맞서야 했다. 1969년에 대단지에 들어와 성남시민이 된 한 주민은 죽음과 관련한 당시의 정황을 이렇게 전한다.

> 많이 죽은 것은 사실이에요. 수시로 보니까. 왜 죽었냐 하는 원인은 하나하나 따질 수는 없지만 좌우지간 거기서 죽어서 나간 사람은 굉장히 많은 걸로 알고 있어요. 우리 동네 같은 경우에는 지게에다 지고 남한산성 가서 땅 파고 묻은 사람도 있고, 가마니에 둘둘 말아서 나간 사람들도 있고, 뭐 허술한 관이나마 만들어가지고 나간 집도 있고 다양하게 있었어요.
>
> ―임미리(구술정리),「철거이주민이 겪은 광주대단지」『성남시사 8: 생애사』

무허가촌보다 못한 삶
– 난민촌, 게토ghetto, 배제와 차별의 통치전략

1969년과 1970년 초에 이르는 입주 초기의 이 극심한 빈곤 사태는 이후 건설 경기가 살아나고 부동산투기 열기가 일면서 약간은 누그러졌다고 하지만, 대단지에는 1971년 8월 집단시위가 일어나는 그 시기까지도 빈곤의 그늘이 깊게 자리하고 있었다. 서울대학교 사회법학회 학생들이 현장조사 뒤 내놓은 보고서를 통해 당시의 실상을 따라가 보자.

집단시위 이후 정부에서 부정기적이지만 구호식량을 제공해 호구지책이 약간 나아졌다지만, 조사대상자 261명 중 매일 3끼를 먹는 주민은 149명으로 절반이 조금 넘는 57.1%에 지나지 않았다.[15] 하루 2끼만 먹는 주민이 100명으로 38.3%였으며, 하루 한 끼가 보통이라는 응답자도 7명이나 되었다. 심지어 종일 굶을 때가 많다는 주민도 5명이나 되었다. 그나마 쌀을 주식으로 삼는 주민은 응답자 238명 중 33명으로 13.9%에 지나지 않았다. 보리밥이나 죽으로 때운다는 주민이 52명으로 22.2%나 되었으며, 절반이 훨씬 넘는 149명(62.6%)이 밀가루 음식으로 식사를 한다고 했다. 겨울을 맞아 김장이 가능하다는 주민은 응답자 216명 중 겨우 10명으로 전체의 4.6%에 지나지 않았다. 나머지 206명(95.4%)은 곤란하거나 불가능하다고 했다. 광주대단지는 배고픔과 결핍이 "특별한 변동이나 탈이 없이 제대로인 상태"를 이르는 '정상正常'이 되고, 3끼 쌀밥과 충족이 '비정상非正常'이 된 그런 사회로 흘러가고 있었다.

본 조사단이 실제 본 바로, 밥을 굶고 천막 속에 온 가족이 쪼그리고 앉아 있는 모습은 결코 적은 것이 아니었다. (…) 한마디로 생계조차 꾸려갈 수 없는 참상慘狀을 말하여주고 있고, 상상을 절絶한 소수 특권층의 사치호화 낭비를 생각할 때 한국사회의 극심한 불평등의 생생한 좌표가 되는 것이다. 더구나 이러한 상태가 '8.10 사태' 이후 개선된 상황에서의 일일진대 더욱 그러하다.

-서울대학교 법과대학 사회법학회, 「광주대단지 빈민실태 조사보고서」(1971.10)

집단시위 뒤 대단지를 취재한 르포 기사는 여전히 단단하게 박힌 대단지의 가난을 이렇게 전한다.

지난 6월 중순 서울시내 성동구 하왕십리동에서 이주해온 박규홍 씨(42세)는 "오늘 아침에는 죽을 쑤어먹고, 점심은 걸렀으며, 저녁에는 국수 한 봉지로 일곱 식구가 한입씩 때워야 할 형편"이라면서, "그래도 시내에서는 지게를 져 입에 풀칠하는 것은 걱정 없었는데 이곳에서는 지게 일거리조차 없어 하늘만 쳐다보고 있는 실정"이라고 한숨지었다. "15세 된 딸아이가 허기에 지치자 서울로 나가 술집에서 접대부로 일하면 밥은 배불리 먹을 수 있지 않느냐면서 술집 접대부로 나가겠다고 졸라대는 통에 가슴이 쓰리다"고 허모 씨(45세)는 눈물을 글썽이며 말을 이었다.

-박기정, 「광주대단지」, 『신동아』 1971년 10월호

"이곳에는 지게 일거리조차 없다"는 주민의 하소연처럼 대단지에는 실제로 이주 전보다 못한 생활을 하는 주민이 많았다. 서울대학교 사회법학회 학생들이 조사한 보고서에는 어떻게 나와 있을까? "광주대단지에 오기 전과 현재를 비교해 달라"는 설문에 응한 254명 중 215명이 이전보다 못하다고 답해, 전체의 84.7%가 서울 빈민촌에서보다 힘들게 생계를 이어오고 있는 것으로 드러났다.[16] 이전과 마찬가지라고 답한 주민은 30명으로 11.8%였고, 이전보다 낫다고

한 주민은 불과 9명인 3.5%에 지나지 않았다.

대단지 철거이주민의 생활이 이전보다 더 힘들어졌다는 사실은 다음의 조사로도 분명히 드러난다. 사회법학회에서는 대단지 빈민실태를 조사하면서 육류 섭취량을 알아보았는데, 설문에 응한 263명 중 1주일에 한 번 먹는다는 주민이 6명(2.3%), 1달에 한 번 섭취한다는 주민이 23명(8.7%), 명절 때면 먹는다는 주민이 19명(7.2%), 아예 생각조차 못 한다는 주민이 215명(81.8%)이었다. 이는 이 사회법학회가 1970년 1월에 서울 빈민지역 실태조사로 얻은 육류 섭취량보다 훨씬 적은 수치였다. 서울 빈민지역 조사에서는 1주일에 한 번 먹는다는 주민이 전체의 7.7%였으며, 1달에 한 번 섭취한다는 주민은 25.6%였다. 명절이면 먹는다는 주민과 생각조차 하지 못한다는 주민은 모두 66.7%로 나와, 89%에 이

성남지역 개발 초기인 1971년 무렵, 서울 고지대의 무허가판자촌과 유사하게 야산 경사지에 주택가가 형성돼 있다. | 성남시청

른 대단지 주민보다 서울 빈민층이 더 많은 고기음식을 먹는 것으로 파악됐다.

광주대단지의 이러한 빈곤 실태는 1971년 8월에 서울시장이 국회 건설위원회에 나가서 행한 답변, 곧 "서울 시내의 판잣집 상태보다는 몇 배로 개선되고 밝은 그러한 지금 광주단지가 건설되고 있다"는 발언이 의도적 왜곡이나 편향된 시각에서 나왔음을 증명한다. 광주대단지 철거이주민 대다수가 서울 판잣집 시기보다 못 산다는 게 실제로 드러났으니 서울시장의 이 발언은 거짓이거나, 사실과 다르게 해석한 왜곡임이 분명하다. 그런데도 "몇 배로 개선되고 밝은 그런 광주대단지"를 맛본 이들을 굳이 찾자면, 분양증 전매로 돈을 번 투기꾼이나 길목 좋은 곳에 자리한 유보지를 투자자에게 분양해 이익을 얻은 서울시일 터이니, 서울시장은 광주대단지의 실제 주인이어야 할 철거이주민보다 부자와 권력자를 위해 사업을 벌인, 한쪽의 이익을 극히 우선한 편향된 행정가라는 비판을 벗어날 수 없을 것이다.

광주대단지 또한 계획된 국가행위에 의해 만들어졌지만, 이는 국가의 일반적인 도시계획 아래 조성되는 보통의 신도시와는 판이했다. 빈민 하층민의 집단거주, 천막과 판잣집 생활, 극심한 가난, 생활기반시설과 도시 인프라 부족, 생산시설과 고용기반 결여 등 대단지와 이곳 주민이 처한 상태는 집단수용소나 다름없었다. 전쟁이나 기아로 인한 난민촌과도 같았으며, 격리된 고립무원 상황은 특정 종교인이나 소수자 집단을 강제로 격리해 살게 하는 게토ghetto를 연상시킨다.

최소한의 의식주 생활은 물론 안전과 생명까지 위협받았다는 점에서 대단지 만들기는 새 주거지를 조성하고 위성도시를 건설한다는 구실 아래 행해진

국가의 폭력이나 다름없었다. 판잣집 철거와 이주가 기본적으로 공권력 동원에 의한 강제행위였다는 점에서 그것은 하층민을 상대로 한 국가의 억압정책이자 배제의 통치전략이기도 했다.[17] 이 무렵 서울에는 한강과 여의도 개발, 영동 개발 등 신중산층을 위한 도시개조 정책이 그야말로 근대도시에 어울리는 방식으로 차근차근 추진되고 있었다. 이와 비교하면 광주대단지는 도시계획법에 따라 충족돼야 할 주거시설과 생활기반시설이 담보되지 않은 임시수용소에 불과했다. 사회적 약자를 누르고 배척하는 국가권력의 속성이 어김없이 드러난 정책 모순의 현장이었다.

이처럼 광주대단지는 산업화 과정에서 발생한 도시빈민을 서울이라는 대도시에서 분리하는, 그래서 중심부 사회로부터 배제하는 공간적 장치이자 계급차별적인 통치의 도구였다. 광주대단지는 산업화로 인해 급증한 인구를 재배치하려는 인구분산 도시라기보다 위험하고 비위생적인 빈민층을 외곽으로 옮겨 집단 수용하는 계층분리 도시로서 더 적절하게 운용되었다.

결국, 판잣집 철거와 광주대단지로의 이주는 도시빈민 추방의 한 방편이었다. 이는 중산층을 위한 공간재편이라는 거시적 시각의 도시개발계획과도 맞물려 있었다. 건설개발 사업을 통해 도시빈민을 축출하고 그 자리를 중산층을 위한 개발공간으로 삼는 편향된 도시정책의 본격적인 시발이었다. 이 시기에 이미, 정치권력과 자본의 결탁에 의한 토목건설국가의 면모가 대도시 서울과 주변 지역에서 점차 가시화되고 있었던 것이다.

6장

부동산투기장이 된
광주대단지

대단지에 부는 투기 열풍

"개선되고 밝은 광주대단지"는 어디에 있는가?

이제 다시 1971년 8월 대단지 집단시위 직후에 열렸던 국회 건설위원회 정책질의 현장으로 돌아가서 서울시장이 표명했던 그 당당한 발언을 재검토해보자. "개선되고 밝은 광주대단지"라는 발언이 어떻게 가능했는지 그 배경을 짚어보도록 하자.

서울시장이 국회에서 행한 "서울 시내의 판잣집 상태보다 몇 배로 개선되고 밝은 그러한 광주단지가 건설되고 있다"는 발언은 서울시 공무원들이 철거이주민에 대해 가졌다는 태도와 그 맥락이 맞닿아 있다. 대단지 조성 시기에 보였다는 태도, 곧 "무허가건물로 철거 대상인데 땅 20평$^{(66m^2)}$이라도 줘서 내보낸다"는 그 시혜적 견해 말이다.

법적 시각에서 엄격하게 따져보면 무허가건물은 위법행위의 소산이며 거기에 사는 주민은 일종의 범법자에 속한다.[1] 이를 당사자의 처지나 형편은 물론 현실 여건과 정황, 사회 전체 시각에서 본 관계성과 역할 등을 고려하지 않고 법조문 해석만을 손에 쥐고 극단으로 밀고 나가면 무허가건물 거주자는 법에 따른 처벌을 감수해야 하는 사회 일탈자에 지나지 않게 된다. 이 무허가건물 건축과 거주라는 행위가 반복되거나 장기화하면 당사자는 처벌은 물론 교정하고 교화해야 할 반사회적 인물로 낙인찍어도 무방한 인물이 된다. 이러한 견해와 해석 추이는 가진 자나 힘 있는 자의 자기합리화에 가까운 합당함에 지나지 않을 수도 있지만, 조정하고 질서 지우고 지시하려는 권력자에게는 자신이 하고자 하는 통치행위나 행정명령에 대한 타당한 근거를 제공하기도 한다.

결국 서울시는 이런 관점을 받아들여, 무분별한 경영사업식 대단지정책 추진에 대한 타당성을 도출하게 된다. 법에 따라 무허가건물을 철거하고, 범법자일 수 있는 그곳 주민을 위해 '후불 조건에 저렴하기까지 한 20평 택지분양'이라는 혜택까지 주어가며 정착지를 조성하니 공사가 완공될 때까지 가수용 상태에서라도 참고 살아야 한다는 시혜와도 같은 그 언사 말이다. 실제로 철거이주민들도 위법행위라는 이 법 규범적 판별과 서울시의 시혜적 태도를 어느 정도 받아들였기에 허술한 천막에라도 살림살이를 풀 수 있었을 것이다.

사실, 대단지 초기 입주자들이 가혹할 정도의 가난을 견뎌내며 하루하루

성남지역 개발 초기의 천막촌. 멀리 야산 경사지에도 주거지가 형성돼 있다. | 성남시청

를 버틸 수 있었던 것은 '내 집 마련'이라는 희망이 힘이 돼 주었기 때문이다. 서울시에서 밝힌 단지개발 방침에는 "분양한 택지는 정착 후 적절한 시기에 입주자에게 매도"하고, "주택은 입주자가 자비로 건립하되 서울시에서 건립비 일부를 보조한다"고 되어 있다. 게다가 "주민의 생활권 형성을 도모하여 경공업 시설을 유치한다고"까지 하지 않는가. 이렇게만 되면 내 땅이 생기고, 힘껏 일해서 거기 주택을 지으면 내 집이 생길 수 있을 터였다. 무허가판잣집 범법자가 아니라, 천막에 사는 철거이주민이 아니라 내 소유의 땅과 집을 가진 어엿한 시민이 된다는 염원이 철거의 고통과 말할 수 없이 비참한 생활을 이겨낼 수 있도록 해주었던 것이다.

하지만 그 꿈은 철거이주민 다수의 것이 되지는 못했다. 대단지 설계자의 계획은 현장에서 자주 뒤틀려졌고 위정자의 약속은 현실에서 크게 흐트러지기 일쑤여서, 어느 철거이주민에게 그 꿈은 유보되었고, 또 다른 철거이주민은 그 꿈에서 재빨리 깨어나 다시 이전의 무허가판잣집 범법자로 돌아가는 비극을 되풀이했다.

택지분양과 분양증 전매

택지분양은 1969년 하반기부터 실시됐다.[2] 대단지 한쪽에서는 정지공사가 한창이고 다른 한쪽에서는 이제 막 도착한 철거이주민이 천막을 치는 가운데, 서둘러 일찌감치 정지공사를 마친 택지를 먼저 분양했다. 택지조성 공사와 택지분양, 철거민 이주가 동시에 진행되는 혼잡한 양상이었다. 배수시설은 물론 도로조차 제대로 나 있지 않은 상태에서 말뚝으로 10m 내지 6m 폭의 도로 표시를 하고, 그 사이의 공지에 평균 2000~3000평$^{(6611.\sim9917.m^2)}$ 규모의 사각형 단지를 구획한 뒤 이를 다시 20평으로 나누어 분양했다. 분양지마다 일련번호를 붙였는데, 분양지 전체는 마치 바둑판을 그려놓은 듯한 모양새였다. 분양가격은 토지매입액에 정지작업비와 행정지원비 등을 포함해 책정하는데, 평당 2000원 안팎이 될 것으로 내다봤다. 서울시에서는 이 분양대금을 입주 후 3년부터 3년간 상환하도록 한다는 방침을 세워두고 있었다.

택지 배정은 추첨으로 이뤄졌다. 추첨기를 돌려서 번호표를 내려받으면 그 번호에 해당하는 분양지가 각자의 몫이었으며, 이에 대한 증서로 분양증을 받았다. 요행수가 크게 작용하는 이런 추첨식 분양으로 고지대나 후미진 곳의 택지를 받은 이주민과 그나마 나은 지대의 택지를 받은 이주민 간에 희비가 교차하기도 했다.

> 그때 분양이라는 거는 땅덩어리만, 그러니까 말뚝 박아놓은 게 기준해서 20평, 사방 뭐 떼고 뭐 떼고 하면 십 한 육 평 정도. 성남시가 옛날 집이 거의 다 그렇듯이 십 한 오륙 평밖에 안 나와요. 그렇게 해놓고 추첨을 해가지고 나눠 줬는데 당장 먹을 것도 없는데 뭘로 집을 짓겠습니까? 하다못해 블록이라도 사가지고 시멘트로 쌓아서 올려야 되는데 먹을 게 없는데 그게 되느냐고요. 땅은 배정을 받았지만 텐트(천막)에 계속 산 거죠. (1969년 광주대단지 이주자)
> ―임미리(구술정리), 「철거이주민이 겪은 광주대단지」, 『성남시사 8: 생애사』

사실, 비교적 양호한 지대의 택지를 분양받은 주민이라 해서 좋아할 겨를이 없었다. 더 큰 난관은 오히려 택지분양 다음에 찾아왔다. 생활기반시설도 생계대책도 마련돼 있지 않은 이곳에서 내 집 마련의 꿈을 품은 채 빈곤과 불안을 견디며 고된 일상을 이어가느냐, 아니면 분양증을 팔고 다시 무허가촌 주민이 되느냐 하는 갈림길에 서야 했던 것이다. 대단지에서 생계를 이어가기 힘들거나 집을 지을 여력이 없는 이주민들은 분양증을 전매하고 서울 무허가촌을 찾아 떠났다. 이들 대부분은 생존 자체가 위협받고 있는 현실에서 주택 건축은커녕 대단지에 거주한다는 것 자체가 불가능해 보이는 주민들이었다.

광주대단지에서 살려고 하는 사람들은 거의 없었던 걸로 기억해요. 생활이 열악했으니까. 개발 초기에는 다들 어서 분양증(딱지) 팔고 떠나려고 했던 사람이 많았어요. 당시에 딱지 한 장이 5만 원가량 했어요. 그거 가지고 술 한 잔 먹고 그러는 사람, 팔고 가는 사람 등등 뭐, 많았죠. 왜냐? 여기서 오랫동안 살려고 하지 않았으니까 말이에요. 그땐 뭐 아무것도 없었거든요. 다 천막이 었어요. (1967~1973년 성남출장소 근무자)

-권락용, 「광주대단지사업의 주체별 갈등구성」, 서울대학교대학원 건설환경공학부 석사학위논문

임시진료소 하나 없어서 환자가 생겨도 방관만 하고 있다는 주민 박석홍 씨 (45세)는 정착을 시켰으면 최저한도의 음료수와 진료소쯤은 마련해주어야 할 것이 아니냐면서 급수차 한번 나온 일이 없다고 말하고 있다. 주민 김용석 씨에 의하면 일단 이곳에 정착했던 주민들도 견디다 못해 부동산업자에게 분양지 20평을 4~6만 원에 팔고 서울로 다시 들어가 지금은 절반밖에 안 남았다고 한다.

-『경향신문』 1970년 6월 3일

일부 약삭빠른 이주민은 분양증을 판 뒤에 다른 곳도 아닌 대단지 내에 무허가 임시건물을 마련해 거주하기도 했다. 비교적 양호한 택지를 분양받은 사람 중에는 이를 팔고 대단지 고지대나 외곽의 싼 택지를 사서 그곳에 값싼 주거

시설을 짓는 주민도 있었다.

　분양증을 계속 보유한 이들도 대부분 자력으로 주택을 지을 여력이 부족했다. 분양받은 택지에 허름한 판잣집을 지어 정착하기도 했으며, 온 가족이 동원돼 오랫동안 블록집을 지어 올리기도 했다. 대단지에서 미래를 열어가기로 한 주민들 대부분은 내 집을 갖기 위해 이전보다 더한 생활고를 감내해야 했다.

> 일부 사람들이 땅을 팔고 도저히 못 살겠으니까 나간 사람들이 있었고, 그 땅을 사서 들어온 사람들이 여기 있는 사람들보다 생활이 나으니까 그 사람들이 집을 짓기 시작한 거죠. 원래 있던 사람들은 집을 지은 사람들이 많지 않았던 것으로 생각이 돼요. 나중에야 물론 지었지만. 그래서 그걸 갖다가 벌어가지고 먹고 살고, 블록 몇 장 사다가 올려놓고, 또 며칠 일 해가지고, 먹고 남는 거 또 올리고 이런 식으로 해서 제 기억으로는 한 서너 달 걸린 것 같아요. 조그만 열댓 평 올라가는데 다 우리 가족이 전부 만들었죠. 그 집을. (1969년 광주대단지 이주자)
>
> ㅡ임미리(구술정리), 「철거이주민이 겪은 광주대단지」, 『성남시사 8: 생애사』

부동산투기 열풍 ― 일반 입주자가 몰리다

　분양이 시작되자 대단지에 부동산투기업자들이 대거 몰려들었다. 이들은 대부분 1960년대 서울 외곽지역에 철거민 정착촌을 지을 때 분양증 매매로 큰 이득을 본 부동산업자들이었다. 손정목 교수가 대단지를 찾았던 1969년 5월 중순에 이미 부지 외곽에 자리를 잡고 있었던 복덕방들도 바로 분양증 전매轉賣로 차익을 챙기려는 이들 부동산중개소였다. 물론 서울시가 대단지 철거이주민에게 발급한 분양증에는 "전매를 할 수 없다"는 단서가 달려있었다. 그런데도 택

광주대단지 야산자락 아래로 천막집이 자리하고 도로변을 따라 부동산중개업소 사무실이 줄지어 들어서 있다(1970.12)
| 서울역사박물관

지분양이 시작되자 별다른 장애 없이, 택지를 되파는 이 전매행위가 받아들여졌는데 이는 서울시가 지금까지 철거민 정착촌 사업을 벌이면서 사실상 전매행위를 묵인해왔기 때문이기도 했다.

택지를 분양받은 철거민들은 당장 먹고살기도 힘들었기 때문에 대부분 주택을 지을 엄두도 내지 못하는 상태여서 "웃돈을 얹어줄 테니 분양증을 팔라"는 부동산투기업자의 유혹에 쉽게 넘어갈 수밖에 없었다. 부동산업자들은 브로커를 끌어들여 분양증을 사들였으며, 때로는 속칭 오토바이 부대라 부르는 깡패까지 동원해 반강제로 분양증을 매입하기도 했다. 극빈층의 자발적인 전매에 협박과 강박, 회유에 의한 매매가 더해졌으며, 일부 부동산업자와 공무원이 결탁해 요지에 해당하는 추첨번호를 사전에 추첨기에서 빼돌리는 부정을 저지르기도 했다. 부동산투자 열기가 고조되면서 대단지 땅값은 가파르게 상승했다. 부동산업자들은 서울시로부터 유보지를 낙찰받은 뒤, 이를 목 좋은 곳의 토지를 매입하려는 재산가에게 웃돈을 얹어 되팔아 큰 이득을 남기기도 했다. 철거이주민에게 분양된 택지가 대체로 500원에서 2000원 선인 데 비해 유보지 매각은 최소한 3만 원 선이 넘었다고 한다. 게다가 유보지는 잘게 나누지 않고 보통 80~100평$^{(264.4~330.5㎡)}$ 규모로 입찰시켰기 때문에 투기이윤이 훨씬 높았다.

서울시도 가만있지 않았다. "300만 평 택지사업", "35만 명 규모의 새 위성도시 건설", "대전시 규모의 새 도시건설" 등의 표현으로 대단지 조성사업을 대대적으로 홍보했다. 설령 의도적인 선전은 아니었다 해도 시장을 비롯한 고위직 공무원이 이 같은 언사를 공언해 국민의 관심을 끌고 부동산업자를 자극한 것은 사실이었다. 서울시가 이 같은 홍보와 함께 택지를 분양해 큰 이익을 남긴 것도 틀림없는 사실이었다. 서울시는 철거이주민 가구에 20평의 땅을 후불 조건으로 나눠준 뒤 집은 알아서 짓도록 했다. 토지매입비용과 도시기반시설 조성비용을 충당한다는 명분으로 유보지를 고가로 되파는 경영사업을 지속해서 벌였고 이로써 실제 엄청난 개발이익을 남겼다.

한편으로 보면, 서울시는 부동산투기업자가 대단지 내에서 수익구조를 유지하는 데 상당한 역할을 했다. 우선, 투기업자에게 이익을 안기는 전매행위 자체가 서울시의 암묵적인 동의 아래 가능했다는 점을 들 수 있다. 게다가, 서울시의 대단지 홍보 또한 투기업자에게 유리하게 작용했다고 볼 수 있다. 광주대단지 홍보로 땅을 사고자 하는 수요자가 많이 몰리면 지가가 오를 것이며, 투기업자들은 그만큼 큰 이득을 얻을 수 있었다. 그런데, 서울시의 이런 조치나 행위의 궁극적인 목적이 서울시 자체의 경영사업 이익을 극대화하는 데 있고, 이를 위해서는 일정한 규모의 투기업자가 필요했다는 점을 고려하면, 결과적으로 서울시와 부동산투기업자들이 상부상조하는 공생관계에 있었다고 해도 과언이 아닐 것이다. 직접적이진 않지만, 이 또한 일종의 권력과 자본의 결탁이라 보아도 좋을 것이다.

이와 함께 "광주대단지에 가면 싼값에 집을 살 수 있다", "광주대단지에 살 판났다"는 식의 과장된 표현이 언론을 통해 확산하면서 철거민이 아닌 일반인이 대단지로 이주하는 이상 현상이 일어났다. 이들은 대체로 서울 근교에 자리한 싼값의 주택을 찾던 이농민이거나 서울 남동부 지역에 직장을 둔 빈민층으로서, 저렴한 가격에 주택을 마련할 수 있다는 기대로 분양증을 매입했다. 서울 도심에서 노점이나 소규모 가게를 운영하던 영세상인들도 몰려들었으며, 안정적인 수입원을 가지지 못한 반실업 상태의 서비스업 종사자들도 대단지에 가면 먹고 살 수 있다는 소문을 듣고 이주를 감행했다. 택지분양증을 전매로 구입했다고 해서 이들을 '전매입주자'라 불렀는데, 이들 또한 대부분 저소득층 가구였다. 철거민보다는 생활 형편이 조금 나은 편에 속했지만, 철거이주민과 유사하게 일용직 노동이나 영세상업에 종사하는 자가 많았다. 분양증 구입에 돈을 모두 쓴 이들은 분양택지에 천막을 치거나 판잣집을 지어야 했고, 그나마 여유가 있는 소수의 전매입주자만이 이른바 정상주택을 지을 수 있었다.

대단지가 외부에 알려지면서 무단입주자들도 점차 늘어났다. 이 부류는 구성이 다양했다. 서울 무허가촌에서 세를 살다 철거민과 함께 이주했으나 택지분양을 받지 못한 주민들, 분양증을 판 뒤 대단지를 떠나지 않고 인근에 무허가건물을 짓고 사는 주민들이 대체로 이 부류에 속했다. 살아남기 위해 대단지를 찾아 들어 하천변이나 외곽에 무단으로 주거시설을 짓고 사는 사회 최하층 주민도 여기에 속했다.

무허가촌 세입자 자격으로 이주한 이들은 철거로 인해 거주지를 잃어버렸으니 철거이주민과 같이 땅을 분양해달라고 요구하기도 했다. 서울시의 택지분양 불가 방침에 이들은 집단 항의를 벌이거나 때로는 손가락을 자르는 단지斷指와 같은 극단적인 행위로 맞섰다.

서울 용두 판자촌에서 셋방살이를 하다가 지난 6월 9일의 철거로 이곳 가수용지 천막에 수용되고 있는 이철주(32세) 씨는 당국의 이러란 처사가 하도 서럽고 뼈에 사무치도록 한스러워 단지까지 했다면서 끊어진 손가락을 내보인다. 그의 이 혈서 동정이 가져온 결과는 세입자 일부에 대해 3가구당 20평의 땅을 분양한 것이 전부였다. 그것도 아무리 파봤자 물 한 방울 솟지 않는 단지 최상봉에다. 그는 이어 말한다. "아무 델 줘도 할 말 없죠. 허나 3가구당 20평을 주는 건 개한테 밥 한 톨 던져주는 거나 뭣이 다릅니까. 거기다 집을 지을 수 있나요, 한 가구로 모아주거나 팔아서 나누어들 가졌다더군요."

－신상웅, 「르뽀 광주대단지」 『창조』, 1971년 10월호

대단지 내에 세입자로 들어온 주민도 있었다. 이들은 주로 직장 때문에 불가피하게 대단지로 이사하거나 새로운 일자리를 찾아 흘러들어온 이들로, 대단지 내 분양주택에 세입자 자격으로 사는 주민들이었다.

이처럼, 1970년 이후 대단지에는 서울 무허가촌 철거민 외에도 여러 부류의 이주민이 유입되면서 주민구성에서 이주 첫해와는 점차 다른 양상을 보였다. 이 무렵엔 적게는 철거이주민의 3분의 1이, 많게는 절반 정도의 철거이주민이 대단지를 빠져나간 것으로 짐작된다. 그러면서 이보다 더 많은 수의 일반 이주민이 대단지로 들어왔다. 1971년 8월에 서울시가 조사한 바에 따르면 철거이주민 수는 4만 1596명이었는데, 전입자는 그보다 1.6배 많은 6만 8623명으로 나타났다. 철거이주민의 절반 이상이 대단지를 벗어나 다른 곳으로 나갔으며, 그보다 많은 일반 입주자가 대단지로 유입되고 있었던 것이다. 실제로 주민구성에서도 철거민보다 일반 입주자가 더 많아, 1971년 조사에서 철거민은 전체 인구의 약 30%인데 비해 전매입주자와 세입자 등 일반 전입자는 49% 정도를 차지할 정도였다.

이런 상황에서 대단지 전체 인구는 점차 증가하는 추세였다. 1970년에 이미 8만 명을 넘어섰으며 이듬해 중반엔 13만 명 선에 육박한다. 여기에 대단지 내에서 무허가건물을 짓고 사는 무단입주자까지 포함하면 광주대단지의 실제 인구는 공식 통계를 훨씬 넘어섰다고 봐야 한다. 1971년 6월 무렵엔 광주대단지 내에 들어선 무허가건물이 3300여 채에 이르렀으며,[3] 거주 인구는 1만 6800명 선으로 추정됐다.

1970년을 지나면서 택지분양이 본격화되자 대단지는 여러 부류의 주민이 이주하고 이기와 탐욕이 난무하는 이전투구의 거대한 투기시장으로 변해갔다.

광주대단지 시기 최대의 상권지역이었던 제일시장 일대(1971.3) | 서울역사박물관

1970년에 대단지 내 유보지 공매가 시작되면서 부동산업자들의 투자 규모가 대형화되었고, 대단지는 부동산투자 열기로 적어도 겉으로 보기에는 활기가 넘쳐났다. 일반 전입자를 비롯한 철거민 이외의 이주민이 급격히 늘어나고, 부지에 주택과 상가가 하나둘 들어서면서 얼핏 개척지로 보이기도 했다. 기존의 대단지 조성공사에 주택건설 경기가 더해지면서 철거이주민의 생계도 조금은 나아지고 있었다.

하지만 부동산경기에 기반을 둔 대단지의 활력은 도시건설과 주민의 생계대책을 위한 근본적인 처방이 될 수 없었다. 대단지의 내막은 여전히 부실함을 벗어나지 못했다. 생활기반시설과 공공시설, 학교와 위생보건시설, 구호대책과 안정된 일자리 등은 여전히 미흡하고 취약했다. 도시 인프라 공사가 대단지의 인구증가를 따라잡지 못해 생활환경이 오히려 더 악화하는 감도 없지 않았다.

도로와 전기, 상하수도, 오물처리 등 기본적인 생활시설 문제가 자주 거론됐지만 대부분 미뤄지고 부분적인 실행에 그치는 경우가 많아 미봉책이란 비판을 면하기 어려웠다. 그런데도 서울시에서는 계속해서 철거민들을 실어날랐고, 일반 전입자 또한 물밀듯이 들어와 광주대단지의 외양을 부풀렸다.

유보지 매각과 전매행위는 필요한 시책이었나?
- 서울시의 변명

광주대단지 택지분양은 철거이주민을 대상으로, 이들을 위한다는 명분 아래 시작했지만 실제로는 철거민이 아닌 새로운 이주민을 불러들이는 결과를 초래했다. 상당한 수의 철거이주민이 대단지를 떠나야 하는 상황이 만들어지면서 철거민을 위한 정착지라는 애초에 내세운 목적이 흐릿해져 버렸다. 그런데도 서울시는 대단지의 미래를 두고 계속 과잉 홍보를 해 결과적으로 투기업자와 일반 전입자를 끌어들였고, 철거이주민의 분양지 전매를 사실상 묵인했다. 철거이주민은 마치 대단지 경영사업을 위해 필요한 인적 자원처럼 취급되고 있었다. 처음부터 대단지 조성의 목적이 유보지를 중심으로 한 택지분양과 전매행위를 통한 부동산경기 활성화로 이익을 얻는 데 있었다는 듯이 말이다.

이 유보지 매각과 전매행위에 대해 서울시는 어떤 입장을 표명했을까? 1971년 8월 대단지에서 집단시위가 일어난 뒤에 국회 건설위원회에서 서울시장이 행한 발언을 들어보자.

> 서울시가 보유하고 있는 6만 평의 유보지를 경쟁입찰을 시켜서 거기서 12억의 돈이 수입이 됩니다. 이 12억의 돈은 사실은 이 돈의 수입에 의외가 있는 것보다도 여기에 다시 들어오게 될 2차 산업, 3차 산업, 그리고 일반상가 이것이 문제가 됩니다. 이것을 100평 단위로 쪼개서 여기에 일반상가가 들어서면 이것이 역시 건설의 매개체로 하나의 생활기반이 된다고 보는 것입니다.
>
> -국회사무처 편, 「제77회 국회 건설회의록 제3호」(1971.8.14)

서울시장은 유보지 지정과 매각의 궁극 목적이 금전적 수입이 아니라고 한다. 유보지에 상가와 산업시설을 유치해 산업기반을 조성하는 한편 건설 경기를 일으켜 이를 대단지 주민의 생계대책의 하나로 삼는데 뜻이 있다고 강조한다. 이 유보지 매각과 관련된 일반 입주자의 전매행위에 대해서는 다음과 같은 효과가 있다고 피력한다.

> 저희들이 이때까지 이 단지 조성에 있어서 가장 염려한 문제가 전매행위입니다. 전매행위는 어느 정도는 이러한 일반 시민 혹은 극빈자 아닌 영세시민이 사실 아까 말씀드린 유보지에서 상가가 생기고 극장이 생기고 시장이 생기고 이래서 각 상가별 계층별 사람이 서로 모여서 상호유통이 되고 고용이 이루어지는 것이 도시의 필요한 인구구조라고 알고 있습니다. 그러나 만약 전매행위가 일체 없고 10% 극빈자만 가지고 본다면 이 단지는 죽은 단지가 됩니다. 그러나 그렇다고 해서 무제한 전매를 방치할 수는 없고 어느 정도 전매는 조절이 필요하다 하는 것을 생각해 보았습니다.
>
> —국회사무처 편, 「제77회 국회 건설회의록 제3호」(1971.8.14)

일반 시민, 혹은 영세시민의 전매행위는 대단지에 극빈층만이 아닌 여러 계층의 사람을 유입하게 하며, 이는 고용과 유통이 원만하게 이뤄지는 도시를 조성하는 데 필요한 인구구성의 기반을 제공할 것이라는 주장이다. 서울시장의 이 발언을 풀어쓰고 좀 더 전개하면, 유보지 매각과 전매행위는 도시기반 조성에 필요한 상업과 공업시설을 유치하고 다양한 계층의 인구구성을 가진 원활한 도시를 건설하기 위한 한 방안이라는 의견이다.

유보지 매각이 투자자를 끌어들이고 대단지 내 건설 경기를 활성화했으

성남지역 개발 초기, 지금의 수정구 산성동 지역 도로변에 들어선 시장과 상가 건물 | 성남시청

며, 분양증 전매와 함께 일반 전입자를 이주시켜 대단지 개발을 촉진하게 한 요인임을 부인할 수는 없을 것이다. 영세 이주민의 생계에도 도움을 주었을 것이다. 투자자와 전매입주자가 들어오면서, 극빈층인 철거민들만이 거주하는 수용소 같았던 주거단지의 외양이 조금이나마 달라진 것도 사실일 것이다.

하지만 유보지 매각과 전매행위 묵인이라는 서울시의 방책을 산업시설 유치와 도시인구의 다양한 계층구성을 위한 의도되고 계획된 시책으로 보기에는 무리가 있다. 그렇게 받아들이기에는, 재정난 타개를 위해 금전 이익을 우선한 서울시의 경영사업 본색이 너무나 확고하게 드러났으며, 게다가 그 사업 추진은 성급하고 졸속했으며 가혹하고 무자비하기까지 했다. 서울시로 대변되는 정부가 성남에 제대로 된 기반시설을 갖춘 건실한 도시를 참으로 조성하려 했다면 생활기반시설을 조성하고 공장을 유치한 뒤 철거민을 이주시켰어야 했다.

대단지 인구구성의 다양함을 진심으로 의도했다면 처음부터 중산층을 유치할 택지를 조성하고 도시인프라를 마련하면 되었다. 그래서, 1969년 5월에 대단지를 방문했던 손정목 교수도 "중류층이 입주할 수 있는 대지 규모를 설정하고 중류층을 위한 지구를 대단지 내에 마련하길" 권하지 않았는가.[4]

"일반 시민 혹은 극빈자가 아닌 영세시민의 전매행위를 통해 계층별 사람을 모여들게 한다"는 요지의 발언과 관련해서는 전매입주자의 계층성을 짚어볼 필요도 있다. 전매행위를 통해 대단지로 이주한 자들이 철거민이 아닌 일반 전입자의 대다수를 차지하는데, 과연 이들이 사회 지위와 경제력 측면에서 철거민과 어느 정도 차이가 있었을까? 철거이주민보다 좀 더 나은 위치에 있었겠지만 직업이 탄탄하고 생활이 안정된 중산층과는 거리가 있었으며, 오히려 언제 철거이주민과 같은 처지로 떨어질지 모르는 불안한 상태에 처해 있었다고 봐야 한다. 이 정도의 사회적 위상을 가진 주민 유입을 단초로 해서 과연 계층별 사람을 모여들게 하고 다양한 계층의 인구구성을 가진 도시를 실제로 건설할 수 있었을까?

한편, "일반 시민" 부류에 속할 이주민은 목 좋은 유보지를 사들인 제법 부유한 계층의 사람일 터인데, 이들은 소수였다. 그마저도 대단지에 실제로 거주하는 주민은 적었으며, 그 다수는 부동산투기자나 외지에 사는 투자가였다고 봐야 한다. 이런 점을 고려하면 서울시장의 "계층별 사람이 서로 모여서 상호유통이 되고 고용이 이루어지는" 운운은 매우 과장되고 성급한 재단에 따른 발언이었다. 대단지 조성사업 지휘자로서 져야 할 책임을 회피하려는 다분히 의도적인 진술이었다.

유보지 매각과 전매행위에 대한 서울시장의 변辯을 받아들이기에는 무엇보다 철거이주민이 처한 현실이 너무 가혹했다. 서울시가 어떤 의도와 목적으로 대단지를 조성하려 했던 변하지 않는 사실은 철거이주민들은 이전보다 더한 배고픔과 추위에 떨었으며 상시적인 질병의 위험에 노출돼 있었다는 점이다. 산업시설 유치와 도시인구의 다양한 계층구성을 위해서라는 서울시장의 말을 일견 받아들이더라도 문제는 남는다. '가난해, 법률에서 허용하는 집이 없다'는 이유만으로 주민을 특정 장소에 수용할 권리를 누가 국가에 주었는가? 상가를 세우고 공장을 유치하고, 집을 지을 여력이 있는 계층을 끌어들이기 위해서는 빈자貧者의 생존권 정도는 도외시해도 문제 될 게 없단 말인가? 이들의 인격은 무시당해도 무방하며 그 생명성은 경시되어도 정녕 괜찮단 말인가? 이는 저 고대의 노예제 사회도 아니고 왕조시대의 신분제 사회도 아닌, 권력자들 자신이 근대화 시대를 열어간다고 공언한 그토록 모던한 사회에서는 백번 천번 아닐 것이다.

유보지와 전매에 대한 서울시장의 발언은 과도한 경영사업 추진으로 대단지 주민이 입은 폐해와 집단시위 발생에 대한 책임을 무마해보려는 자기합리화에 가까운 언설이라 할 수 있다. 거기에는, 배고픔에 앞날을 불안해하는 대단지 특정 천막의 특정한 누구는 없으며, 질병을 앓으며 생명을 위협당하는 대단지 특정 판잣집의 특정한 누구도 없었다. 대단지의 그들은 애초에 사회적 존엄과 정치적 권리를 가진 개개인이라기보다는 경영사업을 추진할 대단지를 구성하는 하나의 거대한 인구집단으로 여겨졌다.[5] 그래서 굶주림으로 몸이 쇠하든 전염병으로 죽음에 처하든, 무허가촌에서 축출된 철거민이 유입돼 정해놓은 적정량의 인구 규모가 훼손되지 않는다면 애써 힘과 물자를 들여 구호에 나설 까닭이 없었다. 광주대단지 주민은 인격과 개성을 가진 개인들이 활동하는 이 땅 중심부에서 배제됐으며, 이제 인격과 개성을 박탈당한 채 차별과 억압의 소외집단으로 치부되고 있었다.

갈등하는 서울시
– 경영사업과 전매제한 시책

서울시, 전매금지 카드를 꺼내들다

일반 주민들이 대단지로 몰려들고 투기꾼들의 전매행위로 분양증 가격이 하루가 다르게 오르던 1970년 7월 11일, 서울시는 특단의 조치를 내린다. 8월 30일까지 철거이주민과 전매입주자는 토지매수계약을 체결하라는 갑작스러운 통고였다.[6] 더구나 전매입주자는 토지대금을 시가時價로 책정해 일시불로 매수해야 한다는 규정까지 두었다. 지금까지 거듭 매매되어 한껏 오른 가격으로 택지분양증을 매입했는데, 그 택지를 법적 하자 없이 소유하려면 다시 시세에 준하는 토지대금을 내고 서울시와 매수계약을 하라는 것이니, 전매입주자들은 같은 땅을 두 번 사야 하는 처지에 놓인 것이다. 이와 함께 서울시에서는 앞으로 철거민 본인이 이주해 정착하지 않을 때는 입주자격을 무효로 한다는 조항을 명시해 사실상 분양지 전매 금지조치를 단행했다. 입주가 시작된 지 1년이 더 지난 시점에서, 그것도 분양증 전매가 공공연히 지속돼 온 상태에서 향후의 시책에 대한 안내나 사전 경고 없이 불시에 내린 조치였다.

서울시는 토지매수계약과 전매금지 조치의 명분으로 투기 억제와 불법행위 단속을 내세웠지만, 그 속내를 보면 난감하고 절박한 사정이 복잡하게 얽혀 있었다. 우선, 철거이주민의 정착률 감소에 따른 딜레마를 들 수 있다. 철거이주민의 분양증 매매는 부동산 열기를 높이고 지가를 상승시켜 서울시의 경영사업에는 큰 도움이 되었지만, 대단지를 빠져나가 다시 무허가건물을 짓는 철거이주민이 갈수록 늘어나는 추세여서 길게 보면 서울시의 철거정책에는 역효과를 가져올 수 있었다. 애초에 대단지를 짓고자 한 까닭이 서울 무허가촌 철거와 정비에 있었던 만큼 이 철거정책의 성과를 충분히 거두면서도 경영사업에 따른 이득 또한 제대로 챙길 수 있는 '철거민 유입과 이탈의 균형점'을 잡는 게 중요했다. 다시 말해, 적절한 시기를 택해 전매행위를 단속하고 이로써 대단지에 정착할 철거민 수를 조절할 필요가 있었던 것이다.

이와 함께 전매입주자에 대한 토지매수계약 강요는 경영사업에 충실한 서울시의 당당한 면모를 다시 한번 확인해주는 조치였다. 이제까지 투자를 계속해오던 주택단지 경영사업에서 큰 수익을 내어 재정난을 타개한다는 데 목적을 두고, 두 번이나 토지대금을 지불해야 하는 전매입주자의 곤란한 처지를 무시한 채 토지매수계약 결정을 내렸다.

한편, 전매입주자를 위시해 대단지로 유입되는 일반 전입자 대다수가 저소득 계층이었다는 점도 문제가 되었다. 대단지 내에 안정된 생계수단을 갖지 못한 영세민이 계속 증가해 구호대상자가 급격히 늘어나면 최저 생계수준으로도 수용할 수 없는 지경에 이르고, 종내에는 주민통제 자체가 힘든 상황에 직면할 수도 있었다. 또한, 대단지 내외에 무단으로 짓는 판잣집이 수백에서 수천채로 늘어나고 있어 이를 단속하고 철거하는 데도 인력과 비용이 만만치 않게 들어갔다. 이대로 두면 무단전입자가 철거이주민과 일반 전입자를 압도할 기세였다. 이처럼, 서울시에서는 '철거와 이주 정책'을 지속하고 경영사업을 효과적으로 운용해 제대로 된 결실을 거두기 위해서는 전매행위와 전매입주자 수용에 대한 제한 조치가 필요하다고 보았던 것이다.

그런데 서울시의 이 특단의 조치는 광주대단지를 지금까지와는 다른 분위기로 몰아갔다. 분양증 매매가격이 급락하고 뒤이어 부동산거래가 끊기면서 대단지 전체의 경기까지 침체기에 들어갔다. 이는 곧바로 철거이주민을 비롯한 대단지 주민의 생활에도 지장을 가져왔다. 서울시의 갑작스러운 분양계약 요구에 막막해하고 있던 철거이주민들은 생계마저 악화하자 태도와 인심이 표변했다. 여기에 전매입주자의 불만과 분노가 더해지면서 대단지 전체의 민심이 험악해져 갔다. 위성도시에서의 내 집 마련이라는 꿈을 안고 고가의 분양증을 매입해 들어온 전매입주자에게 서울시의 일방적인 조치는 그대로 받아들이기 힘든 시책이었으며, 부동산투기에 기대서라도 생계를 도모하고자 했던 철거이주민은 그나마 남은 먹고살 방도마저 잃게 된 셈이었다. 이제 대단지 이주민 다수가 언제든 기회만 오면 떠날 분위기였으며, 이런 판국에 아무리 헐값이라고 한들 택지를 사서 들어올 외지인도 없어 보였다.

여기에 서울시 고위공무원과 부동산업자가 결탁해 비리를 저질렀다는 소문이 퍼지면서 민심은 한층 흉흉해졌다. 전매금지 공고가 나기 직전에 일부 부동산투기업자가 그동안 끌어모은 분양증을 일시에 매매하고 대단지를 빠져나갔는데, 이게 고위공무원이 몰래 흘린 사전정보 때문에 가능했다는 것이다. 이는 이듬해 집단시위 뒤 국회에서도 문제가 되어 추궁을 받은 바 있어 상당히 신빙성이 있는 소문이었다.

예상 밖의 사태를 맞은 서울시에서는 공고대로 조치를 단행하지 못했다. 이후에도 시행이 보류됐으며, 결국은 흐지부지되고 말았다. 이처럼 한 차례 큰 위기를 겪었지만, 서울시에서는 저소득층을 대상으로 한 광주대단지 사업에서는 서울의 도심 정비사업이나 여의도 개발과 같이 국가재정을 투입한 공공정책을 추진할 의사가 없었다. 국가 투자사업으로 지역 경기를 일으켜 생계대책을 근본적으로 마련해주고자 하는 의지가 없었던 서울시는 경영사업 방식의 시책을 다시 선택했던 것이다.

다시 부동산투기 열풍을 일으켜라 – 서울시의 경영사업 전략

서울시는 전매금지 조치를 사실상 철회했으며 경영사업 기조를 은근슬쩍 다시 끌어들였다. 그러자 얼마 지나지 않아 분양증 전매와 부동산투기가 어김없이 고개를 들었다.[7] 서울시에서는 당시 시급했던 대단지 기반시설 건설에 필요한 비용을 여전히 택지매각으로 확보하려 해 홍보에 열을 올렸으며, 여기에 선거 시기가 겹치면서 대단지는 다시 부동산투자 열기에 휩쓸린다. 1971년 4월

광주대단지 제1 공업단지 준공식. 1971년 4월의 대통령선거와 5월의 국회의원 선거를 맞아 공약한 여러 건설사업에 대한 기공식이 함께 열렸다(1971.3.20) | 서울역사박물관

하순에는 7대 대통령선거가 있었고 5월 하순에는 8대 국회의원 선거를 치를 예정이었다. 이에 여당 국회의원 후보는 "앞으로 광주대단지를 지상의 낙원이 되도록 하겠다"는 식의 실행이 담보되지 않은 공약을 남발했다. 최고 권력자도 나섰다.

> 양택식(양탁식梁鐸植)[8] 서울특별시장으로부터 광주대단지 조성계획 및 추진 현황에 대한 보고를 받은 박정희 대통령은 "광주대단지 입주 전에 도로·교통망, 상하수도, 전기시설 등을 완비하고 경공업단지 등을 같이 조성해서 입주자들의 생활근거지를 마련하도록 하라"고 지시했다.
>
> -『동아일보』 1970년 11월 7일

서울시에서는 1970년 11월에서 이듬해 선거 전까지 건설계획을 잇달아 발표했다. 광주군과 서울 천호동을 잇는 도로 포장공사 착공, 광주대단지와 경부고속도로를 잇는 동서 간선도로 신설 및 확장, 제2 공단 조성계획, 72개 중소기업 유치, 제1 공단 준공 및 7개 업체 유치로 4000명 고용 창출 등을 연이어 내놓았다. 종합병원을 유치하고 광주대단지를 시로 승격시키겠다는 발전상도 제시했다.

> 서울시는 광주대단지 무허가건물 철거민들의 보건위생을 위해 올해 단지 안에 종합병원 1개소를 유치시키기로 했다. 시 당국은 지난해 무료진료소와 보건진료소 1개소를 설치하고 주 2회에 걸쳐 무료진료 활동을 펴고 주 2회에 걸쳐 소독작업을 펴는 등 보건위생에 안간힘을 쓰고 있는데 현재 단지 안에

있는 사설 개인병원으로는 중환자 치료를 제대로 감당할 수 없기 때문에 종합병원을 새로 유치키로 한 것이다.

-『동아일보』1971년 1월 25일

서울시는 현재 시내 무허가건물 철거이주민들을 정착시키고 있는 경기도 광주군 중부면 대단지를 시로 독립 승격시킬 것을 추진 중이다. 서울시는 내년 말에 이 대단지를 시로 승격, 독립시키기 위해 이미 경기도 측과 협의를 마쳤다.

-『동아일보』1971년 2월 3일

마구 뿌려진 선거자금이 투기자본으로 전환되면서 부동산투기 대상지가 된 광주대단지로 쇄도했다. 서울시의 의도대로, 경향 각처에서 돈과 사람이 몰리면서 개발 열기는 점점 뜨거워졌다. 여기저기서 기공식이 벌어지는 가운데 분양증 전매가 성행해 대단지는 정착촌이라기보다 거대한 투기장이 되어갔다. 대단지 땅값이 천정부지로 치솟아, 일부 요지에는 서울 중심부 상업지역 땅값과 맞먹는 지가가 형성되기도 했다. 1971년 3월 하순에 실시한 유보지 매각 공개입찰에서 평당 최고가격이 20만 9000원에 달했는데, 이는 서울 종로구의 신문로 2가와 안국동, 통의동 등지의 상업지 땅값에 버금가는 지가였다.[9] 평당 평균가격도 전해 9월의 1만 6542원에서 5만 5554원으로 3배 정도 뛰었다. 이 같은 지가 상승 추세로 서울시는 1971년 3월까지 모두 5만 400평(16만 6611㎡) 정도의 유보지를 매각해 약 17억 원의 세입을 올렸다.

모란단지 사기사건과 광주대단지 조성사업

3장에서 언급한 모란단지 사기사건은 바로 대단지의 이런 부동산투기 광풍 분위기에 힘입어 배태되었다. 주모자 김창숙은 1970년 12월경에 '주식회사 모란개척단'을 설립하고 모란단지 건설계획을 발표했다.[10] 대단지 인근 4200만 평(1억 3884만 2975㎡)의 땅에 250만 명이 거주할 수 있는 대규모 택지를 1971년부터 1975까지 5년 동안에 개발해 분양한다는 거대한 개발사업이었다. 이는 국가 차원에서 추진하던 광주대단지 조성사업과 비교할 때, 개발면적은 12배, 수용인구는 7배, 투자액은 5배에 달하는 당시로서는 상상을 초월하는 도시건설계획이었다.

그런데 이 모란단지 조성계획안에는 구체적인 세입 계획과 조달방안이 제시돼 있지 않았다. 토지소유자에게 개발 후 50%의 환지를 약속하고 외상으로 땅을 매입한다는 방침만 세워놓고 있었다. 또한, 계획한 공공시설 규모가 행정기관 규모의 4분의 1에도 미치지 못해 시설계획이 매우 비현실적이었다. 말하자면, 조금만 신경 써서 살펴보면 모란단지 조성계획이 주먹구구식이었다는 사실을 충분히 눈치챌 수 있는 상태였다. 그런데도 1971년 2월 이후 본격적인 분양사업을 펼치자 수도권 각지에서 분양을 받기 위해 인파가 몰려들었다. 택지분양은 20평을 기준으로 분양증 1매에 3만 8000원에서 11만 원까지 책정되었는데, 순식간에 팔려나갔다. 프리미엄이 붙어 두세 배 가격에 거래가 이루어질 정도로 투기 바람이 거세었다. 그렇게 해서 그해 7월 무렵까지 팔려나간 분양증이 모두 8000여 매에 달했다고 한다.

어떻게 이런 사기행각이 국가에서 조성하고 있는 대규모 택지지구 바로 옆에서 버젓이 통용될 수 있었을까? 비결은 개발 중인 바로 그 택지지구에 있었다. 광주대단지가 개발되면서 수십 배 이상 땅값이 폭등한 것을 지켜본 원주민 지주들은 택지개발 후의 이익을 셈하면서 모란단지 조성계획에 별다른 의심을 나타내지 않았다. 일부 지주들이 환지를 조건으로 선뜻 땅을 내놓으면서 허위의 택지개발계획이 순조롭게 시작될 수 있었다.

게다가 주동자들은 모란단지 조성계획이 마치 광주대단지 조성사업과 같이 국가적 차원에서 이루어지는 개발사업처럼 보이도록 꾸몄다. 우선, 모란개척단의 고문진에 현직 국회의원 2명과 예비역 장군 3명 등 국가기관과 관련된 거물급 인사를 끌어들여 신뢰도를 높였다. 기공식 때는 모란개척단 고문진이 헬리콥터를 타고 등장했으며, 고문진에 속한 한 국회의원은 김창숙을 "집 없는 이들의 구세주"라고 치켜세웠다. 일본과 홍콩 등지의 외국 기업을 대상으로 공장을 유치하고, 미국 국무부의 협조를 끌어내 5000만 달러를 투자하도록 하겠다는 계획까지 발표해 모란단지 조성을 국책사업 차원에서 추진되는 건설사업으로 오인하게끔 포장했다.

광주군 대왕면 둔전리 일대 3500여만 평의 대지를[11] 건설부의 개간 허가 승인도 없이 택지를 조성, 주민들로부터 택지를 판다는 명목 아래 돈을 받아들이고 있는 소위 모란개척단(대표 김창숙)의 불법행위가 17일 뒤늦게 밝혀졌다. (…) 서울시는 또 이와 같은 불법단체의 행위는 시민들이 시가 추진하고 있는 제2단지 사업지역으로 착각, 토지투매 등 부작용을 일으키고 있는 반면 ①무허가건물 주민들에게 불안감을 주고 있으며 ②광주대단지 유보지 매각에 큰 지장을 주고 있어 세수입에 차질을 주었고 ③단지 이주자들이 현재 살고 있는 땅을 전매, 불법 개간지역인 모란단지로 옮겨갈 움직임이 많다고 지적했다.

-『매일경제』 1971년 3월 17일

주모자 김창숙은 1960년대 초중반에 이곳 모란지역을 개척하고자 전력을 기울였지만, 계획했던 성과를 내지 못하고 한동안 자취를 감추었던 인물이다. 1970년을 전후한 시기의 광주대단지 부동산투기 열풍은 그에게 개척과 개발사업에 대한 의욕을 불러일으켰을 것이며, 마침 수년 전 자신이 몸담았던 모란지역이 광주대단지 사업에서 제외돼 있다는 사실을 알고 모란단지 건설계획 청사진을 펼쳐 보였던 것이다. 군부 출신으로 5.16 쿠데타 주역과도 친분이 있었던 김창숙 자신의 사회적 지위와 위상이 이런 개발사업 추진에 힘을 실어주었음이 분명했다. 권력자와의 결탁과 거물급 위정자의 비호가 없었다면 추진력을 상실했을 사건이지만, 광주대단지 조성사업이 진행되지 않았다면 애초에 일어나기 힘든 개발계획이자 사기사건이기도 했다.

사기사건의 마무리도 광주대단지 조성사업에 수렴되었다. 모란단지 개발사업은 피해자 6500여 명에 피해액은 무려 2억 7000여만 원에 달하는 엄청난 규모의 사기 사건으로 종결되었다. 1971년 8월, 피해자들이 천막 농성을 벌이고 있는 가운데 대단지 집단시위가 일어났으며, 집단시위에 대한 후속 조치를 마련하는 과정에서 모란단지 사건의 후속 조치도 함께 논의되었다. 결국, 최고 권력자가 "모란단지 입주자는 광주대단지에 이주시키고 가수용자에 대해서는 토지를 분양하라"는 지시가 내려지면서 사건이 마무리되었다. 이에 대해 정부에서는 피해자를 구제하는 차원에서 국가가 개입했을 뿐이라는 말만 했으며, 모란단지 개발계획은 공식적으로는 김창숙 개인의 사기사건으로 남았다.

다시 전매행위를 금지하다
- 광주대단지는 어디로?

'8.10 성남 민권운동'이 일어난 1971년의 성남 거리. 하천 좌우로 주택가가 형성돼 있고, 도로변에는 임시가옥 형태의 상가商家가 늘어서 있다. | 성남시청

광주대단지의 부동산 열기 또한 모란단지에 인 투기 열풍처럼 그리 오래가지 못할 운명이었다. 물론 광주대단지 조성사업은 모란단지 건설사업과 달리 국가 차원의 개발사업이었고, 일반인을 기만해 편취를 노린 사기행각은 아니었다. 하지만 경영사업을 내세우고, 한편으론 홍보에 치중하고 개발공약을 남발

해 수익 추구에 골몰함으로써 마치 공공기관인 서울시가 사익私益을 취하는 듯한 인상을 주었음을 부인하긴 어렵다. 서울시의 경영사업은 부동산투기 붐을 일으키고 지가를 상승시켜 서울시에 큰 이익을 안겨주었지만, 외부의 영향력이나 정책공약에 지나치게 기댐으로써 오래지 않아 위기를 자초했다.

서울시는 선거 시기를 맞아 땅값이 치솟던 1971년 5월 무렵에 대단지사업비를 56억 원에서 93억 원으로 늘리는 증액 조치를 확정하고, 뒤이어 민간자본과 타 공공기관 투자분 등을 모두 합쳐 사업비를 269억으로 늘려 잡는 새로운 계획을 발표했다.[12] 이렇게 증액한 예산은 도로포장과 상하수도시설, 전기공사 등에 투자할 것이라 했다. 이해 말까지 광주대단지에 20만 명의 인구가 들어서 도록 하기 위해, 서울 도심의 무허가건물 3만 7300여 채를 헐어내고 그곳 철거민을 대단지로 이주시키겠다고 공언했다. 부동산투기 붐으로 유보지 매각수입이 증가할 것이란 예상에서 나온 사업비 증자였고 상향 조정된 이주계획이었다. 지난 몇 개월 동안 가파르게 오른 대단지 지가에 힘입은 결정이었다.[13]

하지만 예상은 크게 빗나갔다. 새 이주계획을 발표한 지 얼마 지나지 않아, 치솟았던 땅값이 급락해 10~15만 원에 팔리던 분양증이 2~3만 원도 받기 어렵게 됐다. 투기로 인해 한껏 부풀었던 지가의 거품 효과가 물거품처럼 사라진 것이다. 처음부터 투자개발에는 관심이 없었던 투기자본이 단기적인 전매차액만을 챙기고 자금을 철수해 빠져 나가버린 것이 가장 큰 요인이었다. 갑작스러운 부동산경기 침체였으나, 몇 개월 전에 시작된 부동산투기 붐이 사실은 외부의 영향력, 곧 선거철 개발공약에 크게 힘입었다는 사실을 고려하면 이번의 부동산경기 침체는 전혀 예상 못 할 사태는 아니었다. 그런데 서울시는 지난 몇 개월 동안의 유보지 매각 성공에 취해 그 성공의 핵심 요인은 잠시 잊은 채, 대단지 내 자체 요인만으로도 부동산경기가 한동안은 활성화될 것이라 속단했던 것으로 보인다. 그동안 대단지사업을 과도하고 일방적인 경영사업으로 운용해온 서울시는 이제 자만감과 함께 조급함마저 보여주고 있었다.

대단지 택지가격이 내려가면 재정 운용이 어려워 기반시설 조성은 물론 철거민 이주도 계획대로 추진하기 힘들었다. 재정압박이 심해지면 '철거와 이주 정책' 자체를 중단해야 할지도 몰랐다. 서울시에서는 1971년 말까지 250만 평(826만 4462.8㎡)의 땅을 매수해 220만 평(727만 2727.2㎡)의 택지를 조성하고, 1972년 이후에는 93만 평(307만 4380㎡)의 토지를 매수해 88만 평(290만 9090.9㎡)의 택지를 조성한다는 계획을 수립했는데, 예상한 택지가격이 유지되지 않으면 대단지 택지매각으로 인한 경영사업 자체가 불가능해질 수 있었다.[14]

지난 두 번의 선거와 같이 부동산투기 붐을 일시에 일으킬 외부 요인이나 굵직한 매개 사건이 없는 상태에서 서울시 대단지사업은 다시 재정위기에 빠져들고 있었다. 그러자 서울시는 이번에도 재정충당을 대단지 주민에게 떠넘기는 손쉬운 선택을 내렸다. 대단지사업 추진을 위해서는 택지매각이 불가피하다고 판단하고, 1년 전 유보했다 흐지부지된 특단의 조치를 다시 꺼내 들었다.

서울시는 1971년 7월 13일에 전매행위 금지조치를 전격적으로 발표하며 분양지 매매계약을 강행한다. 전매입주자는 분양 재계약과 함께 분양대금을 시가時價로 산정해 일시불로 납부하고, 철거이주민은 분양계약을 체결하라고 공고했다.[15] 철거이주민에게는 토지매입비와 정지비용을 계산해 애초의 평당 2000원 정도의 분양대금을 책정했는데, 철거이주민은 당장 분양계약을 하고 분양대금의 10%에 해당하는 계약금을 일시불로 납부해야 할 처지였다. 시가라며 전매입주자에게 부과한 분양대금은 상상을 초월했다. 택지를 네 등급으로 분류해 평당 8000원에서 1만 6000원 사이에서 가격을 매겼는데, 이 무렵 서울시가 시역 내 거여동 지구의 택지를 매각할 때 책정한 가격이 평당 500원에서 2500원 사이였다는 점을 고려하면 이는 지나치게 높은 가격이었다. 감정원 평가액보다 두 배나 비쌌으며, 최고가격인 1만 6000원은 서울시 남산 지역의 지가보다 높은 수준이었다. 게다가, 이 매매계약 조항을 어길 시에는 "법에 의해 6월 이하의 징역이나 30만 원 이하의 벌금을 과하겠다"는 단서까지 붙여놓았다.

그런데 이게 다가 아니었으니, 8월 1일엔 경기도까지 나서서 선거공약이었던 면세 대신 대단지 내 3700여 동의 가옥에 취득세를 부과하는 조세징수 시책을 추진한다. 서울시에서 택지 분양가를 책정하자 이에 준해 경기도에서도 가옥의 평당 가격을 15000원으로 책정하고, 2%의 가옥 취득세율을 적용해 10평(33㎡) 가옥은 3000원, 20평 가옥은 6000원의 세금을 부과한다. 하지만 이는 현지사정을 무시한 무리한 시책이었다. 당시 성남출장소에 근무했던 공무원의 의견을 들어보자.

> 취득세 부과할 때 제가 그랬습니다. 지금 이것을 부과하면 보통 문제가 아니다. 법률적으로 보면 부과를 해야 돼요. 그러나 성남에서는 부과를 하면 문제가 된다고 해서 부과를 못하고 있었는데, 도(경기도)에서 감사를 나와가지고 부과를 해라 그런 겁니다. 당시 광주경찰서에서 아무래도 앞으로 무슨 일이 터질 것 같다, 우리 출장소에서도 무슨 일이 터질 것 같다 보고를 했는데 저 위에서는 법치국가인데 무슨 소리를 하고 있느냐, 이렇게 전부 나왔던 거예요.
>
> -임미리(구술정리), 「성남시와 함께 한 40년 공직생활」 『성남시사 8: 생애사』

1971년 말 당시 서울시 물가가 중간 품질의 쌀 80kg 한 가마가 9000원, 밀가루 22kg 한 부대가 1000원이었던 점을 고려하면 이 가옥 취득세도 하루 끼니 걱정을 해야 했던 대단지 주민에게는 적지 않은 부담이었다. 당시 대단지 주민의 77%가 월수입 1만 원 이하의 저소득층이었다고 한다.

게다가, 선거 뒤 투기자본이 빠져나가면서 대단지 건설 경기가 급격히 침체해 주민들의 생업이 다시 막막해진 상태였다. 공단 조성사업이 여전히 지지부진해 공장에는 여성노동자를 비롯한 겨우 1300여 명의 주민이 취업 가능했는데, 그마저도 일당 130원이라는 저임금 일이어서 생계에 큰 도움이 되지는 않았다. 다수의 청장년층은 일자리를 찾지 못하고 있었으며, 대다수의 전매입주자 역시 안정적인 직업을 갖지 못해 철거이주민과 크게 바 없는 처지에 놓여 있었다. 대단지 주민의 형편을 고려하지 않고 관에서 일방적으로 내린 택지매매계약과 가옥 취득세 부과는 하루 벌어 하루 살기도 힘든 입주민에게는 사실상 따르기 거의 불가능한 시책이었다.

"또 속았다"는 노여움과 함께 대단지 민심이 다시 표변했다. 1년 전보다 더 험악하고 흉흉한 대치 기류가 형성되고, 주민들이 토해내는 불만과 분노가 대단지 곳곳을 무겁게 짓눌렀다. 주민들은 결집해 서울시에 대응했다. 분양문제도 생활시설도 생계대책에서도 이제는 더는 물러설 수 없다며 목소리를 높였으며, 서울시에서는 이번에는 유보나 철회는 없다며 강경한 자세를 거듭 내보였다. 양측의 대치가 하루가 다르게 날카로워지면서 긴장이 고조되고, 고통과 불만에 두려움과 분노의 기류까지 뒤섞이면서 광주대단지는 8월 10일 그날, 그 항쟁의 함성 속으로 점차 빨려들고 있었다.

7장

1971년 8월 10일, 그날의 진실은 무엇인가?
– '8.10 성남 민권운동'의 실상

시정대책위원회를 조직해 맞서다

조직과 역량을 강화하다

철거이주민 사회의 소통구조 – 전직 통장과 반장

궐기대회에서 항쟁으로

협상과 투쟁

시정대책위원회를 조직해 맞서다

1971년 7월 17일, 대단지 내 한 교회에 100여 명의 주민이 모여들었다. 이들은 곧바로 회합을 열어 '광주대단지 불하가격 시정대책위원회'라는 조직을 결성한다. 서울시가 내린 분양대금 일시불 납부 조치에 대한 대응방안을 강구할 목적으로 조직한 대책위원회로, 교회 목사인 전성천을 고문으로 추대하고 교회 장로를 위원장으로 삼았다.[1] 대단지를 11개 구역으로 구분하고 각 구에서 대표 한 명씩을 선출하는 방식으로 모두 11명의 위원을 뽑았다. 분양지 매매계약체결 공고가 내려진 지 나흘 뒤였다.

이날 시정대책위원회 결성에 모인 주민들은 강제로 이주당한 철거이주민이 아니라 자발적으로 이주한 전매입주자에 속했다. 상대적으로 경제적 여유를 가진 자들이 많았으며, 일부는 상당한 재산을 가진 재력가도 있어 전체적으로 보면 중간층에 속하는 자산가라 할 수 있었다. 예를 들면 이날 위원장으로 뽑힌 장로는 수백 매의 분양증을 가진 재력가라는 소문이 파다했다.[2] 시정위원회를 주도한 주민들은 분양지 불하가격에 가장 민감할 수밖에 없는 이들이었으며, 일부는 분양증 장사를 하던 부동산투기 세력이라 보아도 큰 무리가 없었다. 이들은 광주대단지 내의 이른바 유지有志 계층에 속하는 자들이었다.

고문으로 추대된 전성천 목사 또한 분양증 5매를 구입해 100평(330.5㎡) 부지에 교회를 건립하고 자기 소유의 땅 5000평(1만 6528㎡)을 팔아 교회 운영자금을 마련할 정도로 재력이 있는 자였다. 게다가 전성천은 미국에서 박사학위를 받은 개신교계의 최고 엘리트이자 관계官界와 정계에까지 인맥을 가진 인사였다. 자유당 시절 말기인 1959년에는 장관급인 공보실장을 역임했으며, 1960년대 중후반에는 신민당 대선 사무차장을 맡기도 했다. 1970년에 광주대단지에 목회자로 들어온 뒤에는 구호와 의료, 봉사와 상담 활동까지 활발하게 펼쳐 신망을 얻었으며, 얼마 지나지 않아 광주대단지라는 지역사회에서 가장 큰 영향력을 지닌 인물로 자리 잡았다. 대단지 유지들이 서울시의 시책에 대응하기 위한 대책위원회를 구성하기 위해 전성천 목사를 찾은 것은 바로 그가 대단지 내외에서 갖는 이러한 영향력 때문이었다.

시정대책위원회가 결성된 이틀 뒤, 전성천을 비롯한 위원회 주도층은 이번엔 교회 앞마당에서 '유지 대회'라는 이름으로 집회를 개최한다.[3] 그런데 예상외로 많은 주민이 모여들면서 집회 장소를 거리로 급히 변경하게 된다. 마이크까지 동원한 이날 거리집회의 규모는 유지 계층 외에 일반 전매입주자와 그 외의 대단지 주민까지 참가해 2000여 명에 이르렀다. 주민 호응에 고무된 시정대책위원회에서는 11개 구역 각 구에서 2명의 대표를 추가로 선출해 위원을 33명으로 늘렸으며, 자신들의 의사를 담은 진정서를 제출하기로 했다. 서울시의 시책에 대응해 '잘못된 것을 바로잡는다'는 뜻을 담은 시정안是正案을 마련하고 이를 자신들의 요구조건으로 삼기로 결의했다.

|요구조건|
대지가격을 평당 1500원 이하로 인하해 줄 것.
불하가격을 10년간 연부상환토록 해줄 것.
향후 5년간 각종 세금을 면제해 줄 것.
영세민 취로장 알선과 그들에 대한 구호대책을 세울 것.

서울시가 내린 조치와는 거리가 너무 먼 요구안이었다. 시정대책위원회는 서울시가 전매입주자에게 요구한 택지가격의 10분의 1 정도를 제시했으며, 그 것도 일시불이 아니라 10년 동안 분할상환해 달라는 것이었다. 게다가 향후 5년 동안의 면세 혜택까지 요청했으니, 시정대책위원회와 서울시 측의 합의점 도출은 처음부터 난항이 예상됐다.

　　당시 시정대책위원회 주도층의 주된 관심은 전매입주자 격인 자신들의 재산권을 지키는 데 있었다. 이러한 사실은 시정대책위원회를 조직하고 처음 도출한 요구조건에 그대로 드러나 있다. 여기에는 토지 불하가격 인하와 10년 상환, 세금감면을 앞세웠으며, 생계 문제와 구호대책은 뒤로 배치했다. 당장의 생계에 연연하지 않아도 되는 이들의 입장을 헤아리면, "영세민 취로장 알선과 구호대책" 조목은 자신들의 원래 의도를 관철하기 위한 명분용 요구조건일 가능

성남지역과 서울을 잇는 대로의 공사 현장. 영세민 구호대책의 하나로 취로사업을 겸한 공사가 벌어지기도 했지만 이마저도 부족했다(1971)
| 경기도청

성이 높아 보였다. 영세민에 속하는 전매입주자를 좀 더 적극적으로 끌어들이기 위해 이들의 의사를 반영할 필요도 있었을 것이다.

그런데 서울시에서는 오히려 분양가격을 더 올려받겠다는 입장을 보였다. 이에 시정대책위원회는 집회 규모를 늘려 주민 합동대회를 개최하는 한편 7월 24일 무렵엔 요구안을 담은 진정서를 서울시와 경기도에 제출한다. 대단지 내 1만 5000여 가구의 서명을 받았으며, "7월 31일까지 결의 내용이 관철되지 않으면 실력행사에 들어간다"는 단서까지 붙인 상태였다. 이 무렵에 공식집계된 대단지 내 가구가 2만 3700여 가구인 점을 고려하면,[4] 이는 반수가 훨씬 넘는 약 63%에 달하는 대단지 주민의 의사가 반영된 진정서였다.

또한, 이 진정서에 서명한 가구는 전매입주자 가구만이 아니라 철거이주민 가구도 상당했던 것으로 판단된다. 당시 철거이주민과 전매입주자 가구 구성에 비추어보면, 시정대책위원회가 주도한 진정서에 철거이주민의 약 39%가 날인해야 1만 5000여 명이 서명한 진정서를 제출할 수 있는 상황이었다. 이 시기에 공식집계한 대단지 내 가구 현황을 보면, 전매입주자가 속한 '기타 전입가구'가 9780여 가구에 지나지 않아, 1만 3550여 가구에 달했던 철거이주민 가구 중에서 최소한 약 5210여 가구가 서명에 동참한 것으로 드러난다. 집단시위 발발 직후인 8월 11일 자 대통령보고서(대통령문서)에 나타난 분양지 매매계획 현황도 이런 사실을 뒷받침한다. 전체 분양계약 대상 2만 2000채 중 철거이주민 분양지가 포함된 일반분양지는 1만 4000채였으며, 전매분양지(전매입주자 분양지)는 8000채였다. 더구나 이 전매분양지에 대한 일시불 상환 대상은 6340채 정도였다.[5] 이들 전매분양지 주민만으론 1만 5000여 명의 서명을 다 채울 수 없는 상태였다.

원주민과 세입자 가구도 있었지만, 이들 부류는 서울시의 분양지 불하가격 조치와 거의 무관했다. 무단전입자 다수도 서울시와 오랜 줄다리기 끝에 가구당 10평이라는 분양계약을 기다리는 상태였기 때문에 서울시의 조치에 대응할 수 없는 상태였다. 이렇게 보면, 서울시의 분양지 시책에 직접 관련된 대단지 내 부류는 전매입주자를 제외하면 사실상 철거이주민이 유일했다. 이들은 이대로 가면 분양계약을 체결하고 계약금을 낼 수밖에 없는 처지였다.

이런 정황에서, 시정대책위원회는 의외로 강고한 서울시의 분양계약 시책을 흔들고 자신들의 요구안을 관철하기 위해 대단지 다수 주민의 의사를 내세우는 참여인원수를 통한 압박 전략을 선택했으며, 결국 철거이주민을 집단민원에 끌어들일 수밖에 없었던 것이다. 이러한 사실은 위에서 언급한 대통령보고서를 통해서도 짐작할 수 있다. 이 문서를 보면, 이 무렵의 진정서에 "철거이주민 무상입주"라는 요구가 들어가 있다. 이는 시정대책위원회의 서울시 압박 전략에 발맞추어 철거이주민이 집단민원에 참가했고, 그에 따라 최소한 형식상으로나마 철거이주민의 이해가 반영된 요구조건을 진정서에 담을 수밖에 없었던 당시의 정황을 알려주는 자료라 할 수 있다.

3. 경위

가. 7.27. 동 대책위원회에서 서울시와 경기도에 진정함.

내용 ① 불하가격 인하(평균 500~2000원)와 5년 상환

② 철거이주민 무상입주

③ 각종 세금 5년간 면세

④ 영세민 긴급구호

⑤ 노동자 직장알선

⑥ 서울시사업소장 교체

-「광주성남대단지 난동사건 진상보고」『대통령보고서(대통령문서)』제71-458호(1971.8.11)

조직과 역량을 강화하다

그렇게 진정서를 제출하고 서울시와 경기도의 반응을 기다렸지만 별다른 조치가 없자 시정대책위원회는 한층 강경한 자세를 취하기로 한다.[6] 전성천을 위시한 주도층은 7월 28일에 집회를 열어 조직 확대를 결의하고 시정대책위원회 개편에 들어갔다. 184개 단지에서 각각 대표 1명씩을 더 선출해 217명을 위원으로 하는 투쟁위원회를 출범시켜 조직의 대표성을 강화했다. 이와 함께 "백원에 뺏은 땅 만 원에 폭리 말라", "살인적 불하가격 결사반대" 등의 문구가 적힌 포스트를 작성하고 전단을 만들어서 뿌리며 주민들의 동참을 촉구했다.

이처럼 대책위원회 주도층의 감정이 격화하고 주민의 불만이 팽배해져 갈 때 대단지 전체를 격분하게 하는 조치가 느닷없이 내려진다. 바로 8월 1일에 경기도에서 취한 가옥 취득세 부과였다. 일반적인 과세기준에서 보면 이때의 취득세가 과중한 것은 아니었다지만 당시 대단지 주민의 생활 형편에서 보면 만만치 않은 부담이었다. 무엇보다, 진정서에 대해서는 구체적인 회신이 없다가 오히려 세금부과라는 행정조치로 몰아붙이니 투쟁위원회를 비롯한 주민 처지에서는 무시당했다는 모욕감을 느낄 수밖에 없었을 것이다.

대단지 민심이 악화하면서 급기야 투쟁위원회 위원과 주민의 분노가 극에 달했다. "당국이 우리를 죽이려고 계획적인 조치를 했다"는 소문까지 도는 가운데, 8월 3일 들어 투쟁위원회는 곧 대규모 주민 궐기대회를 열기로 결의했다. 일자는 8월 10일, 모임 장소는 성남출장소 인근이었다. "모이자 뭉치자 궐기하자 시정是正 대열에!"라는 구호를 적은 전단 3만 장이 대단지 내에 뿌려졌다.

선동 구호를 담은 현수막과 포스터가 내걸리고, "우리는 더 이상 속을 수 없다", "대책을 세워 달라"는 등의 문구가 적힌 벽보가 골목마다 나붙었다.

사태가 갈수록 심각해지자 대단지사업소에서는 서울시 본청에 "긴급 사태 발생, 현지 해결 불가능"이라며 구제를 요청했다. 이에 서울시 측에서도 사태가 심상치 않음을 인지하고 당초 전매입주자에게 통보한 평당 8000~16000원의 택지분양가를 절반으로 내려주겠다고 통보했다. 하지만 투쟁위원회 측은 "전매입주자의 불하가격도 철거이주민과 동일하게 책정하라"며 서울시의 타협안을 거절했으며, 면세 요구까지 계속 밀어붙였다.

적당한 선에서 타협점을 찾을 수 있으리라 여겼던 서울시 측은 대책위원회의 자세가 예상외로 강고하고 주민들이 결사적인 태도를 보이며 반발하자 직접 나서서 협상을 개시하기로 했다. 8월 9일에 서울시 부시장이 대단지로 급파됐으며, 300여 명의 주민이 사업소 건물을 에워싼 상태에서 투쟁위원회 대표자들과 담판이 벌어졌다. 하지만 양측의 의견 차이는 좀처럼 좁혀지지 않았고, 오히려 사태를 악화시키는 쪽으로 분위기가 잡혀갔다. 사실, 감정가격에 미치지 못하는 불하가격과 면세 요구는 부시장이 단독으로 처리할 사안이 아니었으며, 서울시 측에서 보면 이는 법을 무시하는 초법적超法的인 요구로 비칠 수 있는 사안이었다. 게다가 협상이 길어지고 투쟁위원회 대표들의 추궁이 사나워지자 부시장이 "누가 당신더러 이곳에 와서 살라고 했소? 여기서 살지 않으면 될 거 아니요"라며 맞받아치는 바람에 협상장 분위기가 한층 험악해져 버렸다. 밤늦게까지 이어진 담판은 끝내 결렬되고 말았다. 이튿날인 8월 10일 11시 무렵에 서울시장이 대단지에 내려와 다시 협의를 벌인다는 약속을 한 게 유일한 희망의 끈이었다.[7]

부시장이 떠난 뒤 전성천을 위시한 투쟁위원회 주도층은 마이크를 단 차량으로 단지 내를 누비면서 이날의 협상 결과를 대대적으로 알렸다. "시장이 내일 오전에 대단지에 오기로 약속했다. 한 사람도 빠짐없이 참가해 우리의 단결된 힘을 보여주자"라며 주민들의 참여 의욕을 고취했다.

투쟁위원회를 이끄는 전성천으로서는 가능하면 많은 주민을 동원해 자신의 영향력을 보이고, 이를 통해 협상을 유리하게 이끌어야 했다. 전성천은 예정된 궐기대회를 서울시에 압력을 넣기 위한 최후의 수단으로 보았다.[8] 서울시장이 대단지에 도착해 운집한 군중을 보고서 사태가 심각하다는 사실을 알아채고 요구조건을 즉시 수락해주기를 원했다. 사실 전성천은 궐기대회가 폭력사태로 치닫는 걸 경계하고 있었다. 힘겨루기 양상의 집단행동을 하거나 폭력을 행사하는 사태는 사전에 막고자 했다. 군중 동원은 서울시장에 대한 강한 압박에서 그쳐야 했다. 전성천은 궐기대회가 의도하지 않은 방향으로 번질 것을 우려해 나름대로 방지책을 마련해놓기도 했다. 궐기대회 집회신고를 하면서, 자칫 터질지도 모르는 폭력사태에 대비해서 경찰병력을 강화해달라고 요청한 상태였다.[9]

실제로 전성천을 중심으로 한 대책위원회 주도층은 지금까지 폭력이 아닌 합법적인 대응방책을 고수하고자 했다. 요구사항을 의제화하고 이를 협상 테이블에 올려놓기 위해 주민을 동원해 집회를 열고, 전단과 포스터를 작성해 홍보와 선전에 힘을 쏟았지만 폭력을 앞세운 집단시위는 사전에 철저히 차단해왔다. 때로는 무력행사를 주장하는 주민을 설득하기도 했으며, "모든 일은 합법적이라야 하고, 실력행사는 최후수단이요 협상은 최후의 순간까지도 시도되어야 한다고" 누차 강조해왔다. 그러면서 대책위원회를 중심으로 한 활동은 전성천 자신의 능력을 과시하고 이를 바탕으로 서울시에 압력을 행사하는 방향으로 전개돼왔다.

이날 늦은 밤까지 계속된 홍보 또한 그러했으니, 주민들의 궐기대회 참가를 종용하는 목소리가 요란한 가운데, 3가지 요구조건과 5가지 구호가 담긴 전단이 대단지 곳곳에 배포됐다.

|요구조건|
대지는 무상으로 하라!
토지는 세금을 면제하라!
시급한 민생고를 해결하라!

|구호|
백 원에 매수한 땅 만 원에 폭리 말라!
살인적인 불하가격 결사반대한다!
공약사업 약속 말고 사업하고 공약하라!
배고파 우는 시민 세금으로 자극 말라!
이간정책 쓰지 말라. 단지 주민 안 속는다!

이날 내놓은 요구조건과 구호는 불하가격과 세금, 생계 등 20일 전 '유지대회'에서 나온 요구조건을 포함하면서도 대단지사업을 둘러싼 정책 전반에 대한 한층 폭넓은 요구와 주장을 담고 있었다. 예를 들면, "백 원에 매수한 땅 만원에 폭리 말라!"는 구호에는 지금까지 묵인해놓고 이제 와서 전매입주자의 전매권을 부인하는 조치는 서울시가 폭리를 취하려는 방편이며, 이는 부도덕한처사라는 윤리적 항변까지 담겨 있었다.[10] "배고파 우는 시민 세금으로 자극 말라!"는 구호는 하루 먹고살기도 힘든 주민에게 세금을 강제하니 이는 조세저항의 대상이 되고, 자신들의 진정과 요구가 일면 타당하다는 주장을 펴는 것이기도 했다. "사업하고 공약하라!"는 구호는 여태껏 공언한 공공의 약속을 제대로 이행하지 않은 데 대한 비판의 목소리였다. 서울시를 앞세운 정부는 이주민의 생활을 위해 도시기반시설을 조성하겠다고 했지만 현실은 계획과는 너무 멀었다. 규모를 갖춘 공단을 조성해 탄탄한 기업체를 유치하고 주민 다수에게 일자리를 제공하겠다고 공약했지만 그 실상은 부실했다. 주민을 보호해야 할 정부가 오히려 그 책임을 저버렸다는 질타이며, 이처럼 정부가 먼저 정부답지 못한 처사를 보인 데에 이번 사태의 원인이 있다는 지적과 일맥상통하는 주장이기도 했다.

구호의 외연과 범주 확산, 그 내포와 의미 확장은 대책위원회 위원의 증가는 물론 서명이나 집회에 참가하는 주민의 규모 확대와 궤를 같이하고 있었다. 대책위원회는 대단지 내 자산가에 속하는 100여 명의 유지 조직으로 시작해 1만 5000여 명 서명이라는 다수 주민의 동의를 거치고 이제는 대외적으로는 대단지 내의 주축 계층인 전매입주자와 철거이주민을 대표하는 조직으로 자리를 잡았다. 대책위원회는 여전히 전성천을 비롯한 유지들이 주도하고 이들이 속한 전매입주자 계층의 이해관계를 우선해 대변했지만, 외형상으로는 대단지 전체 주민의 의사를 반영하는 조직이라 해도 큰 무리가 없어 보였다.

철거이주민 사회의 소통구조
– 전직 통장과 반장

대책위원회가 대규모 참여인원을 통한 압박 전략을 구사하고 주민의 단합력으로 서울시를 대단지 내 협상 테이블로 끌어들인 데는 당시 비공식적으로 운용하던 통장과 반장의 역할이 컸다.[11] 이 시기 대단지에는 말단 행정조직 체계가 제대로 갖추어지지 않아 이주하기 전의 거주지에서 통장이나 반장을 했던 이들을 행정기구와 주민 간 시책 전달이나 소통의 매개체로 활용하고 있었다. 서울시에서는 한 구역을 철거한 뒤 그 구역에 살던 주민을 함께 이주시켰으며, 이들 철거이주민은 대체로 가까운 곳에 거주하고 있었다. 이런 사정으로 인해 무허가촌에서의 통·반장 체계를 대단지 안에서 그대로 운용해도 별 어려움이 없었으며, 이전의 통장과 반장이 대단지에서도 그 역할을 계속 수행할 수 있었던 것이다.

> 아직은 행정단위가 없어 전에 통·반장 지낸 사람들이 단지사업소와 성남출장소(경기도)를 왔다갔다 하며 당국의 지시를 구두 전달하는 등 행정침투가 허술한 것도 빨리 시정해야 할 문제로 지적되고 있다.
>
> -『조선일보』 1970년 11월 15일

이러한 비공식 통·반장 소통구조가 작동하지 않았다면 10여 일이라는 짧은 시간 내에 대규모 서명을 담은 진정서를 작성하고 시정위원회를 투쟁위원회로 개편해 조직을 확장하는 작업이 쉽지 않았을 것이다. 철거이주민이 중심이 된 이 비공식 통·반장 소통구조는 8월 10일의 집단시위를 전후해서는 집회를 알리고 대단지 주민이 참여해 연대를 꾀할 수 있게 한 매개자 역할까지 수행했다. 사태 당일 시위 현장의 선두에 섰던 이주민의 증언이다.

> 당일 전에 그날 집회하니까 그러니까 집회라고 안 그러고 항의하러 가자고. (…) 통장, 반장 이런 사람들이 주로 그런 거고 그 사람들이 동원을 한 거예요. (…) 태평동 쪽에 사는 무슨 교회, 제일교회인가 그 정도만 얘기 들었던 것 같아요, 그 당시에는. 나중에 인제 자세히 얘기 들은 거구요. 근데 인제 주축은 좌우지간 통장 반장들이 주축이었어요. (…) 그러니까 통장들이 자기들도 먹고살기 힘든 거고 그리고 인제 그런 문제는 자기 문제이니까 해결하려고 했던 게 컸던 것 같아요. 그러니까 그래서 통장들이 그냥 가서 저기 뭐야 모이자고 하고 통장들이 그거(포스터) 다 써서 붙이고 그랬어요.
> ―임미리, 「1971년 광주대단지 사건의 재해석」 『기억과 전망』 26

대단지 내의 비공식 통·반장 조직망이 가동되면서 서울시 시책에 대한 대응은 전매입주자만의 문제가 아니게 되었다. 이들 전직 통·반장들의 주된 관심은 불하가격 시정이 아니라 철거이주민의 이해가 걸린 무상입주와 세금 면제, 일자리와 구호대책 등의 민생고 해결에 있었었다. 통·반장으로서 이들이 행한 활동 역시 분양계약 문제에 한정되지 않고 철거이주민의 생활과 생계에 관련된 좀 더 포괄적인 사안에 걸쳐 있었다. 이런 면에서 보면, 통·반장을 위시한 철거이주민들은 전성천을 비롯한 대책위원회가 기획하고 추진한 궐기대회에 우발적으로 결합했다기보다 8월 10일로 예정된 그 대회를 자신들을 위한 항의 대회로 활용하려 했다고 볼 수 있을 것이다.[12] 유지가 주축이 된 전매입주자의 재산권을 보호하려는 집단민원 성격의 대항이 철거이주민을 중심으로 한 최대

6만의 주민이 참가한 항쟁으로 이어지게 된 배경에는 바로 이 전직 통·반장이 중심이 된 매개와 소통 조직이 자리하고 있었던 것이다.

그 거대한 저항의 물결은 어느 날 일시에 터져 나왔지만 그 연원의 내막과 파고波高의 형성은 어느 한날에 이뤄진 게 아니었다. 자본가에게 치우친 급격한 산업화 추진은 이농민과 도시빈민을 양산했으며, 산업화를 추진하는 동력이었던 이들이 몸담았던 무허가촌은 이제 헐어 정비해야 할 불량촌 취급을 받았다. 편향된 경제정책이 낳은 빈곤은 결국 강제이주를 가져왔으며, 그 이주정착지는 이들을 고립과 한층 더한 빈곤의 구렁으로 몰아갔다. 저임금과 실업, 열악한 생활환경과 전염병은 대단지에 불안과 두려움을 짙게 했으며, 무원칙한 이

체념과 의욕, 탄식과 희구가 교차하고 뒤섞이던 1971년의 광주대단지 천막촌 | 경기도청

주정책과 약속을 저버린 허울뿐인 시책은 이주민의 불만을 키우고 울분을 쌓아 올렸다. 그 불안과 불만은 같은 처지에 놓인 이들 모두가 공유하는 집단기억이 되어갔으며, 이는 언제든 계기가 생기면 터져 오를 분노와 저항의 진원지로 자라났다.

그러한 때, 과도하고 일방적인 분양계약과 조세 부과라는 도화선이 터지고, 선동과 동원에 의한 집단민원으로 이를 막으려는 일단의 조직이 만들어지자 철거이주민을 비롯한 대단지의 가난한 주민들은 이제는, 깊어진 울분을 토해내고 자신들의 목소리를 높이고자 했다. 벼랑으로 몰려 더는 물러설 곳이 없는 주민들은 "공약사업 약속 말고 사업하고 공약하라"는 포스터를 그리고, "배고파 우는 시민 세금으로 자극 말라"는 전단을 뿌리며 그날 봉기의 열기 속으로 한 발 한 발 나아가고 있었다.

궐기대회에서 항쟁으로

1971년 8월 10일, 그날 아침은 스산하게 찾아왔다. 잔뜩 찌푸린 하늘은 언제 비를 뿌릴지 몰랐고 대기는 축축하고 무겁게 가라앉아 있었다. 대단지의 고통과도 같은 그 대기를 찢듯 확성기 소리가 매섭게 퍼져나갔다. "살인적 불하가격 결사반대", "허울 좋은 선전 말고 실업군중 구제하라", "모이자 뭉치자 궐기하자 시정是正 대열에!" 그렇게 궐기대회 동참을 촉구하는 목소리가 음산하고 우중충한 대단지를 깨우고 있었다.[13]

9시 무렵, 간간이 비가 내리는 가운데 성남출장소 뒤편 야산자락 빈터로 현수막과 피켓을 든 주민들이 모여들었다. 예상보다 많은 인파였다. 10시가 되

'8.10 성남 민권운동' 당일, 궐기대회에 참가한 광주대단지 주민들. 야산이 인파로 뒤덮였다(1971.8.10) | 경향신문사

자 산자락 빈터가 군중으로 가득 차고 성남출장소 앞마당을 비롯한 공지는 물론 간선도로까지 인파로 메워졌다. 마땅한 일이 없던 청년과 중장년에 칠십 노인과 10대 초반의 아이들까지 뒤섞여 그야말로 남녀노소가 망라된 인산인해였다. 대단지 내 시장은 문을 닫았으며 상인들도 대부분 궐기대회에 나선 상태였다. 인파는 이미 5만 명을 넘어서고 있었다.[14] 이 무렵 집계된 대단지 내 인구가 13만 명 안팎이었는데, 이 인구의 37~40%가 시위에 나온 것이다. 경찰이나 서울시 추산대로 3만여 명이 운집했다 해도 대단지 주민 4~5명 중 1명이 시위에 나섰으며, 이는 최소한 가구당 1명씩은 참여한 셈이었다. 당시 궐기대회에 참가한 철거이주민과 성남출장소에 근무했던 공무원의 증언이다.

> 비가 이슬비 식으로 부슬부슬 왔어요. 많이 오지는 않고 가랑비 이슬비 정도로 왔어요. 서울시 추산으로는 3만 정도로 생각하는데 제가 볼 때는 5만에서 6만 이상은 모이지 않았나 싶어요. 왜냐하면 팔각정 있는 그 건너편에 사람이 빼꼼한 데가 없이 다 찼으니까. 그 앞산, 건너 동산, 지금의 구舊 시청에서 본 길 건너 언덕바지에 전부 사람들이 찼으니까. (1969년 광주대단지 이주자)
>
> －임미리(구술정리), 「철거이주민이 겪은 광주대단지」 『성남시사 8: 생애사』

그런데 그때 그렇게 많은 사람이 모일 거라고 생각 안 했어요. 시사(『성남시사』)에는 3만 내지 6만 명이 모였다고 그러는데, 지금 이마트 위에 있는 산, 거기를 완전히 덮도록 다 있었으니까. 제가 8·10사태 났을 때 성남출장소 그 자리를 떠나지 않았어요. 옆에 보건지소가 있었는데 보건지소 앞에 있다가 출장소 울타리 안에서 왔다 갔다 하면서 지켜보고 있었어요. 거기서 보이는 곳

은 제가 전부 다 목격했습니다. (1969~1973년 성남지구 도시건설사업소 및 성남 출장소 근무자)

-임미리(구술정리), 「성남시와 함께한 40년 공직생활」 『성남시사 8: 생애사』

약 5만 명에 달하는 군중은 전성천과 투쟁위원회 주도층도 내다보지 못한 규모였다. 이들은 5000명에서 1만 명 정도면 대단지 지도층으로서 힘을 과시할 수 있을 것이라 여겼던 것으로 보인다. 게다가 대회장 분위기도 전성천과 투쟁위원회 지도층이 계획하고 원했던 궐기대회 기류에서 점차 벗어나고 있었다. 전매입주자보다 철거이주민이 더 많이 나온 듯했고, 간혹 몽둥이를 든 젊은이도 보였다. 얼굴에 서린 결기가 침통하면서도 비장했으며, 토해내는 구호가 이전보다 거칠고 커졌다. 많으면 1만 명 정도의 참가인원 규모로 서울시장의 위세를 꺾고 운신의 폭을 제한해 질서정연한 가운데 요구조건을 관철하겠다는 전성천과 투쟁위원회 주도층의 의도가 불안하게 흔들리고 있었다.

11시를 넘어서고도 서울시장이 나타나지 않자 군중은 크게 동요하기 시작했다. 성남출장소 직원들이 "교통 사정으로 조금 늦게 도착할 것"이라며 주민들을 진정시키려 했지만 오히려 흥분한 군중을 더 자극할 뿐이었다. 시위 군중은 이미 전성천과 투쟁위원회 주도층의 통제마저 벗어난 듯 보였다. 당시 경기도 관할의 성남출장소에 근무했던 공무원은 일촉즉발의 이 위기 상황을 어떻게 보았을까?

최소한의 도시기반시설도 구비하지 않고 10만 인구를 거기서 무조건 살아라 했으니 이게 폭발하지 않을 수가 없다는 겁니다. 8·10 사태가 딱 터지니까 그때부터는 서울시에서 보고하는 것이 중앙에 먹혀들어가지가 않는 거예요. 경기도를 통해서 보고하는 것만 먹혀들어가는 겁니다. 경찰서에서는 만류하는 입장에 있었고, 우리로서는, 마음속으로는 공무원에 따라서 다르겠지만, 우리 행정 쪽에서는, 적어도 내 마음은 터질 것은 터져라, 이 처참한 것을 이대로 볼 수 없지 않으냐 이런 생각도 가졌습니다.

-임미리(구술정리), 「성남시와 함께한 40년 공직생활」 『성남시사 8: 생애사』

서울시장이 대단지 내 협의장에 오기로 한 시각은 11시로 돼 있지만, 당시 주민들은 10시로 알고 있는 경우가 적지 않았다. 11시 30분이 다가와도 소식이 없자 주민들 사이에서 울분의 목소리가 터져나왔다. "시장이 시간을 어겼다", "우리가 또 당했다", "우리를 사람 취급 안 한다". 이렇게, 또 한 번 속았다는 원망과 탄식에 무시당했다는 분노의 감정이 뒤섞이면서 인파는 극도의 흥분에 휩싸였다. 가난하다는 이유만으로 집이 헐려 내쫓기고, 강제이주를 당한 이곳에서도 내팽개쳐진 존재로 겨우 살아왔는데 이제 다시 약속을 어기니 버려졌다는 소외감과 멸시당했다는 박탈감이 온 군중의 가슴을 짓눌렀을 것이다. 젊은 층 일부에서는 당장이라도 뛰쳐나가 힘을 행사할 기세였다. 이날의 사건으로 감옥살이까지 했던 철거이주민은 당시 정황을 이렇게 전한다.

그날도 서울시장이 온다고 그랬었습니다. 그쪽으로, 옛날 출장소 그러니까 성남 지금 시청 자리죠. 그랬었는데 10시에 오기로 해가지고 11시가 다 돼도 안 오는 거예요. 나중에 무슨 얘기가 오가냐 하면은 뭐 차가 막혀서 못 왔느니 펑크가 나서 못 왔느니, 말도 안되는, 대한민국 서울시장 차가 막히고 펑크가 나서 못 온다는 게 이유가 됩니까? 거기서 군중심리로 일어났던 거죠. 그러다 보니까 출장소 쪽에서 유리창 깨지는 소리가 났었고, 그 바람에 시민들이 막 들고 일어나기 시작한 거죠. (…) 그 시장이 양택식 씨인가 그랬던 기억이

나는데, 좌우지간 안 왔어요. 그래서 원인은 그쪽에서 제공을 한 거고. 그런데 그게 단지 그 한 사람이 한번 안 왔다고 그래서 그렇게까지 될 수 없거든요. 여태까지 쌓였던 울분이 터진 거지. 그 사람이 안 와서 이렇게 됐다, 이건 아니라고 봐요.

-임미리(구술정리), 「철거이주민이 겪은 광주대단지」, 『성남시사 8: 생애사』

결국 20대를 전후한 청년 몇몇이 "나가자"고 외치며 서울시 산하의 대단지사업소로 뛰쳐나갔고, 그 와중에 성남출장소 인근 길에 세워둔 관용 지프를 개울에 밀어 넣어 전복시켰다.[15] 대단지사업소로 몰려간 일단의 청년들은 사무실에 난입해 책상과 캐비닛, 전화기, 선풍기, 형광등 등 집기를 부수었다. 직원 90

'8.10 성남 민권운동' 당시 시가지를 점령한 주민시위대(1971.8.10) | 서울역사박물관

여 명은 모두 몸을 피해 달아났으며 성남지서 경찰관 30여 명도 무리의 힘에 위압 당해 제압을 거의 포기한 상태였다.

흥분한 청년 몇몇은 성남출장소로 달려갔다. 당시 부과된 가옥 취득세 고지서를 태워버리기 위해서였는데, 청년들은 세무서에서 파견된 직원의 책상에 불을 질렀다가 취득세 소관이 세무서가 아님을 알고 바로 불을 껐다. 이때의 피해는 1평$^{(3.3㎡)}$ 남짓한 규모여서 방화라고 하기엔 그 규모가 작아 차라리 소훼 정도에 그쳤다고 보는 게 타당했지만, 그 과정에서 연기가 자욱하게 피어올라 "성남출장소 건물이 전소됐다"고 잘못 알려지기도 했다. 성남출장소 근무자로 현장에서 사태를 지켜봤던 공무원은 이 소훼 사건의 전모를 이렇게 증언한다.

> 성남출장소는 현관 입구 옆 사무실 모퉁이에 세무서 직원 1명이 주재 근무를 했고 책상 하나와 벽에 서류꽂이$^{(책꽂이)}$가 있었는데, 이 서류꽂이에 불을 질러 1평 정도도 안 되는 면적이 불에 탔어요. 난동자 22명 중 몇 명이 들어와 이곳을 불태운 것은 그 당시 부과한 취득세가 세무서 소관인 줄 알고 그 서류에 불을 지른 것이었어요. 취득세는 지방세로 세무서에서 부과한 것이 아닌데 그 난동자들이 잘못 알고 있었던 거지요. 출장소 건물 전체로 봐서는 유리창 하나 깨진 것도 없고 모든 서류나 집기 등 아무런 손실이 없었어요. 집단 시위가 끝난 오후 늦게는 출장소 전 직원이 사무실에 들어와 아무런 지장 없이 근무했어요.
>
>   -임미리(구술정리), 「성남시와 함께한 40년 공직생활」 『성남시사 8: 생애사』

당시 성남출장소에서 세무 관련 업무를 보며 가옥취득세 고지서를 배부했던 공무원의 증언도 이와 동일하다.

주민들이 불을 질렀는데 세무과의 취득세나 세금 관련 공간에만 불을 질렀지 다른 호적이나 이런 거에는 손도 대지 않았어요. 주민들이 아무리 분노했어도 자신의 호적과 병역 등 관련된 것을 태우려고 날뛰거나 그러지 않았어요. 분노는 했지만 이성이 바탕에 있었습니다.

-권락용, 「광주대단지 사업의 주체별 갈등구성」, 서울대학교대학원 건설환경공학부 석사학위논문

철거민을 이주시키고 광주대단지 조성사업의 책임을 졌던 서울시는 공분의 대상이었지만 민원 행정과 주민 구호업무를 맡았던 성남출장소 직원과는 우호적이어서 불을 지를 이유가 없었다고 한다.

협상과 투쟁

한편, 서울시장이 대단지에 도착한 시간은 11시30분을 기준으로 해서 자료마다 조금씩 차이가 나지만 궐기 군중이 극도의 흥분에 사로잡혔거나 최초의 폭력행사가 시작되기 직전 즈음인 것은 분명해 보인다. 전성천과 투쟁위원회 주도층은 자신들의 의도와 다르게 일부 청년들을 중심으로 무력행사 움직임이 일자 협상장을 궐기대회 장소에서 2km 정도 떨어진 공업단지 내의 한 전자공업사 회의실로 급히 변경한다. 현장을 지켰던 성남출장소 직원의 증언이다.

> 양택식 서울시장이 1971년 8월 10일 10시까지 온다고 했는데 11시까지도 오지 않으니까 사태가 악화되었어요. (…) 서울시와 삼영전자에서 면담한 것은 보고를 듣고 알게 된 거죠. 거기서 어떻게든 우선 집안은 지켜야 될 것 아니에요. 삼영전자에서 회의할 때는 출장소 소장이 갔고 전청선 목사도 거기 참석했어요. 양택식 시장이 성남출장소 뒷산, 거기에 오도록 되어 있었는데 (공사) 진척이 덜 된 희망대공원 뒷길로 해서 제1공단 내 삼영전자로 들어가서 얘기를 한 거예요. 그 자리는 제가 못 갔어요.
> —임미리(구술정리), 「성남시와 함께한 40년 공직생활」 『성남시사 8: 생애사』

당시 서울시장을 수행하며 대단지에 내려왔던 손정목도 협상장 변경에 대해 이와 동일한 증언을 남겼다. 손정목은 1970년에 중앙공무원교육원 교수직을 떠나 서울시 기획관리관으로 일을 하며 서울 시정 업무에 관여하고 있었다.

출장소 뒷산에 구름 떼 같이 모여 앉은 군중의 존재는 충분히 확인할 수 있었고 그때서야 약간의 공포감을 느꼈습니다. 딱 운전수하고 양 시장하고 저하고 딱 세 사람뿐이었습니다. 그들의 안내에 따라서 삼영전자 회의실에 갔더니 약 십 명 정도의 대표자가 기다리고 있었습니다. (…) 양 시장과 대표자 간의 그와 같은 협의가 진행되고 있을 때 이미 난동은 시작되고 있었고, 서울 쪽으로 가는 길은 차단되었습니다. 그러니까, 3만 명 주민들은 비는 슬슬슬 오는데 시장은 암만 기다려도 안 오고 11시가 넘어, 어떤 친구가 "야 시장이 우리를 속였다. 때려 부수자", 이것이 난동의 시작입니다. 그러니까, 양 시장은 이 등 넘어, 등 넘어 삼영전자 회의실에서 대표자들과 회의를 하고 있을 때 그 난동은 시작되고 있었습니다.

－손정목, 「8.10 성남 (광주대단지) 민권운동」『디지털 성남문화대전』

서울시장이 약속에 늦은 건 아이러니하게도 또 다른 개발사업을 위한 홍보 때문이었던 것으로 여겨진다.[16] 서울시는 이날 이른 오전에 '여의도 개발계획' 전모를 발표하며 기자회견을 열었는데, 이 기자간담회가 예상보다 길어지면서 제시간에 대단지에 도착하지 못한 것으로 보인다. 서울시는 거의 버려두다시피 한 광주대단지 조성사업과 달리 서울 도심의 개발사업과 도시정비에는 투자와 힘을 아끼지 않고 있었다.

양 시장은 앞으로 여의도를 고밀도화하고 자동차 전용시대에 대응, 도로율 35%의 이상적 가로망을 형성하는 한편 국내 처음으로 상수도, 지역난방, 도시가스, 전화, 전기 등 도시시설의 지하공동구를 설치, 여의도 전역을 미관지구로 지정하여 상업업무지구의 건축을 현대식으로 권장, 쾌적한 도심환경을 조성하겠다고 말했다. (…) 양 시장은 여의도개발을 적극 추진하기 위해 시청 완공연도인 76년까지 지하철 2호선(김포-영등포-여의도-을지로-왕십리-삼성동) 35.5km 중 17km를 건설하고 75년까지 지역난방, 72년부터 73년까지 34억 원을 들여 여의도 내 도로포장, 공원녹지 조성 등 시가지 조성을 매듭지을 계획이라고 밝히고 이 계획이 이뤄지면 주간인구 18만 명, 야간인구 4만 명을 수용하게 될 것이라고 말했다.

-『동아일보』1971년 8월 10일

그런데 이제 서울시장은 이 화려하고 풍요로울 서울 도심개발에 잠시 관심을 낮추더라도 이곳 대단지 사태가 더는 확산하지 않도록 한시바삐 움직일 필요가 있었다. 늦어도 너무 늦었지만, 수년 동안 방치하다시피 해온 광주대단지 도시개발 문제를 이제라도 서둘러 봉합해야 하는 다급한 처지였다. 수만 명이 운집해 뿜어내는 그 불만과 분노의 열기를 몸으로 마주하지 않았는가. 극히 소수의 젊은이가 아니라 다수 주민이 폭력을 앞세운 무력행사를 감행한다면 자칫 대규모 민중 폭동으로 번질지 몰랐다.

협상은 그리 오래 걸리지는 않았다. 진정서와 전날의 협의를 통해 이미 요구조건을 알고 있었고, 무엇보다 서울시 측에서는 궐기대회가 대규모 폭력사태로 치닫는 걸 막아야 했다. 5만여 명의 성난 주민을 등에 업은 전성천를 비롯한 주민대표 측이 협상에 유리할 수밖에 없었다. 주민대표 측이 요구사항을 제시하고 이에 대해 서울시장이 수용 여부를 가늠하는 방식으로 협상이 진행됐다. 집단시위 1주일 뒤에 서울시에서 작성한 보고서에 따르면, 서울시장은 이날 협상 도중에 관용차량 파손과 대단지사업소 기물 파괴, 성남출장소 방화(소훼) 등의 폭력행위를 보고받은 것으로 나타난다.[17]

이날의 협상 내용을 정리하면 다음과 같다. 전성천을 위시한 투쟁위원회

위원이 택지가격을 서울시 거여동의 택지가격 선인 평당 500원에서 2500원 정도로 낮춰주고, 모든 세금을 면세해 달라고 요구했다. 택지분양 시책 논의에선 철거이주민의 이해와 직접 관계된 사안도 나왔다. 택지를 무상으로 분양해 달라는 의견이었는데, 서울시 측에서 추후 보고서에 "산발적 요구"에 그쳤다고 기록한 것으로 보아 이는 이날 참석한 대표 모두의 합치된 의견은 아니었던 것으로 보인다. 긴급구호 조치를 해줄 것과 일자리 알선도 요청했다. 이에 서울시장은 현재의 택지가격을 재검토하겠다고 답했다. 취득세 부과 문제에 대해서는, 협상장 현장에서 경기도지사와 전화로 협의한 뒤 즉각 보류하겠다고 했으며, 재산세 같은 그 밖의 세금도 가급적 면세토록 하겠다고 약속했다. 구호양곡을 즉시 지급하고 취로사업도 펼치겠다고 했다.

택지 무상분양 요구가 밀리긴 했지만, 이제 주민대표 측의 요구가 거의 수용된 셈이었다. 협상을 시작한 지 대략 1시간 뒤, 서울시장은 폭력사태 재발을 막고 궐기대회를 중지해 달라는 당부를 하며 급히 대단지를 빠져나갔다. 전성천과 주민대표들은 대단지 현장으로 이동해 시장과의 합의안을 전달해 폭력행위를 멈추게 하고 군중을 해산할 요량이었지만 이미 사태는 이들의 손을 떠나 있었다. 시위대 질서는 흐트러졌으며, 일부 시위군중의 언행은 극히 과격해졌고 앞장서서 폭력을 행사한 청년들도 흥분을 멈추지 못했다. 전성천과 대표들이 합의점을 제대로 전달할 수 없을 정도로 사태는 악화해 있었다.

청년들을 중심으로 한 과격한 시위대는 서울시장과 대단지사업소 직원이 어디 어디에 있다는 뜬소문 같은 전언에 따라 대단지 이곳저곳으로 몰려다녔다. 그 과정에서 시위군중이 성남지서에 돌을 던져 유리창이 깨어지고 전화기가 망가졌다. 관용차량 1대가 전복되고 다른 1대는 불에 타 뒤엎어졌다. 일부

경찰과 대치 중인 광주대단지 주민들(1971.8.10) | 서울역사박물관

공공문서와 도서에는 이날 사태로 차량 22대가 방화를 포함한 파손을 당했다고 하는데, 이는 극히 과장된 기록이었다. 피해의 최대치로 잡아도 무방한 검찰의 「공소장」과,[18] 시위 현장을 떠나지 않았던 성남출장소 공무원의 증언을 종합하면 차량 파손은 3대가 전부였다.

> "4대의 차량이 불에 타 못 쓰게 되는 등 22대의 차량이 파괴되었으며…". 천만의 말씀입니다. 지금 시대로 착각하는 모양인데 그때 차가 그렇게 있었나요? 도로는 포장이 거의 안 돼서 시영버스만 다녔는데 차가 비가 오고 그러면 수진동에서 빠져가지고 나오지 못하고 그랬어요. 그때 파괴된 차량은 광주대단지사업소 차량 1대와 서울시 간부 차량 1대예요. 시영버스를 탈취해서 서울로 들어가자고 그랬다는데 그 시영버스는 나중에 고쳐가지고 썼어요. 그러니까 차량 파손은 아마 3, 4대밖에 되지 않았을 겁니다. 내가 본 것은 한 대뿐이니까.
>
> —임미리(구술정리), 「성남시와 함께한 40년 공직생활」 『성남시사 8: 생애사』

인명피해도 과장되고 왜곡돼 보도되고 기록됐다. 언론기사에는 트럭 운전사가 돌을 맞아 머리가 깨지고 버스 운전사가 시위대에 끌려가 곤욕을 당했다고 나온다.[19] 2004년에 출간한 『성남시사』에는 경찰 22명과 주민 7명을 합해 29명이 부상했다고 기록했다. 심지어, 집단시위 이튿날 대통령에게 올린 보고서에는 경찰이 입은 인명피해를 중상 9명, 경상 73명이라 적어놓았다.[20] 하지만 「공소장」에는 경찰서 소속 차량에 타고 있던 운전사와 순경에게 10일간의 치료가 필요한 타박상을 입히고, 경찰과 대치한 상황에서 주민들이 돌을 던져 경찰관 8명에게 1~8주의 치료가 필요한 상처를 입혔다고 나와 있다. 이 같은 공소사실에 따르면 시위군중이 민간인을 공격하지 않았으며, 경찰의 인명피해도 모두 합해야 10명에 불과했던 것이다.

젊은이들로 이뤄진 과격한 시위대는 서너 파트로 나뉘어 움직였는데, 오후 2시를 넘기면서 일단의 젊은이들이 버스를 탈취해 서울 진출을 시도했다. 대단지 조성 약속을 어긴 서울시장을 만나 항의하고 청와대로 가서 배고프고 힘든 현실을 호소하겠다는 의도였다.

> 그때 청와대로 간다고 뛰쳐나와 밀고 나온 사람들은 당시에 살아서 나올 것이라고 생각은 못 했었어요. 저도 마찬가지입니다. 대통령을 만나가지고 담판을 짓자, 그래가지고 청와대로 밀고 들어가려고 1차 저지선 수진리고개를 넘고, 2차 저지선 복정동 사거리를 지나다가 경찰버스 다섯 대에 가로막혀 붙들렸는데, 어차피 청와대까지 갈 수는 없었겠죠. 근데 이렇게 해서라도 알려야만 되겠다, 나는 내 목숨을 걸었다, 그때 당시에는 말만 잘못하면 쥐도 새도 모르게 없어져버리는 세상이니까 나 같은 놈 파리 목숨이죠. 죽을 마음이 충

분히 있었던 사람들이었죠. (1969년 광주대단지 이주자)

-임미리(구술정리), 「철거이주민이 겪은 광주대단지」, 『성남시사 8: 생애사』

이 서울 진출 기도로 최루탄과 돌이 오가는 다툼이 일었지만 인명피해는 없었다고 한다. 차량에 오른 젊은이들이 피켓과 몽둥이를 들고 함성을 지르는 이때의 차량 시위는 마치 1980년 5월 광주민중항쟁에서 시민군이 차량을 타고 가두행진을 벌이는 행렬과 유사했다고 한다.

오후 3시가 지나면서는 대단지 입구에서 경찰과 시위군중이 최루탄 발사와 투석으로 맞섰다. 학업을 중단한 10대 후반의 젊은이들과 실업자나 막노동을 하는 20대 청년들이 맨 앞에서 경찰과 대치했고, 시위대 후미에서는 부녀자들이 돌을 날랐다. 정치구호를 앞세우지 않았다는 점을 제외하면 1980년대 민

'8.10 성남 민권운동' 당일, 젊은이들이 차량에 올라 구호를 외치고 있다(1971.8.10) | 서울역사박물관

주항쟁 시기의 투쟁현장과 크게 다를 바 없는 시위 현장이었다.[21] 이때의 대치 상황에서 경찰관 8명이 상처를 입는데, 이로 미루어 투석에 나선 시위군중은 경찰 측 집계인 2000명에 못 미치는 수백 명 정도였던 것으로 짐작된다.

한편, 대단지를 벗어난 서울시장은 시청에 들르지 않고 곧바로 총리공관으로 향했다. 우선, 사태 발발 소식을 듣고 기다리고 있던 내무부 장관과 법무부 장관에게 대단지 상황을 보고했다. 이어 주민대표들이 내놓은 요구조건을 두고 회의를 거듭한 결과 주민들의 요구를 대부분 수용하기로 하고, 오후 4시 무렵 응급대책 내지 응급조치사항이라 명명한 공식 협의안의 내용을 대단지에 통지했다.

> 응급조치사항
>
> 8.10. 16:00. 서울시는 사태가 이에 이르자 다음과 같이 조치할 것을 주민에게 주지시키고 있음.
> 1. 전매입자의 부지가격 문제는 원철거이주자와 동일 취급한다.
> 2. 구호양곡을 방출하고 근로공사를 실시한다.
> 3. 건물 취득세는 부과 보류하고 면세토록 추진한다.
> 4. 주민들은 당국과 협조하여 계속 지역발전에 협력할 것을 당부.
>   -「광주 성남대단지 난동사건 진상보고」『대통령보고서(대통령문서)』제71-458호(1971.8.11)

최루탄-투석전 이후 점차 잦아들던 시위군중의 대항은 서울시가 요구조건을 수락했다는 소식이 전해지면서 일단락된다. 오후 5시를 넘기면서 대단지 전체에 이 최종 협의안이 전달돼 알려졌으며, 경찰과 마지막까지 대치하던 소규모 시위대까지 함성을 멈추고 해산했다. 오후 5시 20분 무렵으로, 그렇게 해서 6시간에 걸친 집단시위이자 빈민항쟁이 막을 내렸다.

전매입주자들은 환호했고, 대단지는 승리 분위기에 젖었다. 결국은 이들 전매입주자를 우선해서 대변할 수밖에 없었던 전성천과 투쟁위원회 지도층은 원하던 걸 거의 모두 쟁취한 셈이었다. 그동안 무시당하고 내쳐진 삶을 살아온 철거이주민들도 제법 많을 걸 얻어냈다고 자평했다. 면세에 구호식량, 거기에 일자리까지…. 합의안이 이행되면 이제 내일의 희망을 놓지 않아도 좋을 듯했다. 모두가 어깨 걸고 발맞추어 끝내 이루어냈다는 성취의 기쁨도 빼놓을 수 없을 터였다.

하지만 이날의 시위와 항쟁이 이대로 모두 마무리된 건 아니었다. 이날 사태의 한 축이었던 서울시와 정부의 후속 조치가 남아 있었다. 곧 사태에 대한 공식 입장표명이 있을 것이며, 폭력행위를 주도한 이른바 '과격 시위대'에 대해서도 그냥 넘어가지는 않을 참이었다. 서울시는 행정상의 책임을 면치 못할 것이며, 이번 사태로 개발주체와 도시의 성격, 건설 규모 등 광주대단지 조성사업의 추진 방향 또한 어떻게 변할지 몰랐다. 거대 빈민집단의 응집력과 파괴력을 경험한 위정자들은 지금과는 다른 지배전략과 통치방법으로 대단지를 통제하고 질서 지우려 들 게 틀림없었다.

이날 시위와 항쟁의 승리 여부는 오히려 이런 앞날의 향방과 그 실행 정도에 좌우될 터였다. "응급조치사항"이란 이름을 단 대단지 주민의 요구조건 수락도 그때까지는 미완의 성취로 남겨두어야 할 것이다.

8장

이주정착지에서 성남시로
– 광주대단지의 향방

난동자와 지도자, 혹은 구속자와 이득자利得者

난동인가, 항거인가, 항쟁인가, 도시권리운동인가, 도시봉기인가?

폭력과 난동, 차별과 배제

대단지에 부는 변화의 바람 – 성남시의 탄생과 성장

난동자와 지도자, 혹은 구속자와 이득자利得者

　　광주대단지 사태가 발발하자 정부 각 부처와 위정자들은 다급하게 대책
마련에 나섰다. 사태 이튿날 국회 내무위원회에서 서울시장을 출석시켜 사건
경위와 사후대책을 보고받은 뒤, 대단지 현지조사를 하기로 결의한다.[1] 내무부
를 비롯한 관계부처 차관과 서울시 관계관을 위원으로 하는 '광주대단지 중앙
대책위원회'를 구성했으며, 경기도에서는 '성남지구 대책위원회'를 꾸렸다. 내
부부 차관과 경기도지사가 대단지 현장을 찾아 주민들의 불만을 달랬으며, 서
울시장 또한 특별기자회견을 통해 요구사항 이행을 다시 한번 약속하고 광주
대단지(성남출장소)의 성남시 승격을 기정사실화 했다. 정부에서는 광주대단지

대한적십자사 경기도지부의 긴급구호물자 수송차량(1971.12) | 경기도청

를 종합개발해 서울의 특수위성도시로 조성하기 위한 장기계획을 세울 것이라 공언했다.

생계대책과 생활기반시설 조성시책도 빠지지 않았다. 사태 직후, 말만 앞서던 구호사업을 펴 밀가루를 지급하고 내년 3월까지 구호식량 1808t을 지급한다는 계획을 세웠다. 취로사업을 실시했으며, 공장 건설과 취업알선도 약속했다. 상하수도·전기·도로·시장 등 도시기반시설 조성, 분뇨 수거와 방역 같은 보건위생 시책도 재빨리 내놓았다. 대단지 조성을 시작한 이래 여태껏 보이지 않았던 관심이자 전폭적인 지원책이었다.

그런데 이 대단지 사태로 가장 큰 충격을 받은 이는 청와대의 최고 권력자였다고 한다.[2] 8월 10일 사태는 1948년의 제주 4.3항쟁(제주 4.3사태) 이후 처음 일어난 대규모 민중봉기였다. 그것도 청와대에서 먼 곳이 아니라 수도 서울의 바로 턱밑에서 일어난 사건으로 휴전선이 그어진 남북대치 상황에서 자칫하면 이는 국가안보를 위협하는 화약고가 될 수 있었다. 이런 배경 아래, 최고 권력자는 사태 이틀날 대단지사건에 대한 공식 종합보고를 받은 뒤 기본대책을 지시하는 한편 폭력행위를 주동한 난동자를 엄벌하라는 강력한 지시를 내린다. 실제로 당시의 진상보고서 첫 페이지에서 "주모자主謀者는 엄단에 처하라"는 최고 권력자의 친필 메모를 확인할 수 있다. 보고서를 작성한 청와대 관계자들도 이날의 폭력사태를 중시해 '민심 수습' 다음 조항에 '긴급대책'과 '장기대책' 등 대책안이 아니라 '난동자에 대한 조치'를 먼저 거론할 정도였다.

1. 주민요구사항에 대한 조치와 민심 수습

현지주민과 합의된 사항을 이행케 하는 한편 관계 공무원을 문책하여 민심을 수습하겠습니다.

2. 난동자에 대한 조치

　가. 주모급 난동자를 구속 엄벌하도록 하고

　　　(주모자 16명 연행 조사. 이 중 12명 영장신청 중임. 주모자 8명 수배 중임)

　나. 불순분자의 개재 가능성을 배제하도록 조치하겠읍니다.

　　－「광주 성남대단지 난동사건 진상보고」『대통령보고서(대통령문서)』제71-458호 (1971.8.11)

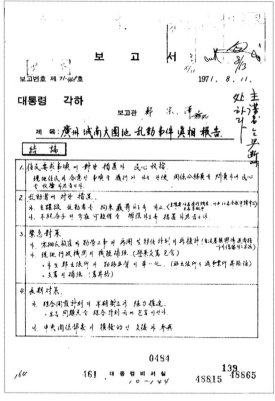

「광주 성남대단지 난동사건 진상보고」
『대통령보고서(대통령문서)』제71-458호 (1971.8.11) | 국가기록원

정부 측에서 파악해 체포한 폭력사태 주모자는 모두 22명으로, 사건 당일에 이미 16명이 연행됐다. 집단시위 현장에 뒤섞인 사복경찰이 앞장서 시위를 이끄는 주동자에게 다가가 사인펜이나 인주로 옷에 표식을 해두었다가 체포하거나, 정보기관원이 카메라로 촬영해 추후 검거에 나섰다고 한다.[3] 이들은 집회 및 시위에 관한 법률위반죄, 폭력 등 처벌에 관한 법률위반죄 등으로 구속됐는데, 이 중 한 명은 형사미성년으로 불기소처분돼 석방됐다. 기소된 주모자는 17세에서 19세에 이르는 10대 후반이 11명으로 가장 많았고, 20대가 7명, 30대는 3명이었다. 직업은 노동이 8명으로 다수를 차지했고, 직공·목공·행상·넝마주이가 있었으며 무직이 5명이나 되었다.

경찰과 검찰은 기본적으로 이들의 폭력행위를 부풀리고 죄목을 허위로 늘이려 했다. 실제보다 폭력행위의 강도와 범위를 과장해 8월 10일의 사태 전체에 폭력 이미지를 덧씌우려는 의도였다. 당시 차량으로 서울 진출을 꾀하다 붙잡힌 시위 참가자의 증언이다.

> 경찰서에서 하는 얘기가 너 여기까지만 했다고 그래라, 그러면 안 때릴게. 그런데 나 같은 경우는 청와대에 들어가려고 그런 것은 사실이다. 그런데 불을 안 지른 것을 왜 질렀다고 해야 되느냐, 난 아니다, 아무것도 인정을 안 했어요. 그래서 집회 및 시위에 관한 벌률 위반하고, 공무집행 방해, 그거는 인정을 하겠는데 다른 것은 인정을 못 하겠다. 한 게 없는 것을 왜 나보고 인정을 하라고 그러느냐. 그럼 한 가지만 더하래요. 못 하겠다고. 다섯 가지가 나왔어요. 죄명이, 건조물 방화, 자동차 방화, 또 집시법, 특수공무 방해, 또 하나, 하여튼 죄명이 다섯 가지였어요. (1969년 광주대단지 이주자)
> ―임미리(구술정리), 「철거이주민이 겪은 광주대단지」 『성남시사 8: 생애사』

심지어 이들 중 일부를 간첩으로 몰아 8월 10일의 사태 자체를 적대세력이 개입된 불순한 사건으로 만들고자 했다. 이 모두 이날 사태의 근본 원인을 감추고 서울시와 정부 측의 책임을 희석하려는 의도에서 나온 억압행위였다. 서울 진출을 기도했던 시위자의 계속되는 증언이다.

> 근데 한 서너 명은 똑같이 고문을 많이 받았어요. 한 10일, 11일 동안인가 고문을 받았으니까. 청와대로 가자는 차 안에 탄 사람들만 같은 파트에 있었기 때문에 다른 사람들은 매를 맞았는지 또 어떻게 했는지 몰라요. 근데 얘기를 들어보면 따귀나 몇 대 맞고 조인트나 몇 대 까이고 말았는데 우리 같은 경우는 다르죠. 너네들 중에 간첩이 섞여 있다 그거예요. 우리같이 어린놈이 무슨 간첩입니까? 거기서 11일 동안 하루에 두 번씩 끌려나가서 맞았어요. 고문을 당하고 뭐 손가락에 볼펜 껴서 잡아 비틀고 곤봉 끼어서 위에서 잡아 누르고 팔 뒤로 묶어가지고 비틀어서 올리고, 별 고문을 다 받아봤어요. 한 번 나가면 걸어서 제대로 못 들어왔어요. 그래서 한 2개월이나 한 달 정도 면회를 안 시켰어요. 왜냐하면 온몸에 멍이 들어 시퍼레가지고 면회시킬 수가 없죠.
> ―임미리(구술정리), 「철거이주민이 겪은 광주대단지」 『성남시사 8: 생애사』

간첩 조작이 제대로 먹혀들어가지 않자 결국 경찰은 구속한 이들을 원래 파괴적이고 불만이 많아 폭력행위를 저지를 가능성이 높은 반사회적이나 인물이나 정신장애자로 규정해버린다.[4] 이듬해 1월 하순, 기소자 중 1명은 징역 2년을, 다른 한 명은 징역 장기 2년, 단기 1년을 선고받는다. 나머지 18명은 6월에서 1년 6월의 징역에 집행유예 처벌을 받았으며, 1명에게는 무죄가 선고되었다. 이들 구속자는 대개 철거입주민으로, 부당한 공권력을 행사해도 항의할 여력이 없거나 뒤탈이 나도 문제를 제기하기조차 힘든 처지에 있는 주민들이었다. 이들은 궐기대회에서 항쟁으로 이어지는 8월 10일의 사태 전반을 주모主謀하거나 주동한 자들이 아니었다. 그날의 봉기 현장을 떠나지 않고 지켜보았던 성남출장소 근무자는 이를 어떻게 보았을까?

> 그날의 공공건물 서류, 차량 등 방화 또는 파괴 난동자 22명은 관할 경찰관서에서 전원 검거 구속하였는 바, 이들을 "주동자"로 표현하는 것은 잘못임. "주동자"로 지칭할 수 있으려면 많은 난동자 중 주동 역할을 한 자로 보아야 할 것이므로 특별한 조직이나 지휘한 자도 없었고 20대를 전후한 이들이 잘못된 영웅심으로 휩싸여 함께 난동한 것으로 보임. 난동 중 사복경찰이 함께 행동하는 것처럼 위장 미행하면서 입은 의복에 표시를 하거나 사진 등을 촬영하여 그날부터 22명 난동자 전원을 검거 구속하였음. 따라서 직접 난동자 22명 외에는 없었으므로 "주동자"라는 표현은 잘못된 것임.
>
> – 「"8.10 사건의 경위 – 서울시의 입장에서" 약정토론문」
> 『제9회 학술대회 광주대단지 사건의 역사적 재조명』 (2004)

22명의 젊은이와 달리, 궐기대회를 설계한 전성천과 주민대표를 비롯한 투쟁위원회 주도층은 어떤 법적 처분도 받지 않았다. 주민대표 80여 명은 사태 당일 밤 9시에 서울시와 회합을 가진 자리에서 소위 응급조치사항(응급대책)을 환영하며 이번 사태에 대해 사과했다. 난동자에 대한 경찰의 관대한 처리에 감사하며, 앞으로 다시 소란이 없도록 주민을 적극적으로 설득하겠다고 다짐했다. 그 이틀 뒤에는 전성천과 주민대표 4명이 서울시장을 방문해 이번 사태 발생에 대해 공식으로 사과했다.

그 이전에 이미 전성천과 투쟁위원회 주도층은 집회가 궐기대회에서 봉기 양상으로 흐를 기미를 보이자 재빨리 발을 빼는 처세술을 보여주었다. 서울시장과의 협상장을 궐기대회장 공간에서 시위군중이 없는 공단으로 옮긴 것이 그러하고, 시위군중에게 집회 종결 지시를 내렸다는 검찰에서의 진술 또한 그러했다.

> 피고인 등은 입주자 약 삼 만여 명과 공모하여 집회 주최자 박진하(투쟁위원회 위원장, 교회 장로)의 집회 종결 선언 및 관할 경찰서장의 해산명령이 있었음에도 불구하고 퇴거하지 않고 (…) "백원에 산 땅 만 원에 폭리 말라"는 등의 구호판 184매를 들고 동 구호를 수십 차례 절규하는 등 시위를 강행하고….
>
> ─「공소장 71고합836」, 서울형사지방법원 (1972.2.10)

결국 구속자를 위시한 집단봉기 참여자는 투쟁위원회 주도층의 해산명령을 어기고 자체적으로 폭력행위와 난동을 부린 자로 규정된다.[5] 집단시위와 폭력사태의 책임 또한 투쟁위원회 주도층이 아닌 구속자와 시위에 참가한 일반 주민에게 지운다. 이렇게 되면서 대단지 철거이주민들은 난동을 부리고 폭동을 일으킨 지역의 주민이 되어 오래도록 지탄과 경시의 대상이 되었다. 21명의 구속자는 난동과 폭동의 주범이 되어 형벌을 받고 이후에도 일상을 감시당하는 고통 속에서 지내야 했다. 서울 진출을 기도했던 구속자 역시 마찬가지였다. 그는 170여 일을 구치소에서 지낸 뒤 집행유예로 풀려났는데, 이후에도 내내 경찰의 감시를 받았다고 한다.

하루는 어디 나가려고 하는데 갑자기 둘이 붙잡더라고요. 뭐냐고 그러니까 관할 경찰서 형사들이래요. 성도 잊어버리지 않아요. 백씨는 분명히 기억해요. 머리형도 기억이 나. 스포츠 머리하고 백 누구누구 또 누구인데, 어디 가려고 그러네요. 아, 어디 가든 말든 무슨 상관이냐고, 형 다 받고 나온 사람이라고. 당신 뒤에 누가 있는지 어떻게 아느냐고 해서 그럼 네가 알아서 하든가 더 캐든가. 그 뒤로 계속 따라 붙었어요. 근데 군대 갔다 왔을 때도 왔더라고요. 3년 후죠. 그때는 내가 34개월 20일인가 하고 나왔는데, 제대한 것을 알고 왔더라고요. 개한테 그렇게 고문을 당했어요. 백씨라고.

-임미리(구술정리), 「철거이주민이 겪은 광주대단지」, 『성남시사 8: 생애사』

구속자들의 일거수일투족이 감시의 대상이었으며, 사회운동세력과의 연결 또한 철저히 차단당했다. 실형을 살게 된 2명을 제외한 구속자들이 출감한 뒤, 민주화운동단체에서 이들을 초청해 감사패를 수여하는 자리를 마련했는데, 구속자들은 이 모임 뒤 경찰서에 불려가 강도 높은 조사를 받아야 했을 정도다.[6] 구속자들은 이전보다 더 위축되어 실로 '숨죽인 나날'을 보내야 했다. 그날 하루, 아니 단 6시간의 과도한 흥분과 울분의 외침이 남은 수십 년의 삶을 어둡고 고통스러운 길로 밀어 넣어버린 셈이다.

하지만 전매입주자의 이해를 대변한 전성천과 투쟁위원회 주도층은 극도로 흥분했던 그 22명의 구속자와 또한 함께 울분에 차 집단시위에 나섰던 철거이주민의 참여를 바탕으로 정부로부터 전폭적인 양보를 얻어냈다.[7] 이는 전성천 자신조차 회고록에서 인정한 사실이기도 하다.

더 단적으로 말해서 이들의 흥분이 없었던들 우리의 요구가 이렇게 빨리 관철되었겠느냐 하는 문제와 이왕 들어줄 수 있는 조건이라면 일이 터지기 전에 왜 들어주지 못하고 뒤늦게 처리해서 불상사를 자아냈느냐 하는 문제가 생긴다.

-전성천, 『십자가 그늘에서: 전성천 회고록』(2001)

투쟁위원회 주도층은 "토지 불하가격 인하"와 "취득세 면제"라는 애초의

'8.10 성남 민권운동' 구속자 서울지검 구속송치 기사
(『경향신문』 1971.8.23)

전성천이 참가한 '광주단지 사태분석 강연' 안내 기사
(『경향신문』 1971.8.28)

목표를 달성했으며, 더구나 전성천에게는 빈민을 대변하고 구제하는 목회자라는 이미지까지 더해졌다. 그 진실 여부는 뒤로한 채, 그는 서울에서 밀려난 가난한 이들을 이끌고 돌보는 성자聖者와도 같은 인물로 칭송받았다. 그래서, 전성천을 비롯한 투쟁위원회 주도층에게 그날의 그 험난했던 대단지 사태는 성공이었다. 대단지 바깥 세상 또한 그 실상은 알지 못한 채, 그날의 그 공로를 전성천과 투쟁위원회 주도층의 몫이라 여기며 대단지 문제를 풀어내고자 했다. 재야단체에서조차, 이날의 사태를 민권운동으로 파악하고 전성천은 이를 이끈 일종의 운동가로 규정하는 분위기였다. 8월 10일의 사태를 분석하는 강연에서 전성천은 「민권운동으로서의 광주단지 사태」란 글을 발표하며 자신의 입지를 넓히고 위상을 강화하고자 했다.

광주단지 사태분석 강연. 민주수호청년협 주최로 30일 하오 5시 대성빌딩 강당에서 「민란이냐 난동이냐」를 따진다. 연사는 전성천(주민대표. 민권운동으로서의 광주단지 사태), 장을병(성대 교수. 광주단지 사태의 정치적 사회적 접근), 조용

범(우석대 교수. 허장성세 경제의 그늘), 이병용(변호사. 시민의 자유권 저항권 혁명권), 신상초(중앙일보논설위원. 청년운동의 진로) 등.

-『경향신문』1971년 8월 28일

책임은 멀리하고 과실果實은 바싹 다가왔다. 하지만, 8월 10일 사태 당시 서울시장과 함께 공단 내 협상 테이블에서 전성천과 마주했던 손정목은 현실의 법적 판단 여부와 관계없이 그에게 분명한 책임이 있다고 보았다. 수사가 제대로 진행됐다면 사태를 사전모의하고 사태 발생을 선동한 주모자가 되었을 것이란 판단이다.

모두 22명이 집회 및 시위에 관한 법률위반죄로 폭력 등 처벌에 관한 법률위반죄로 구속되었다. 이들을 관대하게 다루어 달라는 진정이 줄을 이었다. 도지사 같은 분도 일부러 검찰에 가서 관용을 부탁하고 있다. 만약에 좀 더 깊이 있게 수사했더라면 전 목사를 필두로 한 투쟁위원회 대표들도 사전모의, 선동·교사죄가 적용되어 무사하지 못했을 것이다.

-손정목,「광주대단지 사건」『도시문제』38-420

전성천이 사태의 책임에서 벗어날 수 있었던 데는 그동안의 대단지사업 비리와 부실을 한층 더 드러낼지도 모를 이날의 사태를 더는 부각하지 않으려는 정치권의 의도가 작용했을 것이다. 한때 장관급 권력을 가졌던 종교계 인사인 전성천과 나름의 사회기반을 가진 대단지 유지들을 사태 해결의 한복판으로 불러내는 것보다 무엇으로 보나 가진 게 없는, 폭력행위에 앞장선 젊은이와 대단지 빈민층을 사태 발생과 집단봉기의 주된 대상으로 소환하는 게 집권층에겐 한층 유리했다는 말이다. 여기에는 관계官界와 정계政界, 종교계 등에 얽힌 전성천 자신의 인맥과 이로 인한 영향력이 작용했음은 물론이다. 이처럼, 전성천은 빈민을 돌보는 목회자였지만 한편으로는 이들 빈민을 통제하고 통치하는 관료행정과 정치권력에 기울 수밖에 없는 처지에 놓여 있었다. 그가 고위 공무원과 하급 경찰 모두를 오히려 8월 10일 사태의 희생자로 여기고 그들에게 미안함과 고마움의 감정을 가질 수 있었던 까닭이 여기 있었던 것이다.

> 데모로 말미암아 개인적으로 큰 희생을 당한 분들에 대해서 진심으로 미안하고 감사한 생각을 아울러 느끼게 된다. 특히 당시 광주경찰서장이었던 김주동 씨가 관에서 물러나게 되었고 광주군수였던 황두영 씨가 좌천을 당한 것 외에 많은 공무원이 문책을 받게 되었으니 말이다. (…) 그리고 데모대가 던지는 돌에 맞아 몸에 부상을 입고도 발포를 하지 않고 부동의 자세로 그 의무를 다한 경찰관들의 인내와 용기를 지금도 고맙게 기억하고 있다.
>
> ─전성천, 「전성천 회고록: 십자가 그늘에서」 (2001)

이와 달리, 광주대단지 일반 주민 중에는 구속된 젊은이들을 희생자로 보는 시각이 대다수였다. 8월 10일 사태 뒤 대단지 이주민을 대상으로 빈민실태조사를 벌인 서울대학교 법과대학 사회법학회 학생들의 보고서를 보면, 구속된 20여 명의 청년에 대해 "우리를 위해서 한 일이니 석방되어야 한다"는 의견을 가진 주민이 설문대상자 243명 중 186명(76.6%)으로 압도적이었다. "모르겠다"고 답한 주민이 45명(18.5%)이었고, "구속되어 마땅하다"고 본 주민은 불과 12명(4.9%)에 지나지 않았다.[8]

난동인가, 항거인가, 항쟁인가, 도시권리운동 인가, 도시빈민봉기인가?

　　정부는 8월 10일의 대단지 사태를 처음부터 난동으로 규정지었다. 8월 11일에 대통령에게 올린 보고서의 제목이 바로 "광주 성남대단지 난동사건 진상보고"였다. 이 보고서에는 대단지 현황, 사태의 원인과 경위, 폭력행위 실상, 대책과 조치, 향후 추이와 파급효과, 공무원 문책 등 전반적인 사항을 담았는데, 이날의 사태 전체를 단정하는 핵심어는 "난동"이었다. 광주대단지 사건에 대한 정부의 이러한 입장은 얼마 지나지 않아 대외적으로도 확정되었다. 당시 국무총리였던 김종필은 9월 중순에 열린 국회 대정부질문에서 대단지 사태를 "전매입주자들이 주동이 되어 일으킨 난동"이라 못 박는다.[9]

　　이후에도 오랫동안 공공기관에서는 대단지 사태를 난동이나 폭동, 소요사태 등으로 지칭했다. 1996년에 서울시에서 펴낸 『서울육백년사』에서도 "8.10 난동사건"으로 기록해놓았다.[10] 2000년대 들어서도 대단지 사태에 대한 이런 시각은 이어져 사태 당일 서울시 기획관리관으로 협상장에 나섰던 손정목은 이날의 사태를 "난동사건", "민중폭동"이라 일컬었다.

> 대단지 난동사건으로 가장 충격을 받은 분은 바로 박 대통령 그분이었다. 그것은 1946년의 대구 10·1 폭동사건, 1948년의 제주 4·3 사건 이후 20여 년 만에 처음 있는 민중폭동사건이었다. 그 사이에도 여러 차례의 소요사태가 있기는 했지만 그것은 학생 데모의 연장이었지 결코 민중폭동은 아니었다.
>
> －손정목, 「광주대단지 사건」 『도시문제』 38-420

정치적 폭동은 아니지만, 다수인이 폭력행위나 협박, 파괴로 질서를 교란하고 사회 평온을 해치는 소요사태로 규정하기도 했다. 2004년에 발간한 『성남시사』에서는 "정치적 폭동이나 혁명이라기보다는 생존을 위한"이라는 전제를 달긴 했지만 "소요사태" 정도로 이해해야 할 것이라 한다.[11]

난동과 폭동 규정에는 언론도 한몫했다. 사태 직후 쏟아진 신문기사는 "빗속 무법 6시간, 닥치는 대로 부수고 불태워", "광주단지 대규모 난동, 서울시 위약違約에 격분 방화", "광주단지 주민들 난동, 사업소 등에 방화"와 같은 자극적인 헤드라인headline을 달았다.[12] 사건 전개과정에서 일어난 폭력행위를 시간 단

빗속 무법 6시간, 닥치는 대로
부수고 불태워
(『경향신문』 1971.8.11)

광주단지 대규모 난동, 서울시 위약에 격분 방화
(『동아일보』 1971.8.10)

광주단지 주민들 난동, 사업소 등에 방화
(『매일경제』 1971.8.11)

위별로 세세히 보도하고 극소수의 청년 시위대가 벌인 과격 행위를 부풀려 그 피해 정도를 과장했다. 파괴된 차량 수를 늘리고, 서류와 집기 소훼 정도의 훼손 상태를 건물 방화라 일렀으며, 확인되지 않는 인명 피해자를 집계해 폭력사태의 규모를 키웠다.

이처럼 언론과 공공기관에 권위를 가진 전문가까지 나서서 지속해서 "난동"이나 "폭동"이라 지칭하면서 사정을 모르는 일반인에게 이날의 사태는 난동과 폭력의 이미지로 각인됐다. 일부에 지나지 않았던 폭력행위가 전면화되고, 마치 이날의 사태 전체가 난동과 폭력으로 점철된 폭동으로 여기게끔 했다. 그러면서 사태를 일으킨 요인과 배경은 뒤로 묻혔으며, 사태의 책임소재는 불분명해져 갔다.[13] 집단폭력이 부각하면서 대단지 사태가 평가절하되고 주변화되는 효과를 낳았으며, 실체를 가리는 왜곡된 구도가 자리를 잡았다.

언론과 정부가 이날의 사태를 어렵지 않게 난동과 폭동으로 포장할 수 있었던 데는 도시빈민에 속하는 대단지주민에 대한 평소의 시각이 영향을 미쳤다. 당시엔 일반인뿐 아니라 전문가들 사이에서도 도시빈민층은 비교적 성격이 난폭하고 그 언행 또한 반사회적일 경우가 많아 범죄를 저지를 가능성이 농후하다는 견해가 상당히 널리 퍼져 있었다. 빈민층이 다수인 광주대단지 주민에 대해서도 이런 선입견이 작동했고, 이는 결국 이날 사태에 대한 난동과 폭동 규정에 쉽게 동조하게 하는 결정적인 요인이 되었다. 그러면서 이날의 대단지 사태는 가난하고 무지하며 비정상적인 자들이 벌인 극히 폭력적이고 위험한 난동행위로 굳어지게 되었다.

하지만 '폭력'은 8월 10일 사태의 일부분의 요소이지 전체 과정에 걸친 사

실이 분명 아니었다. 사태 현장을 떠나지 않았던 성남출장소 근무자도 이 사실
을 거듭 단언한다.

> 서울시가 그것을 난동으로 규정지었는데, 공무원들이 자기 공적을 올리려고
> 그런 게 있어요. 엄청난, 3만 내지 6만 명이 난동을 했지만 거기서 대표로 스
> 물두 명만 구속했다 해야 공이 많아질 것 아닙니까? 제가 본 선에서는 난동자
> 는 스물두 명뿐이에요. 그 외에 수만 명은 집단시위를 했을 뿐입니다. 그걸^{(난}
> ^{동을)} 보고 만류하고 싶은 사람도 있었겠지만 22명 중에 술 먹어서 막 때려 부
> 수고 몽둥이 가지고 오는 걸 보고는 무서웠겠죠. 또 그것을 보고 마음속으로
> 잘한다 하는 사람도 있었을 거예요. (…) 군중심리라는 게 있잖아요. "평화적
> 인 데모 군중은 수만 명이었으나 난동자는 22명이고 전원 구속됐다" 이게 맞
> 아요. (…) 3만 명이 난동을 부리면 어떻게 되는지 아세요? 세상이 뒤집혀버
> 려요! 그건 말이 안 되는 거예요.
>
> ―임미리(구술정리), 「성남시와 함께한 40년 공직생활」 『성남시사 8: 생애사』

차량 탈취와 훼손, 경찰에 맞선 투석 등 극히 소수의 젊은이가 앞장선 폭
력행위는 이날의 사태를 "빗속 무법 6시간, 닥치는 대로 부수고 불태워", "무법
천지", "광주대단지를 공포와 무질서로 휘몰아 넣었던 난동"이라 묘사할 수 있
는 증거물로 활용됐다.[14] 하지만 이때의 폭력은 "이것저것 가릴 것 없이 눈에 보
이는 대로^(닥치는 대로)" 행하거나 "아무렇게나 함부로, 곧 마구 저지른 행위^{(난}
^{동)}"가 아니었다. 폭력행사의 대상이 분명했으며, 평소에 반감을 지녔던 관공서
에 한정됐다는 공통점을 지녔다.[15] 성남지서와 서울시대단지사업소, 성남출장
소 세무과에 난입했으며, 관용차량을 훼손하고 경찰관에게 돌을 던졌다.
　이들 모두는 당시 대단지 주민에게는 억압적 국가장치의 말단기구에 해당

할 뿐이었다. 나름 삶의 터전인 판잣집을 철거로 빼앗고, 공공약속을 함부로 어기며, 터무니없는 기준으로 세금을 걷어가는, 실정을 도외시한 채 강압적으로 일을 처리하는 국가기구였다. 게다가 폭력행사의 주된 동기는 행정당국의 무책임한 시책과 거듭되는 약속 불이행, 일상화된 무시와 차별에 따른 절망과 분노였다. 서울시장이 약속 시각에 현장에 나타나지 않자, "또 우리를 속였다"는 울분과 좌절의 탄식이 돌았고 이는 폭력시위를 격발하는 방아쇠가 되었다.

전성천과 투쟁위원회 지도층은 협상이라는 도구를 활용할 역량과 영향력이 있었지만 일반 시위군중은 빈곤한 형편과 좌절의 처지, 절망의 상태와 분노의 감정을 보여줄 방안이, 그 의사표현 방법이 힘의 행사밖에 없었다. 게다가 사실 폭력은 시위군중이 먼저 행사했다기보다 정부와 서울시 행정당국이 먼저 행사했다고 볼 수 있다. 시위대의 폭력행위는 생계수단을 박탈한 정부의 구조적 폭력에 항의하고, 위정자와 관료의 계속되는 속임수 행정에 대한 대응이라는 대항폭력의 성격을 가졌다고 할 수 있다. 서울 시역 내에 거주하며 노동과 서비스로 생산과 유통을 담당해온 도시빈민에게 거주지 강제 이전은 생존권을 박탈하는 일이나 다름없었다. 무허가주택 철거를 앞세운 도심 정비와 이주정착지 조성을 포함한 주거정책 자체가 부유층의 서울을 위해 빈곤층을 몰아내려 한 난동 수준의 도시행정 폭력이었다고 해도 과언이 아니다. 허위 공약公約과 속임수 시책 또한 일방적이고 강압적이었다는 점에서 폭력적 성격을 벗어난 행정행위라고 보기 어렵다. 경영사업이라는 기업식 행정으로 관의 이익을 취하기 위해 가난에 시달리는 대단지 주민의 목을 졸라 택지분양대금과 취득세를 짜내려 한 처사야말로 몽둥이를 들지 않은 난동행위에 가까웠다.[16]

대단지 주민들은 이러한 국가의 행정 폭압에 대해 이론적 구성과 엄밀한 논리를 갖추어 표현하지는 못했지만, 대다수 주민은 심정 깊은 곳에서 이미 이를 감지하고 있었다. 이는 서울대학교 사회법학회 학생들의 빈민실태 조사보고서를 통해 간접적으로 확인할 수 있는데, "8.10 사태를 어떻게 생각하느냐"는 물음에 전체 설문자 244명 중 그 약 70%인 167명이 "정당한 요구였다"고 답했다.[17] "조금 무리였다"가 약 9%인 24명이었고, "너무 지나쳤다"는 불과 13명으로 전체의 5% 정도에 지나지 않았다. 대다수 주민이 이날의 사태를 서울시의 부당하고 폭압적인 행정조치에 반발해 일으킨 생존권 차원의 정당한 저항행위로 보고 있는 것이다. 그야말로 생존을 위한 맞섬이었다.

정부에서 우려하는, 차후 발생 가능한 문제점 역시 현실에 대한 각성이라는 주민의 의식 향상과 맥락에 맞닿아 있었다. 정부에서는, 사태 발생 뒤 주민의 요구사항을 즉시 받아들여 대단지가 평온을 되찾았지만 합의사항의 이행 여하에 따라서는 집단시위가 다시 일어날 수 있다고 보았다.[18] 일부 강경파 주민들은 폭력행사가 있었기 때문에 요구사항이 관철된 것이라 여기고 앞으로 무상입주를 위한 투쟁을 유도할 수 있다고 내다보았다. 이번의 특혜 조치가 관례화되어 다른 지역에서도 유사한 사태가 일어날 가능성에 대한 우려를 내비쳤으며, 이번 사태가 "난동이나 집단시위를 일으키면 관철된다"는 사고가 움트는 계기가 될지도 모른다는 조심스러운 전망을 하기도 했다.

문제점

1. 성남단지 주민에 대한 특혜 조치가 관례화되어 다른 지역에서의 동일 사태 발생이 우려됨.
2. "난동하면 (또는 데모하면) 관철된다"는 생각이 움터 원 철거민들이 무상

입주 투쟁을 벌일 가능성이 있음.

-「광주 성남대단지 난동사건 진상보고」『대통령보고서(대통령문서)』제71-458호 (1971.8.11)

이런 정세情勢 판단 아래, 정부에서는 폭력행위를 이끈 젊은이들을 윤리적으로 비난하고, 8월 10일의 사태 전반을 폭력과 난동이 점철된 폭동으로 몰아가고자 했다. 그럼으로써 대단지 내의 사태 재발은 물론 여타 빈민촌 지역에서 일어날지 모를 제2의 광주대단지 봉기 또한 사전에 차단하고자 했다.

광주대단지 사태는 6시간 만에 일단락되었지만, 그 6시간의 정치적·사회적 영향과 파급효과는 무척 크고 깊었다.[19] 산업화 시기에 본격화한 대중의 존재를 복원하고 당시 빈민층 민중의 사회적 역량을 규명하는 데 있어서 매우 중요하고 민감한 역사적 사건으로 남았다. 이런 까닭에 대단지 사태에 대한 명칭과 성격 규정에도 여러 시각이 겹쳐졌으며 그에 대한 다양한 해석으로 혼란한 양상마저 초래했다. 크게 보면, 하루 동안 일어난 우발적이고 일시적인 사건으로 간주하거나, 1960년대 후반 이후 수출주도 산업화 과정에서 필연적으로 발생할 수밖에 없었던 산업화와 도시화의 구조적인 결과로 보는 양극단의 경향을 보였다. 난동과 폭동 규정이 전자를 대표하며, 후자는 조직·지향성·역사 맥락·기본권과 권리 등을 기준으로 다시 여러 갈래로 나뉜다.

우선, 전매입주자 중심의 조직적 항의와 8월 10일 당일의 걷잡을 수 없는 소요가 결합한 '항거'로 보는 시각이 있다.[20] 이는 투쟁위원회라는 조직을 구성하고 요구사항을 제시했다는 점에서 우발적 난동이나 폭동이라고만 보기 어렵다는 입장이다. 한편으론, 시위군중의 행위가 지배구조의 변화를 목표로 삼지 않았으며 요구조건 수락과 함께 당일 하루의 시위로 소멸하는 일회성을 보였다는 점에서 '항쟁'까지는 아니라는 해석을 고수한다.

이와 달리, 광주대단지 사태를 '항쟁'으로 해석해내는 입장이 있다.[21] 이는 정부가 주거생활과 생계대책 없이 철거민을 강제 이주시키고 무모한 도시개발을 추진함으로써 발생한 생존권 박탈에 대해 이주자들이 단결해 일으킨 '민권운동형 항쟁'이라 규정한다. 즉 국가에 의해 보호받아야 할 약자의 생존권이 국가에 의해 오히려 박탈당한 막다른 상황에서 권리주체이기도 한 대단지주민이 국가권력과 다툼을 벌인 게 이날 사태의 실체라고 본다.

이러한 '민권운동형 항쟁'에 바탕을 두고, '도시에서 누구나 온전한 삶을 살 수 있는 권리'인 '도시권리rights to the city'를 쟁취하려는 시도가 바로 광주대단지 사태의 핵심 실체라 여기는 시각도 있다.[22] 흔히 이 도시권리는 도시가 제공하는 물적·비물적 서비스를 누릴 향유의 권리, 도시를 민주적으로 관리하고 통치해가는 과정에 대한 참여의 권리, 도시를 도시의 다른 성원들과 함께 공동체 공간으로 만들어가는 조성의 권리로 구성된다. 초보적 수준의 도시권리운동으로 재해석하는 시각은, 광주대단지라는 불완전한 신도시 건설 과정에서 약자로서 거주자들이 겪어야 했던 생존권 박탈 문제는 기본적으로 이 도시권리의 박탈에 관한 것으로 평가할 수 있다고 주장한다. 산업화시대 초기에 일어나고 그 수준이 맹아적이긴 했지만, 이는 광주대단지 사태를 폭력적 난동으로 규정한 부정적 이미지로부터 벗어날 수 있는 발전적인 해석 틀을 제공한다고 본다.

다른 하나는, 초기 산업화시대이자 개발독재 시기에 도시 하층민과 빈민에 의해 전개된 도시봉기의 일환으로 규명하는 흐름이 있다.[23] 이 입장은 사회운동이 발전하기 이전 시기에 일어나는 대중의 저항 형태는 매우 다양하며 특정한 형태로 고정된 것이 아니라고 전제한다. 정형화된 반정부 투쟁, 국민기본권의 회복, 반권위주의라는 분명한 지향이 존재하는 것만을 민주화운동이나 사회운동으로 사고하는 것은 정당하지 못하다고 비판한다. 그러면서 광주대단지 사태를 1979년의 부마항쟁으로 이어지는 한국 도시봉기의 계보 안에서 해석하고, 이는 국가와 정부의 대중에 대한 무시와 경멸, 차별에 대항한 '언어 없는 대중들의 역사'를 보여준다고 강조한다.

빈민 이주민의 처지를 헤아리는 이 같은 다양한 해석과 달리 정부의 공식 입장은 '폭력행사에 의한 난동'에 강고하게 고착돼왔다. 광주대단지 사태는 가난과 군사독재 정권이라는 시대적 조건 아래에서 일어난 일과성 사건에 지나지 않으며, 다른 시각과 사고로 해석할 성격을 가진 사건이 아니라고 보는 입장이 여전히 힘을 얻고 있기도 하다. 비극이긴 하지만 시대의 한계에 의한 것이니 계속 논의하기보다 이제는 덮고 가자는 의견이다.

난동으로 치부하려는 이런 강고한 추세에도 불구하고 그날의 사태에 대한 사실을 규명하고 거기 담긴 진실을 밝히려는 작업이 끊이지 않았다. 2020년 10월에는 '광주대단지 사건 명칭 지정을 위한 학술토론회'를 열었는데, 여기서는 명칭을 '8.10 성남(광주대단지) 항쟁'으로 정했다. 이어, 2021년 6월에 열린 '제263회 성남시의회 1차 정례회'에서는 명칭을 '8.10 성남(광주대단지) 민권운동'으로 의결한다.

폭력과 난동, 차별과 배제

　　최대 5~6만 명 참가라는 대규모 집단시위는 단시간에 요구사항을 수용하게 했지만, 한편으론 대단지 주민 전체가 폭력을 행사한 난동자로 낙인찍히는 결과를 낳았다.[24] 정부에서 폭력을 행사한 젊은이들의 행위를 부각하고, 사태 자체를 난동과 폭동으로 규정하면서 외부 사람들에게 대단지 주민은 거칠고 위험한 존재로 받아들여지고 대단지 지역 전체가 범법의 도시로 취급되기에 이른다. 기왕에도, "생활이 곤궁한 나머지 다수의 주민이 신경질적이며 다툼이 잦다"는 보고나 "대단지 내에 폭력배가 날뛴다"는 보도가 있었지만 8월 10일의 사태는 이런 폭력과 범죄 이미지를 강화하고 거기에 공포까지 더했다. 사태가 외부에 알려지면서 대단지의 극심한 빈곤과 처참한 생활환경까지 일부 드러났는데, 이는 단지 바깥세상 사람에게 가난에 대한 동정의 염을 넘어 불안의 감정까지 불러올 정도였다. "굶주린 산모가 자신의 아기를 삶아 먹었다"는 소문이 그 대표적인 사례였다. 대단지는 철거민의 도시이자 빈민 거주지였으며, 이제 대단지 주민은 아기를 삶아 먹는 공포의 존재가 되었고 폭력과 범죄, 난동을 일삼는 두려움과 꺼림의 대상이 되었다.

　　대단지 주민에 대한 이런 태도나 시각은 감정 차원에 머물지 않고 차별과 배제의 행위로 이어졌으며, 이는 대단지 지역이 성남시로 승격된 1973년 이후에도 계속됐다. 이력서에 주소를 성남시로 쓰면 취업이 힘들었으며, 일부 주민은 외부 사람들의 냉대와 꺼림이 두려워 성남에 산다는 말을 떳떳이 밝히지 못하기도 했다. 심지어 성남시에 오는 것 자체를 두려워하는 사람들도 있었다고

'8.10 성남 민권운동'이 일어난 지 5개월 뒤의 성남지역(광주대단지) 거리(1972.1) | 서울기록원

한다. 이런 두려움의 정서와 배제의 언행은 최소한 1990년대 초반까지 이어졌
는데, 일부 성남주민은 외지의 친구를 초대하면 무서운 곳이고 범죄 많은 동네
여서 놀러 오기를 한참 꺼렸다는 기억을 가지고 있다.

차별과 배제의 경험은 지역에 대한 애착심을 묽게 했고 성남시민으로서의
정체성을 형성하는 데 걸림돌이 되었다. 1989년에 성남지역 주민 600명을 대상
으로 조사한 결과, "반드시 성남을 떠나겠다"고 응답한 주민은 4.7%였으며, "기

회가 있으면 성남을 떠나겠다"고 한 주민이 무려 52.5%에 달해 절반이 넘는 주민이 성남 거주에 만족하지 못하고 있었음을 알 수 있다.[25] 광주대단지 거주와 투쟁의 기억이 성남시민으로서의 귀속감을 제공하는 공통된 역사 경험으로 작용한 게 아니라, 밝히기가 꺼려지는 삶의 이력이자 애써 지우고픈 도시 내력의 오점으로 남게 되었던 것이다.

차별과 배제는 공권력 차원에서도 행해졌다. 8월 10일의 사태 이후 정부는 대단지에 경찰병력과 정보·수사 요원을 추가로 투입해 주민 통제와 감시를 강화하며 일상적인 억압체계를 조성했다. 사태 약 두 달 뒤에 작성한 대통령보고서에 따르면, 대단지 주민의 집단행동에 대비해 동향을 파악하고 진압부대를 따로 편성했던 것으로 드러났다.

4. 치안 및 소방 대책

가. 성남경찰서 신설

(1) 5개 과 187명 정원

(2) 10개 파출소 설치. 정보 및 특수 수사요원 보강

(3) 집단적 행동에 대비하여 사전 동향을 파악하고 진압부대 편성

자체 진압대 103명 365개의 장비 보유

인접 5개 지역 190명 및 서울 경찰기동대 492명의 지원체제 확립

-「광주대단지 현안문제 해결 보고」『대통령보고서(대통령문서)』 제71-631호 (1971.10.14)

8월 10일 사태 이전에 서울시와 정부에서는 대단지주민이 안보 측면에선 비교적 온건한 부류라 판단하고 있었다. 빈곤층을 사회불만 세력으로 보는 시각에는 큰 변함이 없었지만, 대단지 주민이 생활고에 허덕이고 있는 데 반하여

정부에 대한 기대감은 뚜렷하다고 판단해 정부 정책이나 행정조치에 드러내놓고 저항하지는 않을 것이라 보았다. 이런 낙관적인 예상은 1969년에 실시한 소위 3선 개헌안(제6차 헌법개정안) 국민투표 시에 대단지 지역에서는 전국 찬성률 67.5%보다 높은 90%의 찬성을 얻었다는 데 기인한다. 하지만 2년 뒤인 8월 10일 사태 이후 대단지 주민은 서울에서 추방당했다는 피해의식과 생계에 대한 불만을 가진 반사회집단으로 규정된다. 정부에서는 이들을 박탈감과 소외감, 불만을 기층으로 삼아 구성원을 조직화하고 집단행동으로 의사를 관철할 수 있는 사회위험 세력으로 분류한다.

6. 민심의 동향과 대책

가. 문제점

(1) 현지주민은 서울시로부터 추방당했다는 피해의식이 있고 서울특별시로의 편입운동을 전개하고 있음.

(2) 저소득층의 집단화로 생계에 대한 불만을 조직화할 우려가 있음.

(3) 지가가 하락하고 경기가 후퇴할 것이라는 데서 오는, 기대에 어긋났다는 불만.

(4) 집단행동으로 의사를 관철할 수 있다는 생각을 가지고 있다는 문제점이 있음.

－「광주대단지 현안문제 해결 보고」『대통령보고서(대통령문서)』제71-631호 (1971.10.14)

이제 광주대단지는 국가안보와 사회질서 유지 차원에서 요주의 지역으로 취급됐다. 어느 지역보다 감시와 처벌이 치밀하고 신속했으며, 통제와 압박의 통치술은 정교하고 교묘했다. 주민들은 이런 분위기에 눌려 지냈으며, 대단지는 한마디로 "잔뜩 겁을 먹고 숨을 죽이는 동네"가 되었다. 이러한 추이는

1973년 7월에 광주대단지(성남출장소)가 성남시로 승격된 이후에도 계속 이어져, 1980년 전라도 광주민중항쟁 당시엔 경기도 광주지역에 계엄군의 20%가 파견돼 만일의 사태에 대비했다고 한다.[26] 1980년 광주민중항쟁과 관련해 열린 1988년 국회청문회 질의에서 당시 진압담당자는 "전라도 광주가 제1의 봉기지"라면 "경기도 광주는 제2의 봉기예상지"라 진술했다.

성남지역에는 그 어느 곳보다 많은 경찰이 상주하며 주민을 감시하고 단속했다. 한국사회 어느 지역보다 보안법이 강력하게 작동했으며 대단지 사태 관련자는 물론 이 지역 사회운동권 인사들도 일상적인 감시를 받아야 했다. 애초 정부에서는 적당한 일자리와 생활환경 조성만 약속해도 친정부 온건세력으로 남아 있을 것이라 기대했지만 대단지 주민은 결국 나름의 목소리를 내고 힘을 결집해 요구조건을 제시하는 대응세력으로 변모했다. 그 대가는 만만치 않았으니, 사태가 과장되고 왜곡돼 알려지면서 광주대단지와 그 뒤를 잇는 성남은 난동자의 도시라는 오명을 써야 했으며, 성남에 살면서도 성남시민임을 감추어야 하는 비극을 치러야 했다.

대단지에 부는 변화의 바람
- 성남시의 탄생과 성장

8월 10일의 사태는 광주대단지 조성사업 자체에도 막대한 영향을 미쳤다. 봉기가 일어난 지 약 두 달 뒤인 10월 14일에 대단지사업이 경기도로 이관되고, 사업 성격과 조성 방향이 기존의 이주정착촌 건설에서 독립된 위성도시 개발로 바뀐다.[27] 서울시가 그동안 실제로 계획하고 추진한 철거민 이주를 근간으로 한 대단지 개발을 지양하고 하나의 새로운 도시를 건설하는 방향으로 일대 전환을 이루게 된 것이다. 어찌 보면 서울시가 대단지 조성계획을 처음 수립하면서 내세웠던 명목상의 그 '신도시 건설'이 비로소 시작된 셈이었다. 정부에서는 이미 대단지 사태 발생 약 한 달 전에 광주대단지 개발을 철거민 이주단지에서 독립된 도시로 전환한다는 방침을 세웠는데, 8월 10일 사태가 발발하면서 그 시기가 앞당겨지고 전면적인 추진에 들어가게 되었다.

경기도에서는 우선 추후 성남시로의 발전을 염두에 두고, '광주군 중부면 일단의 주택단지 경영사업', 곧 일반적으로는 '광주대단지 조성사업'으로 부르던 사업명칭을 '성남단지 조성사업'으로 바꾸었다. 그동안 서울시가 추진해온 '대단지 조성 6개년 계획' 중 시행되지 못한 나머지 '3개년 계획'을 새로 마련하고 투자계획도 다시 세웠다. 서울시는 대단지 조성에 약 95억 원을 투자한다는 계획을 세웠으나 실제 투자액은 38억 원 정도에 그쳤는데, 경기도는 1973년까지 56억 원을 투자하기로 한다. 그동안 투자가 이뤄지지 않은 진입도로 건설·

광주대단지 사업이 경기도로 이관된 뒤인 1971년 초겨울의 도로공사 현장(1971.12) | 경기도청

영세민 대책·환경위생시설 조성·치수 및 사방 공사 등에도 원래 계획대로 투자하기로 했으며, 특히 주택 건설과 도로 정비에 전체 투자액의 절반을 투입하기로 했다. 사업을 인수한 이 해에는 도로와 상하수도 등 도시기반시설 건설에 집중하고, 이듬해는 사방과 치수 등 한층 안정적인 도시생활을 위한 부문까지 투자를 확대하며, 1973년에는 기반시설이 완비돼 성남단지가 도시 형태를 갖출 수 있도록 한다는 계획이었다.

　　하지만 이 계획과 성과는 아직은 경기도 행정담당자들의 의향이자 최대치의 청사진일 뿐이었다. 사업현장에서, 지금까지 행해온 대단지 시책과의 조정과 조율을 거쳐야 했으며, 새로운 계획이 실행돼 가시화되려면 상당한 시간이 필요했다. 게다가, 대단지 사태 뒤 구호대책을 마련하고 영세민 취로사업을 펼친다는 정부의 대책안 제시가 요란했지만, 이는 늘 그랬듯이 현장에서는 제대로 실행되지 못할 때가 잦았다. 당장의 대단지 생활은 고단하고 때로는 비참하기 이를 데 없었다. 당시 경기도 직할로 승격된 성남출장소에 근무한 공무원이 그해 초겨울에 목격한 참담한 사연이다.

> (1971년) 12월 4일 밤에 일을 하고 있는데 은행동에서 불이 나서 사람이 타 죽었다는 보고가 있었어요. (…) 그때 구호대책의 하나로, 각 시군에 짚하고 가마니를 보내달라고 해서 출장소에다 쌓아두고 생활고가 극심한 철거민들에게 이불 대신 덮고 깔고 자라고 나누어 줬었지요. 그런데 은행1동사무소 밑에 빈 땅이 있는데 가마니를 깔고 짚을 덮고 밖에서 자다가 불이 나서 두 사람인가 세 사람이 타죽게 된 거예요. (…) 가마니를 깔고 짚으로 의지하고 잠을 자라고 했을 때 그때 생활상이 어떻겠어요. 지금은 이해가 안 되겠지만 저는 그것을 직접 보았으니까, 그래서 무슨 말을 하다가도 그것 생각하면 눈물이 나와요.
>
> -임미리(구술정리), 「성남시와 함께한 40년 공직생활」 『성남시사 8: 생애사』

그러면서도 성남단지는 이전의 광주대단지 시기와는 다른 면모를 조금씩 보여주고 있었다. 정상 가옥이 하나둘 늘어났으며, 공장 유치와 가동도 계획과 공언公言에는 못 미쳤지만 나름의 성과를 내고 있었다. 8월 10일 항쟁 시에 서울 진출을 시도하다 붙잡혔던 이주민 청년이 전하는 말이다.

> 171일 살다가 나왔어요. 72년 1월에 나오니까 집들이 우선 많이 들어찼고 그 다음에 사람들이 살기는 나아진 것 같았어요. 눈으로 보기에도, 불과 6개월 남짓밖에 안 됐는데 조금 달라진 것 같았어요. 그래서 나 혼자서 그냥, 나의

조그만 희생이라도 들어가서 이렇게라도 됐으면 다행이다. 그것으로 위안을 삼고서 왔다 갔다 했죠. (…) 그런데 눈에 보기에 좋아졌다는 것이지 피부로 느끼는 건 솔직히 말해서 별로 없었어요. 개인적으로 볼 때는 공단이 조금 올라간 것하고 공장이 한두 개인가, 천지산업인가 한 두어 개 가동이 됐다는 것 정도만 알고 있고. 그다음에 성남시 사람들을 그쪽으로 취업을 앞으로 많이 시킬 것이다, 그래서 생활이 좀 나아질 것이다, 이런 얘기를 들은 적은 있죠.

-임미리(구술정리), 「철거이주민이 겪은 광주대단지」, 『성남시사 8: 생애사』

한편 경기도는 위에서 언급한 '3개년 계획'과 다른 별도의 '성남도시기본계획'을 수립했다. 1990년까지의 약 20년에 걸친 계획으로, 추후 성남시로의 발전을 꾀하면서도 도시의 장기적인 성장을 위한 기반을 조성하는 데 중점을 둔 성남지역 종합개발계획이었다. 이 계획에서 다루는 성남지역은 기존의 광주대단지(성남단지) 외에 그 서쪽과 남쪽에 자리한 3개 면까지 포함하는 넓은 지역이었다. 8월 10일의 대단지 사태 약 한 달 뒤, 광주대단지를 관할하는 성남출장소가 경기도 직할로 승격되면서 주변의 대왕면·돌마면·낙생면 등 3개 면까지 관할하게 된다. 그러면서 성남지역은 기존 광주대단지 면적의 10배가 훨씬 넘는 규모로 확장됐는데, 이때의 행정구역 정비가 지금 성남시 행정구역의 기본이 되었다.

흥미로운 점은 이 성남도시기본계획을 재가한 이가 당시 내무부 장관인 김현옥이었다는 사실이다. 그는 서울시장으로 재직하던 1968년에 '철거-이주 정책'의 하나인 광주대단지 조성사업을 계획하고 실행했던 바로 그 인물이었다. 1970년에 또 다른 '철거-이주 정책'인 시민아파트 건설을 추진하다 아파트 한 동이 무너지면서 시장직에서 물러나야 했던, 문제의 그 '불도저 시장'이었다.

의도하지는 않았겠지만, 일을 시작한 사람, 곧 문제를 일으킨 이가 이를 해결해
야 한다는 일종의 결자해지結者解之 국면을 맞게 된 셈이다.

개발 방향은 크게 네 가지로 제시됐다. 우선, 인구 50만 명에 경공업을 중
심으로 한 자활도시 조성을 목표로 내세웠다. 동시에 아담하고 쾌적한 전원주
택 도시를 지향하며, 서울생활권에 포함되어 근대적 위성도시로 자리매김한다
는 계획안을 마련했다. 복지사회 건설을 위한 표준도시를 조성한다는 건설 방
향도 제시했다. 공업단지 조성과 취로사업에 박차를 가해 지역경제를 활성화하
고, 세대당 분양택지를 확대하고 중산층의 자발적인 입주를 유도한다는 개발방
침도 내놓았다. 철거민 이주 주택지라는 이미지에서 벗어나 일반 신도시로 발
전하기 위한 이러한 방침은 녹지와 공원 조성, 도로 신설과 도시기반시설 확충
등의 역점사업 추진으로 이어졌다.

한편 1972년 3월에는 분양지에 대한 일제 등록을 추진했다. 6월 말까지 실
시한 이 행정조치로 등록 대상 2만 2827필지 가운데 그 97% 2만 2042필지가
등록을 마쳤다. 이중二重 분양과 위조분양증 유통, 무허가건물 등의 문제가 남
아 있었지만 분양지 대부분이 등록됨으로써 소유권 문제가 해결돼, 시 승격을
위한 조처가 일단락된다.

이듬해인 1973년 7월 1일, 광주대단지에서 성남단지를 거쳐 마침내 성남
시가 탄생했다. 서울시가 철거이주민 정착지 조성을 위해 택지 정지작업을 시
작한 지 4년 4개월 만이었다. 이후 외지인의 전입이 늘어나면서 주택과 상가 건
물 등 건축경기가 일고 상거래가 비교적 활발해지면서 성남시는 도시 성장을
위한 기틀을 하나하나 마련해나갔다.

시로 승격된 1973년의 성남시 인구는 3만 9980가구 19만 580명이었는

데, 주민구성에서도 변화가 일어나 철거민보다 일반 이주민이 크게 늘어났다. 1970년에는 광주대단지로 이주해온 인구의 약 81%가 철거민이었는데 2년 뒤엔 철거이주민과 일반 전입자의 수가 거의 비슷해진다. 광주대단지 구역이었던 성남단지 외의 3개 면 지역까지 합하면 전체 3만 5178가구 중 원주민 가구가 11.7%, 철거이주민 가구가 41.3%, 일반 전입자 가구가 47%로 오히려 일반 전입자가 더 많았다. 이후로도 철거이주민의 타지 전출이 늘어나고 일반 입주자의 비율이 증가해, 1974년에 이르면 원주민이 11%, 철거이주민이 20.9%, 일반 전입자는 67.1%에 달하게 된다. 사실상 성남지역 인구 3명 중 2명은 일반 전입자였던 셈이다.

하지만 시 승격을 전후한 시기엔, 중산층의 자발적인 입주를 촉진한다는 개발방침은 계획한 만큼의 성과를 내지 못했던 것으로 보인다. 서울에서 안정된 직장을 가진 고정 취업자와 유보지를 매입할 수 있는 재력을 가진 사람이 이주하기도 했지만, 이주민의 다수는 저소득층으로 파악됐다. 1975년에 학부모 1600명을 대상으로 성남시 이주 요인을 검토한 조사에 따르면, 집값이 싸서 이주했다는 주민이 23.3%로 비율이 가장 높았다.[28] 직장을 구하기 위해 찾아든 주민이 17%를 차지했고 직장과의 교통문제나 전근으로 인한 이주가 약 13%로 나타났다. 그 외 자녀 취학이나 교육 문제로 입주했다는 주민이 17% 정도였다.

시 승격 이후 3~4년 동안 주택 건축을 비롯한 주거지 조성이 집중되면서 시가지가 차츰 정돈되고 짜임새를 갖추어 나갔지만, 대단지 시기의 20평(66㎡) 택지분양이라는 굴레를 벗어나긴 힘들었다. 일반 주택단지가 조성됐지만 다수를 차지하는 기존의 협소한 택지로 인해 저소득층 가구의 전입과 전출이 이어지고, 이는 한동안 성남시 전체를 가난한 지역으로 자리매김하게 했다.

이런 제약 요건에도 성남시는 1970년대를 거치면서 도심이 점차 팽창하고 도시 전체는 성장을 거듭했다. 진입도로 확장과 포장·불량건물 보수와 철거·조경과 가로수 식재 등 주거지 정화사업을 추진하고, 체계 잡힌 시가지 조성을 위해 가로망 확충사업을 벌였다. 상하수도와 도로, 분뇨처리장 등 도시기반시설을 보완해나갔으며, 공업단지 조성사업에 박차를 가해 자족도시로 발돋움하기 위한 토대를 닦았다.

1980년대 들어 성남지역은 도시 성장의 정착 단계로 접어들었고 주거지도 나름 안정적인 삶의 터전으로 변모했다. 이런 도시기반 아래, 1990년대 들어 성남 본시가지 남쪽에 신도시가 들어서면서 도시 성장의 획기적인 전환점이 마련되고, 이 신도시가 완성되는 1996년 무렵엔 인구 91만 명이 넘는 대도시로 발전한다. 시 역사 30년이 채 되지 않는 시점에 이룬 급속한 성장의 결과였다. 신도시가 들어선 그곳은 "남단 녹지"라 부르던 지역으로, 시 승격 이후 성남시에서 신규개발을 강력히 요청했지만 번번이 불허 당했던 곳이었다. 그러다 1989년에 군사정권의 연장인 노태우 정권에서 '수도권 신도시정책'을 밀어붙이면서 분당이라는 중산층 위주의 신시가지가 들어서게 되었다. 이어 2000년대 이후에는 판교와 위례 신도시까지 조성되면서 성남지역은 모두 네 차례의 계획도시 건설을 거친, 수도권은 물론 명실공히 한국 최고의 신도시 지역으로 부상한다.

성남시는 분당과 판교 신도시가 조성되면서 어찌 보면 1970년대 초에 세운 성남도시기본계획 개발방침의 하나였던 "중산층의 자발적인 입주"라는 목표를 수십 년 만에 이룬 셈이었다. 하지만 성남 본시가지에 다수의 중산층이 들어온 것이 아니라 그곳과 확연히 구분되는 다른 행정구역으로 중산층이 한꺼번에 유입되면서 그 실상은 목표와는 한참 어긋나버렸다. 계층과 계급의 통합이라는 조화로운 도시를 지향하며 설정했던 애초의 개발방침 실현이 아니라, 서민층 위주의 본시가지와 풍요로운 중산층이 사는 신도시로 나뉘는 차별과 배제의 사회적 경계가 형성된 것이다. 그러면서 성남이라는 한 도시 내에, 계층 배제는 물론 계급 차별까지 동반하는 지역 갈등과 반목의 구도가 점차 자리를 잡아갔다.

1970년을 전후한 시기, 광주대단지에서 성남단지로 이어지는 일련의 사

'8.10 성남 민권운동'이 일어난 지 약 한 달 뒤의 고지대 주택가. 정상 도시로 가는 길은 멀고 힘들었으며, 성남 도시개발의 그 험난했던 여정은 한국 현대 도시사都市史의 성취와 그늘을 응축해 보여준다. | 경기도청

태는 성남시의 탄생과 변모뿐 아니라 이후 한국사회 전반의 철거-이주 정책과, 주택정책, 도시개발사업에 큰 영향을 미쳤다.

도시개발사업 전반적인 면에서 보면, 기존의 개발강경 시책에서 주민의 사회복지를 포함하는 개발시책을 고려하는 방향으로 정책을 입안하게 했다.[29] 대규모 빈민항쟁 성격을 가진 광주대단지 사태는 신도시 조성이나 이주정착지에 빈민층만을 이주시키는 게 아니라 저소득층과 중산층을 섞어놓는 주거지 개발정책을 모색하고 추진하게 했다.

정부의 무허가촌 철거-이주 정책에도 일정한 변화를 가져왔다. 1970년대 무허가촌 정비정책의 기본은 이전과 달리 대규모 철거민 저항을 촉발하지 않을 정도의 보상 수준에서 적절히 철거민 대책을 강구하는 데 있었다.[30] 새로 지어지는 판자촌은 억제하되 일부 판자촌은 양성화해 현지개량사업을 통해 안정화하는 정책을 펼치게 된다. 무허가촌이 중산층 중심의 도심개발과 근대화 도시건설 정책에 걸림돌이긴 했지만 무대책의 대규모 판자촌 철거는 광주대단지 사태와 같은 사회 위기를 조장할 가능성이 높다고 보았기 때문이다. 유신헌법 선포와 비상계엄 확대 등으로 정치가 불안정하고 민심이 경직된 상태에서 빈곤층을 포섭해야 할 이유도 있었다. 철거에 대한 도시빈민의 저항과 운동 역량을 탈활성화하면서 무허가촌을 정비해 증대하는 중하층 무주택 가구의 주거공간으로 개발하는 정책이 요구됐다. 그러면서, 대규모 철거정비정책과 함께 제도적 차원에서 주민의 경제적 참여를 적극적으로 요구하는 주택재개발정책이 시행되었다. 그 결과 도심 주변 지역의 무허가촌은 급속도로 해체되고 그곳 주민은 시 외곽에 잔존한 무허가 정착지나 일반 주택의 세입자로 이주하는 과정이 되풀이되었다.

무엇보다 강조해야 할 사항은, 광주대단지 조성사업이 한국사회의 개발과 건설 분야에서 가장 큰 문제점으로 지적되고 있는 토건족 위주의 도시개발 정책의 전사前史를 이룬다는 사실이다.[31] 광주대단지 조성사업은 입안자들이 그 시책에서 드러낸 대로 경영사업, 곧 경영행정 방식으로 추진되었다. 이는 정부 자체가 하나의 기업처럼 이주정착지를 개발해 이익을 낸다는 목표를 두고, 사기업을 개발에 참여시켜 수익성을 보장하고 이주정착지 개발에 따르는 정부의 부담을 완화하는 도시개발정책을 이른다. 개발이익은 정부와 기업이 나눠 갖고 이주민에겐 최저선의 주거공간을 마련해주면 되었다.

　이러한 경영행정은 국가의 재정 부담 없이 철거촌을 처리해 비가시화시키면 철거민 문제를 해결할 수 있다는 전제에서 출발하는데, 이는 이후에도 수정되지 않고 정부 정책에 반영되었다. 그 결과 행정당국은 재정 투자 없이 건설업자나 투기꾼의 도움을 빌려 도시개발을 추진하는 방안을 택했고, 이는 토지를 투기의 대상으로 만듦으로써 빈민의 주거환경을 더욱 열악하게 만드는 요인이 되었다. 빈민과 저소득 노동자의 주거지 마련이라는 국가정책을 시장에 맡김으로써, 이후의 무허가 정착지 철거는 폭력을 수반할 수밖에 없었고, 국가권력의 집행자인 경찰은 이들 사기업의 철거용역을 지원하거나 용역직원의 폭력을 방관하는 극히 노골적인 친자본 입장을 취하게 됐다. 이름과 달리 실제로는 공공성을 거의 찾아볼 수 없었던 1980년대의 공영개발과 1990년대 이후 대형 건설기업을 앞세운 합동재개발이 모두 그러했다. 행정부와 대형 건설업자, 권력자와 재벌자본가가 유착해 함께 이익을 취하는 건설족 공생관계 아래 개발정책과 건설사업이 추진됐다. 정치권력과 자본의 결탁에 의한 개발과 건설의 시대가 본격적으로 도래한 것이다. 이제, 정치가와 관료와 재벌과 언론과 학자가 연결돼 부패 고리를 형성하며 욕망과 이익을 향유하는 그 음험하고 참담한 개발동맹(성장동맹)의 시대로 발을 디뎌보자.

9장

누가 왜 수도권
신도시를 조성했나?
- 분당 신도시의 탄생

성남, 남단녹지를 가진 도시

남단녹지에 신도시를 건설하라
정치권력, 성남 분당지역을 신도시 예정지로 결정하다
분당신도시 건설계획과 그 파장

분당 신도시는 어떻게 탄생했는가?
– 수도권 1기 신도시 탄생의 배경과 요인
아파트 분양 추첨행사를 생중계하다
주택가격 폭등을 막고 주택부족 문제를 해결하라
경제 활성화, 정치권력의 경제적 기반 마련, 지지기반 강화 통치전략

성남, 남단녹지를 가진 도시

1971년 9월, 내무부 소속 지역개발담당관인 고건은 광주대단지 현장을 오가며 8월 10일에 발생한 사태를 수습하는 데 여념이 없었다.[1] 민원 처리를 결재하고, 식량과 연료 등 긴급구호품을 지급하며 이주민 생활 지원에도 나섰다. 사태 직후 광주대단지 행정업무는 일단 서울시에서 중앙정부로 이관돼 내무부 관할이 되었는데, 훗날 서울시장과 국무총리를 각기 두 번씩이나 역임하는 고건이 광주대단지 사태 수습의 현장 책임자로 임명된 것이다. 광주대단지 사태가 발생했을 때 내무부 지역개발담당관으로 내정돼 있던 고건은 사령장辭令狀도 받지 않은 상태에서 대단지 실태 파악과 대책 마련에 나서야 했다.

당시 고건은 광주대단지 사업의 경기도 이관을 준비하면서 성남지역 도시계획을 새롭게 마련하는 작업도 맡고 있었다. 도시개발의 시책을 구체적으로 수립하기 위해 주민들의 생활 실태를 파악하는 한편 성남지역 곳곳을 찾아다니며 지형과 입지를 점검했다. 향후의 성남지역 개발은 철거민 이주단지가 아니라 독립된 행정구역을 가진 위성도시로 조성한다는 방향이 이미 수립된 상태여서 광주대단지 아래쪽의 광활한 녹지대와 평야지대까지 현장답사를 했다. 성남지역(성남출장소) 관할 구역에 편입되기 전에는 광주군에 속해 있었던 대왕면과 돌마면, 낙생면 지역이 그곳이었다.

71년 9월께였다. 성남시 도시계획을 세우려고 오치성 내무부 장관을 수행해 경찰 비행기를 탄 적이 있다. 비행기에서 지형을 살피며 열심히 사진을 찍었다. 땅 밑을 내려다보고 있으니 저절로 감탄이 나왔다. '아, 이렇게 좋은 땅이 서울 바로 바깥에 있었던가. 옛날 같으면 도읍으로 정할 만도 하구나.' 남한산성·청계산·관악산을 잇는 산줄기가 둥그렇게 땅을 감싸고 있었고 안은 넓은 평야였다. 먼 훗날 크게 쓸 땅이라는 생각을 했다. 그래서 도시계획을 세울 때 이미 개발된 지역을 제외한 광주대단지 땅의 92.6%는 유보 녹지로 됐다. 개발제한구역(그린벨트)으로 묶고 싶었지만 시간이 부족해 못했다.

-고건, 「고건의 공인 50년 (35) - 71년 광주대단지사건 ②」『중앙일보』 2013년 4월 2일

"훗날 크게 쓸 땅"이라는 이날 예언은 어김없이 들어맞았다. 고건이 감탄을 발하며 한 나라의 수도인 도읍의 입지로도 손색없다고 평가했던 그곳은 20여 년 뒤 "천당 밑에 분당", "중산층 아줌마들의 천국", "제2의 강남"이라는 수식어를 단 시가지로 탄생한다. 바로 분당 신도시였다.

분당 신도시 건설계획은 1989년 4월 27일에 공식 발표됐으며, 당시의 명칭은 신주택도시였다. 그해 11월에 택지조성 공사를 시작해 1991년 9월에 첫 입주를 했으며, 모두 7단계의 택지조성을 거쳐 1996년 12월에 사업을 완료했다. 이로써, 594만 평(1963만 6363㎡)에 이르는 지역에 4000여 가구 1만 2200명의 주민이[2] 거주하던 한적한 도시근교 지역이 약 10만 가구 40만 명의 주민을 수용하는 대규모 신시가지로 거듭났다.

분당 신도시가 들어선 지역은 그동안 남단녹지라는 이름 아래 개발이 제한된 곳이었다. 1976년 무렵 최고 권력자가 성남시를 대상으로 도시확산을 방지하고 인구를 억제하라는 특별조치를 내리면서 이후 이 지역은 개발제한구역에 준하는 곳으로 정해져 건축 제한조치가 시행됐다.[3] 당시 성남 일대는 서울 강남지역의 부동산 투기 바람에 편승해 땅 투기가 제법 극성을 부리고 있었는

신도시 개발 전의 성남시 분당지역 | 한국토지주택공사

데, 이 일대를 순시하던 대통령이 이곳 투기행위에 고위 관료들이 연루돼 있다는 사실을 알고 지역개발을 강력하게 제한한 것이라 한다.

한편 이 개발제한 지시는 성남시 성장에 대한 대통령 자신의 평소 의중이 반영된 조치로도 여겨진다. 1971년 8월 10일의 사태로 도시빈민이 주축이 된 민중 저항의 힘과 이로 인한 사회 위기 상태를 경험했던 권력자로서는 시가지가 확장되고 인구가 늘어나 성남이 대도시로 급격하게 성장하는 것이 달갑지만은 않았을 것이다. 8월 10일의 사태 이후, 중산층을 유입한다는 목표를 세워놓았지만 당시 성남에 유입되는 주민은 대부분 저소득층이었다. 성남시는 여전히 빈민층과 저소득층이 다수를 차지하는, 서울에 인접한 불안한 도시이자 위험한 지역이었다. 이런 정황과 그에 따른 내심이 작용해 시가지 외연 확장뿐 아니라 아예 인구 증가까지 억제하라는 명령을 내렸던 것으로 추측된다. 정부에서는 특히 빈민층 유입을 막기 위해 힘을 쏟았는데, 1976년 3월 이후에 전입한 영세민에게는 노임소득사업에 취로시키지 않는다는 비상대책을 세우기도 했다.

이러한 사회적 배경과 최고 권력자의 강력한 의지 아래, 1976년 5월에 성남시 분당과 판교 일원 1900만 평(6280만 9917㎡)에 용인 수지지역의 120만 평(396만 6942㎡) 토지가 더해져 모두 2020만 평(6677만 6859㎡)에 이르는 지역이 남단녹지 지구로 지정됐다. 이 조치에 따라 남단녹지 구역에서는 1976년 5월 이전 전입자에게만 건물의 증축과 개축이 허용됐다. 기존 거주자들도 주택을 신축할 수 없었으며 이미 지어진 주택에 한해 30평(99㎡)까지만 증축이 가능했다. 토지의 분할이나 형질 변경 등 토지 이용과 개발도 철저히 묶였다. 이러한 제한 조치는 서울을 중심으로 한 개발압력이 개발제한구역을 넘어서서 남하해 확산하는 것을 차단하는 역할을 했으며, 이로 인해 분당지역은 1980년대 말까지 미개발지로 남아 있을 수 있었다.

남단녹지가 지정되면서 성남시는 이중의 개발제한에 묶이게 된다. 성남 본시가지를 그린벨트 지역이 둘러싸고 있으며, 그 남쪽 아래는 모두 남단녹지로 지정돼 있어 시 전체 면적의 거의 90%가 건물신축이 불가능한 상태였다. 그러면서 성남 본시가지는 늘어나는 인구를 수용할 택지가 부족해 주거지가 기형적인 형태로 비대해져 갔다. 성남시에서는 본격적인 개발이 계속 허용되지 않는다면 남단녹지 일부라도 풀어줄 것을 희망했지만 이 또한 번번이 무산되기 일쑤였다. 그런데도 1980년대 후반 들어서는 남단녹지 일부 지역이 전원주택지로 관심을 끌었고 부동산투기 바람도 심심찮게 일었다.

일명 남단녹지인 이곳은 고속도로를 이용한 편리한 교통망, 신시가지로 개발될 수 있는 넓은 지역 여건 등으로 인해 기회 있을 때마다 부동산 투기가 일고 있는 곳이다. 최근에도 고속도로 톨게이트가 판교 남쪽의 백현동까지 내려올 계획인데다 판교에서 서울의 강동을 잇는 순환고속도로 건설계획 등이 밝혀져 부동산 투기꾼들이 눈독을 들이고 있다. 하지만 투기극으로 인해 이 지역 땅값이 터무니없이 비싸 실거래는 드문 실정이다. 또 서울의 강남지역 부동산가에서 호가되는 값이 현지 시세에 비해 1.5~2배 정도 비싸 수요자들이 피해를 보기도 한다.

－『매일경제』 1986년 8월 7일

남단녹지 지역이 신시가지로 개발될 것이란 풍문 또한 끊이지 않았는데, 분당지역보다 경부고속도로를 두고 북서쪽에 인접한 판교지역에 대한 개발 소문이 더 무성했다. 남단녹지는 그 실질적인 관리와 감독은 건설부에서 직접 관장했지만 법률상으로는 '성남시 공고'에 의해 묶여있어, 그린벨트보다 규제 완화 절차가 용이하다는 점에서 개발 기대가 훨씬 큰 지역이었다. 이 그린벨트마저 개발 가능성이 논의되는 상황인데다 갈수록 심각해지는 수도권 내 택지부족 사태까지 고려하면 개발 시점이 임박했다는 진단을 내리기도 했다.

성남시의 자연녹지지역인 판교 일대가 신시가지로 개발된다는 소문이 끊이지 않고 있다. 부동산가에 개발계획도면이 버젓이 나도는가 하면 일부 지역에서는 논밭을 가로질러 깃대를 꽂아두고 측량을 하기도 했다. (…) 판교지역에 대한 기업의 토지매입 경쟁 또한 치열하다. 일부 재벌그룹에서는 이미 연수원이나 체육시설이라는 명목으로 땅을 사놓은 입장이고 미처 땅을 확보하지 못한 기업들도 이 지역에 대한 시장조사나 토지매입에 나서고 있다. 특히 주택건설업체에서는 일정 규모 이상의 토지를 소유하고 있을 경우 공영개발이 되더라도 연고권을 주장하거나 합동개발방식 등을 통해 직접 참여가 가능할 것으로 보고 토지매입에 적극적으로 나서고 있다.

-『매일경제』1988년 7월 4일

남단녹지에 신도시를 건설하라

정치권력, 성남 분당지역을 신도시 예정지로 결정하다

　　부동산가에 떠도는 소문이 빗나가진 않았지만 그렇다고 온전히 들어맞은 것은 아니었다. 정부에서는 판교지역이 아니라 분당지역을 신주택도시, 곧 신도시 부지로 검토하고 있었다. 20년 전 광주대단지 조성사업 때와 마찬가지로 이번에도 최고 권력자와 청와대 인사가 직접 나서서 신도시 개발계획을 진두지휘했다. 1989년 3월 들어, 대통령이 주재하고 관련 부처의 장관을 위원으로 하는 특별기구인 주택관계장관회의를 구성해 신도시 건설계획에 대한 종합적인 검토와 함께 부처 간 협조와 이해조정을 꾀하도록 했다.[4]

　　신도시 건설계획 추진에 대한 실무는 대통령비서실 내 조직인 '서민주택 건설 실무기획단'에 맡겼다. 경제수석비서관을 단장으로 하는 이 기획단에는 관계 부처의 국장급 인사 12명이 단원으로 참여했으며, 건설부·서울시·대한주택공사·한국토지개발공사[5]·국토개발연구원에서 실무요원이 파견돼 업무를 처리했다. 4월 초순엔 수도권 택지개발전략을 전반적으로 점검하고, 서울 남쪽 개발제한구역의 외곽지역, 곧 남단녹지에 대단위 주택도시를 건설하는 방안이 검토됐는데, 경부고속도로 동쪽에 인접한 분당지구가 가장 유력한 후보지로 거론되었다.

　　그런데 분당지역이 서울 남쪽의 신도시 부지로 거의 결정된 이 무렵까지도 정작 이곳을 관할하는 행정기관인 성남시는 이 사실을 모르고 있었다고 한다.[6] 신도시 입안자들이 택지개발지구로 예상한 분당지역은 성남 본시가지 남단에 자리한 1km 정도의 개발제한구역을 두고 분리돼 있었지만 엄연히 성남시 행정구역에 속했으며, 도시계획법에 따르면 분당지역 신도시개발은 성남시장이 입안하는 것이 원칙이었다. 하지만 가장 중시돼야 할 성남시의 의견이 계획 단계에서부터 배제되고 있었다. 성남시장조차 분당 신도시 개발계획 발표 수일 전에야 성남 시역에 신도시가 건설된다는 사실을 알았다고 한다. 분당 신도시 개발은 그 첫머리부터 성남 내의 도시문제나 성장요건, 개발 청사진 등 성남시 자체 여건에 대한 협의 없이 중앙정부의 일방적인 결정으로 시작되고 있었으니, 이 또한 20년 전 광주대단지 개발계획 수립 때와 그 국면과 행태가 유사했다.

국가권력의 핵심부에서 추진한, 성남시 남단녹지 구역에 신도시를 건설한다는 이 입안은 실은 노태우 정권이 대통령선거 당시 공약으로 내걸었던 '주택 200만 호 건설계획'의 하나로 추진되고 있었다. 이 건설계획에 따르면 수도권 지역에는 모두 90만 호의 주택을 조성하는데, 서울시 시역에 40만 호를 짓고 경기도 수도권 지역에 나머지 50만 호를 건설한다는 구상이었다. 정권을 잡은 1988년 하반기에 계획을 추진해 이듬해 초반에 안양시 평촌지구와 군포시 산본지구, 부천시 중동지구에 신도시를 건설해 모두 12만 6540여 호 규모의 주택을 짓는다는 결정을 내린 상태였다.[7] 여기에 두 곳의 신도시를 더 건설하기로 하고 입지를 물색해, 서울 남쪽에는 분당지역이 서울 북쪽에는 고양시의 일산지역이 신도시 부지의 최적지로 꼽혔다. 이로써 이른바 '수도권 1기 신도시' 개발계획의 윤곽이 드러났는데, 분당지역에 지을 9만 7500호와 일산지역에 건설할 6만 9000호 주택을 합쳐 모두 29만 3040여 호의 주택이 향후 5~6년에 걸쳐 조성될 예정이었다. 이는 당시 136만 가구였던 서울시 주택의 약 22%에 이르는 규모였으며, 그것도 서울 시역 아파트 총수인 42만 가구의 70%에 해당하는 물량이 일정 시기에 한꺼번에 공급되는 셈이었다. 다섯 곳의 신도시에 수용될 주민은 약 117만 6000명 선으로 잡았는데, 이는 당시 105만 명에 이르던 대전시와 116만 명에 달했던 광주시 인구를 웃도는 규모였다.

특히 분당지구는 당시 주택가격 폭등의 주범으로 지목된 서울 강남지역의 집값을 안정시키고 강남권으로 몰리는 중산층 주택수요를 충족할 신도시 예정지로 선택되었다. 분당은 신도시 입안자들이 설계하던 서울 남쪽 신도시의 청사진을 여러모로 만족시킬 수 있는 후보지였다. 신도시 입안자들은 부지 조건

분당 신도시 택지개발공사 현장(1990.1) | 국가기록원

으로 1시간 이내에 서울지역과 출퇴근이 가능한 곳을 꼽았다.[8] 신도시를 서울지역의 통근권 밖에 조성할 경우 서울지역의 인구와 도시기능을 이전하는 데 상당한 어려움이 따랐기 때문이다. 또한, 서울의 주택수요와 도시기능을 충분히 흡수하기 위해서는 10만 호 주택건설이 가능한 300만 평(991만 7355㎡) 이상 규모의 부지가 확보돼야 했다. 서울 강남지역에 대한 접근성이 좋으며 주변 도시와 교통조건이 양호한 지역이어야 한다는 점도 고려됐다. 지형과 지세, 산야와 하천 등 자연환경의 쾌적함도 신도시 조성에 유리하다고 보았다.

이러한 요건을 두고, 서울 주변에 위치한 성남과 용인, 이천 등 다섯 지역이 검토되었는데 성남시 분당지역이 최적지로 꼽혔다. 분당은 서울 중심부(시청지역)에서 약 25km, 강남지역에서는 15km 내외 거리에 위치해 접근성이 매우 양호했으며, 고속도로를 비롯한 기본적인 도로망을 이미 갖추고 있었다. 남단녹지에 속해 있어 시가지 조성 규모와 자연환경 조건 또한 충분히 만족시켰다. 게다가 분당지역 토지소유자의 60~70% 가량이 외지인이어서 신도시 건설 자체에 대한 반대와 저항이 비교적 덜할 것이란 점도 후보지 선정에 유리하게 작용했다.

분당 신도시 건설계획과 그 파장

1989년 4월 중순, 분당지역이 신도시 부지의 최적지로 평가되면서 토지개발공사에서 개발계획 초안을 작성해 청와대와 건설부에 보고했으며, 이어 청와대 경제수석비서관과 건설부장관이 후보지 현장을 답사했다. 이후 청와대와 건설부, 토지개발공사 실무진이 세부적인 개발구상안을 작성해 대통령의 재가를 얻었다. 그 뒤 수차례의 관계관 회의와 최종 검토작업을 거쳐 4월 27일에 열린 주택관계장관회의에서 '신주택도시 건설계획'을 발표했다. 청와대에서 신도시 기획단을 꾸린 지 두 달이 채 되지 않은 시기였으며, 더구나 개발프로그램의 골격은 불과 20여 일이라는 짧은 기간의 작업으로 일단락됐다.[9] 10만에 가까운 가구에 최대 40만 명의 주민을 수용할 대규모 신도시 건설사업이란 점을 고려하면 이는 지나치게 짧은 기간이었다. 특히 수도권 5개 신도시 중 간판격인 분당은 그 개발계획의 급조 정도가 가장 심각했다고 한다. 선전효과를 고려해 아파트 분양시기를 앞당기는 데 당면목표를 두어, 도시기본계획을 2개월의 기간으로 실시설계와 동시에 발주하는 무리수를 두기도 했다.

정책결정 과정에도 문제가 심각했다. 20년을 단위로 하는 도시기본계획을 수립할 때는 공청회를 열어 주민과 전문가의 의견을 듣고 이를 반영해야 한다고 규정해 놓았지만 입안절차가 생략되어 도시계획 심의는 물론 개발을 위한 타당성 조사도 하지 않았다. 경기도 행정기관 관련 부서의 의견은 물론 현지 주민이나 국민의 여론을 수렴하는 과정도 거치지 않았다. 전문가가 수행하는 사전 기초조사 용역도 없었다. 신도시 정책의 발표 효과를 노려, 권력 핵심부의 의중이 담긴 계획안이 하향식으로 작성됐으며, 계획전문가들은 계획의 실행은 당연한 것으로 받아들이고 부수적인 문제점만을 보완해 반대집단을 설득하는 작업에 힘을 쏟았다. 광주대단지 조성 후 20년의 세월이 흘렀지만 단기간 졸속 개발계획과 권력 핵심부의 초법적·일방적 사업추진이라는 틀은 여전히 굳건했다.

이렇게 밀실 계획과 초고속 추진 절차를 거치다 보니 문제점이 드러나는 것이 당연했다. 단기간의 졸속 집행으로 인해 사업기간 중에 수차례 개발계획 변경을 거쳐야 했다. 1994년 3월까지 모두 7차례의 변경이 있었는데, 이는 다른 지역 신도시 사업도 마찬가지였다. 군포 산본신도시는 8차례, 안양 평촌신도시는 6차례, 고양 일산신도시는 5차례, 부천 중동신도시 또한 5차례의 계획 변경이 이뤄졌다.

한편, 신도시 건설계획이 확정 발표된 4월 27일, 분당 현지의 부동산중개소는 일제히 문을 닫아걸었다. 국세청 세무조사팀이 현장에 투입됐다는 소문이 나돌기도 했지만, 최근에 토지를 판 주민들의 해약 요청을 차단하려는 사전조치 성격이 더 컸다고 한다. 부동산 시세를 묻는 외지인의 발길이 이어지긴 했지만 신도시 발표 대략 이틀 전부터 사실상 토지거래가 끊긴 상태이기도 했다.

> 이곳은 신도시 건설에 관한 소문이 1개월여 전부터 나돌아 택지는 물론 농지, 임야 시세가 이미 부쩍 뛰는 등 벌써부터 분위기가 들떠 있었다. (…) "2~3일 전부터 갑자기 부동산을 찾는 사람들이 많았다"는 마을주민 윤모 씨(34. 농업)는 "정보가 미리 새 이곳 사람들만 손해봤다"고 푸념했다. 윤 씨는 "이번 도시지구로 들어간 지역 토지 80%가 오래전 서울사람들 손에 넘어갔다"고 말했다. 성남시 분당동사무소 토지대장에는 세계기독교 통일신령협회 유지재단이 성남시 율동 일대 임야 15~16개 필지 수만 평을 소유하고 있는 것으로 나타나 있다. 또 대한제분이 정자동에 10여 필지를, 광주고속이 수내동에 여러 개 필지의 임야와 공장부지 등을 소유한 것으로 돼 있다. (…) 현재 신도시 지역으로 5.4조치(남단녹지)가 해제된 지역 땅값은 주택지가 평당 1백만~1백50만 원, 논·밭이 5만~6만 원, 임야가 10만 원 내외. 그러나 주민들은 이날부터 부동산값이 계속 뜀박질할 것으로 보고 매물을 내놓지 않고 있다.
>
> –『경향신문』 1989년 4월 28일

"신도시 건설예정지의 80%가 서울사람들 손에 넘어갔다"는 주민의 말은 과장된 말이지만 실제로 신도시가 들어설 부지의 62.4%가 이미 외지인 소유였다.[10] 토지를 소유한 사람도 현지 주민은 토지소유자 전체의 약 41%인 1630여 명에 지나지 않았고, 나머지 토지소유자는 서울시민을 비롯한 외지인이었다. 그동안 남단녹지로 지정돼 건축 규제를 받아온 곳이지만 여윳돈을 가진 대기업과 자본가, 투기꾼 등이 개발을 예상하고 꾸준히 토지를 사들였던 것이다. 게다가 신도시 개발정보가 이미 누설된 듯, 개발계획 발표 약 한 달 전부터 투기꾼이 몰려 시가를 웃도는 가격으로 토지매매를 서둘렀다고 한다.

신도시 예정지에 인접한 주변 지역 또한 이미 그 대부분이 외지인 손으로 넘어간 뒤였다. 정부가 국회에 낸 자료와 당시 야당인 평화민주당의 조사결과에 따르면, 신도시 예정지인 분당지역의 주변 땅 중에서 300평(991.7㎡) 이상의 땅을 가진 지주들은 모두 외지인이었다.

그 가운데 서울사람이 91%이고 분당사람은 단 한 명도 없다. 특히 300평 이상을 가진 153명에는 통일교(27만 평), 극동건설(14만 평), 두산유업(10만 평), 순복음교회와 학교법인인 명지학원·대양학원 등이 들어있다. 야당은 정부가 새도시 계획 예정지를 이 대규모 소유주들의 땅을 피해 정했고, 이 때문에 도시계획이 '기형적'으로 됐다고 주장했다. 분당·일산 지역에 새도시를 건설하겠다는 정부의 발표가 나온 직후부터 개발계획이 사전에 누설됐다는 의혹이 강력하게 제기됐다. 정부 당국도 진상을 조사하겠다고 약속했으나 지금까지 아무런 결과도 발표하지 않고 있다. 이런 상황에서 재벌과 부동산투기자들로 보이는 외지인들이 개발지역 부근에 대규모 땅을 소유하고 있음이 드러난 것이다.

-『한겨레』 1989년 5월 28일

신도시 건설계획이 발표 난 뒤의 분당지역 상가거리(1989.5) | 경기도청

　　신도시 개발계획 발표는 분당지역을 불안과 혼란의 지대로 몰아넣고 있었다. 신도시 예정지를 둘러싼 주변 토지의 가격이 치솟고, 인근 지역 전세금도 50% 정도 오른 상태였다. 현지 주민들은 앞으로의 개발에 대한 기대감을 감추려 하지 않으면서도 생활터전의 변화에 대한 걱정을 내비쳤다. 들뜸과 수심이 교차하는 심정이었다. 토지수용 보상가 평가가 건설부가 고시한 기준지가에 근거해 시행된다고 알려지면서 주민들은 이미 정부 당국에 대한 저항의 감정을 내비치고 있었다. 그린벨트가 아닌데도 이에 준하는 구역으로 묶여 땅값을 못 오르게 해놓고 이제는 그 가격을 기준으로 땅값을 보상하겠다는 데 대해 강한 불만을 드러냈다. 곧 토지수용이 시작되면 분당지역 농민들은 이곳을 떠나

야 하는데, 이주할 농토 자체가 부족하기도 했지만 오른 토지가로 인해 매입하기도 힘들어 사실상 대토代土가 불가능한 실정이라며 불안해했다.

성남 본시가지 주민들은 분당지역 신도시 건설 발표에 당혹해하고 분노하고 있었다. 정부에서는 신도시 건설계획을 발표할 당시 분당 신도시를 성남시와 무관한 별도의 독립된 시市로 조성한다는 안을 내놓았다. 게다가 주거구조와 도시기반이 취약한 성남 본시가지 개발은 뒷전으로 한 채, 성남시 행정구역에 속하는 남단녹지의 분당지역만을 따로 떼어 첨단 도시기반시설과 쾌적한 주거환경을 갖춘 현대식 주거도시를 건설한다고 하니 모두가 어안이 벙벙한 지경이었다고 한다.[11]

당시 성남시는 시 전체 면적의 10%밖에 되지 않는 곳에 전체 인구의 90%가 거주하는 실정이어서 인구 과밀화로 인한 도시문제가 악화하고 있었다. 그런데도 시 남쪽의 광활한 지역이 남단녹지로 지정돼 시가지를 확대할 수 없었고, 시 중앙에 자리한 서울비행장 때문에 고도제한조치를 받아 주택의 수직 확대마저 불가능했다. 이런 실태에서, 경기도에서는 한때 성남 본시가지의 과밀문제를 해소하기 위해 분당지역에 주택도시를 건설하려는 계획을 세우기도 했다. 1981년 '경기도 건설종합개발계획'을 수립하면서 지금의 분당지역에 속하는 수내동과 서현동, 정자동 등을 중심으로 한 남단녹지 263만 1750평(870만㎡)에 인구 20만 명을 수용하는 신주택도시를 1991년까지 개발한다는 계획안을 제시했다.[12] 하지만 성남시는 1984년에 '성남시 도시계획(1984 재정비계획)'을 세우면서 남단녹지에 대한 개발억제와 기존 시가지에 대한 행정 통제를 계속 유지한다는 방침을 받아들이고 분당지역 도시개발안을 포기하게 된다.

그런데 이제, 성남 시가지 과밀화의 주범이랄 수 있는 남단녹지 지대의 분당에 쾌적한 전원도시를 건설해 서울시민에게 공급한다고 하고, 더구나 성남시 성장을 견인할 최적지인 그 분당지역이 앞으로 성남시에 속하지 않는다고 하니, 성남시민 입장에서는 당혹할 수밖에 없었다.[13] 이러한 놀람과 당혹감은 곧 정부의 신도시 정책 전반에 대한 불신과 정부 시책에 대한 분노로 이어졌다. 앞으로 이곳 성남지역은 열악한 주거환경에서 벗어나지 못하는 기존 도시와 최상의 기반시설을 갖춘 전원풍의 주거도시가 경계를 맞대고 양립해야 할 형편이어서 양자 간 갈등과 반목이 이미 충분히 예상되고 있었다.

분당 신도시 건설 추진 초기, 사업시행자인 한국토지개발공사에서 밝힌 분당 신도시 조성의 목표를 보면 청와대의 신도시 입안자들이 분당을 어떤 신도시로 짓고자 했는지를 알 수 있다.

> 분당 신도시 건설의 목표는 중산층의 수요대상인 중형 이상의 주택을 대량으로 공급하여 서울 강남지역의 주택수요를 흡수하고, 대단위 상업유통시설을 유치하여 서울의 상업·업무기능을 부분적으로 수용함으로써 인구분산이 가능하게 하는 것이었다. 교육업무기능을 보유한 전원도시의 개발을 전제로 상업, 업무, 교육, 문화 등 자족적인 도시기능을 고루 갖추어 장기적인 성장을 감안하였으며 수도권 내에 신규 교통수요를 유발하지 않는 토지이용계획을 수립하며 충분한 녹지대를 확보하고 완벽한 도시기반시설을 설치하기로 했다. 특히 강남지역 수준의 교육환경을 조성하고자 우수한 학교와 교사를 배치하는 등 과감한 교육투자가 입주와 동시에 이루어지도록 계획하였다.
> -한국토지개발공사, 「사업의 결정 및 추진전략」 『분당 신도시 개발지(1989~1991)』 (1992)

분당 신도시 건설계획 발표 직후 언론은 단기간의 주택가격 안정과 내수 진작효과로 인한 경기 활성화에 대해서는 대체로 긍정적인 반응을 보였다. 하지만 중대형 위주의 아파트 건설과 서울 강남의 8학군 수준의 교육환경 조성으로 인한 계층 간 위화감 발생에 대한 우려를 나타냈다. 신도시 개발로 수도권 인구집중이 가중되고 장기적으로는 수도권 팽창에 기여할 것이라 진단했으며, 인근 지역 토지투기가 극성을 부릴 것이란 예상도 내놓았다. 신도시가 중산층을 겨냥한 중형 이상의 아파트 위주로 건설됨에 따라 결국은 자산증식의 일환으로 또 하나의 아파트를 소유하려는 서울 강남권 사람들의 투기장이 될 수도 있다는 지적도 빠지지 않았다.[14]

성남시의 뿌리인 광주대단지가 조성된 지 20년, 끌어들이고자 하는 주민이 이농민 출신의 도시빈민에서 사무직과 전문직 중심의 중산층으로 바뀌었지만 이 지역은 또다시 최고 권력자와 청와대가 주도하는 새로운 도시 건설이라는 거대한 변화의 물결 아래 놓이게 됐다. 그것은 지역 성장의 향방과 한 도시의 미래 지평을 좌우할, 거부할 수 없는 권력의 명령이자 회피할 수 없는 시대의 과제이기도 했다. 십수 년 동안 개발제한을 받던 성남시 남단녹지의 규제조항이 풀리면서 그곳에 제2의 강남을 건설한다는 야심 찬 계획이 화려하게 펼쳐졌지만 그 청사진을 온전하게 실현하기 위한 길이 마냥 순탄하지만은 않아 보였다.

분당 신도시는 어떻게 탄생했는가?
– 수도권 1기 신도시 탄생의 배경과 요인

아파트 분양 추첨행사를 생중계하다

분당 신도시 건설계획이 발표되기 9일 전인 1989년 4월 18일, 성남시 공설운동장에서 보기 드문 이색 행사가 열렸다. 3만 3000여 평(10만 9090㎡)의 대운동장에 5만여 명의 사람이 입추의 여지 없이 들어찼다. 행사 생중계를 위해 지역의 유선방송까지 동원했으며 수백 명의 경찰관까지 배치한 상태였다. 겉으로 보기엔 스포츠 경기나 대형 연예공연이 열릴 법했지만 실은 한 건설사에서 추진하는 신규 아파트 분양당첨자 공개추첨 행사였다. 언론에서는 "해외토픽에 나올만한 색다른 행사로 관중석이 뜨겁게 달아올랐다", "당첨은 횡재, 한탕주의 날로 확산" "즉석서 500만 원 호가" 등의 문구로 이 현장을 소개했다.

> 한 민간 아파트건설회사가 겨우 500여 가구를 분양하는데 전 시민이 동원되다시피 해 공설운동장을 빌려야 했고 수백 명의 경찰관과 부동산투기단속반이 두 눈을 부릅뜨고 지켜보는 것도 부족해 유선 TV가 생중계까지 해야 했던 이날 행사는 한국 주택문제의 현주소를 보여주는 현장이었다.
>
> –『경향신문』 1989년 6월 22일

이 건설사에서는 10여 일 전에, 성남시 신흥동에 짓는 25평형(82.6㎡형)과

31평형$^{(102.4m^2\text{형})}$ 아파트 585가구 분양을 시작했는데, 실수요자와 투기꾼에 구경꾼까지 몰리면서 수만 명의 인파가 운집해 분양 행사장이 난장판이 되었다. 10여 명의 부상자까지 생기자 분양신청접수를 중단하고 일정을 연기할 수밖에 없었다. 분양신청서는 사흘로 나누어 접수하기로 했으며, 분양자 추첨은 아예 대형 운동장에서 공개리에 열기로 했다.

그렇게 해서 열린 공개추첨을 통해 분양신청자 2만 4671명 중 585명의 당첨자와 117명의 예비당첨자가 선정됐다. 하지만 이날의 분양행사는 여기서 그치지 않고 당첨권을 사들이려는 부동산업자들의 투기행위로 이어졌다.

> 분양 연장으로 국세청조사요원들이 투입된 가운데 이루어진 성남 한신아파트 분양추첨 현장에서 부동산중개업자들이 500만 원 이상의 프리미엄을 얹어 당첨권을 사들여 투기단속반을 무색케 하고 있다. 18일 성남 공설운동장에서 있은 한신아파트 추첨 현장에는 서울에서 내려간 부동산업자들이 크게 붐비는 등 투기가 극성을 부렸다.
>
> -『매일경제』1989년 4월 19일

부동산전문가들은 아파트 분양을 둘러싼 이러한 과열투기 현상을 아파트 수요는 갈수록 누적되고 있으나 민간아파트 공급은 부족하기 때문에 빚어진 현상으로 보았다. 성남에서 일어난 이색 분양추첨 현장은 이 무렵 서울 강남지역을 중심으로 일어난 집값 폭등과 부동산투기 열풍이 서울을 넘어 수도권 전체와 지방으로까지 확산하고 있다는 증거였다.

주택가격 폭등을 막고 주택부족 문제를 해결하라

　이 시기 서울지역의 집값 상승 폭은 여느 해보다 높았다. 서울시 전체 주택가격은 1987년엔 2.1% 상승에 머물렀는데 1988년엔 9.1%, 1989년엔 16.6%로 급등했다.[15] 특히 아파트가격은 1987년에 4.7% 오른 반면에 1988년에는 18.4%, 1989년엔 19.1%로 한층 크게 상승했다. 더구나 서울 강남지역의 대형아파트 가격은 1988년 8월과 1989년 4월 사이에 무려 30~50%나 뛰어올라 강남의 아파트주택이 부동산가격 폭등을 견인하고 있다는 저간의 평가를 다시 한번 입증했다. 1980년대 후반 들어 전문직과 행정관리직 등 신 중간계급이 증가하는 가운데, 이들을 중심으로 한 강남지역 주택수요가 급증하면서 이 지역의

1970년대에 건설한 반포아파트(서울시 서초구) | 대한민국역사박물관

집값 상승이 가속화됐다고 보고 있었다.

소득증가나 물가상승과 비교해도 지난 십수 년 동안의 부동산가격 상승 추이는 정상이 아니었다. 1975년에서 1988년까지 국민 실질소득은 2.9배 증가했으며 소비자 물가는 3.5배 올랐는데 집값은 이를 훨씬 상회하는 4.7배나 상승해 서민의 생활고를 가중했다.

87년 겨울부터 시작된 이번 부동산 이상 폭등은 그 진폭이 유례없이 커 전국의 집값을 불과 1년 반 만에 2배나 뛰어오르게 했고 서울 강남지역 아파트는 무려 3배가 뛰는 기현상을 보였다. 강남구 반포 주공아파트 25평형의 경우 78년 12월 1100만 원 하던 집값이 지난 4월에는 무려 1억 5000만 원으로 13.6배나 뛰었다. 반면 같은 기간에 노동자 월평균 임금은 5.7배 정도밖에 오르지 않아 월급이 오르기만 기다려서는 도저히 집을 살 수 없다는 것을 보여주고 있다. 그 결과 실낱같은 내 집 마련에 희망을 걸고 저축을 해온 집 없는 사람들을 자포자기 상태에 빠지게 했고 내 집 마련을 향한 막차라도 잡아타야 한다는 '내 집 선호 경향'을 이 사회에 더욱 뿌리 깊이 내리게 했다.

-『한겨레』 1989년 5월 16일

주택보급률은 지지부진했다. 1980년 전국 주택보급률은 71.2%였는데 1988년에는 69.4%로 오히려 감소했다. 도시지역만을 보면 59.2%인 1980년에 비해 1988년엔 60.2%로 약간 웃돌긴 하지만 그 차이는 미미했다. 그런데 이 무렵 서울의 주택보급률은 51% 내외에 지나지 않아 일반 도시지역보다 주택문제가 한층 심각했음을 알 수 있다. 갈수록 증가하는 도시화율과 해마다 3.3%씩 늘어나는 가구수가 주택부족 문제를 더욱 악화시켰다. 1980년에서 1987년 사이에 신규주택 수요가 매년 약 27만 호에 달했지만 주택건설은 매년 16~17만 호에 그쳐, 해마다 10만 호가량의 주택부족량이 누적되었다. 인구 증가와 핵가족화 현상으로 인한 주택수요 증가를 주택공급이 따라가지 못하고 있었던 것이다.

더구나 1988년을 전후한 이 무렵은 소득증가와 수도권 인구 급증, 단독주택에서 아파트로의 주택선호도 변화 등으로 아파트에 대한 수요가 가히 폭발적으로 확대하던 시기였다. 하지만 민간아파트 건설은 이를 따라가지 못했으며 특히 중대형 아파트 공급은 오히려 감소하는 추세였다. 이런 건설경기 동향은 집값 급등을 유발하며 서울을 비롯한 수도권 지역의 주택문제를 악화일로로 내몰았다. 주택에 대한 잠재수요는 갈수록 누적됐지만 지가 상승과 임금 인상, 자재비 앙등 등으로 채산성이 악화해 주택건설이 전반적으로 부진한 상태였다.

주택을 지을 택지를 확보하는데도 어려움이 따랐다. 정부 발표에 의하면 도시 내 가용택지의 절대량이 부족했고, 있다 해도 지가가 너무 비싸 택지개발이 힘든 상태였다. 당시 정부가 추진하던 '주택 200만 호 건설계획'에 따르면 수도권 내에 90만 호의 주택을 지어야 하는데, 이에 드는 택지는 약 2300만 평(7603만 3058㎡)으로 추정됐다. 하지만 개발이 가능한 지역으로 조사된 물량은 1200만 평(3966만 9422㎡)에 불과했다. 계획량인 주택 40만 호를 1992년까지 건설해야 하는 서울시는 군사지역과 공장 이전 대상지를 택지지구로 물색했지만 수서·가양지구를 비롯한 이미 지정된 4개 지역을 제외하면 군사시설 보호와 비싼 토지가격, 공장 이전 거부 등으로 개발계획 자체를 축소해야 하는 처지였다.

주택부족 현상과 맞물린 부동산가격 폭등은 특권층과 일부 중상류층의 불로소득을 증대시켜 건전한 투자의욕을 꺾었다. 한편으론, 무주택 서민이 전세금을 마련하지 못해 자살을 택했다는 언론기사가 나왔다. 부동산투기 열풍이 부의 편중을 심화해 계층 간 반목을 강화하고 사회 안정 기조를 뒤흔드는 불안 요인이 되고 있었다.

> 지난 5일 오전 8시 10분경 서울 마포구 연남동 239의 11 최모 씨 집에 세들어 살던 조명숙 씨(33. 여)가 집주인이 전세보증금을 70% 이상 올려줄 것을 요구 하자 추가 전세금을 마련하지 못해 고민하다 음독자살.
>
> -『경향신문』 1988년 3월 2일

> 개인의 소득을 근로소득과 자산소득으로 나눌 수 있다면 지금까지 근로소득 은 '정직하나 융통성 없는 사람들'의 것이었고 자산소득은 '돈 많은 사람들의 한탕소득'이란 관념이 일반화돼 왔다. 실제로 부동산이나 금융소득에 우대해 주는 세제가 계속돼왔고 상속세제도마저 형식적으로 운용돼 부의 세습화가 가능했다. 80년대 초까지의 높은 인플레 행진도 자산소득자 편이었다.
>
> -『경향신문』 1989년 3월 2일

확산하는 부동산투기와 폭증하는 주택가격이 이미 정치적 부담으로까지 작용했다. 이 부동산 광풍을 제어하지 못하면 군사정권의 연장이지만 그래도 기대를 버리지 않은 암묵적 지지층 일부마저 언제 등을 돌릴지 몰랐다. 주택부 족과 과열투기로 촉발된 부동산 문제를 해소해 국민의 불만을 잠재우고, 주택 건설이라는 선거공약 실현으로 정치적 신뢰를 확보해 정권의 지지기반을 확보 하는 게 무엇보다 시급했다.

결국 정부는 특단의 조치를 내린다. "충격적인 방법"이라 평가받기도 한 이 주택정책은 바로 경기도 수도권 지역에 5곳의 대규모 신도시를 건설하는 방안이었다. 정부는 주택가격 폭등을 막고 주택부족 문제를 해결한다는 목적을 내세우며 신도시 개발계획을 전격 추진했다. 여기에, 서울에 집중된 수도권의 기능과 인구를 수도권 전체로 분산한다는 균형개발의 명분까지 확보했다. 이렇게 출발한 수도권 1기 신도시 중에서도 분당은 사업 규모가 가장 커, 약 600만 평(1983만 4711㎡)의 면적에 수용인구 39만 명, 주택건설 호수 9만 7500호 달하는 신도시로 계획됐다.

경제 활성화, 정치권력의 경제적 기반 마련, 지지기반 강화 통치전략

수도권 신도시 개발계획은 단순한 주택공급 시책에 그치지 않았다. 정권에 대한 불만을 희석하고 사회 불안 요인을 눌러 통치력을 강화하려는 지배전략이자 당면한 경제 위기를 극복하기 위한 정략 차원의 국가정책이기도 했다.

1980년대 초, 5공화국 군사정권은 부실기업 정리와 중화학 주력산업 재조정, 사회간접시설 확충 등을 통해 경제성장을 촉진하고자 했다.[16] 이러한 경제정책과 국제시장에서의 저금리·저유가·저환율이라는 3저 호황에 힘입어 1980년대 중반 들어 국내 경제는 급속하게 팽창하게 된다. 제조업이 활성화하고 국민총생산이 급증해 경상수지가 적자에서 흑자로 돌아선다. 이에 따라 통화량도 대폭 증가했으며, 1인당 국민소득도 크게 상승했다. 한편으론 경기 호조에 따른 통화량 팽창은 산업부문에 투자되기를 꺼리는 유휴자본을 발생시켰으며, 이는 부동산에 대한 잠재적인 투기요인이 되었다.

그런데 1988년 말부터 국내 경기가 과열현상을 나타내고 물가가 큰 폭으로 오르면서 경제 위기 징후가 드러난다. 게다가 3저 호황의 소멸과 수출 부진·수입 급증이라는 악재까지 겹쳐 국제수지 흑자 폭이 대폭 축소되면서 국내 경제는 결국 적자경제로 되돌아가게 된다. 이에 정부에서는 경기 호조에 따라 발생했던 유휴자본을 실물경제 확충을 위한 자본으로 투여해 경기침체를 극복하고자 했다. 이를 위해서는 대규모 개발사업 추진이 가장 손쉬운 방책이었다. 경제 위기를 막기 위해 신도시 개발과 같은 대규모 건설사업 창출이 불가피하다고 판단한 것이다. 정부에서는 이전부터 건설업의 경기부양 효과를 크게 신뢰하고 있었다. 1960년대 말 이후의 급속한 도시화 과정에 힘입어 대형화한 건설업은 고용창출 효과가 상당했으며, 경제개발 측면에서도 이미 확고한 역할을 맡고 있었다. 1980년대 말의 신도시 조성을 위시한 '주택 200만 호 건설' 또한 주택경기 진작을 통한 경제 재활성화의 수단이었다.

주택가격 안정과 경기 활성화라는 대의명분 뒤에는 정치권력 유지를 위한 경제적 기반을 마련하려는 속내도 담겨 있었다고 한다. 이전 정권인 5공화국에서는 대체로 정치자금을 금융 특혜 내지는 증권 조작으로 조달했는데, 6공화국 정권은 건설자본과의 결탁을 통해 이를 해결하려 했다고 본다.[17] 특히, 이때 새롭게 등장한 자본세력이 대구·경북 지역을 기반으로 하는 이른바 TK 계열의 건설업자였다. 대자본이나 특별한 기술 없이도 급성장할 수 있는 사업이 건설업인데, 이들 건설자본의 성장 욕구와 TK 세력이 주도하는 6공화국 권력의 이해관계가 맞아떨어진 것이다.

재계판 TK 목장의 결투. 대구·경북 지역을 무대로 급성장해온 주택건설업체 ㈜청구와 ㈜우방의 경합이 치열하다. 10년 전만 해도 지방의 군소주택업체에 불과했지만 경쟁적인 사업 다각화로 재벌 면모를 갖춰가는 두 신흥기업의 행보가 재계의 화제로 시선을 모으고 있다. 두 기업의 대결이 전국 무대에서 처음 펼쳐진 것은 90년 집값 폭등으로 분당·일산 등 수도권 5개 신도시계획 발표 때부터. (…) 대구·경북 지역에서는 6공의 황태자로 이 지역 출향인사인 박철언 씨가 두 기업의 성장에 결정적인 지원을 한 것으로 보고 있다. 장 회장(청구 장수홍 회장)은 박씨 후원회의 재무위원장을 맡았고 이 회장(우방 이순목 회장)은 부회장직에서 박씨를 물심양면 도운 것으로 알려졌다.

-『경향신문』 1994년 9월 3일

지방건설업체는 신도시개발의 실질적인 경제 혜택을 누리며 이후 신흥 건설재벌로 거듭날 수 있었다. 정치권력 핵심부 또한 필요한 정치자금을 어렵지 않게 챙길 수 있었다는 진단을 내리기도 하는데, 심지어, 대형 건설사업을 일으킬 명분을 마련하기 위해 주택가격을 조작해 당시의 부동산 위기를 조장했다는 의혹을 받기도 했다.[18]

한편, 성남시 분당과 고양시 일산을 비롯한 수도권 신도시 건설은 정치전략 차원에서 수도권 중산층을 체제 내로 포섭하려는 통치수단의 일환이기도 했다는 진단을 내리기도 한다.[19] 화이트칼라와 중소상인 등으로 구성된 한국사회의 중간층은 1970년대와 1980년대를 거치면서 양적으로 증가했을 뿐만 아니라 사회·경제적 역량도 강화됐다. 특히 1987년 민주화 투쟁에서 사회변동의 주역으로 활약하고 이후 새롭게 발흥하는 시민운동의 저변을 형성했다. 그러면서도 자산증식에 관심을 쏟고 정지·경제적 안정을 바라는 중산계층으로도 점차 자리를 잡아갔다.

군사정권의 연장으로 정치적 정당성이 확고하지 못했던 6공화국 정부로서는 양면성을 지닌 이 중간층을 어떻게 관리하느냐가 체제 안정의 관건일 수 있었다. 당시 정치권력은, 특정 집단에 유리한 조건을 제시해 혜택을 제공하고 이들 집단으로부터 지지를 확보한다는 통치방안을 구사했다. 개발 관련 법률을

개정하고 주택금융 지원을 확대해, 소규모 자산을 가진 중간층까지 중형 이상
의 아파트를 소유할 수 있도록 후원함으로써 이들이 내 집 마련에 성공하도록
한다는 전략이었다. 이렇게 보유한 주택은 일상을 영위하는 사용가치를 가진
거주공간이었을 뿐만 아니라 집값 상승으로 인한 투기적 수익을 보장하는 교
환가치로서의 자산이기도 했다. 이렇게 '신도시 아파트 소유자'로 거듭나게 된
중간층은 이제 자신들의 기본자산을 지키기 위해서라도 정치권력에 대한 비판
의식을 무디게 하고 부당한 통치에 대한 저항행위를 완화할 수밖에 없었다. 더
구나, 중산층을 위한 신도시를 건설한다는 사실을 공공연히 드러냈던 분당의
경우는 이러한 포섭전략에서 더더욱 자유로울 수 없었을 것이다.

1980년대 말의 수도권 신도시 개발계획은 주택가격을 안정시키고 부동산 투기를 잡으려는 비상대책 성격의 정책이었으며, 한편으론 경기과열 이후 나타나는 경제침체를 극복하고 건설자본에 이윤창출을 보장하려는 고도의 정치술이었다. 주택부족으로 촉발되는 사회문제로 인한 국민의 불만을 해소하고, 일부 계층에게는 주거를 자산증식의 수단으로 제공해 취약한 지지기반을 강화하려는 통치전략이기도 했다. 그러면서 신도시 개발은 안위의 생활공간이자 이상과 꿈을 향유할 수 있는 삶의 장소를 지향하기보다 정치권력 유지와 기존 경제체제의 확대를 뒷받침하는 정략적 수단으로 변질되었는지도 모른다.

정부의 허구에 찬 '내 집 갖기' 정책의 결과 집 없는 사람들의 서러움은 이제 절망과 분노로 바뀌어 가고 있다. 최근의 집값 폭등은 스스로 멀쩡한 중산층이라고 믿고 있던 많은 평범한 사람들의 삶을 붕괴시켜 버렸다. 도시 서민들은 생활의 규모와 삶의 목표를 잃어버렸고 허리를 졸라맨 지난날의 무의미함에 새삼 허망함을 느낀다. 재산이 아닌, 인간의 삶을 가능케 하는 삶터로서의 집은 영영 마련할 수 없는 것인가. (…) 정부는 92년까지 모두 2백만 호(현재 무주택가구 287만 가구)의 아파트를 건설하겠다는 계획을 발표했다. 그러나 문제는 집 없는 사람들의 지불능력이다. 국토개발연구원은 이번 집값 폭등 전인 85년 조사에서 전체 무주택자의 40%인 월수 23만 2천 원 이하의 사람은 최대한 은행융자가 주어져도 아파트(10평 기준)를 살 수 없다고 분석했다. 이는 당시 아파트 분양값을 평당 80만 원으로 보고 계산한 것이어서 그동안의 집값 상승(2배 정도)과 임금 인상(35% 선)을 감안하면 지금도 전체 무주택자의 60%가량이 자기 집을 구매할 능력이 없는 것으로 추정된다.

-『한겨레』1989년 5월 16일

경기그레이트북스 ㉗

분당으로 가는 길

그날은 서울 강남에서 성남시 분당지역을 잇는 도로가 모두 극심한 차량 정체 현상을 보여 마치 명절 때의 교통체증을 방불케 했다. 고속도로는 물론 국도와 지방도로까지 서울번호판을 단 고급 승용차와 대형 셔틀버스 등의 차량이 빽빽이 들어차 길게는 10km 넘게 줄을 이었다.[1] 특히, 경부고속도로 판교 인터체인지에서 분당에 이르는 4km 구간은 평소엔 승용차로 5분이면 갈 수 있는 거리인데도 이날은 3시간 넘게 걸려 아예 차를 길에 세워두고 걸어가는 사람도 있었다. 이 모두 분당지역에 속하는 성남시 수내동에 마련된 모델하우스 현장으로 향하는 행렬이었다. 신도시 건설계획이 발표된 지 7개월 뒤인 1989년 11월 26일, 분당 시범단지 모델하우스를 개관하는 날 벌어진 진풍경이었다.

이날 오전 7시부터 관람객이 모이기 시작해 10시로 예정된 개장시간을 8시께로 앞당겨야 했으며, 오후 2시쯤엔 이미 인파가 10만 명을 넘어선 상태였다. 이번 1차 분양으로 공급하는 아파트는 10평대에서 70평대에 이르는 4036호인데, 서민용이라 할 22평형(72.7㎡형) 이하는 606호에 불과했다. 36평형(119㎡형) 이상의 중·대형 아파트가 거의 절반에 해당하는 2009호나 되고 이 중에는 60~79평형(198.~261㎡형) 아파트도 상당했다. 공급물량이 전체적으로 중·대형 아파트에 치중하고 있어 분당 신도시가 서민 중심의 거주지가 아님을 다시 한 번 입증하고 있었다. 사람들이 가장 많이 몰린 곳 또한 47평형(155㎡형)과 50평형(165㎡형) 견본주택 현장이었다.

특히 정부가 추진하는 주택사업으로는 예외적이라 할 만큼 대형 아파트가 많이 세워지고 일반의 관심도 40평 이상의 중·대형 아파트에 쏠리고 있어 무주택자의 내 집 마련과는 거리가 먼, 집 있는 계층의 각축장이 될 가능성이 짙다. 분당으로 향하는 자가용차의 행렬은 이 같은 예측이 단순한 기우가 아님을 상징하고 있는 셈이다.

-『경향신문』 1989년 11월 28일

모델하우스를 둘러본 대부분의 시민은 서민용 아파트와 달리 지나치게 고급건축재를 썼다는 반응을 보였다. 게다가 이번 분양에는 소비자가 내장재를 선택하는 제도가 처음 도입됐는데, 바닥재나 장식장 등 비싼 자재로 치장한 선택내장재가 시선을 끌어 분양신청에서도 대부분이 기본형은 외면할 것으로 예상됐다. 선택사양비 상한이 전체 집값의 7%에 이르러, 사실상 분양가를 올린 결과가 되고 있었다. 여기에 평당(3.3㎡당) 10만~12만 원가량의 지하주차장 건설비가 의무적으로 부과돼, 평당 건축비로 125만 원을 요구했던 주택업자들의 소원을 다 들어준 셈이 되었다는 진단까지 나왔다.

이날, 모델하우스는 계속 몰려드는 사람들로 인해 폐장 시간을 5시간이나 연장해 밤 11시 무렵에야 문을 닫을 수 있었다. 이처럼 첫날 약 15만 명에 이어 이튿날에도 10만이 넘는 인파와 차량 행렬이 이어지면서 분양 일정을 평형에 따라 3일에서 5일간 연장했을 정도로 분당 신도시에 대한 관심은 가히 폭발적이었다. 이는 건설부조차 예상하지 못한 반응이었다. 분양 열기 저조를 우려했던 건설부는 특히 중산층의 관심과 향배에 촉각을 곤두세우고 있었다. 모델하우스 개장 전에, 특히 중산층 수요자에게 민감한 사안인 "분당지역이 환경오염의 가능성이 있다"는 소문이 나돌자 즉각 해명자료를 돌리며 전례 없는 기민성을 보이기도 했다. 그런데 모델하우스 개장 이틀 만에 30만에 가까운 인파가 몰리며 엄청난 반응이 나타나자 건설부에서는 과열로 인한 투기 분위기를 우려하면서도 만족해했다는 후문이다.

> 분당 신도시의 첫 아파트 분양이 폭발적인 인기를 끌고 있다. 지난 26일 문을 연 모델하우스에는 연일 10만 명이 넘는 인파가 몰려들고 있으며 오는 12월 6일 마감일까지는 모두 80만 명 이상의 관람객이 찾을 것으로 예상된다. 이 같은 인파는 건설부와 건설업체들이 예상했던 10만 명보다 무려 8배나 많은 인파이다. (…) 이곳 모델하우스를 찾는 인파는 대체로 세 부류로 나누어지고 있다. 첫째는 중산층 주민들이 내 집을 늘여가기 위해 분당을 선택한 사람들이며 두 번째는 집 없는 서민들이며 세 번째는 투기를 목적으로 한 전문투기꾼들이다. 이 가운데 주류를 이루고 있는 계층은 중산층들이다. 내 집을 소유하고 있으나 그 규모가 국민주택 규모이거나 중형 주택이어서 집을 늘려가기 원하는 사람들이다. 이들은 주로 중형 아파트에 몰리고 있는데 거의 모든 중형 모델이 인파로 가득 차 있다.
>
> -『경향신문』1989년 11월 30일

건설부와 건설업계 입장에서 보면, 분당 신도시 첫 분양은 대성공이었다. 전용면적이 18.2평$^{(60.1\,m^2)}$을 초과하는 민영아파트 분양경쟁률이 무려 평균 47.8대 1을 기록했다. 가장 높은 경쟁률을 보인 아파트는 한 건설회사의 36평형$^{(119\,m^2\text{형})}$으로 170대 1에 달했다. 36~53평$^{(119~175\,m^2\text{형})}$의 중형 아파트 경쟁률은 45.2대 1이었으며, 55~79평$^{(181~261\,m^2\text{형})}$의 대형 아파트도 22.4대 1의 높은 경쟁률을 보였다. 건설부가 가장 많이 신경을 쓴, 중산층이 선호하는 중·대형 아파트 분양도 순조로이 진행된 것이다.

7개월 전 분당신도시 건설계획이 발표된 이후 건설부는 언론으로부터 졸속 정책을 입안했다는 질책을 받아왔다. 수도권 인구집중과 교통혼잡, 부동산 투기 과열, 중산층 위주의 주택 규모로 인한 계층 간 갈등 등 갖가지 문제를 일으킬 것이라며 지탄받아온 게 사실이었다. 국회에서조차 한때 건설계획에 대한 전면 백지화 주장이 일었으며, 토지보상과 이주대책을 둘러싸고 현지 주민과의 마찰도 예상보다 심했다. 그런 우여곡절 끝에 이제 1차 분양이 성공적으로 마무리되면서 분당 신도시 건설계획은 마침내 중산층 도시를 조성하기 위한 그 실질적인 출발을 시작하게 되었다.

　　이후 분당 신도시 공동주택 분양은 1994년 4월까지 19차례 더 있었는데,

공사장 먼지로 희뿌연 거리에서 분당 신도시 주민들이 서울행을 서두른다.
아파트 건설 공사와 분양, 입주가 함께 이뤄지던 개발 시기의 분당 신도시(1992.3) | 경향신문사

대체로 높은 경쟁률을 보였다. 1990년 3월에 진행한 2차 분양에서는 가장 높은 60.5대 1이라는 평균경쟁률을 기록했으며 그 후에도 수차례 두 자릿수 경쟁률을 이어나갔다.[2] 한때는 31평(102.5㎡) 이상의 중대형 분양경쟁률이 100대 1을 넘기기도 했다. 그러다가 1991년 6월의 8차 분양에서 9.5대 1이라는 평균경쟁률을 보인 이후에는 한 자릿수 경쟁률을 기록한다. 이러한 분당 신도시의 청약경쟁률은 1990년 11월에 실시한 7차 분양을 제외하고는 일산과 평촌 등 다른 수도권 신도시의 그것보다 높은 수치였다. 서울을 위시한 수도권 중산층의 관심이 중·대형 아파트가 다수 포진한 분당 신도시에 집중돼 있었던 셈이다.

분당, 중산층이 사는 신도시

분당 신도시는 계획 초부터 강남지역을 위시한 서울의 중산층을 흡수할 수 있는 중·대형 아파트 중심의 쾌적한 전원도시를 건설하겠다는 기치를 올리며 출발했다. 하지만 신도시 건설계획 발표 이후엔 신도시의 성격이 표면상으론 여론의 향배에 따라 자주 바뀌었다.[3] 중·대형 아파트 위주의 전원도시는 결국은 침상도시bed town로 전락할 것이며, 심각한 교통난과 함께 서울의 공간적 팽창을 가중하고 주택문제로 가장 큰 고통을 받는 서민층을 원천적으로 배제하게 된다는 비판이 제기되었다. 이에 따라 첨단산업 기반의 테크노폴리스, 국제업무 중심 지구 등을 갖춘 자족도시 건설과 중·소형 서민아파트 조성과 같은 공공 계획이 추가됐으나 제대로 실현되지는 못했다.

오히려 분당은 중산층 도시이미지를 다지기 위한 작업을 하나하나 밟아 나갔다. 중형 이상 아파트의 대량공급을 지속하고, 첨단 도시시설은 물론 주거 환경을 위한 녹지공간 확보에도 각별한 관심을 기울였다. 도시 중산층의 욕구에 부응하는 쇼핑타운과 레저단지, 의료시설, 금융단지 건설을 추진하고 우수 학교 육성을 위한 교사 유치와 교육환경 조성에도 힘을 쏟았다.

신도시 건설계획 발표 6년 만인 1995년에 계획 물량의 대부분인 8만 5000여 가구가 입주를 끝내고 이듬해 사업이 완료되는데, 한동안 분당 신도시의 성공 여부에 대한 평가는 엇갈렸다.[4] 처음 계획과 달리 교통과 상권, 편익시설, 문화시설 등 도시기반시설이 부족한데다, 입주자 대부분이 서울로 출퇴근하는 침상도시로 전락한 것이 아닌가 하는 우려를 낳았기 때문이다.

그런데도 분당은 줄곧 중산층이 집단으로 거주하는 곳이자 여타의 수도권 신도시 중에서도 주거만족도가 가장 높은 도시로 성장해나갔다. 1997년에 분당과 일산(고양시), 평촌(안양시) 신도시 주민 593명을 대상으로 주거환경·자연환경·교육여건·편익시설·공공시설·투자가치 등에 걸친 주거만족도를 조사했는데, 대부분의 문항에서 분당주민의 만족도가 높게 나왔다.[5] 분당 신도시 조성이 완료된 지 10년이 지난 2006년의 주거만족도 조사에서도 분당은 일산과 서울 강남, 과천과 비교해 다수 문항에서 우위를 차지했다. 생활편의시설·교통시설·공공서비스와 교육시설·주택·녹지환경·문화레저시설·의료와 사회복지·지역 공동체(지역 애착심, 이웃 관계, 커뮤니티 활동) 등에 걸쳐 설문조사를 했는데, 분당은 교육과 주택, 의료, 사회복지, 지역 애착심, 이웃 관계 부문에서 가장 높은 만족도를 보였다. 생활편의시설 부문에서도 만족도가 높은 편이었다.[6]

주민의 직업과 소득, 교육수준 등 사회경제적 특성을 보아도 분당 신도시(분당구)는 도저히 부정할 수 없는 중산층 거주지역으로 나온다. 분당주민의 2000년을 전후한 시기의 직업분포를 보면, 고위 임직원 및 관리자·전문가·사무종사자·기술공 및 준전문가 등 소위 중산층 선호도가 높은 직업이 분당구 전체 주민의 72.4%를 차지한다.[7] 이는 서민층이 거주하는 지역으로 알려진 성남시 수정구의 35.2%와 비교하면 두 배를 웃도는 수치다.

학력수준을 따져도 마찬가지다. 분당 신도시 가구주 중 2년제 대학 이상을 졸업한 주민의 비율은 68%로, 전국 평균 29.9%나 서울 평균 39.7%, 경기도 평균 30%에 비해 매우 높게 나온다. 성남시 내에서 비교해보아도 본시가지인 수정구가 22.5%, 중원구가 19.3%여서 분당구 주민의 학력수준이 상당히 높다는 사실을 알 수 있다.

소득수준에서도 분당지역은 중산층 도시에 속한다고 할 수 있다. 1999년 사무직 가구의 '소득 10분위별 가구당 월평균 가계수지' 자료에 의하면, 도시사무직 가구 중 상위 30%에 속하는 계층의 월평균소득이 328만 5700원이고, 상위 60%에 속하는 계층의 월평균소득은 224만 1700원이었다.[8] 동일한 시기에 분당지역 주민 700여 명을 대상으로 한 조사에 따르면, 300만 원 이상의 소득을 가진 분당주민이 34.7%이며 200~300만 원 소득을 가진 분당주민은 31.8%였다.[9] 이 두 자료를 비교하면, 정확하진 않지만 분당주민 34.7%가 상위 30%에, 분당주민 66.5퍼센트(300만원 이상 소득자 34.7% + 200~300만원 소득자 31.8%)가 상위 60%에 속한다고 볼 수 있다. 성남 본시가지(수정구와 중원구)에서는 300만 원 이상 소득자가 8.1%이며 200~300만 원 소득자가 17.7%라는 사실과 비교하면 분당주민의 다수가 고소득자에 속함을 알 수 있다.

이처럼 직업과 교육수준, 소득 정도 등을 살펴볼 때 분당주민은 다른 지역과 비교해 사회계급적인 측면에서 매우 동질적임을 알 수 있다. 지역주민 대다수가 갖는 이러한 동질성은 중산층 신도시 분당의 기저를 구성하는 탄탄한 요소로 작용했다.

입주가 완료된 뒤인 1997년 이후, 대형 쇼핑시설과 각종 문화공간이 충분히 확보되고, 주민들이 이를 일상적으로 이용하면서 분당은 실질적인 의미에서도 중산층의 도시로 정착되었다.[10] 소비와 문화 등 다방면에 걸친 일상생활에서 중산층의 생활양식이 일반화됐으며, 이러한 생활양식 자체가 중산층 도시 분당을 공고하게 하는 요인이었다. 아파트가 주택의 90%를 차지하는 분당에서 사회계급의 동질성이 아파트 평수에 의해 보장됐으며, 거기에 비슷한 아파트에 거주하는 주민들이 유사한 생활양식을 공유하면서 분당만의 생활 분위기가 조성돼갔다.

분당은 사는 수준이 비슷하잖아요. 아파트 평수가 나와 있으니까. 그래서 동
질감도 느끼고. 또 교육수준도 있고 사는 게 비슷비슷하니까. 서울 잠실만 해
도 주위에 사는 사람들이 천차만별이거든요. 근데 분당은 신도시 계획해서
들어온 사람들이고, 평수가 있으니까, 또 서울, 강남에서 살다가 온 사람들이
많구. 그래서 편해요. (분당 신도시 주민. 2002년)
　　　　　　-박지환, 「분당 신도시의 사회적 생산과 구성」, 서울대학교대학원 인류학과 석사학위논문

　　분당의 중산층 생활양식이 한 지역사회의 주류 생활양식이 되면서 사회경
제적으로 이질적인 일부 주민들까지 이러한 생활양식의 영향권 내로 끌어들였
다. 경제적으로 여유가 충분하지 못한 주민도 분당이라는 중산층 도시공간이
갖는 이미지에 부응하기 위해 중산층 주민의 생활양식을 쫓아가게 된다는 것
이다.

좀 있는 사람은 자기만의 개성을 가지고 있는데, 분당이라는 거대한 괜찮은
도시를 만들다 보니까 나도 저 사람을 따라가야 같이 분당에 산다는 그런 괜
한 자긍심을 가질 거 아니야. 나는 그게 분당이라는 이미지가 주는 환경에 자
꾸 동요를 하다가 보니까 좀 무리하게도 살게 되고 좀 무리하게 자식도 교육
시키게 되고 그러는 것 같애. (…) 혜택받을 수 있는 사람들의 퍼센트가 조금
높다 보니까 외부에서 없는 사람들이 들어와도 자꾸 거기에 동조하려고 그러
지, 그렇게 될 거 아니야. 우리도 왜 좀 있는 애들 보면 내 자식들 못 해주면
마음 아프고 그렇잖아. 어떻게든 무리를 해도 자꾸 같이하고 싶다는 그런 마
음인 것 같애. (분당 신도시 주공아파트 거주자. 2002년)
　　　　　　-박지환, 「분당 신도시의 사회적 생산과 구성」, 서울대학교대학원 인류학과 석사학위논문

　　이런 과정을 거쳐 '분당의 분위기'가 확산하고 강화됐으며, 분당 중산층의

생활양식이 지배적인 생활양식으로 한층 탄탄하게 자리를 잡았다. 중산층 생활양식이 지속해서 재생산되면서 중산층 도시로서의 위상 또한 확고해졌다. 이제 분당은 서울 주변의 수도권 신도시에 그치지 않고 그곳에 거주하는 주민의 사회적 지위를 나타내주는 상징이 되었다. 분당은 도시라는 지리적 공간일 뿐만 아니라 그곳에 사는 사람들의 사회계급을 드러내는 상징기호가 된 셈이다. 분당 신도시라는 이미지와 위상은, 자신과 같은 수준과 교양을 갖춘 사람들끼리 무리 지어 살려는 욕구와 함께 배타적이면서 특별한 위치를 고수하려는 성향을 충족시켜 주었다.

이런 현실에서 분당주민들은, 누군가 거주지를 물으면 "분당에 산다"고 하지 "성남에 산다"고 말하지 않는다고 한다. 분당주민들은 행정구역상으로는 성남시에 살고 있지만 성남(성남 본시가지)이 서민층 도시라는 이미지가 워낙 강해 "성남 거주" 표현을 꺼린다는 것이다. 1999년에 분당주민 710명을 대상으로 한 조사를 보면, "나는 다른 사람이 나의 거주지를 물을 때 '성남'보다 '분당'에 산다고 말한다"는 문항에서 "확실히 그렇다"고 답한 주민이 438명이었고, "그런 것 같다"고 한 주민은 239명이었다.[11] '성남 거주'가 아니라 '분당 거주'를 내세우는 이가 677명으로 전체의 95.4%에 달해, 분당이라는 지역 명칭이 가진 상징기호의 영향력이 예상보다 크다는 사실을 짐작할 수 있다. 더구나 성남 본시가지에서 살다 분당으로 이사 온 중산층 주민조차 "나는 분당 살아요"라는 표현을 선호한다고 한다.

분당에 대한 선호도가 있으니까 그렇죠. 다른 사람들의 인식도 그렇고. 우리 남편도 밖에서 사람 만날 때 분당 산다고 이야기하면 '어- 좋은 동네 사네' 그런다는데요. 그래서 분당 사람은 천당 아래 산다고 하는 게 정말 그래요. 성남 산다고 말하고 싶지 않죠. 나만 그런 게 아니라 다른 엄마들도 다 그래요. (…) 한쪽은 여유가 있고 저쪽은 여유가 없다, 그거죠. 지형으로나 환경에서나 또 사람을 봐도 한쪽은 여유가 느껴지잖아요. 거리에 나가서 봐도 사람들이 다 여유 있어 보이고 사람을 만나봐도 실제로 그렇고. (분당 신도시 주민. 2002년)

－박지환, 「분당 신도시의 사회적 생산과 구성」, 서울대학교대학원 인류학과 석사학위논문

중산층 위상을 가진 거주지를 굳이 드러내어 표현하려는 이러한 사실은 계급이 직업이나 소득, 교육수준과 같은 지표뿐만 아니라 지리적 공간에 의해서도 정의된다는 점을 보여준다.[12]

1890년대 들어 분당지역에 새로운 시가지가 들어서면서 성남시는 서로 다르게 계열화된 두 도시가 묘하게 공존하는 지역이 되었다. 성남 본시가지는

성남 분당신도시(2014) | 대한민국역사박물관

성남 본시가지 산성대로 지역(2018) | 성남시청

1960년대 말 서울의 무허가판자촌 철거민을 수용하기 위한 주택단지로 시작된 신도시이고, 분당은 1980년대 말 서울 강남지역으로 몰리는 중산층의 주택수요를 충족하기 위해 주택도시로 건설된 신도시다. 두 곳 모두 서울시의 도시문제를 해결하기 위해 조성됐다는 점에서는 동일하지만 수용되고 거주하는 주민의 계급성이 상이하다는 점에서 두 지역은 전혀 다른 공간이기도 하다. 성남시라는 하나의 도시에 두 개의 도시공간이 존재한다는 사실은 물리적 현실일 뿐만 아니라 지역주민의 의식 근저에도 단단히 박혀있는 인식의 문제이기도 했다.

그러면서 성남시는 한국사회의 압축적 근대화와 뒤틀린 산업화의 양상을 고스란히 드러내는, 인구 100만에 육박하는 거대도시로 성장해왔다. 이제 그 도시의 한 축인 분당, 이 중산층의 도시가 어떤 요인에 의해 어떤 과정을 거쳐 생산되고 구성될 수 있었는지를 살펴보자.

권력과 자본의 '중산층 도시 건설하기'
―분당의 사회적 생산[15)]

정치권력과 건설자본의 결속: 분양가 원가연동제, 용적률

분당 신도시 택지조성공사가 착수되기 약 1달 전인 1989년 10월 11일, 한국주택사업협회(한국주택협회의 전신)에서 신도시개발 불참을 시사하며 정부를 압박하고 나섰다.[14)] 대형 주택건설업체 모임인 주택사업협회에서는 "지금과 같이 비현실적인 아파트분양가 상한선이 고수되는 한 민간건설업체의 적극적인 분당개발계획 참여가 사실상 이뤄지기 힘들 것"이라며 분양가 상한선 인상을 강력히 요구했다. 이들은 최근 상승한 인부임금과 건축자재비 등을 고려하면 평당분양가가 160만~170만 선은 돼야 한다고 주장했다. 정부는 아파트가격 진정을 위해 1977년부터 '분양 상한가' 제도를 도입해 1981년 이래 아파트분양가 상한선을 평당 134만 원에 묶어놓았다.

> 수도권 아파트를 짓는 민간주택건설업체들이 현재의 아파트분양가 상한선으로는 도저히 채산성이 맞지 않는다며 분양가 인상을 정부에 강력히 요구하고 있다. 특히 분당 신도시에 아파트를 공급할 대형 건설업체들은 분양가 인상이 금명간 이뤄지지 않을 경우 분당아파트 분양계획 자체를 대폭 축소하거나 연기할 입장을 보여 내년 2, 3월에 본격화될 분당 신도시 분양스케줄 자체가 차질을 빚을 가능성도 크다.
>
> ―『조선일보』 1989년 10월 12일

이틀 뒤인 10월 13일, 건설부는 현행 아파트분양가 상한제를 완화해 분양가 원가연동제를 실시하겠다고 발표한다. 분양가를 택지비와 건축비로 대별해, 건축비는 정부가 고시한 가격을 반영하고 택지비는 실제 시장가격을 적용해 전체 주택가격을 정하는 방법이었다. 언론은 지역마다 택지가격에 차이가 있는데도 분양가는 같았던 현행 제도의 모순을 없애는 한편 건설업체의 적정한 이윤을 보장해 민간아파트 건설을 촉진하기 위한 고육책이란 평가를 내렸다.[15] 주택사업협회에서 현재 분양가로는 신도시 건설에 참여할 수 없다며 반발한 사실을 들어 정부가 건설업계의 요구에 굴복한 것이 아니냐는 반응을 보이기도 했다.

이제 건설업계의 관심은 건설부가 정하는 표준건축비에 쏠렸다. 이 표준건축비가 어느 선에서 정해지느냐에 따라 실제 분양가가 상당한 차이가 날 터였다. 원가연동제 발표 닷새 뒤, 건설부는 건축비사정심사위원회를 구성했다. 건설부장관을 위원장으로 하고 경제기획원과 건설기술연구원, 주택공사, 건축사협의회 등의 전문가 10명으로 구성된 이 위원회에서 구체적인 건축비를 산정하기로 했다. 그러자 주택사업협회에서는 이번엔 표준건축비를 최소한 평당 125만 원으로 해달라고 요청했다. 기존 분양가 상한선인 평당 134만 원에서 건축비가 80~85만 원으로 산정돼 있으니, 무려 그 절반 정도를 한꺼번에 인상해달라는 요구였다.

11월 초, 주택사업협회에선 신문광고를 내며 지상紙上 캠페인을 벌이는 등 분양가 상향 조정에 대한 대국민 설득 작업에 나섰다. 11월 4일로 예정된 표준건축비 발표일이 다가오면서, 건설업계의 절박함과 표준건축비 인상의 타당성을 내세우며 호소하는 한편으로 분양가 인상에 반대하는 측을 압박했다.

분양가 상향조정 홍보 신문광고(『경향신문』 1989.11.2

민간아파트 건축비 책정에 대한 우리의 결의

· 정부는 지난 81년부터 현재까지 9년간 민간아파트의 분양가격을 평당 1백 34만 원으로 동결하였다.

　(…)

· 우리는 정부 당국이 표준건축비를 산정함에 있어 특히 다음과 같은 사항이 반영될 수 있기를 강조한다.

첫째, 그간 상실된 주택의 질을 회복하고, 기존 주택에 비해 월등히 우수한 주 택을 건설할 수 있도록 현실적인 공사비가 책정되어야 한다.

둘째, 주택공급의 70% 이상을 차지하고 있는 민간건설업체가 사업의욕을 포 기하지 않고 확대 재생산할 수 있도록 적절한 이윤이 보장되어야 한다.

-『경향신문』 1989년 11월 2일

결국 건설부는 주택품질 보장과 가격 현실화라는 명분 아래 건설업체의 요구를 대폭 수용하게 된다. 분양면적 25.7평$^{(84.95 m^2)}$ 이하 아파트 중에서 15층 아래는 평당 98만 원, 16층 이상은 110만 원을 책정했으며, 25.7평 초과 아파트 중에서 15층 아래는 101만 원, 16층 이상은 113만 원 이내로 확정했다. 평균 표준건축비가 105만 5000원가량이었지만, 건축비의 7% 내에서 선택사양제를 허용해 사실상 평당 최고건축비가 약 121만 원까지 올라가게 됐다. 예상을 뛰어넘는 상향 조정에 언론은 "신도시 불참 으름장 유효", "건설부가 주택건설업계의 요구에 사실상 굴복했다" 등의 표현을 하며 놀라움을 드러냈다.[16] 특히, 건설부에서 불과 며칠 전까지만 해도 "주택사업협회에서 요구한 125만 원은 말도 안 되는 금액"이라고 일축해왔다는 점에서 건설업계의 영향력이 정치권 고위층을 통해 작용했다는 의혹을 낳았다.

당초 3일 오후 건설부에서 기자들에게 건축비 결정 내용을 사전 설명하려던 계획이 노태우 대통령을 수행, 대불 산업기지 기공식에 참석 중이던 권영각 건설부 장관의 전화 통고에 의해 갑자기 연기됐다는 사실이 이 같은 의혹을 뒷받침하고 있다. 특히 4일 배포한 보도자료에는 원래의 발표문에서 옵션제를 25.7평 초과 주택에 대해 적용하는 것으로 했다가 적용 범위를 늘려 (전용면적) 18평 초과 주택으로 수정한 흔적이 있다. 또 옵션제에 따라 당초 건축비의 5% 이내에서 건축비를 올려받을 수 있도록 했던 것도 7% 이내로 수정됐다.

-『한겨레』 1989년 11월 5일

아파트 용적률도 건설업계의 요구에 따라 상향 조정됐다. 분당 신도시 세부설계에 참여한 국토개발원에서는 쾌적한 도시환경을 조성하기 위해 아파트단지의 평균용적률을 150%로 제안했지만 국민주택 규모 아파트의 평균용적률은 179%로, 대형 분양아파트 평균용적률은 193%로 높였다.[17] 용적률은 지하층의 바닥면적과 지상층의 주차용 면적 등을 제외한 건축물의 바닥면적을 모두 합친 면적(연면적)의 대지면적에 대한 백분율을 말한다. 용적률이 높다는 것은 그만큼 건물을 높게 지을 수 있다는 뜻이어서, 용적률이 높은 토지가 낮은 토지에 비해 가격이 높아지게 된다.

정부에서는 분당을 비롯한 수도권 신도시 건설을 무척 서두르고 있었다.[18] 신도시 건설계획을 추진하던 초기에는 인구 약 42만 명의 도시를 3년 만에 완성하겠다고 공언했을 정도다. 1989년 4월 신도시 건설계획 발표 후 2~3개월 내에 세부설계를 마치고, 그해 9월에 택지개발공사를 착공해 이듬해 중반부터 입주를 시작한다는 계획이었다. 이러한 유례를 찾기 힘든 짧은 건설기간과 하루라도 빨리 대규모 주거단지를 국민 앞에 선보여야 한다는 정부의 절박하고 다급한 자세는 건설업계의 요구를 수용하는 한 요인으로 작용했다.

이런 정황에서도 정부로 대변되는 국가와 건설자본이 기본적으로 대립관계에 있었던 것은 아니라고 본다. 우선, 분양가 인상과 용적률 상향 조정을 면밀하게 살펴보면, 이는 정부 측에도 불리하지 않은 시책이었다.

정치권력과 건설자본의 결속: 합동개발방식, 주택상환사채, 중·대형 아파트 증가

신도시사업은 건설부 산하의 한국토지개발공사가 택지를 개발한 다음 민간 건설업계에 분양하고, 건설업계는 이 택지에 아파트를 중심으로 한 주택을 지어 일반에 분양하는 방식을 취했다. 이른바 합동개발방식으로, 토지개발공사에서는 건설회사에 택지를 공급하기 전에 받는 선수금으로 택지매입비용을 충당하고, 이 택지매입비용과 매각비용의 차이에서 발생하는 이익으로 신도시개발을 진행했다. 토지개발공사를 전면에 내세운 정부가 계획 수립과 입지 선정, 인허가, 녹지 조성, 토지용도 지정 등에 대한 정책주체 역할을 수행하지만 토지취득과 부대비용 등 개발에 필요한 초기비용은 민간 건설기업에 토지를 매각해 조달하는 이른바 '택지 선분양 방식'에 전적으로 의존했다. 따라서 건설업계가 충분한 이윤을 안정적으로 얻을 수 있도록 조치하는 것이 정부에도 유리했다. 건설업계가 높은 이윤을 낼수록 택지비용 또한 안정적으로 회수할 수 있었기 때문이다.

더구나 정부는 건설업계가 택지매입에 대한 비용과 건설자금을 확보할 수 있도록 주택상환사채를 도입해 주택을 선분양할 수 있도록 했다. 주택상환사채는 건설기업이 입주예정자로부터 60% 한도 내에서 주택대금을 일시불로 받고 만기일에 주택으로 상환하는 제도로, 이를 통해 건설업계에서는 택지매입에 필요한 선투자先投資 비용을 입주자로부터 조달했다. 분당 신도시 조성사업은 모두 7차례에 걸쳐 주택상환사채를 발행했으며, 그 총액은 1776억 원에 달해 수도권 5개 신도시 개발사업에서 발행한 주택상환사채 총액의 약 41%를 차지했다. 이 주택상환사채는 민간 건설기업이 충분한 자본 없이도 건설에 참여해 막대한 이윤을 남길 수 있도록 보장해주는 수단이었으니, 결국 신도시개발에 필요한 재원은 정부에서 민간 건설업계로 이전되고 이는 다시 입주예정자의 부담으로 전가된 셈이었다. 입주예정자는 추후 주택가격 상승으로 얻게 될 개발이익 대가를 기대하며 일반분양대금이나 주택상환사채로 선분양 시장에 뛰어들 수 있었다. 이런 측면에서 보면, 신도시 조성사업은 정부와 건설자본이 결속해 서로의 이익을 추구한 대규모 개발사업이었으며, 거기에 재원의 본래 조달자인 입주자까지 알게 모르게 가담한 형국이었다.

정부와 건설자본의 이러한 결탁은 분당 신도시에 중·대형 아파트가 많이 공급되는 결과를 가져왔다. 주택 규모가 클수록 분양가가 높고 그만큼 자금 확보량이 늘어나기 때문에 민간 건설기업에서는 고가의 주택상환사채를 다량으로 발행해 더 많은 자금을 끌어들이려 했다. 이를 위해 아파트의 규모별 계획 비율을 변경해 중·대형 아파트 건설 비율을 높였다. 당시엔 일반적으로 국민주택 규모[전용면적 25.7평(84.95㎡)] 아파트가 아니라 30평(99.17㎡) 이상의 중·대형 아파트를 중산층의 표준주택으로 여겼는데, 31평(102.47㎡)을 기준으로 그 이상 아파트의 비율이 크게 변경된다. 1989년 8월 발표한 최초 계획에서 전용면적 31~41평(102.47~135.53㎡) 아파트의 비율은 9.7%이고 41평 이상은 3% 정도였는데, 주택조성이 마무리 단계에 접어든 1995년에는 31~41평 아파트는 21.2%로 크게 늘어났으며 41평 이상 아파트도 5.4%로 거의 두 배가량 증가했다.

분양가 원가연동제에 따른 실질적인 주택가격 인상과 주택상환사채 도입은 결국은 분당 신도시 입주의 진입장벽으로 작용했다. 이들 제도로 인해 늘어난 중·대형 아파트 분양 현실이 중산층 아래 계층을 걸러내는 효과를 톡톡히 발휘했던 것이다. 중대형 아파트 증가로 분당 신도시에는 높은 아파트분양가를 부담할 수 있거나 분양가의 60%에 달하는 자금을 동원할 수 있는 상당한 경제력을 보유한 이들이 입주민의 다수를 이루게 되었다. 사실상 분당은 정부와 자본의 결탁으로 이주집단이 구조적으로 선택됨으로써 중산층 거주지역으로 탄생되었던 것이다. 20여 년 전 정부는 도시빈민층을 선별하고 '철거-이주 정책'을 감행해 광주대단지에서 초기 성남으로 이어지는 저소득층이 중심이 된 도시를 창출했는데, 이제는 건설자본과 손을 잡은 합동개발방식을 통해 성남 본시가지 아래에 중산층이 주류를 이루는 도시를 생산하고자 했다.

중산층 신도시 조성전략과 홍보하기

　더 많은 중산층을 분당으로 유도하기 위해서는 분당이 실제로 '중산층이 주류인 중산층을 위한 도시'로 조성될 것이란 확신 또한 심어주어야 했다. 우선, 분당 신도시는 실질적 모도시母都市에 해당하는 서울과 행정적 모도시인 성남으로부터 독립한 자족적 신도시로 건설할 것이란 점을 내세웠다.[19] 이를 위해, 신도시 건설에 제약요건으로 작용하는 수도권 개발규제 완화에 들어갔다. 수도권 내 공공기관 이전을 금지하는 규정을 분당과 일산 신도시에는 적용하지 않는다는 예외를 허용해, 대한주택공사·한국토지개발공사·KT 등 일부 공공기관을 유치하도록 했다. 두뇌집적형 무공해산업인 업무와 상업, 금융 관련 첨단 정보산업 등에 대한 유치전략을 세우고, 분당을 주변 도시의 주민까지 끌어들이는 소비와 여가 활동의 중심지로도 개발한다는 청사진을 제시해 중산층 도시로서의 기반조성에 나섰다.

　한편 정부는 비록 여론에 밀려 실시되지는 못했지만, 신도시개발 추진 초기에는 분당 신도시를 성남과는 별개의 시市로 조성한다는 구상을 하고 있었다. 분당이 성남시의 한 구區(분당구)로 확정된 1991년 9월 이전에 수립된 '분당 신도시 개발사업 기본계획'을 보면 독립시의 시청사와 구청 부지에 대한 계획이 담겨있다.

> • 시청 및 시의회
> – 1950인의 시청직원을 위한 19500㎡의 시청사 건물과 48인의 시의원을 위한 1000㎡의 시의회 건물을 수용할 수 있는 30000㎡(약 9000평)의 대지를 신도시 중심에 확보한다.

〈그림6- 7〉 盆唐新都市 公共施設(동사무소, 파출소)配置計劃

	洞事務所
	派出所
	洞境界

0 500 1000 2000 M

N

6. 公共서비스 施設計劃

가. 行政施設計劃

● 市廳 및 市議會

－ 1,950인의 시청 직원을 위한 19,500㎡의 시청사 건물과 48인의 시의원을 위한 1,000㎡의 시의회건물을 수용할 수 있는 30,000㎡(약 9,000평)의 대지를 都市中心部에 확보한다.

● 區廳

－ 2개소의 구청을 北部와 南部生活圈의 중심에 각각 1개소씩 배치한다.

－ 구청 1대소당 800인을 위한 8,000㎡의 건물을 수용할 수 있도록 10,000㎡(약 3,000평)의 대지를 확보한다.

● 洞事務所

－ 인구 15,000~20,000인당 1개를 기준으로 하여 21개소의 동사무소를 각 近隣生活圈의 중심에 배치한다.

－ 각 동사무소에는 평균 15인의 직원이 근무하게 되며, 300㎡의 건물을 위해 750㎡(약 230평)의 대지를 확보한다.

● 警察署

－ 2개소의 경찰서를 都市中心部와 北部生活圈의 중심에 각 1개소씩 배치한다.

－ 각 경찰서에는 약 100인이 근무하게 되며, 이에 필요한 대지면적은 약 6,000㎡(약 1,800평)이다.

● 消防署

－ 1개소의 消防署를 都市中心部에 배치한다.

－ 인구 10,000인당 1.5인의 소방서 요원을 확보하는 것으로 하여 필요한 60인의 직원이 근무할수 있는 1,500㎡의 건물을 위해 대지 3,000㎡(약 900평)를 확보한다.

● 消防派出所

－ 5개소의 消防派出所를 生活圈單位로 배치한다.

－ 1개소당 평균15인의 직원이 근무할 수 있는 건물 300㎡를 위해 대지 750㎡(약230평)를 확보한다.

● 敎育廳

－ 都市中心部에 1개소의 교육청을 배치한다.

－ 인구 10,000인당 1.5인의 직원이 필요하므로, 60인이 근무할 수 있는 1,500㎡의 건물을 위해 대지 5,

『분당신도시 개발사업 기본계획 요약』에 기재된 「공공서비스 시설계획 – 행정시설 계획」 (1990)

- 구청
  - 2개소의 구청을 북부와 남부 생활권의 중심에 각각 1개소씩 배치한다.
  - 구청 1개소당 800인을 위한 8000㎡의 건물을 수용할 수 있도록 10000㎡(약 3000평)의 대지를 확보한다.

– 국토개발연구원, 「기본계획 – 공공서비스 시설계획」, 『분당신도시 개발사업 기본계획 요약』 (1990)

아파트 분양자격을 수도권 주민에게만 허용해, 신도시개발이 수도권 과밀화를 부추긴다는 지탄을 누르고자 했으며, 공장과 생산설비 신축을 억제해 쾌적한 도시환경 조성에도 힘을 쏟았다. 중산층 수준에 맞는 선진형 신도시이자 전원도시를 꾸미겠다는 구상 아래, 녹지율을 전원도시라 평가받던 과천의 18.3%보다 높은 21%로 설정했다.

아울러 분당에 서울 강남지역과 동등한 교육여건을 조성하겠다고 홍보했다. 건설부장관은 신도시 개발계획을 발표하면서 우수 교사를 우선해서 배치하는 한편 특수학군을 만들어 신도시 내에서만 초·중·고교 입학이 가능하도록 하겠다고 밝혔다.[20] 초·중·고교 학교부지를 당시 '학교설비 기준령'의 최소 부지면적보다 400~1000평(1322~3306㎡)이 넓은 3700~5200평(1만 2,231~1만 7190㎡) 규모로 분양하겠다고 했다. 청와대에서 열린 주택관계장관회에서는 최고 권력자인 대통령까지 나서서 분당신도시 교육환경을 챙겼다.

새로운 도시의 상·하수도 등 기반시설도 중요하지만 좋은 학교를 넣어 교육을 잘 받게 하는 것이 큰 문제이므로 수준 높은 교육이 되도록 의지를 갖고 갖추도록 하라. 이 계획에는 모든 부처가 의지를 갖고 협조하여 훌륭한 결과가 나오도록 해야 한다.

–「신도시 관련 청와대장관회의 지상중계」, 『중앙일보』 1989년 4월 27일

민간 건설기업도 중산층 도시로서의 분당 신도시 홍보에 적극적으로 나섰다. 분양광고를 통해 "업무, 생활, 주거 기능을 고루 갖춘 자족도시", "전원 속의 도시생활, 도시 속의 전원생활", "제2의 강남으로 불리고 있는 분당" 등의 수식어를 동원해 '분당이 최상의 도시'라는 이미지를 심고자 했다.[21] 또한 '성남시'

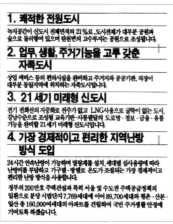

분당신도시 시범단지 아파트 분양광고(『동아일보』 1989.11.23)

분당신도시 6차 분양 광고(『조선일보』 1990.10.20)

한국토지개발공사에서 낸, 분당신도시 단독택지 수의계약 안내 광고(『조선일보』 1993.5.1)

라는 명칭은 거의 사용하지 않았으며, '분당지구'라는 표현보다 '분당 신도시'나 '분당'이라는 용어를 사용했다. 나아가, "분당 진입이 시작되는 곳, 서울진입이 시작되는 곳"이라며 분당이 성남시에 속해 있다는 사실보다 서울과 매우 가까운 곳이라는 점을 강조했다.[22] 이는 분당의 성남시 편입이 확정된 이후에 나온 분양광고에서도 마찬가지였다. 이러한 표현법을 구사한 분양광고는 대부분의 사람에게 분당이 서민층의 도시로 알려진 성남시와 관계가 없는 도시라는 인상을 주기에 충분했으며, 결과적으로 분당의 중산층 도시이미지를 강화했다.

정부 산하의 기구조차 분당지구라는 용어를 사용하지 않고 분당 신도시나 분당이라는 명칭을 일반적으로 사용함으로써 분당이 하나의 도시로 인식되는 데 큰 영향을 미쳤다.[23] 보상공고와 같이 기존 성남시민을 대상으로 하는 일부 게시문을 제외하고는 홍보나 선전 문구에 성남시라는 지명을 표기하지 않거나 축소했다. 중산층 이상의 시민이 거주할 신도시라는 이미지를 각인하는 데 장애요인이 될 수 있는 성남이라는 명칭은 제외돼야 했던 것이다. 이런 과정을 거쳐 분당은 중산층의 신도시라는 별개의 도시로 이미지화되고 각인돼 갔다.

분당 주민의 '중산층 되기'
- 분당의 사회적 구성[24]

　　분당이 내실 있는 중산층 도시로 널리 회자되기 위해서는 정치권력과 자본의 힘만으로 부족했다. 1996년을 전후해 신도시 조성사업이 마무리되면서 분당지역은 반듯한 도로와 체계 잡힌 시가지 구조, 자연과 인공이 어우러진 편리하고 쾌적한 생활환경 등 중산층 도시의 외관을 갖추었다.[25] 주민 구성에서도 분양과 입주 단계에서 여과를 거쳐 중산층 생활이 가능한 주민이 다수이자 주류를 이루었다. 그런데, 소외계층의 공간분리와 사회적 배제를 완화하기 위한 계층 간 혼거混居로 시가지 내에 영구임대주택이 들어서고, 외관상으로도 수도권 내 다른 신도시와 차별성이 그리 뚜렷하지 않았다. 개발 와중에 주민 입주가 이뤄져 주택단지 분위기가 아직은 안정되지 않았고, 도시기반시설과 생활환경도 정부의 홍보 수준에는 모자랐다. 한마디로 중산층 도시로서의 이미지나 위상이 아직은 그 틀과 색을 제대로 갖추지 못하고 있었다.

　　이제, "제2의 강남"이라는 지칭에 걸맞은 중산층 도시로 거듭나기 위해서는 주민에 의한 '새로운 도시 만들기' 작업이 더해질 필요가 있었다. 분당주민의 중산층 도시 만들기는 도시 안팎으로 선을 그어 중산층 도시의 경계를 명확히 하는 한편, 내부 구성원들 간의 동질성과 정체성을 공고히 하는 방식으로 펼쳐졌다.

행정구역 분리운동이 남긴 것 – 구별짓기와 차별화
　　분당주민들의 우선 과제는 분당지역을 성남시에서 분리해내는, 이른바 '분당 독립 시市' 쟁취였다. 분당 신도시가 성남시 분당구로 공식 편제된 지 10개월 뒤인 1892년 7월 초순, 아파트부녀회가 주축이 돼 분당 독립 시를 요구하는 서명운동을 벌이면서 행정구역 분리운동이 본격화됐다. 이후 분당구청 기공식 현장에서 집단시위를 하며 자신들의 의사를 알렸다. 이듬해에는 분당입주자대표협의회를 결성해 정부 부처에 건의서를 전달하고 청와대에 탄원서를 제출하며 조직적 대응에 나서기도 했다. 이는 분당이 성남시에 편제됨으로써 가질 수 있는 '철거민의 도시', '서민층의 도시'라는 기존 성남시의 도시이미지를 공유하길 꺼리는 일종의 지역 차별화 기도였다. 중산층의 도시라는 분당의 이미지를 계속 확보하고 강화하기 위한 계층 구별짓기이기도 했다.

> 분당구 독립을 외친다든지 이런 것들이 다 그런 정부가 팔았던 상품 그리고 소비자들이 상품을 사면서 그 상품이 그런 것이다 하고 생각하고 있었는데, 그 상품에 이미지가 깨지면 즉각적으로 반발하거든요. 성남시 분당구 이렇게 하니까 이 사람들이 굉장히 당혹스러워했거든. 왜 분당시가 아니고 성남시 분당구냐. 제일 기본적인 이유가 지네가 산 이미지 상품에 성남시가 붙어지면서 지대한 손상이 온다. 그러니까 강남을 그대로 떼 옮겼다고 생각했는데 성남시에 소속되게 됐다는 것이 제일 중요한 것은 이미지 손상을 입힌다는 거죠. 도저히 수용하기가 힘들었을 거예요. (성남 주민. 2002년)
>
> -박지환, 「분당 신도시의 사회적 생산과 구성」, 서울대학교대학원 인류학과 석사학위논문

그런데 분당주민의 이러한 시도는 정부 당국의 긍정적 답변을 끌어내지 못했으며, 내부 단결력 또한 느슨해 하나의 힘으로 결집하지 못한 채 와해하고 말았다.

여기에는 분당지역을 구區로 지정해 시역市域 내에 묶어두려는 성남시의

전략이 주효한 탓도 있었다. 성남시는 분당이 독립 자치단체로 승격하면 성남 본시가지는 분당지역의 위락소비시장이나 변두리로 전락해 슬럼화될지도 모른다고 우려했다. 행정구역 축소와 함께 막대한 세수원을 잃을 뿐만 아니라, 중산층 신도시 분당을 아울러서 서민층의 도시라는 기존 성남의 이미지를 개선하고 시세를 확장할 기회를 놓치는 것이라 판단했다. 이런 정황에서 성남시는 신도시개발 초기부터 분당지역을 성남시로 안착하기 위한 명분과 근거를 만들어나갔다. 1991년 2월에 분당 편제를 전제로 한 성남도시기본계획을 수정해 발표했으며, 정부에 구청신설을 재차 건의했다. 가칭 '분당구'의 동洞을 비롯한 도로와 교량 등 60여 개 시설물의 명칭을 확정하고 분당에 신설할 동사무소와 파출소 등 공공기관에 대한 예산도 반영하겠다고 밝혔다. 무엇보다, 분당 신도시의 쓰레기소각장과 하수처리장을 성남 본시가지 지역에 설치하기로 함으로써 분당이 성남시에 편입되어야 한다는 탄탄한 명분을 만들었다.

분당 독립 주장은 1995년 이후엔 국회의원선거와 지방의회선거를 계기로 정치인들에 의해 쟁점화돼 성남시의회에 「분당자치시 형성 촉구결의안」이 상정되기도 했지만 통과되지는 못했다. 독립 시 주장은 1997년을 거치면서 더는 구체적인 운동 형태로 전개되지 않았는데, 이 시기는 분당과 성남 본시가지라는 두 지역이 서로 분리되고 차별되는 생활권을 확고하게 형성한 시점과 거의 일치한다.

행정구역 분리운동은 물리적 공간이 계급을 구별 짓고 차별하는 상징기호로 어떻게 활용될 수 있는지를 잘 보여준다. 분당 독립 운동은 표면상 실패로 귀결됐지만 그 파급효과는 만만치 않았다. 분당이 행정구역상 성남에 속할 뿐 실제로는 별개의 사회공간임을 대외적으로 널리 알리는 계기가 됐으며, 대내적으로는 분당주민들 스스로 분당 신도시에 대한 귀속감을 한층 단단히 다지는 효과를 가져왔다. 그 영향 면에서 보자면 최소한 절반의 성공은 거둔 셈이다.

분당 교육특구를 조성하라

사실 대다수 분당주민에게 더 절실하고 시급한 과제는 교육여건 조성이었다. 1991년 하반기의 첫 입주가 다가오면서, 분당 입주예정자들은 성남 본시가지와 구별되는 분당지역만의 독립학군을 설정해달라고 요구했다. 서울 명문 사립학교의 분당 유치라는 애초의 개발공약公約이 무산돼 공약空約이 돼버리자 차선책으로 내세운 교육공간 분리 시도였다. 이는 분당 신도시와 성남 본시가지를 사회적으로 경계 지어 가르려는 차별의식의 표출이기도 했다. 경기도교육청에서는 분당 신도시만을 독립학군으로 지정하면 신·구 시가지 주민 사이에 위화감이 조성될 수 있다며 한동안 이를 보류해왔지만, 요구가 거세지자 그해 9월에 결국 분당구를 별개의 독립학군으로 지정했다. 신도시 개발계획 발표 당시 서울 강남의 8학군에 맞먹는 교육환경을 마련해주겠다고 한 약속을 이행한다는 게 독립학군 설정의 명분이었다. 이와 함께 정부에서는 무산된 명문 사립학교 유치를 대신해, 분당 신도시를 고등학교 진학 비평준화 구역으로 지정해주었다. 고등학교 간의 경쟁을 유도해 조기에 교육수준을 향상하겠다는 취지로 당시 평준화제도를 실시하던 성남 본시가지와 진학제도를 달리한 것이다.

그런데 1998년 들어 분당주민들은 이번엔 '고교교육 평준화 운동'을 펼친다. 비평준화제도가 고교입시를 과열시켰지만 고등학교 간 경쟁을 유발하지는 못했으며, 오히려 설립 순서에 따라 서열화되어버렸기 때문이다. 학부모들은 평준화를 도입하면, 서열화로 명문 고등학교가 된 학교에 자신의 자녀를 보닐 수 있다는 생각에 고교입시 평준화를 주장했으며, 결국 4년 뒤인 2002년에 비평준화제도를 폐지하는 데 성공한다. 하지만 평준화제도는 얼마 지나지 않아 다수 학부모의 강력한 빈발을 야기했다. 자녀 성적이 상위 50%에 드는 학부모들은 자녀가 명문 고등학교에 배정받지 못하자 불만을 드러냈으며, 평준화 실시로 인해 명문 대학교 진학률이 높은 고등학교가 아예 사라져버리지 않을까 하는 우려까지 숨기지 않았다. 분당의 우수한 학생이 서울 강남지역을 위시한 교육여건이 좋은 곳으로 대거 빠져나갈 수도 있다고 보았다. 그렇게 되면, 교육여건이 좋고 명문 대학교 합격자를 많이 배출하는 고등학교가 있는 도시라는 분당에 대한 인식과 이미지가 와해할 수도 있었다.

> 우리 아이들을 고교입시 평준화라는 보호막 아래 방치할 수 없습니다. (…) 현재 경기도의 부천, 의정부, 고양 등지에서 특목고를 유치하려는 노력을 펼치고 있습니다. 우리도 평준화라는 미명 아래 발목이 잡혀서는 안 되며, 평준화로 인한 탈분당화를 막아야 하고 분당의 인센티브가 없어지는 것을 막아야 합니다. [「특수목적고 유치 등 성남지역 교육환경 개선을 위한 간담회(2002.8.28)」참가자]
>
> ―박지환, 「분당 신도시의 사회적 생산과 구성」, 서울대학교대학원 인류학과 석사학위논문

이제 분당주민들은 우수한 교육공간으로서의 분당이라는 도시이미지를 유지하고 강화하기 위해 외국어고등학교나 과학고등학교 같은 특수목적 고등학교 설립에 나섰다. 여기에는 분당에 거주하는 여론주도층이 앞장섰는데, 능력을 최대한 발현할 수 있도록 한다는 교육 수월성 제고를 기치로 외국어고등학교와 혁신형 대안학교 설립을 정부에 종용해 이를 관철한다. 분당에 특수목

적 고등학교를 세우려는 시도는 분당을 다른 지역과 구별되는 뛰어난 교육공간으로 구성하려는 실천행위인 동시에 자녀를 중산층으로 재생산하고자 하는 욕구의 발로였다.

> 특목고가 있으면 외부적으로 분당의 교육조건이 좋다고 알려지고 결과적으로 분당으로 이사 오는 사람도 요만큼이라도 늘어날 수 있다고 생각하는 거지. (…) 분당에 사는 사람들이 기본적으로 경제적 자립이 되고 부모들의 학력이 높다 보니 자기 자녀들도 특목고에 가서 사회에 진출해서도 좀 더 좋은 지위에 오르기를 바라는 욕구를 갖고 있는 셈이지. (분당 신도시 주민. 2002년)
>
> ─박지환, 「분당 신도시의 사회적 생산과 구성」, 서울대학교대학원 인류학과 석사학위논문

이와 함께 분당 학부모들은 안전하고 좋은 교육환경 조성에 나섰다. 이는 학교시설과 같은 외형적인 것만이 아니라 자녀가 위험한 학생과 어울리는 가능성이 차단된 공간이기도 했다. 결국, 분당의 중산층 학부모들은 유사한 부류의 아이들이 모여 있는 학교를 만들고자 했는데, 이를 잘 나타내주는 사례가 중학구中學區제도다. 이는 분당지역 중학교가 원칙적으론 단일학군이지만 통학 편의를 위해 6개의 학구로 나눠 학생들이 자기 학구 내에서만 학교 배정을 받도록 한 방안이었다. 분당에 처음 입주한 중부생활권 주민들이 특정 중학교에만 배정해달라고 한 요구를 성남교육청에서 순차적으로 받아들인 결과였다. 이 6개 학구는 실제로는 중대형 민영아파트가 집중된 중부생활권(2·3·4 학구)과 임대아파트단지가 있고 아파트 평수가 상대적으로 작은 북부·남부생활권(1·5·6 학구)으로 학구의 경계를 나눠 놓은 것이었다.

그러다 1994년 말 1·5·6 학구 학부모들이 단일학군제나 2학구제를 요구

하면서 이후 2년 동안 양측이 격렬한 다툼을 벌이게 된다. 2·3·4 학구 학부모들은 학구 경계를 넘어 등하교하면 교통사고 위험이 높고 시간을 너무 많이 소모한다며 기존 제도의 유지를 주장했지만, 그 실상은 임대아파트 지역 아이들이 자신의 자녀와 같은 학교에 다니지 못하도록 하려는 의도였다. 결국 1997년 학기부터 단일학군제를 실시하기로 했지만 근거리 학교 우선 배정이라는 부속조항이 있어 분란의 소지를 남겼다. 이 중학구제도 분란은 중산층 이외에는 모두 타자화해 배척하고 격리하려는 기세를 강화해 오히려 분당 신도시의 중산층 도시화 경향을 가속했다는 진단을 내리기도 한다.

한편으로 분당의 중산층 학부모들은 학부모 모임을 만들거나 사교육 과외 모임을 조직하는 등 일종의 학부모 교육공동체 활동을 활발하게 펼쳤다. 학부모 모임을 통해 자녀교육에 대한 정보를 교환하고 학교 교육방식과 교육내용까지 간여하며 학교 안팎에서 자녀교육을 실질적으로 이끌어나가고자 했다.

서울 강남지역 학부모의 행태를 답습해 자녀관리에도 앞장섰다. 과외학습과 해외 어학연수를 비롯한 장·단기 교육일정을 짜고 자녀의 일상생활 자체를 전반적으로 관리했다. 일종의 로드 매니저가 되어 자녀를 학교와 학원으로 실어날랐으며, 자녀의 영양섭취와 건강관리에도 남다른 관심을 쏟았다.

이런 교육 열기 속에서 분당구 중심부에 서울 강남에 버금가는 학원가가 형성돼 분당이 사교육의 새로운 요람으로 여겨지게 되었다. 서울 학원으로 나가던 학생들의 교육수요를 분당 내로 흡수하는 한편, 서울 강남지역 학원가에서처럼 인근 지역의 학생들까지 분당 내 사교육 현장으로 끌어들였다. 그러면서 분당은 강남에 이어 중산층의 교육문화를 확대하고 재생산하는 차세대 중산층 육성의 산실로 자리를 잡아나갔다.

중산층 생활양식을 창출하고 향유하라

　분당주민들은 자신들 간의 유대를 강화하고 계층적 동질성을 유지해 중산층 정체성을 공고히 하는 대내적 동질화를 꾀했다. 이를 위해서는 주민을 하나로 묶어줄 구심점이 필요했는데, 그 역할을 담당한 게 서울 강남의 생활양식이었다. 서울 강남은 분당 신도시 탄생 과정에서부터 낯선 곳이 아니었다. 신도시 계획 단계에서 강남을 모본模本으로 제2의 강남을 구상했으며, 강남 거주민이나 강남으로 이주하려는 이들을 끌어들이려 했다. 실제로 강남 출신자들이 분당주민의 다수를 이루었으며, 의료·법조·언론·행정 분야의 전문직 종사자가

백화점과 쇼핑센터를 비롯한 상업시설, 대형 병원, 업무시설 등이 들어선 분당 신도시 야탑지역(2020) | 성남시청

대거 입주해 사회계층 구성도 강남과 유사해졌다. 비강남 출신의 입주자들도 강남 생활양식에 대한 기대감을 안고 분당에 진입한 경우가 많았다고 한다. 이런 바탕 아래 분당주민들은 '강남 생활 이어가기'나 '강남 따라 하기' 방식으로 분당의 중산층 생활양식을 만들어나가고자 했다.

무엇보다 분당의 중산층 주민들은 적극적인 자산증식 활동으로, 생활의 안정과 여유를 보장하는 물질적 기반을 한층 탄탄히 구축하려 했다. 주로 부동산투자에 관심을 쏟아 서울을 비롯한 수도권 지역의 아파트 매입과 매각으로 보유 자산을 키우거나 은행담보대출을 활용해 건물을 사들여 이익을 남겼다. 주식이나 채권의 장기 보유를 통해 노후대책을 마련하는 한편, 건물 임대소득으로 고액의 자녀교육비와 생활비를 충당하기도 한다.

이와 더불어 분당주민들은 문화와 소비 측면에서 중산층 생활문화를 하나둘 일구어나갔다. 백화점의 문화예술 프로그램에 참가하고 스포츠센터에서 건강을 다지며 중산층다운 여유로운 삶을 즐겼다. 아파트단지 내 주부 모임이나 학부모 모임에 참여해 서로의 동질감과 유대감을 키웠다. 특히 아파트단지는 주부들이 이웃관계를 넓히는 터전이 되었다. 종교와 자녀교육, 부녀회 등의 다양한 관계망을 통해 근린 관계를 맺으며 중산층 생활문화의 근저를 넓히고 일상을 알차게 했다. 잘 꾸며진 아파트단지와 자연 친화적인 주거환경이 이러한 활동을 뒷받침했다.

백화점과 대형쇼핑센터는 중산층 소비문화를 진작시킴으로써 분당주민이 일종의 중산층 소비공동체로 묶일 수 있는 토대를 제공했다.

모든 시설들이, 학원이구 운동이나 다 여건이 되는 거지. 장사가 되니까, 여건이 되니까, 스포츠, 백화점…. 그런 사람들은 수지가 맞아야 하잖아요. 그죠? 그런데 그게 여기서 된다는 것은 그만한 것을 여기서 소비를 하니까 그런 것들이 다 형성이 되는 거죠. 그런 것들이 통틀어서 여기 문화를 만드는 거겠죠. 장사가 되니까 스포츠 시설도 들어오는 거구 백화점도 들어오는 거구, 활성화되니까. 그걸 누가 사용하느냐. 여기 사람들이, 외부 사람들이야 오다가다 많지 않으니까, 여기 주민들이 사용하니까 활성화되는 거지. 조용하구 쾌적하구 살기에 다 고만고만하구. 그래서 천당 밑에 분당이라고 하잖아. 그래서 그런 말이 생겨났나 봐. (분당 신도시 주민. 2002년)

-박지환, 「분당 신도시의 사회적 생산과 구성」, 서울대학교대학원 인류학과 석사학위논문

하지만 1990년대 중반까지는 유통시설이 제대로 갖춰지지 않아 서울 강남 지역의 백화점이나 쇼핑센터를 이용하는 주민들이 많았다. 이후 도시기반시설이 완비되고 유통시설과 문화시설이 갖춰지면서 주민 대다수의 문화·소비 활동이 분당 내에서 이뤄지게 된다. 나아가, 성남 본시가지는 물론 수지를 비롯한 주변 용인지역 주민들까지 몰리면서 분당이 경기 동남부의 중심 상권으로 자리를 잡았다. 그러면서 분당 신도시는 인근 도시의 중산층까지 아우르는 독자적인 생활권을 형성했다. 이러한 도시환경 속에서 분당의 주민들은 생활과 교육 관계망을 중심으로 통교하며 중산층으로서의 계급 정체성을 다지고 강화해 나갈 수 있었다.

중산층 도시로서의 분당의 탄생과 성장은 분당지역 자체 개발만으로 가능한 작업이 아니었다. 분당구와 접한 바로 위쪽에 서민층 도시로 각인된 성남 본시가지가 있어 중산층 도시 분당의 결과 색이 한층 도드라져 보일 수 있었다.[26]

도시시설과 거주환경, 교육여건과 문화 양태 등에 걸친 본시가지와의 비교를 통해 풍요롭고 여유 있는 신도시, 쾌적하고 안전한 신도시라는 분당의 도시이미지가 더욱 빛을 발할 수 있었다. 분당의 도시이미지는 일차적으로는 성남 본시가지와 대비된 결과였다.

다른 한편으로, 분당이 중산층의 도시로 형성될 수 있었던 것은 서울 강남지역과 가까운 곳에 위치했기 때문이라는 지리적 요인도 무시할 수 없다. 개발구상 단계에서 서울 강남 인근에 신도시를 개발해야 강남으로 몰리는 중산층을 유인하기 수월하다는 판단으로 분당지역이 선택되었기에, 분당의 사회적 위상은 사실상 그 시작부터 배태돼 있었던 셈이다. 이후 실제로 전문직과 관리직을 비롯한 중간계층이 분당으로 이주하면서 도시성장의 물리적 조건을 갖추었고, 교육과 소비생활 등 문화 전반에 걸친 내실화와 차별화를 이뤄내며 중산층 도시로 자리 잡았다.

중산층의 도시 분당은 한국사회의 정치지형 변동은 물론 압축적 근대화와 급격한 산업화가 낳은 산물이기도 하다. 체제유지와 정치권력 지지층 확보 차원에서 중산층 주민이 거주할 신도시를 구상했으며, 경제 부양과 자본 순환을 위해 땅을 고르고 집을 지어 올리는 개발을 서둘렀다. 국가와 자본의 결속에, 뒷날 개발이익의 한 수혜자가 될 입주민이 협력해 중·대형 아파트 위주의 신도시가 건설됐으며, 그러면서 분당은 행정구역과 관계없이 별개의 도시라는 공간적 의미를 획득했다. 분당에 입성한 중산층은 상이한 계급과의 공간적 분리와 사회적 배제를 시도하며 중산층 문화를 일구어나갔다. 그렇게 분당은 한국사회의 정치경제적 여건과 부딪치고 사회변동의 흐름과 영향을 주고받으며 중산층의 도시로 생산되고 구성되었다.

11장

다시 중산층 신도시를 조성하라
– 판교 신도시의 탄생

분당과 판교 – 성남의 두 중산층 신도시

판교 신도시 개발 과정과 배경
보전에서 개발로 – 판교지역 남단녹지의 향방
난개발 확산, 주택가격 상승, 쾌적한 주거환경 필요

판교 신도시 개발계획을 수립하라 – 4개 시행사의 갈등

무엇을 위한 개발계획 변경인가?

분당과 판교
–성남의 두 중산층 신도시

　　예상은 했지만 분당 신도시 주민의 반대 기류가 갈수록 거세졌다. 판교 신도시 부지 정지整地공사가 시작되기 약 두 달 전인 2005년 5월 6일, 성남시민회관에서 열린 '납골당 부지 조성 설명회' 현장에 주민 200여 명이 몰려와 단상을 점거하는 사태가 발생했다.[1] 성난 주민들은 사회자의 마이크를 빼앗고 경기도청 직원과 몸싸움을 벌이며 1시간 넘게 연단을 점거한 채 설명회를 저지했다. 납골당은 판교 신도시 중심가에서 멀지 않은 근린공원 자리에 들어설 예정이었다. 주민들은 "서울에서 반대해 조성하지 못한 납골당을 왜 경기도가 나서서 조성하는 것이냐"며 목소리를 높였으며, "납골당 예정부지를 다른 곳으로 옮기지 않으면 앞으로도 집단행동을 계속할 것"이라며 거칠게 항의했다.

　　경기도에서는 2003년 12월에 판교 신도시 개발계획이 승인된 뒤, 추모공원 조성을 개발계획에 반영하기로 하고 각계각층의 의견을 모으는 한편 사업 적정성 조사와 연구를 수행해왔다. 이어, 2005년 3월엔 분당지역과 인접한 판교 신도시 부지 내에 납골당을 비롯한 1만 평(3만 3057㎡) 규모의 장묘공원을 조성해줄 것을 건설교통부에 요청한다. 하수종말처리장과 쓰레기소각장에 대한 설치계획안도 함께 제출한 상태였다. 2006년 3월에 있을 판교 신도시 분양 전에 이른바 혐오시설 부지를 확정해 입주희망자들의 불만과 설치 반대 기류를 사전에 차단하겠다는 의도가 짙었다.

경기도에서는 주민들의 거부감을 덜기 위해 지하에 납골당을 짓고 지상은 조각공원과 조경시설을 갖춘 공원으로 조성한다는 계획안을 내놓았다. 그런데 그 위치가 판교 인터체인지에서 분당지역으로 들어서는 초입이자 주상복합아파트단지와 1km 정도 떨어져 있어 앞으로 분당 신도시의 부동산가격에 상당한 영향을 미칠 것으로 예상됐다. 그러자 판교 신도시 예정지역과 인접한 아파트단지에 거주하는 분당주민을 중심으로 납골당 조성을 반대하는 주민운동이 벌어졌다. '분당 주상복합아파트연합회'와, 분당구 50개 아파트단지 주민대표로 구성된 '분당 입주자대표협의회'가 주축이 돼 성명서를 발표했으며, 곧 주민서명운동과 반대집회를 개최하겠다며 경기도를 압박했다. 경기도의회 의원까지 나서서 납골당 부지 변경을 요구했으며, 분당주민들은 두 번이나 주민설명회를 무산시켰다.[2]

> 판교 신도시에 건설될 납골당 시설의 주민설명회가 이웃 분당 신도시 주민들의 단상 점거로 무산됐다. 납골당 시설이 도시미관을 크게 해치고 분당 신도시 고층아파트에서 부지 일부가 목격돼 혐오감을 줄 수 있다는 게 이유라고 한다. 그러나 이 시설은 전면 지하로 들어간다. 지상은 공원이 된다. 아름답게 꾸며진 녹지와 조각품, 상징물 등이 미관을 해친다는 것은 말이 안 된다. 단지 기피시설이라는 이유로 멀리 떨어져 있는 것조차 반대하고 나서는 것은 집값 하락을 지레 걱정한 주민 이기주의로밖에는 보이지 않는다.
>
> ─『서울신문』 2005년 5월 11일

판교 신도시개발이 추진되던 당시 분당주민들은 납골당을 비롯한 혐오시설이 집값 하락을 가져올 것이란 우려를 하며, 한편으론 판교 신도시 조성 자체가 몰고 올 전반적인 파장에도 촉각을 곤두세우고 있었다. 2001년 9월 판교 신

도시 개발방안이 발표된 뒤 개발계획을 수립하면서 정부에서는 이 지역을 1만 9700호의 주택에 5만 9000명가량의 인구를 수용하는 신도시로 만든다는 개발 구상을 밝혔다.[3] 개발기간은 2003년에서 2009년으로 잡았으며, 분당보다 인구 밀도가 낮고 녹지비율이 높은 친환경 거주지로 조성해 중산층이 선호하는 쾌적한 단독주택 용지와 대형 아파트를 다수 공급한다는 지침까지 마련했다. 이와 함께, 벤처산업과 첨단기술을 중심으로 한 산업단지를 조성해 판교 신도시를 수도권 동남부의 연구·업무 거점으로 육성한다는 자족도시 조성방안을 내놓았다. 여기에 자립형 사립고등학교와 특수목적고등학교를 유치하고, 학원·정보기술 관련 고등학교·대학원·연구원 등이 들어설 교육시설 집적단지인 에듀파크까지 조성해 양질의 교육서비스를 제공할 것이란 방침까지 제시했다. 한

마디로 말해, 분당보다 서울에 가까운 판교 신도시를 강남지역을 대체할 고급 주거지이자 업무 중심지로 개발하겠다는 뜻이었다.

- 판교 신도시를 강남의 대체 주거지역으로 개발하여 강남의 주택수요를 분산함으로써 수도권 주택가격안정을 선도할 수 있는 방향으로 개발방향을 설정함.
- 이를 위해 판교지역에 양질의 주거지 공급을 위해 중밀 테마형의 전원도시를 지향하고 중·고소득층이 선호하는 단독 및 연립주택 용지와 대형평형의 주택을 공급하여 강남 대체 주거지로서의 위상을 제고함.
- 도시의 자족성을 위하여 산업용지를 포함한 비주거 지역의 면적 확대와 함께 높은 질의 교육환경 조성을 위하여 자립형 사립고, 특목고 유치 등 공교육특화단지를 조성하여 양질의 교육서비스를 제공할 수 있는 여건 조성에 힘씀.

- 대한국토·도시계획학회, 「수도권 주민 조사 및 전문가 조사의 배경」
『판교 신도시 개발방향에 관한 설문조사결과보고서』 (2004)

당시 분당주민들은 앞으로 들어설 이러한 판교 신도시에 대해 이중적인 입장을 보였다.[4] 서울 강남지역에서 약 10km 반경권 내에 위치한 판교 신도시가 완성되면 분당의 아파트가격 하락과 함께 제2의 강남이라는 중산층 도시로서의 역할과 위상 또한 흔들릴 수 있을 것이라 보았다. 그러면서도 더 좋은 주거환경을 갖춘 새로운 시가지로 이사해 살 수 있다는 기대를 품기도 했다. 판교지역이 택지개발예정지구로 지정될 즈음인 2001년 12월 31일까지 주민등록을 한 성남시민이면 지역 우선 분양 혜택을 받을 수 있어 청약에 당첨될 가능성이 다른 지역 거주자보다 높은 편이기도 했다. 이런 상황에서, 지금 소유한 아파트의 자산가치 하락을 우려하면서도 판교지역 개발을 바라는 마음이 교차하고 있었다. 판교 신도시 사업시행자인 대한주택공사에서 2003년에 분당주민 206명을 대상으로 조사한 자료에 의하면, 판교 신도시의 주택을 청약하거나 이주할 의향을 가진 주민이 174명으로 전체의 84.4%에 달했다.[5] 이주 이유에 대해서는 대부분이 뛰어난 주거환경과 높은 투자가치를 꼽았다.

판교 신도시개발은 부동산가격과 동향뿐 아니라 성남시 전체의 도시형태와 지역주민 간의 사회관계 양상에도 상당한 변화를 초래할 전망이었다.[6] 분당을 능가하는 중산층 신도시가 될 가능성이 높은 판교 신도시의 등장으로, 기존 신·구 시가지 간의 격차로 인한 도시공간 이원화에서 나아가 판교와 분당, 본시가지 간의 삼원화 구조가 형성될 것이라 내다보았다.

이와 함께 인구 증가와 행정 효율화를 명분으로 분당구의 시市 승격 문제가 다시 촉발될 것으로 예상했다. 2002년 하반기에 본시가지와 분당주민 각각 170여 명을 대상으로 조사한 결과에 따르면, 분당구 독립에 찬성하는 본시가지 주민은 8명으로 설문대상자의 4.6%였지만 분당주민은 118명으로 약 70%에 달했다.[7] 그런데 이번엔 1990년대 중반과 달리, 분당 신도시만의 독립이 아니라 판교지역과 함께 시로 승격하길 원하는 주민이 상당수에 달했다. 설문응답자 124명 중 53명인 약 43%의 주민이 판교 신도시와의 동반 독립을 희망했다.

이 같은 동반 독립 의사와 판교 신도시로의 이주 의향으로 미루어 보아, 그동안 성남 본시가지나 수지와 죽전 등 용인지역과는 차별적인 경계를 유지하고자 했던 분당주민들이 이제 판교 신도시와는 서로 연결되고자 하는 의향을 가졌음을 알 수 있다. 판교 신도시에 대한 이러한 수용의 자세와 포섭의 시각이 가능했던 까닭은 판교지역이 명실공히 최상의 중산층 신도시이자 2000

년대의 제2 강남으로 개발된다는 데 있었다. 2006년 초반의 판교 신도시 첫 분양을 수개월 앞둔 시기부터 언론은 판교의 장밋빛 미래를 앞다투어 점치고 있었다.

> 4800만 인구의 관심이 모두 판교에 쏠려있다. 집이 있든 없든, 판교 아파트를 살 수 있는 경제력이 있든 없든 일단 판교는 당첨만 되면 돈이 된다는 생각 때문이다. 실제 판교 당첨만 되면 당장 최소 2억 원에서 최대 5억 원 이상의 웃돈을 챙길 수 있으리라는 게 전문가들의 공통적인 전망이다. 판교는 도시개발과정에서 가장 발전 가능성이 확실하게 보이는 지역으로 꼽힌다. 강남과 분당이라는 두 부촌富村이 확장하는 과정에서 자연스레 맞붙은 지역에 개발되는 신도시가 바로 판교. 1기 신도시를 비롯해 다른 2기 신도시와 비교해보더라도 판교는 기존 도심과의 근접성이나 배후도시의 인프라가 탁월하다. 부동산전문가들은 "한마디로 강남권이 판교로까지 확대되는 셈"이라고 설명한다. 판교의 본격 입주가 시작되고 한창 논란이 일고 있는 서울공항 이전까지 현실화된다면 판교가 10년 후 서울의 새로운 중심으로 발전할 가능성도 있다.
>
> ―『매일경제』 2005년 6월 16일

분당주민들은 판교 신도시개발 추진 초기에는 인구 증가와 그에 따른 교통난 가중, 집값 하락 등을 우려하며 신도시개발 자체를 반대하기도 했다. 하지만 판교 신도시 건설이 기정사실로 굳어지고 서울 강남을 대체할 중산층 신도시로 개발된다는 확신이 서면서, 주민 다수는 판교 신도시를 건물 노후화로 인한 분당 신도시의 가치 감가를 상쇄해줄 수 있는 보완지역으로 보기 시작했다. 일부 주민은 판교 신도시로 인해 이 판교지역까지 포함된 분당구 전체의 가치와 위상이 높아지거나 최소한 현재 상태로 유지될 수 있다고 여겼을 것이다. 다른 일부 주민은 판교지역으로 거주지를 옮김으로써 향후 주택가격 상승을 통한 자산증식을 꾀하고, 최상의 중산층 신도시에 계속 거주한다는 만족감과 자만감을 향유하려 했을 것이다. 어느 쪽이든 판교 신도시가 쾌적한 생활환경을 갖추고 부동산가격이 높이 책정될 수 있는, 중산층 주민 위주의 전원도시로 조성되는 게 유리했다.

2009년 들어 본격적인 입주가 이뤄지면서 판교지역은 실제로도 중산층 도시임이 입증된다. 판교 신도시 주민의 2010년 월평균 소득을 보면, 분당 신도시의 461만 원보다 약간 웃도는 477만 3200원에 이른다.[8] 이 시기에도 분당 신도시 전 지역에는 전국 평균보다 높은 소득을 가진 계층이 비교적 균등하게 분포

성남 판교 신도시 백현지구(2014) | 대한민국역사박물관

했지만, 한편으로는 판교지역을 중심으로 새로운 고소득계층 주거지가 형성된다. 주택가격 면에서도 판교가 분당을 앞섰다. 연도별 평균 주택가격을 단위 면적당 지수로 정리한 주택가격 지수를 보면 2010년에 분당은 약 519인데 비해 판교는 그보다 높은 약 686을 나타낸다. 또한, 그동안 성남시에서 가장 높은 주택가격을 형성하고 있는 지역은 분당 신도시였지만 판교 신도시가 개발된 뒤에는 이 지역 중심부인 백현동으로 나타나 향후 판교 신도시의 부동산 가치와 중산층 도시로서의 위상이 더욱 커질 전망이었다.

통계청에서 정의한 '도시 2인 이상 가구 가계수지에 따른 소득 계층' 분포를 보아도 판교 신도시가 분당 신도시보다 한층 탄탄한 기반을 갖춘 중산층이 거주하는 곳임을 알 수 있다. 분당 신도시에는 1995년 이후 9분위에 속하는 고소득 중심 거주계층이 형성됐는데, 2000년을 지나면서 다소 하락하다가 2010년 판교 신도시가 조성된 뒤에는 5분위까지 내려간다. 분당의 이러한 거주계층 하향화 현상은 주택 노후화와 판교 신도시 조성 때문으로 추정되지만, 분당이 여전히 중산층 도시임에는 변함이 없었다. 이와 비교해 판교 신도시는 2010년 들어 일부 임대주택 지역을 제외하고는 대부분이 8분위 이상의 고소득층 주민으로 구성되는데, 이는 서울을 비롯한 수도권 지역에서 이주해온 계층의 구성이 기존 분당주민보다 더 고소득층 중심으로 이뤄졌음을 시사한다.

소득과 주택가격 등의 수치와 실제 도시공간이 조성되는 현실은 분당 신도시에 이어 판교 신도시 또한 중산층의 도시로 생산되고 구성되었다는 사실을 알려준다. 이제 정치권력과 자본에 의한 결속, 거기에 중산층 입주민의 욕망이 더해져 가능했던 또 하나의 중산층 도시가 만들어지는 내막과 과정을 되짚어보자.

판교 신도시 개발 과정과 배경

보전에서 개발로 – 판교지역 남단녹지의 향방

2001년 1월 12일, 판교지역에 거주하는 주민 400여 명이 성남시청 앞 광장에서 화형식을 거행했다.[9] 판교개발추진위원회와 판교시민환경연대 등 시민단체에 소속돼 활동하는 이들은 건설교통부 장관과 경기도지사, 성남시장의 모형을 불태우며 지역개발을 촉구하는 목소리를 높였다. 판교지역 개발계획 유보와 건축허가제한 연장에 반발해 일으킨 집단시위이자 결의대회였다. 시위 주민들은 화형식에 이어 시청사 진입을 시도했다. 시위대가 과일과 달걀을 던지며 건물 내로 들어가려 하자 경찰이 막아서며 한동안 격렬한 다툼이 일었다.

> 판교개발추진위원회(위원장 김대진)와 판교시민환경연대(회장 임시호)는 이날 "정부와 여당, 성남시가 지난해 말까지 개발 여부를 확정하고 건축허가제한을 해제하겠다던 약속을 어겼다"며, "더 이상 빚더미 속에서 살 수 없어 생존권 수호투쟁에 들어가기로 했다"고 밝혔다. 이들은 또 "지난 26년간의 피해를 보상하고 건축규제를 해제하는 한편 자족 기능을 갖춘 계획도시로 개발할 것을 촉구한다"며 "우리의 요구가 받아들여지지 않을 때 일어나는 사태에 대한 모든 책임은 정부가 져야 할 것이다"고 주장했다.
>
> -『경인일보』 2001년 1월 13일

판교지역은 1976년에 분당지역과 함께 남단녹지로 지정돼 건축제한과 토지이용에 엄격한 규제를 받아온 곳이었다. 1989년 들어 분당지역은 개발제한을 해제해 신도시개발을 추진했으나, 이후에도 판교 일대는 여전히 개발이 제한된 상태였다. 판교지역을 비롯한 잔여 남단녹지는 자연녹지 지역과 보전녹지 지역으로 지정해 계속해서 자연경관 보호와 생태 보전을 꾀했다.

이러한 규제로 인해 주거생활에 불편을 겪고 재산권 행사에도 어려움이 많았던 주민들은 1995년에 판교개발추진위원회를 결성해 건축규제 해제와 함께 지역개발을 촉구하는 다양한 활동을 벌여왔다.[10] 학술세미나와 강연을 통해 판교지역 개발계획을 제안하고, 판교지역 개발을 요청하는 주민의견서를 공공기관에 제출했다. 난개발 방지에도 앞장섰으며, 도축장 건립계획을 반대해 무산시키기도 했다.

성과가 없지는 않았다. 1998년 들어 판교 일원 약 210만 평(694만 2148m^2)을 녹지지역에서 개발예정용지로 변경하는 성남시 도시기본계획이 수립됐으며, 그해 5월에는 건설교통부에서도 이 도시기본계획을 승인했다.[11] 성남시에서는 이 계획에 근거해 국토연구원에 판교개발 기본구상에 대한 용역을 의뢰하기도 했다. 이듬해 3월엔, 구체적인 개발계획이 수립될 때까지는 난개발을 방지해야 한다는 명분으로 판교지역에 대한 건축허가 제한조치가 취해진다. 그런데 4개월 뒤인 7월에는 건설교통부 장관이 기자간담회를 통해 판교개발 불가방침을 피력한다. 그러다 2000년 1월 들어선 "판교 신도시개발을 전향적으로 검토하겠다"며 개발을 시사하는 발언을 했다가, 사흘 뒤엔 "판교개발을 검토한 적이 없다"며 불과 며칠 전의 발언을 번복한다.[12] "전향적 검토" 발언 뒤 판교지역 땅값이 평당 200만 원에서 250만 원으로 치솟자 내놓은 면피성 발언이라지만 이는 신도시개발을 주관하는 건설교통부에서조차 판교지역 개발에 대한 입장을 확실하게 정리하지 못하고 있다는 뜻이었다.

　그해 10월엔 국책연구기관인 국토연구원에서 신도시개발의 필요성을 제기하며 판교와 화성 중부, 천안 아산지역 등을 신도시 개발대상지로 꼽았다. 이는 건설교통부의 입장이기도 했다. 그런데 이번엔 당시 여당인 민주당에서 인구집중 문제와 교통난, 여론 등을 이유로 수도권 신도시개발에 대한 반대 입장을 표명했다. 이런 정황에서도 성남시에서는 그해 11월에 판교 택지개발예정지구 제안서를 제출했으나 경기도를 경유하는 과정에서 반려됐다. 사유는 재검토였다. 이어 12월 중순에 다시 제안서를 제출했지만 역시 반려됐다.

　한편 주민들은 판교지역이 개발예정용지로 승인된 이후에도 판교개발추진위원회를 중심으로 개발을 촉구하는 활동을 이어갔다. 1998년 10월에 '판교 조기개발 탄원서'를 시청과 경기도청 등 지방자치단체 기관은 물론 대통령비서실과 건설교통부 등 중앙정부 기관에도 제출했다. 2000년 들어선 판교개발추진위원회 인사가 방송 프로그램에 출연해 판교지역 개발의 필요성을 알렸으며, 수백 명의 주민이 참여한 개발촉구 결의대회를 수차례에 걸쳐 개최하기도 했다. 2001년 1월에 가진 4차 결의대회가 바로 시청 앞 광장에서 벌인 화형식 항의시위였다.

　화형식을 벌인 1주일 뒤인 1월 19일, 성남시에서는 개발계획 제안서를 다시 제출했지만 재검토라는 이전과 동일한 사유로 반려됐다. 그런데 이튿날 청와대에서 판교개발에 대한 조정안을 제시했다. 건설교통부에서 대통령에게 업무보고를 하는 자리에서 판교개발 사안이 거론됐는데, 여기서 대통령이 "판교개발은 찬반 의견이 첨예하기에 각계의 여론을 광범위하게 수렴해 판단해야 한다"고 강조했다. 덧붙여 "건설교통부가 난개발, 러브호텔, 과밀문제 등에 대해 사명감을 갖고 대응하라"는 지시를 내린다.[13] 정부부처·여당·전문가 집단· 일반 국민 등 다양한 계층의 의견을 수렴하라는 단서를 달았지만, 이는 판교지역을 개발하라는 사실상의 언질이나 다름없었다. 수도권 난개발과 과밀문제 등 부작용을 최소화하라는 지시는 이미 판교지역 개발을 전제한 상태에서 나온 발언으로 볼 수 있었다.

정부에서는 당장, 판교개발을 반대하거나 신중론을 보이는 여당 국회의원들을 설득해야 했다. 건설교통부·재정경제부·환경부 등 정부 관련 부처와 여당의 협의, 곧 당정黨政 협의가 필요했다. 이후 수차례의 당정회의를 거치고 '경제부처 장관 간담회'를 열어 고위층의 이견을 조율했다. 경기도와 성남시, 서울시 등 관련 자치단체와의 회의를 통해 개발방안을 논의하고 성남시가 낸 개발제안서를 검토한 뒤, 2001년 9월에 판교개발방안을 확정했다. 이때의 개발방안을 보면, 주택단지 조성 외에 첨단업종을 중심으로 한 약 20만 평(66만 1157㎡) 규모의 벤처단지를 건설한다는 신도시 자족기능 강화책이 포함돼 있었다. 이어 10월 들어선 '판교 택지개발사업지구 제안서'를 제출했으며, 그해 12월 하순엔 판교지역이 마침내 '택지개발 예정지구'로 지정된다.

이는 281만 8000평(931만 5000㎡)의 면적에 1만 9700세대, 5만 9100명의 주민을 수용한다는 신도시 개발계획으로, 인구밀도는 분당 신도시의 3분의 1 수준인 헥타르ha 당 64인으로 잡았다. 주택용지가 약 90만 평(297만 5207㎡)으로 신도시 전체 면적의 32%를 차지했으며, 공원·녹지로 쓰일 용지를 전체 면적의 24%인 약 66만 평(218만 1818.㎡)으로 할당했다. 이로써 서울 강남지역으로 몰리는 인구와 기능을 분산할 판교 신도시 건설 장정의 첫발을 내디디게 됐다. 그동안 개발제한구역에 준하는 규제로 엄격한 관리를 해오던 남단녹지에 두 번째 신도시가 들어서게 된 것이다. 2000년대의 중산층 도시를 지향하는 수도권 도시개발의 새로운 시도이기도 했다.

판교지역을 택지개발 예정지구로 지정하는 과정에서 정부 측에서는 전문 가와 환경단체를 중심으로 한 시민들의 개발반대 여론과 압박에 직면해야 했 다. 판교지역이 녹지로서 보존가치가 높고, 개발할 경우 심각한 교통난을 유발 한다는 게 개발반대의 주된 이유였다. 그런데 정부 입장에서 보면, 판교지역을 계속 보존하는 데는 크게 두 가지 난제가 놓여있었다.[14] 그 하나는 남단녹지에 대한 건축제한 문제였다. 판교지역 남단녹지는 1999년 3월부터는 건축법에 의 해 2000년 12월까지 건축제한을 한 상태였는데, 현행 법령상 1년에 한해 연장

개발에 대한 극심한 찬반논란을 불러일으켰던 판교 신도시. 난개발 방지와 주택가격 안정화를 명분으로 내세우고, 친환경 거주지 소성을 목표로 건설됐다. | 성남시청

이 가능했다. 건축제한 조치를 2002년 이후로 연장하기 위해서는 법률을 개정해야 했다. 하지만 이는 '사유재산권에 대한 과도한 제한'이라는 위헌 소지의 위험성을 안고 있었다. 현실적으로 법률 개정이 거의 불가능한 상태였다.

다른 하나는 판교지역 매입과 관련한 문제였다. 분당 신도시개발 이후 남은 남단녹지를 보존하는 방안으로는 국가에서 판교지역을 매입해 일체의 개발 행위를 금지하는 보존방책이 있었는데, 여기엔 약 2조 원에 달하는 재원이 난관이었다. 그 액수도 엄청나지만, 국민이 낸 세금을 특정 지역 보존을 위해 썼다는 형평성의 문제까지 제기될 수 있었다.

정부에서는 이러한 실정을 고려해 판교지역을 건축제한구역으로 더는 묶어둘 수 없다고 판단했다. 이제는 보존이냐 개발이냐의 이분법적 관점이 아니라 어떻게 개발하고 관리할 것인가 하는 차원에서 접근해야 한다고 보았다. 이러한 판단을 내린 데는 1995년 판교개발추진위원회 결성 이후 계속된 판교지역 주민들의 목소리 또한 상당한 영향을 미쳤을 것으로 보인다. 재산권 행사가 제한되면서 판교지역 주민들은 지속해서 건축제한 해제를 요구했으며, 2000년도 들어서는 단순한 규제 철폐와 성과 위주의 지역개발을 요구하는 수준이 아니라 난개발 방지와 쾌적한 주거환경 조성, 교통과 환경문제까지 고려한 합리적이고 종합적인 개발을 주장했다. 정책 결정이 지연되거나 사안이 변경되면 집단시위를 통해 목소리를 높이고 자신들이 내놓은 의사를 관철하려 했다. 이러한 대항 행위와 대안 제시를 거치면서, 판교주민들은 남단녹지가 지정된 지 근 26년 만에 건축제한 완화와 재산권 행사라는 결과물을 얻어낼 수 있었다.

난개발 확산, 주택가격 상승, 쾌적한 주거환경 필요

한편, 판교 신도시 개발계획 확정은 수도권 2기 신도시 조성의 필요성과 그 개발계획 추진을 알리는 본격적인 신호탄이었다. 1991년에 화성 동탄지역이 택지개발 예정지구로 지정됐지만, 길게는 1990년대 후반부터 계속된 판교 신도시개발에 대한 찬반논란과 택지개발지구 지정에 이르는 순탄치 않은 과정은 수도권 2기 신도시 추진을 위한 전초전과도 같았다.

분당과 일산 등 수도권 1기 신도시가 조성된 뒤, 향후의 신도시 건설에 대해서는 상당히 비판적인 여론이 사회 전반에 확산해 있었다.[15] 필요한 주택을 공급하고 서민 주거수준을 향상했다는 평가를 받기도 했지만, 신도시 건설이 가져온 부정적 파급효과가 나타나면서 신도시개발에 대한 논의 자체가 금기시되는 상황에까지 이르게 된다. 실제로 수도권 1기 신도시는 시가지 조성 규모에 비해 짧은 건설기간과 준비 부족으로 도시경제와 기반시설, 환경, 교통 등 다방면에 걸쳐 문제점이 드러났다. 당장의 주택공급에 급급한 나머지 자족 기능을 충분히 확보하지 못해 장거리 통근자를 양산하고 신도시 자체를 침상도시로 전락시켰다는 비난을 받아야 했다. 광역교통체계 수립이 미비했으며, 이로 인해 신도시가 수도권 교통난의 주범이 되었다는 질타의 목소리도 있었다. 아파트 위주의 대규모 주택공급이 오히려 부동산투기를 조장했으며, 건축자재 부족을 초래하고 건설노임을 인상해 물가를 불안하게 했다는 비판도 받았다. 수도권 인구과밀을 부추기고 국토 불균형 발전을 가속화 했다는 평가도 감수해야 했다.

무엇보다, 신도시 조성이 결국은 수도권 난개발 사태를 초래했다는 비난을 벗어날 수 없었다. 1990년대 중반 이후 수도권 1기 신도시 개발사업이 여러 가지 문제점을 드러내자, 정부는 대규모 신도시개발을 자제하고 소규모 분산 택지개발과 준농림지 개발 허용으로 정책방향을 전환한다. 준농림지는 농업진흥지역 외 지역의 농지와 준보전임지 등으로, 산림보전과 농림업 진흥을 위해 주로 이용하지만 개발 용도로도 이용이 가능한 지역을 이른다. 국토의 약 27%를 차지하는데, 이 준농림지에 대한 개발을 허용하면서 소위 난개발 사태가 야기된다. 이미 1999년에 용인과 남양주를 비롯한 수도권에 조성된 난개발 형태의 택지개발 면적이 분당 신도시보다 많은 실정이었다고 하는데,[16] 여기에는 준농림지 난개발이 상당 부분을 차지했다.

> 경기 용인 등 수도권 지역의 준농림지는 이미 파헤쳐질 대로 파헤쳐져 도저히 치유가 불가능한 상태에 이르렀다. 94년 준농림지 제도가 시행된 후 98년까지 준도시지역으로 용도가 바뀌어 대규모 아파트단지로 변한 준농림지는 전국적으로 375만 평에 이르며 이중 수도권 지역이 195만 평으로 절반이 넘는다. 최근 난개발로 문제가 되고 있는 용인 등 수도권 지역이 최근 1~2년 새 대부분 개발이 집중된 점을 감안하면, 준농림지 훼손은 이보다 훨씬 심각할 것으로 예상된다. 건교부 스스로도 "준농림지가 도시 녹지지역보다 오히려 개발이 쉬워 도시 외곽의 고층·고밀도 개발을 촉진하는 결과를 초래했다"고 인정했다.
>
> -『한국일보』 2000년 5월 31일

이 같은 난개발지역에서는 도시기반시설 부족, 교통난 악화, 자연환경 훼손 등 여러 가지 사회문제가 일어났는데, 이러한 폐해는 계획개념과 종합개발이 뒷받침되는 신도시개발의 필요성을 높였다. 분당 신도시 주변을 비롯한 수도권 난개발이 선계획 후개발 차원에서의 도시조성에 대한 공감대를 확산하는

계기가 됐다.

　여기에 2001년 이후 다시 일어난 주택가격 상승 파동은 신도시 건설의 필요성을 한층 부채질했다. 이 무렵 서울을 포함한 수도권의 주택보급률은 통계상으론 약 80% 중후반대로 여전히 주택이 부족한 상태였는데, 정부 입장에서 보면 신도시 개발정책은 주택공급 확대정책을 펼칠 수 있는 최적의 방책이었다. 특히 서울 강남지역의 주택가격 상승은 곧바로 수도권 전체의 집값을 부추기고 전국의 부동산 동향에도 영향을 미치기에, 이 강남지역 부동산 수요를 유인할 중산층 위주의 신도시 건설에 대한 필요성이 갈수록 강해졌다.

쾌적한 주거환경을 갖추고 생활하길 원하는 수도권 주민이 급증했다는 사회현실도 신도시 개발계획의 타당성을 뒷받침했다. 나라 전체의 생산성이 증가하고 개인소득이 증대하면서 삶의 질에 대한 관심이 높아졌으며, 쾌적한 거주환경에 대한 욕구 또한 점증하는 추세였다. 교통망 확충으로 서울에 대한 접근성이 향상되면서 고밀도로 개발된 서울의 열악한 주거환경을 탈피하고자 하는 인식 또한 확산하고 있었다. 이러한 요구를 충족하기 위해서는 계획적이고 자연 친화적인 도시개발을 통해 충분한 옥외공간과 휴식시설을 갖춘 수준 높은 시가지 조성이 필요했다.

주택수요 증가와 부동산가격 상승, 이에 대한 대책으로서의 신도시 건설계획 논란 등 2001년 무렵의 한국사회 현실은 1980년대 말 수도권 1기 신도시 건설계획이 확정되기 직전의 상황과 유사하게 진행돼갔다. 주택공급 확대정책과 주택수요 억제정책 간의 논쟁이 이어지면서 점점 공급확대 수단으로서의 신도시개발에 대한 공감대가 그 저변을 넓혀나가는 추세였다. 이러한 배경에서 성남시 판교 신도시와 화성시 동탄신도시, 파주시 운정신도시, 김포시 한강신도시 등 아홉 곳에 이르는 수도권 2기 신도시가 2000년대에서 2010년대에 걸쳐 조성되기에 이른다.

판교 신도시 개발계획을 수립하라
- 4개 시행사의 갈등

　　판교 신도시개발은 이전의 신도시 조성사업과 구별되는 새로운 정책을 시도해 상당한 관심을 끌었다. 그 실질이 제대로 달성되지는 않았다는 비판이 있었지만, 저밀도 친환경 개발을 내세우고 지속 가능한 발전과 생태 지향적 신도시 조성을 표방했다는 점에서 이전과는 다른 평가를 받았다.[17] 주택분양 이후 10년간 전매를 제한한다는 규정을 두어 투기수요를 억제하고자 했다는 점도 긍정적인 평가를 받았다. 일부 주택에 적용되긴 했지만, 집값 안정에 기여하고 개발이익을 공공에 환수할 수 있는 주택공영개발을 시행했다는 점도 돋보였다. 주택공영개발은 공공기관이 조성한 택지를 민간기업에 매각하지 않고 직접 주택을 짓거나 건설만 시공업체에 맡겨 주택을 분양하는 방식이다. 인터넷 청약 시스템을 도입하고 사이버 모델하우스를 활용해 도로정체와 혼잡한 줄서기 같은 부작용을 없애기도 했다. 2006년에 있었던 15일간의 청약기간에 모두 47만 명이 아파트 청약에 참여했는데, 전체의 88%에 이르는 41만 2000명이 인터넷 청약을 했을 정도다.

　　판교 신도시개발은 추진 체계와 절차의 운영수준이 당시까지의 신도시 개발사업과 비교해 그나마 양호했다는 평가를 내린다. 관련 부처는 물론 지방자치단체를 비롯한 참여 주체들이 쟁점을 검토해 의견을 제시하도록 했으며, 도시와 교통 등 신도시 관련 분야의 권위자로 구성된 자문위원회를 운영했다. 전문가와 주민의 의사를 반영한다는 취지로 토론회나 설명회를 열기도 했다. 실제로 이들의 의사가 신도시 개발과 관련한 정책 결정과 지침 수립에 제대로 반영되었는지는 차치하더라도 최소한, 공개토론이나 여론 수렴 과정 없이 청와대 주도로 정부에서 일방적으로 결정을 내리던 이전의 행태에서 벗어나려 했다고는 볼 수 있다. 이는 수도권 1기 신도시개발로 얻은 학습결과이기도 했지만, 지방자치제도가 시행되고 시민의 권리가 신장한 이 시기에는 밀실행정과 졸속추진이라는 과거의 추진방식이 더는 통하기도 어려운 실정이었다.

특히, 수도권 신도시를 관할하는 상위 행정기관인 경기도와 판교지역 개발의 당사자인 성남시가 신도시개발 추진 초기부터 참여했다는 사실은 분당 신도시 조성 때와 달리 이례적이었으며 상당히 고무적인 현상이기도 했다. 하지만 이들 지방자치단체의 판교 신도시건설 참가 과정이 마냥 순조롭지는 않았다. 건설교통부에서는 2001년 12월에 판교지역을 택지개발 예정지구로 지정해 고시하고, 이듬해 6월에 한국토지공사와 대한주택공사를 판교 신도시 개발사업자(사업시행자)로 지정할 계획이었다.[18] 그런데 경기도와 성남시가 공동사업자 참여를 요구하면서 한동안 논란에 휩싸이게 된다. 건설교통부에서는 사업자 지정에 대한 협의가 거의 끝나 추가 선정은 곤란하다는 입장을 보였다. 하지만 결국은, 판교 신도시 개발계획 입안 권한을 가진 성남시와 개발계획 수립에 대한 승인권을 가진 경기도를 공동사업자에 포함할 수밖에 없었다.

판교 신도시에 대한 계획단계에서 중시되어야 할 사안 중 하나는 사실 성남시와 경기도의 신도시 조성에 대한 계획방향과 구상안이었다. 이들 지방자치단체의 의사를 우선해서 검토하는 작업은 당연한 절차였다. 이제 자치단체의 개발사업자 참여로 이런 민주적이고 합리적인 추진 체계 일부가 마련됐다는 점에서 이는 한층 진일보한 정책방안이었다.[19] 다수 개발사업자 방식은 신도시 사업 이해 당사자들이 투명하게 의사 결정을 수행하고 책임을 질 수 있게 하는 일종의 협의장치로 활용할 수 있다는 장점도 있었다.

하지만 이 다수 개발사업자 방식은 사업 수행 과정에서 이해관계 충돌이 빈번히 일어나고 기관 간 갈등조정을 위한 행정기술이 따라주지 못해 부작용이 많았던 것도 사실이다. 이들 기관은 컨소시엄 형태의 일사불란한 조직이 아니라 협의체 형식의 실무협의회를 중심으로 운영돼 사안마다 회의를 열어 대책을 논의해야 했는데, 이는 사업 자체의 매끄럽고 효율적인 추진에 걸림돌이 될 때가 많았다. 거기다 각자가 기관의 이익을 지나치게 대변하고 자신들만의 주장을 관철하려 해, 개발방향과 시설계획, 주민보상, 교통대책 등 각종 개발 사안과 문제에 효과적으로 대응하는 데 장애물로 작용하기도 했다.

> 공동 시행의 근본적인 목적은 각 사업시행자가 각자의 기관이 가진 전문성을 최대한 살려 사업에 참여함으로써 시너지 효과를 발휘하는 것인데, 공동 시행자인 경기도와 성남시, 토지공사, 대한주택공사가 각자의 이해관계에 얽혀 갈등이 빚어졌다. 그 갈등은 결국 서로 더 많은 개발이익을 얻으려는 것으로 경기도는 벤처단지 규모의 확대를 주장하였고, 성남시는 지자체로서의 참여 확대를, 그리고 한국토지공사와 대한주택공사는 택지개발과 주택문제에 대해 관여하였다. (한국토지공사 관계자)
>
> —임승빈 외,『판교 신도시 분양 및 개발 추진 사례』(2007)

지향하는 신도시 성격과 그 규모에 대한 계획에서부터 차이가 났다. 성남시는 국토연구원에 개발용역을 의뢰하던 1999년 무렵부터 수만 명에서 많게는 십수만 명까지 수용하는 선진국형 전원도시를 건설한다는 계획이었다.[20] 이른바 '에코놀로지타운 판교Eco-Knowledge Town Pankyo'로 도시 성격을 설정했으며, 침상도시로 전락하는 것을 막기 위해 벤처밸리와 외국인 전용단지를 조성하는 방안도 마련했다.

성남시가 국토연구원에 의뢰해 마련한 『판교지구개발 타당성 검토 및
기본구상』에 실린 판교지구개발 구상도(위)와 조감도(아래)

경기도는 성남시가 제출한 이러한 개발계획 제안서를 반려하고 주거단지보다 첨단산업단지 개발에 중점을 두는 개발방향을 구상했다. 국가경쟁력 강화 차원에서 지식기반산업 집적지를 조성하겠다는 의사를 표명하고, 산학연의 성장 네트워크가 필수적인 미래산업을 육성할 수 있는 벤처단지 조성을 원했다. 이에 따라 경기도는 개발계획 초기에 벤처단지가 무려 66만 평(218만 1818㎡)에 이르는 대규모 산업단지를 구상했는데, 성남시가 마련한 개발계획안에는 벤처단지가 12만 평(39만 6694㎡) 정도였다.

경기도에서는 판교지역을 주거 위주의 신도시로 개발하면 취득세와 등록세가 기초 지방자치단체인 성남시로 넘어갈 뿐만 아니라 인구집중에 따른 교통난과 교육문제까지 떠안을 수 있다고 보았다. 이에 반해 성남시는 민원 해결과 세수 확보 차원에서 주거단지 위주의 개발이 불가피하다는 입장을 고수했다. 이를 통해, 26년 가까이 토지이용 규제를 받아온 판교주민들의 거센 개발압력을 해결하고, 지방세 수입을 도시기반시설 비용으로 활용해 도시 전체의 균형 발전을 꾀하고자 했다.

한국토지공사와 대한주택공사를 대변한다고 볼 수 있는 건설교통부에서는 전원형 신도시 개발이라는 도시 성격에서는 성남시와 의견을 같이했지만, 개발사업의 궁극 목적을 건설경기 진작과 고용창출에 두고 있어 사실상 신도시 사업의 지향점이 엇갈렸다. 수도권 최고 인기 지역인 판교에서 아파트 분양 열기를 일으켜 이를 수도권은 물론 전국으로 확산해, 위기를 맞고 있는 토목건설업계를 지원하고 경제 활성화를 꾀하는데 속내가 있었다. 한편으론 판교개발로 거둘 수 있는 개발이익을 용인을 비롯한 수도권 남부지역에 필요한 도로나 철도 건설의 재원으로 활용하려 한다는 분석도 나왔다. 건설교통부는 벤처단지

조성에서는 경기도가 표명한 거대 규모에 훨씬 못 미치는 20만 평$^{(66만 1157㎡)}$ 정도의 설계안을 내놓았는데, 결과적으로 이 20만 평 규모의 벤처단지 계획안 채택된다.

모든 안건에 대해 4개 시행자들의 협의가 필요하다 보니 불필요한 낭비적 요소들이 다수 발생되기에 이르렀다. 이에 따라 건설교통부에서는 판교개발지구를 크게 네 파트part로 분할해 각 파트를 개별 시행자에게 개발 및 관리하게 하는 면적분할 방식을 도입하였다. 이는 업무추진의 효율성과 문제 발생 시 책임소재가 명확하다는 장점이 있으나, 이들 4개 사업시행자들이 서로 주관자가 되려고 하는 또 다른 갈등 발생의 빌미를 제공하였는데, 결국 이러한 다툼을 중재하기 위해 건설교통부가 개입하였고, 최종적으로 한국토지공사를 주관자로 선정하였다.(경기도청 관계 공무원)

-임승빈 외,『판교 신도시 분양 및 개발 추진 사례』(2007)

판교 신도시 건설사업은 성남시가 제안한 대규모 주택단지 계획을 기초로 개발사업자와 관련 주체의 의견을 참작해 계속 수정하고 보완하는 과정을 거쳤다. 주거용지는 최저 40만 평(132만 2314㎡)에서 최고 100만 평(330만 5785㎡)까지 제시됐으며, 벤처단지 용지도 최저 10만 평(33만 578.5㎡)에서 최대 73만 평(241만 3223㎡)으로 큰 차이를 보이는 여러 가지 계획안이 나왔다. 이에 따라 신도시의 성격이 순수 주택단지에서 벤처기업 중심의 첨단 산학연 단지까지 다양하게 제시됐으며, 이 벤처단지도 제조형 기업을 수용하는 단지에서 업무용 기업을 수용하는 단지까지 여러 형태가 제안됐다. 애초부터 판교 신도시의 건설 목적이 분명하지 않은 상태에서 개발사업자와 외부의 전문가, 언론과 환경단체 등의 요구와 목소리에 흔들리는 듯한 양상도 보였다. 이는 신중한 검토를 거쳐 최적의 결과를 도출하기 위한 과정상의 문제로 볼 수 있지만, 한편으론 사람이 거주하고 주민의 생활이 이루어질 삶의 장소를 창출한다기보다 건설과 개발 자체에만 치중한 결과가 아닌가 하는 의심을 떨쳐버리기 힘들다.

무엇을 위한 개발계획 변경인가?

판교 신도시 부지조성공사 착공을 앞둔 2005년 6월, 수도권 지역 집값이 상승하며 부동산 문제를 악화시키고 있었다.[21] 지난해 말 서울 강남지역의 아파트가격은 하향안정세를 보였는데, 이해 들어 재건축단지를 중심으로 가격이 급등했다. 상승 기세는 여기서 그치지 않고 성남 판교와 화성 동탄, 파주 운정 등 수도권 2기 신도시 건설이 추진되고 있는 주변 지역으로까지 확산해, 집값 안정을 위해 신도시를 건설한다는 취지를 무색하게 했다. 특히 수도권에서는 판교 신도시 개발 여파로 인근 지역인 분당 신도시와 용인지역 아파트가격이 크게 올랐다. 분당은 2005년 상반기 평균상승률이 24.3%로 전국 최고를 기록했으며, 용인지역도 평균 상승률이 21.3%에 달했다. 여기에 영향을 받아 수도권 남부지역의 1기 신도시인 안양시 평촌과 군포시 산본까지도 아파트가격이 상승세를 탔다.

> 판교 신도시 주변 아파트값이 가장 큰 영향을 받아 분당과 용인의 아파트값은 올 상반기 최고 70%까지 뛴 것으로 집계됐다. 분당 이매동 아름마을 건영아파트 69평은 작년 말에 7억 원을 간신히 웃도는 수준이었지만 지금은 호가가 12억 원까지 치솟았다. 구미동 까치신원아파트와 정자동 아데나 팰리스, 아이파크 등 주상복합아파트의 대형평형도 60% 이상 가격이 올랐다. 용인지역도 마찬가지여서 신봉동 LG빌리지 5차 64평형은 작년 연말보다 평당가가 62%나 뛰어 8억 6천만 원 안팎의 시세를 형성하고 있다.
>
> -『서울경제』 2005년 6월 28일

판교 신도시개발로 직접 영향을 받는 주변 지역 아파트가격은 불과 다섯 달 만에 11조 원이 폭등한 것으로 드러났다. 간접 영향을 받는 용인과 수원 영통 지역 등의 아파트가격도 총액 기준으로 14조 원이나 올랐다. 정부에서는 판교 신도시 건설을 추진하면서 원가연동제와 채권입찰제, 임대주택 의무 공급 등을 도입해 투기요소를 최대한 억제하고자 했지만 분양가격 상승은 물론 주변 지역의 집값까지 올려놓은 셈이었다.

전문가들은 부동산가격을 잡겠다고 시작한 판교 신도시 건설이 분양도 되기 전에 수익에 대한 기대심리를 자극해 인근 지역의 집값까지 부풀려 놓았다는 진단을 내놓았다. 이 시기의 주택가격 상승은 수요공급 원리에 따른 것이라기보다 심리적인 요인이 작용한 결과로 보았다. 향후 집값이 올라 상당한 시세 차익을 거머쥘 수 있다는 투기적 기대심리가 부동산가격 급등의 주범이라는 것이다. 사실, 당시 제2의 강남이란 평가를 받던 분당과 서울 사이에 위치한 판교지역에 대한 투기적 기대심리는 신도시 건설계획이 발표되기 전부터 잠복해 있었다. 이런 상황에서 저밀도의 전원도시를 지향하는 건설방침이 정해지면서 판교 신도시의 수준과 가치를 높였고, 이는 투기심리를 부채질하는 요인이 되었다. 게다가 판교 신도시 건설 추진은 분당과 서울 강남을 직접 잇게 하는 '강남형 부동산 시장'의 잠재적 외연 확장을 자극했다. 이런 실정에서 투기적 기대심리가 인근 지역으로까지 확산했고, 그 결과는 중·대형 아파트가격의 폭등이었다.

그런데 일부 부동산전문가와 주택정책 당국은 판교지역을 중심으로 한 이번 부동산 파동이 주택시장의 원리에 맞지 않는 주택공급과 신도시 건설방식을 채택했기 때문에 발생한 것으로 보았다. 분양가 상한제와 소형임대아파트

의무 공급 등의 규제시책이 시장수요가 많은 중·대형 아파트 공급물량을 축소했고, 그 희소성이 투기적 기대심리를 자극했다는 분석이었다.

하지만 이러한 요인분석은 중·대형 아파트의 공급물량을 늘리고 건설 경기를 일으키려는 개발자본의 이해를 지나치게 대변한다는 비판을 받는다. 이들 비판론자에 따르면, 지난 4~5년간 공급된 주택은 240여만 호에 이르는데 수도권 인근에 공급된 아파트의 60%는 중·대형이었으며, 2006년 강남지역에 공급될 중·대형 아파트는 지난 24년 동안에 최고인 1만 4000호에 달했다. 공급물량이 적어 중대형 아파트가격이 오르는 게 아니라는 뜻이다. 투기 목적으로 주택을 매집하는 현실에서는 공급이 늘 부족하고 집값 또한 지속해서 오르기 마련인 것이다.

한편, 주택공급론에 치우친 이들은 특히 이해 5월 중순에 판교 신도시 개발계획을 변경하면서 중·대형 평형을 축소한 것이 이번 주택가격 상승을 불러온 핵심 요인 중 하나라 보았다. 그런데 이 시기에 축소된 전체 아파트 규모를 보면, 2003년 하반기에 결정한 2만 9700호에서 2만 6804호로 변경돼 그 차이는 2896호에 불과했다. 일반적으로 판교 신도시에서 중·대형 평형이 축소되었다고 할 때는 주로 전용면적 25.7평형$^{(85㎡)}$ 이상의 분양아파트를 위주로 하는데, 이 기준을 따르면 감소한 호수는 1045호에 지나지 않는다. 이러한 실상을 따져보면, 판교 신도시에 공급할 중대형 아파트 물량이 축소돼 수도권 주택가격이 상승하게 됐다는 주장은 과도한 추측에 불과함을 알 수 있다. 사실이 이러한데도 이 같은 과장된 분석이 계속 제기됐는데, 이는 판교 신도시 개발계획을 다시 변경해 중·대형 아파트 물량을 늘리려는 사전포석이 아니냐는 의심을 낳기도 했다.

실제로 판교 신도시 개발계획은 2001년 개발이 확정된 이후 2006년까지 시세에 따라 무려 10여 차례나 변경되는 우여곡절을 겪었다.[22] 이 과정에서 주택공급 규모가 축소와 확대를 거듭했다. 성남시가 초기에 구상한 개발계획에 따르면 판교 신도시는 주택 4만 6700호에 수용인구는 13만 8000명에 이르는 대규모 계획도시였다. 그런데 2001년 하반기에 시민단체와 서울시, 경기도의 의견을 반영해 주택은 2만 7000호가 감소한 1만 9700호로, 수용인구는 7만 9000명이 감소한 5만 9000명으로 조정했다.[23] 용적률 100% 수준에 헥타르ha당 64인을 수용하는 국내에서는 전례를 찾을 수 없는 저밀도 신도시로 개발계획을 잡은 것이다.

하지만 이 개발계획은 채 2년이 지나기 전에, 신도시 주변의 기반시설 확충을 위한 재원을 조달하고 주택공급을 확대한다는 명분으로 전면 변경되기에 이른다. 건설교통부에서는 2003년 하반기에, 환경부와 합의한 건설방침을 뒤집고 판교지역 밀도를 상향 조정해 용적률은 150%로 올리고 인구밀도는 헥타르ha당 96명으로 높였다. 주택은 1만 호를 늘린 2만 9700호로, 수용인구는 3만 명을 늘린 8만 9000명으로 재조정했다. 이에 환경단체들이 환경성 검토부터 다시 밟으라며 밀도를 높인 신도시 건설을 반대하고 나섰고, 환경부에서도 개발밀도를 줄이도록 통보한다. 그런데 건설교통부에서는 인구밀도와 용적률은 약간 낮출 수 있지만 분양가구 수는 그대로 가겠다는 의견을 제시했고, 이후 판교 신도시 개발계획 변경을 둘러싼 정국은 한동안 대치 국면에 들어갔다. 그러다 2004년 12월 하순 들어 환경부는 개발밀도를 15%가량 낮추는 조건으로 환경영향평가를 내주기로 한다. 건설교통부에서도 한 발 양보해, 판교 신도시 개발계획안은 이듬해 5월에 인구밀도 86.4, 주택 2만 6804호, 수용인구 8만 412

명으로 조정된다.

　그런데 개발계획 변경은 여기가 끝이 아니었다. 아파트 규모 변경과 중·대형 평형 늘리기는 2006년 3월 말의 첫 분양을 1주일 앞둔 시기까지 계속됐다. 2005년 11월에, 약 2개월 전에 발표한 부동산제도 개혁방안에 근거해 중·대형 아파트를 중심으로 주택 규모를 늘리는 변경안을 신청했으며, 결국 2006년 3월 하순 들어 전체 주택을 2만 9350호로 늘리고 중·대형 주택을 3072호 증가시킨 계획안이 승인된다.

　개발계획 발표와 반발에 따른 계획안 수정, 다시 물량을 조정한 새로운 계획안 제출과 재수정. 이러한 개발계획안 수립 과정은 관계 기관의 이견 조율을 통해 합리적인 결과를 도출하려는 협의 절차로도 볼 수도 있지만, 그 목표가 주택공급 확대에 있지 않나 하는 의구심을 자아낸다. 신도시 부지에 대한 현장여건 조사나 거주민 실상, 환경영향평가 등은 겉치레로 넘긴 채, 중·대형 주택 위주의 공급물량 증가에 치중했다는 사실을 부정하긴 어렵다. 이런 과정을 거치면서 판교 신도시는 수도권 최고의 신도시로 성장하기 위한 발판을 차근차근 갖춰나갔다. 그것은 분당 신도시를 능가하는, 또 다른 중산층 신도시를 건설하려는 이들의 욕망이 빚어낸 과도함이기도 했다.

12장

그들만의 개발이익
- 토건개발족과 개발주의

판교 개발과 보상의 명암
– 땅부자, 갈 곳 잃은 농민, 축출되는 영세민

그들만의 개발이익 만들기

판교 신도시 발^{發} 부동산 광풍^{狂風}

그들만의 개발이익 나누기

판교 개발과 보상의 명암
–땅부자, 갈 곳 잃은 농민, 축출되는 영세민

2003년 12월 하순 들어 토지보상이 시작되면서 판교 신도시 개발사업이 본격화됐다. 이듬해 1월엔 주택과 창고, 공장, 시설물, 농작물 등 지장물支障物 보상 감정평가까지 실시돼, 판교지역 부동산중개업소가 호경기를 맞고 있었다.[1] 판교 신도시 개발예정지구 편입토지는 283만 6000평(937만 5207㎡) 정도인데, 국공유지 무상수용분을 제외하면 토지보상 규모는 231만여 평(763만 6364㎡)에 2조 4641억 원으로 집계됐다.[2] 지장물 보상 규모는 3만 5281건에 851억 7770만 원에 달했다. 1인당 수억 원에서 수백억 원에 이르는 보상비가 일시에 뿌려지면서 신도시 예정부지 주변 땅을 사려는 원주민과 외지인이 부동산중개업소로 몰려들고 있었다.

요즘 이곳에서는 "생기는 것은 복덕방뿐이고, 있는 것은 돈밖에 없다", "판교 원주민은 에쿠스에 막걸리와 삽을 싣고 땅 보러 다닌다"는 말이 유행처럼 떠돈다. '강남 대체 신도시'라는 프리미엄 때문에 그러지 않아도 땅값이 급등했던 판교 일대는 토지 보상이 시작되면서 불에 기름을 부은 듯 하루가 다르게 땅값이 폭등하고 있다. 졸지에 수십억 원을 손에 쥔 판교 원주민들과 외지인들은 신도시와 인접한 대장동, 동원동, 고기리 지역의 논, 밭, 임야를 닥치는 대로 사들이고 있다. 실제 지난해 평당 170만 원 수준이던 고기리 지역은 지난해 말 양재~영동간 4차선 도로 개설이 확정되면서 최고 평당 350만 원으로 두 배 이상 폭등했다. 이 지역 전원주택지도 지난해 7~8월 평당 160만 원 지금은 평당 270~280만 원까지 올라갔다.

-『한국일보』 2004년 1월 12일

판교지역의 토지수용 대상자는 약 3000명에 이르는데, 토지보상이 시작된 이후 10억 원 이상의 보상비를 받은 토지주는 줄잡아 수백 명에 이른다. 경기도와 성남시, 한국토지공사, 대한주택공사 등 사업시행자가 관리구역별로 보상을 하는데, 이들 지역을 합치면 100억 원 이상 보상자는 10여 명, 10억 원 이상 보상자는 500여 명에 이르는 것으로 추정됐다.[3] 보상금이 가장 많은 토지주는 3만여 평을 소유한 한 중견 건설업체로 662억 원을 받으며, 개인으로는 판교지역에서 17대째 살아온 원주민이 약 6690평(2만 2116㎡)의 토지를 내놓고 212억 원을 받게 됐다. 편입 토지 대부분이 분당지역과 인접한 곳에 있어 높은 보상가격이 책정된 것으로 알려졌다. 거액의 보상금을 챙긴 일부 토지주들은 성남과 광주 지역은 물론 멀리 강원도까지 관심을 두고 대체 투자처를 찾았으며, 한편으론 분당 신도시의 금융기관에서 이들의 보상비를 유치하기 위해 발 벗고 나선 상태였다.

그런데, 이미 판교 신도시 부지 내의 토지와 건물은 70%가량이 외지인 소유여서,[4] 수십억 원의 보상비로 하루아침에 거부가 된 원주민은 외부에 알려진 것보다 많지 않았다. 특히 전체 수용토지의 절반을 웃도는 한국토지공사가 담당한 구역을 보면, 현지 거주자의 토지소유자 비율은 11.2%이며 분당과 서울 등 택지개발지구 외부에 거주하는 토지소유자가 무려 88.8%에 달했다.[5] 이미 이 지역 토지 대다수를 원주민이 아닌 외지인이 보유하고 있었던 것이다. 특히 서울 강남지역과 분당 신도시에 거주하는 외지인이 판교 신도시 토지보상비의

60% 정도를 받은 것으로 드러났다.[6] 이 중 50억 원 이상의 보상금을 받은 자는 54명으로 이들이 보상받은 금액은 전체 보상액의 약 22%인 5600억 원에 달할 정도였다. 100억 원대 보상자가 12명이었으며, 200억 원 이상의 보상금을 받은 자도 4명이나 되었다. 건설기업에서도 개발계획이 구체화 되기 전에 판교 일대 땅을 사들여 거액의 보상금을 챙겼다. 예를 들면, 부동산개발 사업체와 골프장을 운영하는 한 기업은 1990년대 초반부터 판교지역의 땅을 사들여 662억의 보상비를 가져갔으며, 한 종합건설회사는 2000~2001년에 판교지역 삼평동 일대의 땅을 헐값에 매입해 86억 원의 보상비를 타냈다. 이들 50억 원 이상의 보상자 가운데 상당수는 판교개발 정보를 미리 빼낸 뒤 농지와 임야를 대규모로 사들였다는 의혹을 받기도 했다.

한편, 지장물을 소유한 현지 거주자는 62% 정도로 집계됐다. 이는 판교지역에 실제로 거주하는 주민 중에는 보상액이 큰 토지보상을 받은 사람은 소수이며, 다수는 보상금이 비교적 소액인 지장물 보상자라는 사실을 알려준다.

이 같은 사실로 미루어, 토지와 지장물 보상에 들어간 판교지역과 주민을 두고 언론에서 쏟아낸 "땅부자 대박", "돈벼락을 맞은 대토지주" "인생역전" 등의 표현은 상당히 과장됐으며,[7] 그 대상도 원주민이 아니라 판교지역 토지와 건물을 소유한 외지인이 더 적합했음을 알 수 있다. 오히려 판교 현지에는 수십억에서 수백억의 보상금으로 말 그대로 돈벼락을 맞은 소수의 원주민과 기대에 못 미친 보상액으로 앞날을 걱정해야 하는 다수 원주민의 처지가 극명하게 갈렸다고 보는 게 정확한 진단이었다. 게다가 중·소 규모의 토지를 가진 원주민 일부는 토지수용을 거부하고 나섰다. 이들은 토지공사가 책정한 낮은 감정가에 반발해 2004년 3월까지로 예정된 토지수용 협의를 거부하기로 작정하고 당국

과 대치 국면에 들어갔다.[8]

> "20년 전 노후 대책으로 사둔 땅이 이제 쓸모도 없게 됐네요." 신도시 개발지구인 삼평동에 150평의 땅을 갖고 있는 김미라(50.여) 씨는 지난 연말 나온 토지공사의 감정가를 보곤 가슴이 턱 막혔다. 김씨의 보상가는 4700만 원. 공시지가의 80%에도 못 미치고 90년대 초 공시지가보다도 낮은 금액이다. "20년 동안 공시지가대로 세금은 내고 토지 안에 아무 것도 짓지 말라는 법도 꼬박꼬박 지켰다"는 김씨는 "개발제한구역이라 땅값도 묶여 있었는데 차라리 돈 대신 땅으로 보상해달라"고 분통을 터뜨렸다. 운중동에 1000평을 소유한 정모(55.여) 씨도 억울하기는 마찬가지다. 평당 35만 원꼴로 3억 2000만 원을 보상받는 정씨는 "공시지가보다 높게 받았지만 충청도 산골의 묘지 땅도 50만 원이 넘는다"며 농사를 지어야 하는데 어디 가서 이런 땅을 이 돈으로 살 수 있을지 막막하기만 하다"고 말했다.
>
> -『한국일보』 2004년 2월 23일

소규모 토지를 가진 원주민 지주들의 불만은 한층 커지고 있었다. 보상액수와 인근 농지가격을 계산해 보니 대체 토지를 매입하기도 힘든 보상비였던 것이다. 토지소유자가 외지인이 많은 관계로 토지보상을 시작한 지 약 두 달 만에 수용면적의 70%에 이르는 토지에 대한 보상협의를 마쳤지만 중·소 토지소유자들의 반발은 여전했다. 이들 500여 명은 협의수용 거부는 물론 토지보상대책위원회를 꾸려 토지감정가 재심 요청에 나서는 한편 행정소송까지 불사하겠다는 단호한 태도를 보였다. 건설교통부에서는 2004년 이내에 보상을 마치고 이듬해엔 택지 조성공사를 시작한다는 계획을 세워두고 있었지만, 공사 추진이 그리 순조로워 보이지는 않았다.[9]

판교주민들이 합당한 보상을 요구하며 내건 시위 현수막
| 『판교마을의 생활·문화지도』, 성남문화원 향토문화연구소(성남학연구소), 2004. (출처)

더구나 판교지역 세입자와 영세사업자의 항의 목소리도 갈수록 거세지고
있었다. 중·소 토지소유주의 보상가 반발에 이어 세입자와 시설·화훼농가, 공
장주 등을 중심으로 한 10여 개 이해단체가 권리와 보상을 주장하며 집단 움직
임에 나선 상태였다. 이들에 대한 추산은 그 편차가 상당한데, 세입 형태와 주
민등록 여부 등의 기준에 따라 정부 집계인 1500여 가구에서 많게는 판교주민
대책위원회의 주장인 2300여 가구에 달했다. 세입자들은 대체로 이주단지 마
련과 임대아파트 입주권 확대를 요구했다. 시설·화훼농업자들은 판교지역 내
화훼벤처단지 조성과 폐업으로 인한 영업보상을 원했으며, 상인들과 소규모 공
장을 운영하는 이들도 이주단지 조성과 영업손실에 따른 보상을 요구했다.

대부분의 세입자는 보증금 기백만 원의 서너 평 남짓한 단칸방에서 생활
해왔는데, 이들 세입자들은 주거이전비와 임대아파트 입주권 가운데 하나를 선
택할 수 있었다. 그런데 월평균 가계지출을 기준으로 산정하는 주거이전비는 4

인 가족의 경우 고작 760만 원 안팎에 불과했다. 임대아파트 입주를 선택한다 해도 막막하기는 마찬가지였다. 하루 벌어 하루 살기도 힘든 실정에, 2억 원 안팎으로 예상되는 임대보증금과 35만 원에서 많게는 60만 원 가까이 될 것이라는 월임대료를 어떻게 감당하란 말인가.[10] 설령 허리띠를 지금보다 더 졸라매거나 요행을 만나 임대아파트 분양대금을 마련한다 해도 3~4년 뒤에야 입주가 가능한데 그 사이엔 또 어디에서 살란 말인가. 평당 300만 원을 웃도는 개발지역 인근의 전세금을 부담할 능력이 없는 이들은 이대로 가면 길거리에 살림을 부려야 할 판이었다. 한층 외진 곳의 무허가 단칸방을 찾으면 되지 않느냐고 하

신도시 개발지구로 지정된, 분당 신도시와 인접한 판교지역 마을
| 『판교마을의 생활·문화지도』, 성남문화원 향토문화연구소(성남학연구소), 2004. (출처)

지만, 그 또한 먹고 살아야 하는 당장의 일자리 때문에 여의치 않았다.

기초생활수급자(생활보호대상자)로 월세 단칸방이나 비닐하우스 주거에 사는 주민들의 처지는 더 딱했다. 세입자 중에는 국민기초생활보장 수급자가 100여 가구에 이르는데, 제대로 된 보상대책 없이 이대로 판교개발을 밀어붙이면 이들은 그야말로 생사의 갈림길로 내몰릴 처지였다.

> 판교에서 20년 동안 생활보호대상자로 살아온 강정철은 월세 10만 원의 단칸방에서 생활하고 있다. 당장 철거가 시작되면 마땅히 갈 곳도 없는 도시빈민층에 해당한다. 특히 판교마을의 신도시 개발지역에는 생활보호대상자가 100가구에 달한다는 점이다. 이들은 주로 영세 사업장이나 비닐하우스에서 일하며 근근이 생활하는 사람들이다. (…) 이발소에서 일하는 이호영의 사례도 유사한 상황이다. 89년 1월 24일 이후 지어진 무허가 건물은 보상에서 제외되기 때문이다. 허름한 이발소에서 일하며 정부 보조금으로 생활하는 이호영은 90년에 전입신고를 한 탓에 개발이 시작되면 그냥 쫓겨나는 수밖에 없는 경우에 해당한다. 개발에 앞서 마땅한 이주대책이 마련되지 않는다면 당장 거리로 나앉을 수밖에 없다는 것이 이들의 하소연이다. 2003년 12월에 한 국토지공사 본사 앞에서 시위를 벌인 한 세입자는 "없는 사람의 것을 빼앗아 있는 사람의 배를 불리는 것이 택지개발이냐"며 분통을 터뜨렸다.
>
> ―조유전 외, 「생활·문화로 들여다본 판교마을」, 『판교마을의 생활·문화지도』 (2004)

판교지역에서조차 밀려나야 하는, 혼자 사는 노인 가구도 한둘이 아니었다. 70대 초반의 한 할머니는 3년 전 아들을 교통사고로 잃고 이곳 판교지구 삼평동의 허름한 농가에 딸린 5평짜리 단칸방에 세 들어 살았는데, 갈 곳을 마련하지 못해 난처한 지경에 처해 있었다.[11] 생계조차 꾸리기 힘들어 집주인의 농

판교 신도시 예정지에 들어선 가구공장(위). 개발지구 내의 양계농장(아래 왼쪽). 분당 신도시와 인접한 시설채소단지(아래 오른쪽)
| 『판교마을의 생활·문화지도』, 성남문화원 향토문화연구소(성남학연구소), 2004. (출처)

사일을 돕는 것으로 월세를 대신했던 이 할머니는 집주인이 토지보상을 받고 이주할 채비를 서두르고 있어 곧 이곳을 떠나야 했다. 보상을 맡은 기관의 직원에게 "나 같은 늙은이는 무슨 수가 없느냐"고 하소연하니 "주민등록이 돼 있지 않아 보상금을 노린 투기꾼으로 분류됐다"는 말만 들었다고 한다.

영세사업장을 가진 주민들도 그다지 나을 게 없는 형편이었다. 이들 또한 앞날에 대한 불안으로 대부분 밤잠을 설쳐야 하는 처지였다. 판교지역에는 그동안 규제에 묶여 땅값이 싼 관계로 세를 내어 가내공장이나 카센터, 이발소, 구멍가게 등을 차리고 근근이 생계를 이어온 영세사업자들이 어림잡아 200호가 넘었다. 판교 신도시 개발지역 내에서 조업 중인 영세 중소기업도 120여 곳에 달했다. 이 중 90%가량이 무등록 공장으로, 대부분 터를 임대해 가건물을 지어놓고 공장을 운영해온 터라 보상절차가 끝나면 문을 닫아야 했다. 무허가 영업을 하거나 사업장이 아닌 주거공간에서 장사를 해온 영세사업자는 보상 대상에 포함되지 않아 보상금조차 받을 수 없는 처지였다.

> 남의 땅 150여 평을 보증금 500만 원 월세 80만 원에 빌려 1991년부터 가내 수공업을 해온 유흥국 씨는 "공장 이사비용으로 300만 원 정도 준다고 들었 는데 어디로 가서 무슨 수로 생계를 잇느냐"며 허탈감을 감추지 못했다. 1988 년부터 보증금 200만 원에 월 25만 원씩을 내고 카센터를 하며 팔순이 다 된 늙은 어머니를 모시고 사는 권오성 씨도 "근근이 이곳에서 키워 군대에 보낸 두 아들에게 '한 푼 없이 쫓겨나게 됐다고' 말할 생각을 하면 눈물이 앞을 가 린다"고 고개를 떨궜다. 판교개발추진위원회가 추산한 판교지역 주민들의 금 융권 부채 총액은 650억 원. 듣기 좋은 '억대 보상'을 받아도 빚잔치를 하고 나면 빈털터리가 되는 일부 원주민들과 한순간에 도시빈민으로 살아가야 할 세입자, 영세업자들은 '이제 더는 물러설 때가 없다'고 입을 모으고 있다.
>
> ─『한겨레』 2004년 1월 7일

그런데도 한국토지공사를 비롯한 시행사의 입장은 단호했다. 세입자들이 요구하는 이주단지는 전기와 가스, 수도는 물론 통신시설과 도로까지 새로 갖 춰야 한다며 현실적으로 조성이 힘들다는 반응이었다. 협의를 거쳐, 임대아파 트 입주 전까지 주거이전비를 무이자로 빌려주는 방안을 모색하고 있다는 여 지를 남기기는 했지만, 판교지역 세입자가 애초에 원하는 바가 받아들여지긴 힘든 실정이었다. 영세사업자 대책은 더 난감했다. 무허가가 대부분인 판교지 역 사업장에 대해서는 시설이전비 지원 외에 합법적인 방안이 없다고 선을 긋고 나섰다.

　토지와 지장물 보상이 이뤄지던 2004년 상반기의 판교 현지에는 명과 암이 교차하며 혼란과 갈등이 깊어지고 있었다. 200억이 넘는 보상을 받은 농부가 화제가 되고 부동산투자로 수십억 원을 챙겼다는 기업과 외지인의 성공신화가 회자하고 있었지만, 한쪽에선 급등한 땅값으로 대체 농지를 찾지 못한 대다수 농민의 한숨이 길어지고 있었다. 거기에 더해, 보상이 마무리되고 이해 겨울 철거가 시작되면 당장 갈 곳이 마땅치 않은 가난한 주민들이 탄식을 쏟아내며 울분을 삼키고 있었다. 건설교통부에서는 필요한 주택공급과 부동산가격 안정이라는 건설목표를 재차 강조하며, 현지 주민을 축출한 자리에 새로운 도시를 세우고자 하는 개발계획을 흔들림 없이 밀어붙이고 있었다. 하지만 이주와 철거가 마무리되기도 전에, 또한 신도시 부지 정지공사가 시작되기도 전에, 건설목표로 내세운 신도시개발의 그 명분 뒤에 또 다른 목적이 숨겨져 있다는 사실이 드러났다. 그것은 십수조 원에 달할 것이라는 엄청난 금액의 개발이익이었다.

그들만의 개발이익 만들기

판교 신도시 보상작업이 거의 마무리되고 이주가 한창이던 2005년 3월, 한 시민단체에서 판교 신도시 조성사업으로 약 16조 3000억 원대라는 막대한 개발이익이 남을 것이란 주장을 하며 개발사업의 방향에 대한 재검토를 요구하고 나섰다.[12]

> 판교 신도시 개발이익금 규모를 놓고 정부와 시민단체가 서로 다른 셈법을 들이대면서 공방을 벌이고 있다. 경제정의실천시민연합은 "판교 신도시개발로 정부와 사업시행자, 민간업체 및 아파트당첨자들이 16조 3000억 원의 개발이익을 챙기고 있다"면서 "공영개발해 공공소유주택을 지어야 한다"고 주장했다. 이에 대해 건설교통부와 한국토지공사 등은 "경실련이 주장하는 개발이익금은 턱없이 부풀려졌다"면서 "사업시행자의 몫으로 들어가는 개발이익금은 1000억 원 안팎에 불과하고 그것도 임대주택·지역공공사업 등에 재투자된다"고 받아쳤다. 또 "경실련의 주장은 현실성이 결여됐고, 추정 자료 및 계산에 착오가 있다"고 해명했다. 하지만 경실련은 "정부는 근거 없는 해명이 아니라 택지조성 및 판매와 관련된 모든 자료를 투명하게 공개하라"면서 재차 공격에 나섰지만 정부는 "더 이상의 대응가치가 없다"는 입장이다.
>
> -『서울신문』 2005년 3월 10일

경실련(경제정의실천시민연합)의 발표에 따르면, 정부와 공기업이 독점개발권을 이용해 10조 614억 원이라는 토지개발이익을 챙기고, 민간업체와 소비자인 아파트분양당첨자가 6조2955억 원의 차익을 가져가 모두 16조 3569억 원의 개발이익이 발생한 것으로 추산했다. 이에 비해 건설교통부에서는 전체 개발이익을 1100억 원 선으로 잡고 있어, 양자 간에는 16조 원이 넘는 차이가 났다.

경실련과 정부 측 주장에 무려 150배 가까운 차이가 나는 까닭은 무엇일까? 전문가들은 무엇보다 개발이익의 범위를 어디까지로 보느냐에 따라 그 차이가 크게 벌어진다고 보았다. 경실련에서는 신도시개발 전全 과정에서 얻는 넓은 의미의 모든 이익을 개발이익으로 파악했다. 사업시행자가 택지를 판매해서 얻는 수익은 물론 정부가 관리하는 채권입찰액도 포함되며, 민간업체가 주택을 지어 분양해 얻는 이익과 분양당첨자가 입주 후 얻는 시세차익까지도 개발이익의 범위에 들어갔다. 특히 경실련에서는 한국토지공사를 비롯한 사업시행자들이 택지조성원가를 부풀렸다고 진단했다. 경실련에 따르면, 토지 수용가는 평당(3.3㎡당) 88만 원으로 모두 2조 4000억 원 규모이며, 택지조성비를 고려해도 택지조성원가는 평당 469만 원에 모두 5조 8391억 원에 불과했다. 그런데도 사업시행자들은 이 택지를 평당 1269만 원에 팔아 800만 원씩의 땅값 차액을 가져가고, 전체로는 10조 614억 원을 남길 것으로 추정했다.

반면 건설교통부에서는 민간기업이 주택을 지어 분양한 뒤 얻는 이익은 물론 입주자에게 귀속되는 개발이익은 계산에서 제외했다. 사업시행자가 분양한 택지 판매가액에서 매입비용과 택지조성비를 빼고 난 토지개발이익만을 개발이익금으로 보았다. 게다가, 경실련의 개발이익 산정에는 "유상분양 면적 중 14만 평(46만 2810㎡)이 초과 계산됐고 간접비 2조 원이 누락되는 등 계산방법에도 착오가 있다"고 주장했다. 이러한 사항에 근거해 건설교통부에서는 판교 신도시 개발이익금을 총 판매가격 8조 원에서 조성원가 7조 8900억 원을 뺀 1100억 원 정도로 보았다. 하지만 개발이익에 대한 상세한 내역은 밝히지 않았다.

건설교통부의 이런 주장에 대해서는 당시 야당이던 한나라당 국회의원까지 반론을 제기하고 나섰다. 경남 양산에 지역구를 둔 김양수 의원이 "건설교통부가 주택용지와 상업용지, 공공시설용지 모두에서 택지비를 지나치게 낮게 책정했다"며 비판의 포문을 열었다.[13] 그는 판교 신도시 택지개발이익과 관련한 모든 계산내역을 공개하라고 요구하며, 자신이 산정한 토지개발이익은 3조 7344억 원에 이른다고 밝혔다. 이는 경실련에서 내놓은 10조 614억 원보다는 낮지만 건설교통부의 1100억 원보다는 훨씬 높은 토지개발이익이었다. 그는 2005년 5월 건설교통부에서 승인한 사항에 맞추어 신도시 용지를 주택용지·상업용지·공공시설용지 등으로 분류하고, 이 신도시 용지 전체의 택지판매가격

第254回 臨時會
경제분야 대정부질문 자료집

판도라의 상자, 판교신도시

부동산 정책에 대한
근본적인 패러다임 바꿔야

2005. 6. 9

국회의원 김 양 수

(한나라당·경남 양산)

■ 건교부의 판교 개발이익 축소 의혹

○시민단체는 2005년 3월 7일 10조614억원의 토지 개발 이익이 발생할 것으로 추산.

○이에 대해 건교부는 반박자료를 통해서 토지 개발이익은 1,000여 억원에 불과하다고 밝힘.

○**김양수 의원이 자체적으로 토지개발수익을 추산한 결과 3조7,344억원에 달할 것으로 추정.**

○건교부와 김양수 의원이 가장 큰 시각차를 보인 부분은 유상공급면적 111만 5,000평의 총 판매가격인데, 건교부는 그 금액이 8조원에 불과할 것이라고 밝힌 반면, 김양수 의원은 유상공급면적 107만 2,000평(건교부 5월 19일 실시계획변경에 따라 유상공급면적 1,115,000평→1,072,000평)로 줄어들었음에도 불구하고, 총 판매가격이 11조 7,012억원이 될 것으로 추정.
(택지 평당 평균 판매가격 1,092만원)

○'05년 3월, 건교부가 발표한 개발이익 내역의 경우, 토지 개발 수익에 대한 자세한 내역을 발표하지 않았으나, 주택용지, 상업용지, 공공시설용지 모두 택지비가 지나치게 낮게 책정되었던 것으로 드러남.

○판교 택지개발과 관련된 대부분의 정보가 공개되었음에도 불구하고, 이렇게 택지비가 낮게 책정되었던 것은 이해할 수 없음
⇨ 따라서 건교부는 하루빨리 판교 신도시의 택지 개발이익과 관련된 모든 계산 내역을 공개해야 함.

김양수 국회의원이 작성한 「경제분야 대정부 질문 자료집(2005.6.9)」 참여정부의 부동산정책을 비판하고 판교 신도시 개발이익 축소 의혹을 제기했다.

이 11조 7012억 원에 달한다고 보았다. 이 가운데 실제 땅을 사들인 비용인 용지비와 개발비를 합산한 조성원가는 7조 9688억 원이며, 택지비에서만 발생하는 개발수익인 토지개발수익은 택지판매가격에서 이 조성원가를 뺀 3조 7344억 원으로 추산했다.

사실, 이 시기의 개발 관련 제도 자체가 개발이익 향유에 대한 편중 현상을 강화하고 있었다. 정부가 개발사업에서 발생하는 막대한 개발이익의 사유화를 방지할 수 있는 제도를 제대로 마련하지 않고 무분별하게 개발계획을 쏟아내 투기를 부추기는 형국이었다. 당시 정부에서는 투기를 막겠다며 여러 대책을 쏟아냈으나 눈에 띄는 효과를 거두지 못했는데, 이는 개발이익을 규제하거나 환수하는 제도가 미비했기 때문이기도 했다.[14]

이와 비교해 1990년대에 집값이 비교적 안정세를 유지했던 것은 토지의 공익성과 사회성을 인정하는 강력한 개발이익환수 장치가 있었기 때문으로 보았다. 군사정권이었던 노태우 정권은 1990년에 개발이익환수제와 택지소유상한제, 토지초과이득세 등 토지공개념 관련 제도를 도입해 투기를 억제하고자 했다. 개발이익환수제는 택지개발과 주택단지 조성, 도심 재개발 등으로 토지를 개발할 때 지가 상승으로 획득한 이익 중의 일정액을 정부가 환수하는 제도였다. 이 '개발이익 환수에 관한 법률'에 따라 그동안 개발부담금이 부과됐는데, 2004년 들어 그 시행이 사실상 중지됐다. 택지소유상한제는 가구당 200평$(661m^2)$을 초과하는 택지를 취득하려면 허가를 받거나 신고를 하도록 한 제도였다. 일정 기간 내에 허가한 목적대로 이용하지 않으면 초과소유 택지가격의 7~11%를 택지초과소유부담금으로 부과했는데, 1998년에 폐지됐다. 개발사업으로 유휴토지의 땅값이 올라 얻은 토지초과이익을 세금으로 환수하는 제도가 토지초과이득세법이었다. 그런데 이 법을 두고 실현되지도 않은 이익에 대해 미리 과세한다는 법리 논란이 일었으며, 결국 이 또한 지나친 규제라는 이유로 1998년에 폐지됐다.

분양가 관리 측면에서도 문제가 드러났다. 1990년대는 선분양제도 아래에서도 분양가를 통제해 집값 안정이 어느 정도 가능했으나, 2006년 판교 신도시 분양 시에는 분양가상한제를 비롯한 분양가 통제제도가 이미 그 실효성이 상실된 상태였다.

선분양제도는 정부에서 소비자 보호를 위해 분양가를 규제하면서 그 대가로 공급자에게 준 특혜였다. 지난 30여 년간 이러한 특혜제도가 유지되어 왔으나, 투기가 극심하고 고분양가로 주택정책에 대한 국민의 분노가 일자 정부는 후분양제를 검토하였고, 건설업계는 정부가 후분양제를 검토하려면 먼저 시장원리에 위배되는 분양가격 규제부터 자율화하는 것이 시장원리라고 주장했다. 그러나 개발관료들은 2000년에 분양가를 완전 자율화하는 특혜를 제공하면서도 선분양 특혜를 존속시켜주었다. 또한, 선분양제에 분양가격 자율책정 특혜도 모자라 공공택지 헐값공급 특혜까지 제공하고 있다. 개발업체들은 선분양 특혜와 공공택지 헐값공급 특혜, 가격 자율결정 특혜 등을 이용해 터무니없는 고분양가로 폭리를 취해왔으면서도 사업계획서에는 이윤이 1~3% 수준이라며 허위문서를 작성하고 이윤을 축소하여 세금도 제대로 내지 않는 등의 비윤리적인 행위를 해왔다.

–경실련 시민감시국, 「아파트 반값의 진실 (1)」(2006)

판교 신도시 발發 부동산 광풍狂風

　공공이익 확보에 취약한 제도 아래에서, 판교 신도시 개발사업은 어쩌면 시작부터 그 폐해가 노정돼 있었는지도 모른다. 제2의 강남 건설로, 평당 1000만 원에 달했던 서울 강남지역의 집값을 잡겠다고 했지만 착공도 하기 전에 주변 지역의 집값을 폭등시켰다.[15] 주거대책과 부동산시장 안정이라는 명분을 내세우며 무려 10여 차례나 개발계획을 변경했지만 그 실제 목적은 개발이익 창출에 있지 않았나 하는 의문을 떨쳐버리기 힘들다. 개발사업비 책정도 계속 변했다. 처음 승인한 판교 신도시 개발사업비는 모두 5조 7000억 원이었으나 1년 만에 5조 9000억 원으로 증가했다. 2005년에는 당초 사업비에서 2조 원에 이르는 간접비가 누락되었다며 판교 신도시 개발사업비를 7조 9000억 원으로 늘려 잡았다. 아파트 분양가 책정에서도 유사한 양상이 일어났다. 건설교통부에서는 판교 신도시 아파트 분양가가 평당 850만 원을 넘지 않을 것이라 공언했지만, 2006년에 실시한 실제 분양에서는 중·소형은 1100만 원으로 책정하고, 중·대형은 1700만 원대로 잡았다. 약속보다 최고 두 배나 오른 분양가였다.

　그런데, 더 큰 문제는 판교 신도시 건설에 따른 이러한 개발시책이 가져오는 파급효과였다. 판교 신도시 개발사업으로 인해 지난해에도 분당과 용인 등 인근 지역 부동산가격이 상승했는데, 2006년 들어 두 차례 가진 판교 신도시 분양의 여파는 이들 지역은 물론 성남 본시가지에까지 미치고 있어 지난해와는 또 다른 양상을 보여주었다.

성남시 곳곳에서 투기 광풍이 불고 있다. 판교 발 열풍은 택지개발지구인 판교동과 운중동 등 11개 동을 제외한 인근 지역으로 번져 수십 년 동안 묶여 있던 그린벨트의 가격마저 치솟게 하는 기현상을 보이고 있다. 특히 제2 분당으로 꼽히고 있는 (성남시) 도촌 택지개발지구의 청약 과열은 최근의 투기 열풍을 부채질하며 전면 재개발이 확정된 성남 구시가지의 부동산가격을 뒤흔들고 있다. (⋯) 판교 청약을 위해 4000여만 원에 거래되던 통장이 도촌지구로 몰려 과열 현상을 빚었다는 분석이다. 당첨만 되면 전매가 가능해 최소 2~3배 이상의 프리미엄이 보장된다는 소리에 내로라하는 투기꾼들이 몰려들었다. 이 열풍은 곧바로 전면 재개발계획이 확정된 성남 구시가지 지역(수정구·중원구)으로 이어지고 있다.

-『서울신문』 2006년 12월 7일

판교 신도시 건설의 여파는 여기서 그치지 않았다. 주변 지역을 넘어 수도권 전체의 부동산 동향에까지 큰 영향을 미쳐, 지난해에 이어 2006년에도 수도권 부동산가격 급등의 주범으로 꼽혔다. 한 은행에서 조사한 '전국 주택가격 동향조사'에 따르면, 이해 1월부터 11월까지 전국 아파트가격은 평균 11.4% 오른 것으로 나타났는데, 수도권 지역은 이 평균 상승률의 2배 가까운 상승 폭을 보였다. 서울 강남권이 24.6% 상승하는 가운데 서울 전체가 19.7% 올랐고, 수도권도 20.2%나 상승했다.[16] 한 민간 부동산정보업체(부동산 포털)가 제공한 자료에 의하면 아파트가격 상승 폭은 이보다 높아, 서울이 29.2%, 경기지역은 30.73%, 수도권 신도시는 32.99%나 오른 것으로 집계됐다.[17] 이해 3월과 8월에 있었던 판교 신도시 고가 분양이 이러한 아파트가격 상승을 이끈 주요 요인 중 하나로 지목됐다.

먼저 올 초 재건축용적률 상향 조정 등에 대한 기대로 재건축 아파트값이 오름세를 타기 시작했다. 여기에 기름을 부은 것이 판교 신도시 고가 분양이다. 판교 분양 이후 분당, 용인, 강남 등 주변 지역의 아파트값이 크게 올랐고, 이 상승세는 신도시 지역은 물론 서울 주요 지역과 개발 호재가 있는 수도권으로 확대됐다.

-『내일신문』 2006년 12월 19일

판교개발사업은 우리나라 신도시 정책과 개발에서 대표적인 실패 사례이다. 판교가 본래의 개발 목적인 강남 집값을 잡기보다는 오히려 강남과 경기지역의 집값을 폭등시키는 진원지가 되고, 민간이 아닌 공공까지 앞장서 강제수용한 땅을 되팔아 수익만 챙기는 집값 경쟁에 뛰어들었기 때문이다.

-경실련 시민감시국, 「경제정의 실현을 이해 특혜와 특권은 청산되어야 한다」 (2006)

언론에서는 판교 신도시 분양이 이뤄지던 이 시기의 주택가격 급등 추세와 급변하는 부동산 동향을 "미친 집값", "부동산 광풍狂風", "부동산 광狂 코리아", "부동산 스트레스" 등으로 표현하며 연일 진단을 내리고 대책을 촉구하는 목소리를 높였다.[18]

2006년 부동산시장은 광풍狂風에 시달렸다. 참여정부는 부동산시장 안정에 대한 장담에도 불구하고 올해 들어 집값 급등세는 서울 강남 3구는 물론 서울 강북권과 수도권 신도시 주변 지역으로까지 급속히 확산되는 과열 양상으로 나타났다. 자고 나면 수백만 원, 수천만 원이 뛰어오르는 광풍에 집값이 오른 지역 사람들은 미소를 지었지만 무주택자나 상대적으로 상승 폭이 작았던 지역 주민들은 엄청난 좌절을 맛봐야 했다.

-『국민일보』 2006년 12월 25일

"미친 부동산", "부동산 스트레스". 올 한해 부동산시장을 장식한 표현들이다. 수도권 전역이 집값 폭등으로 홍역을 치러야 했다. 부녀회를 중심으로 집값 단합이 공공연하게 이뤄졌다. 몇 년 동안 집값이 오르지 않던 아파트단지도 상승세가 이어졌다.

-『문화일보』 2006년 12월 4일

하지만 당시 정부가 부동산 문제에 대해 소극적으로 대처하거나 이를 부차적인 정책으로 치부해 뒷전으로 밀어놓은 것은 아니었다. 오히려 역대 어느 정권보다 많은 부동산대책을 발표해, 2003년 참여정부 출범 이후 이 무렵까지 굵직한 대책만도 8차례나 나왔을 정도다. 2006년 들어서는 '3.30 대책'과 '11.15 대책'을 내놓았는데, 특히 이 '11.15 대책'은 수요 억제를 기조로 하던 이전 대책과 달리 공급 확대를 통한 시장 안정을 꾀하고 있어 지금까지와는 성격이 다른 정책이라는 평가를 받기도 했다.

그런데도 집값 동향은 안정되지 않았고, "단군 이래 최대의 폭등세"라는 비난을 여전히 면치 못했다. 일부 전문가들은 정책의 비일관성, 부동산정책에 대한 국민의 신뢰도 하락, 야당이 집권하면 부동산 관련 규제가 완화되리라는 기대감 등을 이 시기 부동산대책 실패의 원인으로 지적했다.[19] 그런데, 이러한 분석이 나름의 근거에 바탕을 둔 일리 있는 진단이긴 하지만 그 근본 원인을 짚어낸 것은 아니라는 목소리 또한 만만치 않았다. 정부에서 부동산 문제를 그 근저에서부터 타개할 수 있는 정책을 올곧게 수립하고 이를 흐트러짐 없이 지속해서 실행하지 않았다고 보았다. 그럴싸한 명분용 정책을 앞세워 문제의 실상을 가리거나 당장의 위기를 모면할 요량으로 실제로 계속 추진하지도 않을 제도를 앞다투어 내세웠다는 진단이다. 거칠게 표현하면, 문제가 된 사안의 실체나 근본 원인은 건드리지 않고 요란하게 변죽만 울렸다는 것이다.

이 시기에 국민을 대상으로 한 부동산 관련 여론조사에서 80% 이상의 지지를 받았던 사안을 보면 후분양제 전면 도입, 주택 공영개발 확대 실시로 공공 보유주택 20% 확충, 개발이익의 50% 공적 환수 등의 정책을 들 수 있다. 대출금 상환 능력에 따른 실수요자 주택담보대출, 보유세 1% 조기 강화, 분양원가 공개 등의 제도적 장치 또한 꼽혔다.

그러나 이러한 국민 다수의 요구는 은근슬쩍 외면되거나 형식적 모양 갖추기로 끝나는 경우가 대부분이었다. 후분양제는 2004년 3월 대통령의 지시로 2007년부터 공정률이 40%에 이르면 실시한다고 했지만, 막상 2007년이 되자 2008년으로 연기하며 그 실행을 미뤘다. 차기 정권에 책임을 넘기는 꼼수에 가까운 정책 미루기로, 사실상의 후분양제 포기나 다름없었다. 공공보유주택 확충 사안을 보면, 판교를 비롯한 신도시사업에서 일정 비율의 공공주택을 의무적으로 짓겠다고 했으나 평형을 넓히고 분양가를 올려 결국은 분양대기 아파트가 되게 했다. 개발이익 환수는 형식만 내걸린 채 있으나 마나 한 정책이 되었다. 주택담보대출 제도는 빚내서 집 장만하라며 투기자금을 대출하더니 이제는 강제로 상환하겠다며 하루아침에 돌변한 형국이며, 보유세 1%는 실효성 없는 0.6%로 낮추어버렸다. 선거 전에는 표를 의식해 분양원가 공개를 약속해놓고 선거가 지나자 시장원리에 맞지 않는다며 폐기해버렸다.

사실, 이처럼 실속 없이 겉치레만 요란한 부동산정책 수립과 부실한 주택제도 운영은 비단 이 시기만의 문제는 아니었다. 강도의 차이는 있겠지만, 1960년대 들어 산업화 시대에 돌입한 이래 어느 한 시기도 이러한 정책 질곡과 제도 폐해에서 벗어난 적이 없었다고 보는 게 맞는 말일 것이다.

그들만의 개발이익 나누기

그러면, 대체 누가 무엇 때문에 이러한 정책과 제도를 끊임없이 양산하고 유지하려 하는 것일까? 시민단체 소속 활동가들은 허울뿐인 부동산정책과 미비한 주택제도에 기대어 개발이익을 일으키고 폭리를 취하는 다섯 부류의 개발권력 집단을 그 당사자로 지목한다. 부동산정책과 주택제도를 집행하는 건설교통부와 재정경제부(기획재정부) 등 개발부처의 고위관료, 개발 관련 법을 제정하는 정치인, 주택을 짓고 시가지를 조성하는 건설재벌로 표현되는 개발업자,

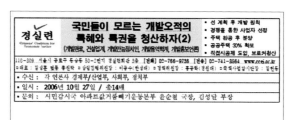

경제정의실천시민연합회에서 개발오적의 특혜와 특권을 폭로한 보도자료(2006.10.2)

주택 및 도시 관련 학자나 연구기관의 전문가, 개발 여론을 조성하고 토건개발 족에 대한 비판을 무마하는 언론 등이 그들인데, 이른바 "개발오적開發五賊"이라 부르기도 한다.[20] 1970년 한 시인이 당시 한국사회에 만연한 부정부패의 주범을 국회의원·고급공무원·장성·장차관·재벌로 보고, 이들을 이완용과 박제순 등 일제 치하의 을사오적乙巳五賊처럼 오적五賊이라 했는데, 이를 차용해 개발오적 이라 명명한 것이다.

"미친 집값"과 "부동산 광풍" 뒤에는 이들 다섯 개발권력 집단의 그림자가 짙게 드리워져 있었다. 급등하는 집값과 부동산투기 광풍을 불러오는 진원지가 다름 아닌 이들의 결탁과 담합이라 해도 과언이 아닐 터였다. 건설업계는 선분

OhmyNews

부동산 '개발 오적' 척결, 지금이 기회다

기사입력 2005.07.12. 오전 11:21 최종수정 2005.07.12. 오전 11:21 　스크랩 　본문듣기·설정

공감 　댓글 　　　　　요약봇 　가 　

[오마이뉴스]지난 반세기 우리사회에 만연한 특혜와 반칙이 부동산투기 광풍을 통해 확연하게 드러났고 이는 갈등구조를 넘어 온 국민을 분노케 만들었다. 망국적인 부동산투기 광풍은 선량한 국민까지도 투기의 구덩이 속으로 몰아넣었다. 우리는 이 위기를 새로운 기회로 만들어야 한다.

98년 공공·금융·재벌 등 사회 각 분야를 대상으로 개혁 작업을 추진했던 '국민의 정부'는 집권초기 경기회복이 예상보다 늦어지자 2000년 초부터 카드남발, 부동산투기조장 등을 통해 내집에 대한 강한 국민욕구를 자극했다. 아울러 관료들은 투기조장정책을 쏟아냈다.

그 폐해가 본격적으로 모습을 드러낸 시기는 2002년 이후부터다. 월드컵의 붉은 열기, 뒤이은 노란색 돌풍 등 온 국민이 새로운 희망에 부풀어 있던 시기에 기득권층을 중심으로 아파트 투기는 본격화되고 있었다.

이어 2003년, 새로운 지도자가 탄생하면서 국민들이 주인이 될 것이라는 기대를 품고 있던 사이 강남과 수도권으로 아파트투기는 계속 번지고 있었다. 당시 정부는 10·29대책을 부랴부랴 발표했지만 투기세력은 멈추지 않았고, 아파트가격은 지속적으로 상승했다.

2003년 하반기 대선자금 수사와 굿모닝시티 사건 등으로 줄줄이 구속되는 정치인과 관료 위에 숨어있던 개발·건설업자와 재벌들은 아파트를 중심으로 지속적으로 투기를 조장했

'경실련 아파트값거품빼기운동본부' 본부장(김헌동)이 기고한 개발오적 관련 신문기사
(『오마이 뉴스』 2005.7.12)

양과 분양가 자율책정, 공공택지 헐값 매입 등 이중삼중의 특혜로 폭리를 취했으며, 그렇게 축적한 자본으로 정치인에게 정치자금을 갖다 바치고 관료에게는 뇌물과 퇴직 후 일자리를 마련해주었다. 학자와 전문가에게는 돈이 되는 용역을 떠안기고 언론에는 분양 광고비와 건설사 홍보비를 제공했다.

다양한 이해관계로 얽힌 개발오적의 얼개는 무척 견고했다. 먼저, 관경유착官經癒着을 들 수 있다.[21] 개발부처의 고위관료는 후분양 실시로 주택공급제도를 개선하겠다더니 결국은 건설업계를 위한 선분양을 존속시켰으며, 그것도 모자라 분양가를 건설사가 알아서 결정하도록 제도적 장치까지 깔아주었다. 한편으론, 현직에 있을 땐 국가개발사업체인 토지공사와 주택공사를 앞세우고 건설사와 밀착해 땅장사와 집장사를 하고, 퇴직 후에는 민간건설협회의 고문을 맡아 정부 로비스트로 활동했다. 일부는 국회로 진출해 개발 관련 법률과 제도를 손보았다.

정치가와 건설사의 정경유착政經癒着 또한 강고하고 치밀했다. 경제 활성화를 위해서는 무엇보다 건설 경기를 일으켜야 한다고 주장하는 정치인은 분양가를 검증하고 조정할 지방자치단체의 권한을 약화시켰다. 경제 성장을 구실로, 건설사가 원하는 개발규제를 완화하는 법이나 개발특별법을 만들어냈다. 기업과 정치인의 불법정치자금 사건에는 대체로 재벌 건설사가 자금책으로 등장하며, 국회의원이 의원직을 상실했다면 대부분 건설 인허가로 인한 뇌물사건이 얽혀 있었다.

학경유착學經癒着도 만만치 않았다. 개발주의를 떠받드는 학자와 전문가는, 분양원가 공개와 선분양 제도를 실시해 주택시장을 정상화하자는 시민사회의 요구를 반시장주의나 사회주의라 몰아붙였다. 이들은 또한 정부의 개발 관련 위원회에 참여해 개발사업의 절차적 합법성을 부여하는 거수기 역할을 하며,

한편으론 개발부처나 건설사로부터 용역을 받아 개발논리를 만들어 제공했다. 관에서 미리 제시한 결론에 따라 보고서를 제출하는 이른바 OEM 용역도 마다하지 않았다.

언경유착言經癒着도 빼놓을 수 없다. 친자본·친재벌 성향의 언론은 국민이 요구하는 부동산대책을 경기침체·주택시장 냉각·공급 부족·가격 폭등 우려 등의 과장된 표현을 구사해 호도하면서 한편으론 개발여론을 조성해 건설사의 대리자 역할을 다했다. 개발사업의 부산물인 부동산광고비를 챙긴 채, 건설업계의 수조 원에 이르는 폭리를 가능하게 하는 구조와 시스템에 대한 문제는 외면했다. 오히려 개발주의를 기조로 건설업계 홍보에 나서기도 했다.

이런 결탁과 개발이익 분배체계 아래, 건설업체는 대형국책사업과 공공건설사업을 통해 막대한 이익을 남겨왔다. 판교 신도시 개발계획이 수립되고 추진되던 2000년대 전반기의 실상을 살펴보자.

> 그동안 건설업체들은 대형 국책사업이나 공공건설사업의 입찰에서 교묘한 방법을 동원해 배를 불려왔다. 국내의 민자사업을 포함한 정부 차원의 국내 공공공사 발주 규모는 매년 약 70조 원 규모다. 이들은 예산 편성 때부터 예정가격을 30~40% 부풀린 다음 대형건설업자들 간의 담합을 통해 수십 년간 매년 15조~20조 이상의 불로소득을 챙기는 제도를 유지했다. 그것도 모자라 정부는 사업을 시작하기도 전에 20~30%의 선금을 지급해 기업들이 이익금을 챙길 수 있도록 만들어주었다. 이 같은 공공분야의 관행은 민간건설 부분에도 그대로 이어진다. 지난 5년간 아파트 분양가는 3배가량, 전체 주택값은 500조 원 이상 상승했다. 참여정부 출범(2003년 2월) 이후에만 276조 원이 급등했다.
>
> -『프레시안』 2005년 8월 24일

한국경제에서 건설업이 차지하는 비중 또한 갈수록 늘어났다. 이 시기의 건설비용을 보면, 2003년 127조 원, 2004년 148조 원, 2005년 152조 원으로 점차 증가하는 추세였으며, 특히 2005년의 건설비용은 당시 국내총생산GDP의 약 19%에 해당하는 막대한 규모였다.[22] 부가가치를 기준으로 보면, 2005년 건설업의 국민경제 비중이 9%에 달하는데 이는 당시 한국사회에서 생산되는 총 부가가치 중 9% 정도가 건설업에서 나온다는 뜻이다.

그런데 국내 건설업은 갖가지 보호 장치 아래 그 규모는 키웠지만 경쟁력은 이와 보조를 맞추지 못했다. 선진국과 비교하면 기술경쟁력은 2006년 당시 겨우 세계 25위 수준에 머물렀다.[22] 이런 상태에서도 정부와 건설업계는 여전히 '빨리, 크게, 많이, 비싸게'라는 건설구호에 대한 집착을 버리지 못했다.[23] 모든 개발사업에서 '선계획 후개발' 원칙을 공언하면서도 정부와 공기업이 앞장서서 신도시 조성을 비롯한 개발사업에서 무계획이나 다름없는 막개발 수준의 건설을 추진했다. 물론 그 명분은 일견 일리가 있고, 개발사업의 겉모양 또한 합리와 효율로 포장되고 치장돼 있었지만 말이다.

게다가, 주택가격 폭등으로 여론이 아우성을 쳐도 건설업체의 폭리를 보장해주는 제도는 쉬 바뀌지 않았다. 정부와 공기업은 서민의 토지를 값싸게 사들이거나 강제로 수용해 속전속결로 조성한 택지를 건설업자에게 매각했으며, 이들 건설업자는 싼값에 사들인 택지에 있으나 마나 한 허수아비 감리를 세워놓고 거품이 잔뜩 낀 고액의 분양가로 아파트를 판매했다. 그마저도 제대로 짓지 않은 부실공사투성이이어서 불과 20~30년 후엔 부수고 다시 지어야 하는 게 아닌지 하는 기로에 서게 했다. 택지분양 뒤의 주택공사 단계에서도 여러 가지 폐단이 양산됐다.

민간건설업자는 다단계 하청에 의존하는 브로커로 전락하고, 공기업마저도 건설브로커화 함으로서 산업구조의 양극화, 비정규직 양산, 노동의 질 저하를 심화시키고 있습니다. 부풀린 공사비를 책정하는 표준품셈을 없애겠다고 하였으나 10년이나 유지해 공사비 부풀림을 방치하고, 정부 스스로 2배나 늘려 국민 부담을 가중하고 있습니다. 기본적으로 갖추어야 할 품질의 기준인 표준시방서와 표준도면을 갖추지 않아 부실한 시설물과 잦은 설계 변경으로 경쟁력 있는 기업과 준비된 인력은 시장에서 퇴출당하는 등 매우 심각한 문제들이 내재해 있습니다.

-경실련 시민감시국,「경제정의 실현을 위해 특혜와 특권은 청산되어야 한다」(2006)

건설업계 전반에서 나타나는 이러한 편법과 병폐에 대한 검토는 결국 다시 그 '다섯 부류의 개발권력 집단'에 가닿는다. 건설업 폐해의 근본 원인이 이들의 결탁에서 싹을 틔우고 성장을 거듭했던 것이다. 그들은 건설업에 유리한 법과 제도를 만들어내는 관료와 정치인이었으며, 개발지상주의로 무장한 채 건설 이데올로기를 꾸며내는 학자와 연구자였다. 비록 원론적이긴 하지만 건설업계에 대해 제법 거친 비판을 쏟아내면서도 다른 한쪽에선 교언영색 하는 언론이 있었고, 무엇보다 특권과 특혜를 유지해 끊임없이 이윤을 추구하려는 건설업자가 버티고 있었다. 이들의 탐욕과 야합, 뒷거래가 근절되지 않는 한 "미친 집값"은 정상으로 되돌아오지 않을 것이며 "부동산 광풍" 또한 끝내 멈추지 않을 터였다.

경실련 '아파트값 거품빼기 운동본부' 김헌동 대표는 분양원가 공개 등과 관련, "참여정부의 금융정책은 도박장 정책이고, 도박자금 규제로 최근 부동산 시장이 주춤하고 있을 뿐"이라며 "국회가 부동산 관련 법안을 통과시켜봐야 집값 안정에 효과가 없다"고 단언한다. "고위관료, 건설업자 등 개발오적 때문에 집값은 잡히지 않는다"고 주장했다.

-『연합뉴스』 2007년 2월 20일

지난 10여 년간 각종 부패사건의 절반 이상이 바로 건설사업과 연관돼 있었다는 점이 경실련의 자료분석을 통해서도 확인됐다. 국내 건설산업이 바로 부패와 예산 낭비의 핵심고리임이 밝혀진 것이다. 이 강고한 개발 5각 구조가 바로 일반 국민의 뜻과는 무관하게 또는 정반대로 기득권 구조를 유지해주는 틀이 되는 것이다.

-『프레시안』 2005년 8월 24일

　개발권력 집단은 어쩌면 개발주의를 지향한 한국사회가 낳은 필요악인지도 모른다. 이들은 멀게는 1960년대 초반 이래 개발독재시대를 거치면서 덩치를 키우고 영향력을 강화했으며, 이후 한국사회 경제개발계획과 경제 성장과도 궤를 같이 하며 변모를 거듭했다. 그러면서도 한편으론 경제 성장을 이끌고 한국사회의 개발주의를 강화하는 한 축으로도 평가받았다.

　이런 과정을 거치면서, 정부 정책과 행정은 물론 개인의 행태나 정서, 집단 활동과 일상문화에 이르기까지 개발이 모든 것에 우선해 최고 가치로 평가되는 개발주의가 만연한 사회가 도래했고, 개발 자체를 발전으로 쉽게 등치하는 사회 분위기가 조성됐다.[24] 개발주의 성공신화를 기치로 내걸고 건설과 개발에 대한 수요를 끊임없이 만들어냈으며, 이를 추진하고 실행하는 개발집단의 세력화와 정치화, 권력화가 진행됐다. 그러면서, 개발이익을 차지하기 위해 뭉친 세력뿐 아니라 개발을 위해 동원된 세력까지를 포함하는 넓은 의미의 개발동맹이 강고하게 형성됐다. 여기에는 정부 정치집단·개발업자·건설회사·금융기

수도권 신도시를 대표하는 분당 신도시. 한국사회 개발주의 조류의 한복판에 서 있다. | 대한민국역사박물관

관·부동산중개업자·대토지소유자 등이 참여했는데, 물론 이들의 공통된 목적은 개발사업을 통해 개발이익을 극대화하는 데 있었다. 소위 개발오적이라 지칭된 집단은 이 개발동맹의 핵심 계층이었다.

또한 한국사회의 개발주의는 경제개발이라는 국가정책 추진 아래 싹트고 구체화 되었으며, 개발주의가 경제 성장 이데올로기를 실천하는 하부수단으로 작용했다. 이렇게 경제개발과 경제 성장에 역점을 둠으로써 공간 개발은 그 위상과 중요성이 상대적으로 저하됐으며 공간 환경은 경제적 가치 증진을 위한 개발 객체로 전락해 그 훼손이 불가피한 것으로 여겨졌다. 이러한 개발사업은 국가조직 체계에서는 건설교통부를 중심으로 제도화되었고 산업 측면에서는 건설업에 대한 특권과 특혜를 베푸는 것으로 현실화됐다.

그러면서 건설업과 토건업이 팽창을 거듭했으며, 개발이익을 둘러싼 거대한 먹이사슬이 최고 권력집단에서 하부의 대토지소유자와 부동산중개업자에 이르기까지 공고하게 형성됐다. 나아가, 국가 자체의 성격까지 여기에 맞추는 듯한 기현상이 나타날 때도 있었다. 이런 사회에서는 일반 국민 개개인의 주거 권리와 안위는 사실상 부차적인 문제로 남는다. 한 지역에 깊게 발을 내리고 그 지역의 정서에 가슴을 열고 살아온 주민일지라도 이들은 개발 위주의 부동산정책 추진을 위한 들러리에 불과한 대접을 받게 된다. 결탁과 담합, 뒷거래로 강고하고 배타적인 관계를 맺어온 개발동맹의 관심은 언제나, 또한 궁극적으로 개발이익 만들기와 그들만의 이익배분에 있었기 때문이다. 정치권력과 자본을 움직이는 힘 또한 이들에게 있었으니, 판교지역의 오래된 농부와 가난한 세입자, 영세 상인과 사업자는 그들이 마지막으로 내보인 생존을 위한 분노와 저항에도 불구하고 결국은 축출이라는 결말을 맞게 되었다.

13장

재산권과 생존권을
보장하라
- 토건개발족과 저항자

30년 만에 들리는 신도시 건설 반대시위 함성
- 수도권 3기 창릉 신도시 반대집회

고양군 일산 주민은 왜 신도시 건설을 반대했나?

개발시대의 그늘 - 일산 신도시 저항사

30년 만에 들리는 신도시 건설 반대시위 함성
– 수도권 3기 창릉 신도시 반대집회

　　실로 30년 만에 들리는, 신도시 건설을 반대하는 시위 함성이었다. 1989년 5월 당시 경기도 고양군에 속했던 일산읍과 송포면 지역의 주민들이 수도권 1기 신도시의 하나로 추진한 일산 신도시 조성사업을 거부하며 집단시위를 벌였는데, 2019년 5월엔 이곳 고양시의 일산 신도시에 거주하는 수천 명의 주민이 고양시 창릉지역에 건설하려는 신도시 조성사업을 반대하고 나섰다.[1] 일산 신도시 중심부의 한 근린공원에서 집회를 연 이들은 "고양시민 합의 없는 3기 신도시 전면 백지화", "3기 신도시 원천무효" 등의 구호가 적힌 팻말을 흔들며, 3기 신도시의 일환으로 발표한 창릉 신도시 조성사업에 대한 철회를 요구했다. 수도권 신도시 사업을 주관하는 국토교통부 장관과 여당인 민주당 소속의 고양시장에 대해서도 "소환"과 "퇴진"을 외치며 거칠게 비판했다. 이날 집회에는 이번 수도권 3기 신도시 조성사업의 영향을 받을 것으로 예상되는 파주 운정신도시와 인천 검단신도시 등의 수도권 2기 신도시 주민도 참여해 집회 열기를 더했다.

　　3기 신도시에 반대하는 주민들의 목소리가 더 높아졌다. '일산·파주·검단 신도시 연합회' 주민 약 1만 명(주최 측 추산)이 18일 밤늦도록 경기 고양시 일산서구 주엽동 주엽공원에서 대규모 집회를 개최했다. 김현미 국토교통부 장관의 국회의원 지역구 사무실 앞까지 가두행진을 벌이기도 했다. 이들은 "김현

미 OUT, 신도시 계획 철회" 등의 피켓 및 현수막을 들고 3기 신도시 조성계획
에 반발했다. (…) 지난주 운정 신도시에서 열린 첫 집회 때보다 2~3배 많은
주민이 시위 대열에 합류했다. 비정치적 시위로는 30년 전 일산 신도시 반대,
20년 전 러브호텔 반대운동 이후 가장 큰 규모로 꼽힌다.

-『서울신문』 2019년 5월 19일

국토교통부에서는 2019년 5월 초순에 고양시 창릉일대와 부천시 대장지
역에 각각 3만 8000호와 2만 호 규모의 택지를 조성해 이를 신도시로 건설하겠

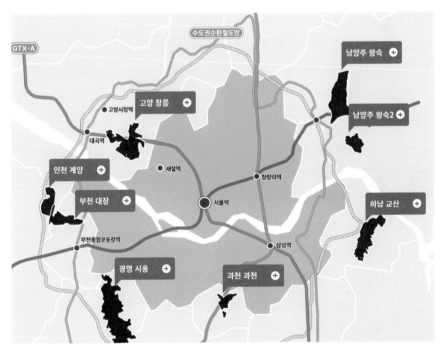

수도권 3기 신도시 사업지구 위치도 | 3기 신도시 홈페이지(한국토지주택공사)

다고 밝혔다. 이로써 2018년 12월에 발표한 남양주시 왕숙(6만 9000호)·하남시 교산(3만 4000호)·인천광역시 계양(1만 7000호) 등과 함께 수도권 3기 신도시의 윤곽이 거의 드러났다. 이후 2021년 2월에는 광명시흥 공공주택지구(7만 호)가 3기 신도시로 지정됐다. 이는 수도권 지역에 대규모 주택단지를 건설해 서울의 주택수요를 분산하고 서울을 비롯한 수도권의 급증하는 집값을 안정화하겠다는 목표로 추진됐는데, 특히 서울 도심까지 30분 이내에 출퇴근이 가능한 신도시를 만들겠다는 개발 방향을 표방했다. 서울과의 연결성 확보를 위해 수도권 광역급행철도GTX를 비롯한 광역교통망이 지나는 주변 지역에 집중적으로 배치됐으며, 1기와 2기 신도시에 비해 서울에 상당히 가깝다는 입지 특성을 보였다. 1기와 2기 신도시가 대체로 서울 경계로부터 5~10km가 넘는 곳에 있는 데 비해 3기 신도시는 약 2km 거리에 자리 잡았다. 특히 고양 창릉신도시 예정지는 서울 북서부 경계에서 불과 1km 거리에 위치해 접근성이 매우 양호했다.

　이러한 수도권 3기 신도시 정책에 대해 일부 전문가들은 사업이 차질없이 진행되면 수도권 주택시장 안정에 크게 기여할 것이란 평가를 내렸으며, 한편으론 막대한 보상비가 단기적으로 수도권 집값을 자극할 수 있다는 진단을 내놓았다.[2] 경제정의실천시민연합(경실련)을 비롯한 시민단체에서는 "신도시정책은 집값 안정책이 아니라 투기조장책"이라며 비판의 날을 세웠다. "택지를 파는 공기업과 주택을 짓는 건설사가 이익을 나눠 갖는 구조로 인해 분양가가 내려가지 않고 주변 집값을 끌어올리는 문제가 반복되고 있다"며 목소리를 높였다. 다른 한편에선 수도권 주택물량에 대한 공급과잉을 우려하기도 했다.

　기존 수도권 신도시에 거주하는 주민들의 여론은 대체로 주택 소유 여부에 따라 극명하게 갈렸다. 세입자들은 신도시 건설로 새로운 사회기반시설이 들어서면 그 혜택은 시민 모두에게 돌아가고 집값의 하향 안정화에도 도움이 된다며 신도시 조성사업을 반기는 분위기였다.[3] 하지만 자기 소유의 집을 가진 기존 신도시 주민들은 공급과잉으로 인한 지역 내 아파트의 미분양 사태와 교통난 악화 등을 이유로 내세우며 3기 신도시 건설사업 자체를 반대하고 나섰다.

일산신도시연합회에서도 호소문을 통해 서울과 일산 사이에 창릉 신도시가 들어서면 서울과 고양지역 간의 교통여건이 더 나빠지고 도시 활력도 떨어질 것이라며 신도시 지정 철회를 요구했다.[4] 온라인 카페를 통해서도 신도시 지정을 반대하는 목소리가 쏟아졌다. 30만 명에 달하는 회원을 가진, 일산지역 최대의 온라인 공간인 '일산 아지매'에는 3기 신도시 건설을 우려하는 글이 신도시 발표 뒤 하루 사이에 100여 건이 올라올 정도였다. 청와대 국민청원 게시판에 "3기 신도시 고양 지정, 일산 신도시에 사망선고"란 제목의 청원이 올라와 하루 만에 7900여 명이 참여하기도 했다. 오프라인 활동도 활발히 펼쳐, 고양시 전역에 창릉 신도시 건설사업 반대기류를 조성해나가고 있었다.

이달 2차로 지정된 고양 창릉, 부천 대장 등 3기 신도시 2곳 상황도 만만치 않다. 고양 창릉지구의 타격이 우려되는 일산과 파주 운정, 부천 대장지구 영향을 받는 인천 검단신도시 등에서 주민들의 반발이 거세지는 모습이다. (⋯) 특히 일산 주민들은 사전 홍보와 집회 준비에 열을 올리며 세력 확산에 주력하고 있다. 아파트단지 발코니에 "3기 신도시 OUT"이라는 플래카드를 가구별로 내걸고, 3기 신도시 반대 전단지를 아파트 우편함에 배포하는 등 집회 참여를 적극적으로 독려 중이다. 또 주민 일부와 야당 정치인들이 주요 환승역이나 버스정류장 근처에서 3기 신도시 반대 1인 시위 등을 개최하며 반대 의사를 분명히 하고 있다.

－『매일경제』 2019년 5월 17일

　그런데, 일산 신도시 주민들이 창릉 신도시 조성사업에 이렇게 적극적인 반대 활동을 펼치는 데는 속내가 따로 있었다. 바로 일산 신도시 지역의 집값 하락 때문이었는데, 서울에 인접해 있다는 유리한 입지여건에다 첨단 도시기반 시설까지 갖출 친환경 주택단지인 창릉 신도시가 들어서면 조성한 지 30년 가까이 되는 일산 신도시의 아파트가격은 영향을 받을 수밖에 없다는 게 일반적인 진단이었다. 더 좋은 환경과 교통망을 갖춘 주택단지로 인구가 이탈하거나 수요가 몰릴 수밖에 없다고 본 것이다. 실제로 일산신도시연합회에서도 아파트값 하락에 따른 시가지 침체를 창릉 신도시 지정 철회의 이유로 꼽고 있었다.[5] 창릉 신도시 지정과 건설로 일산 신도시 지역의 아파트값이 하락할 것이며, 그

러면 지역 노령화와 함께 외국인 유입이 증가하고, 이어 슬럼화가 진행될 것이란 우려를 나타냈다.

> 지은 지 30년이 다 되어가는 1기 신도시는 이미 노화가 시작됐다. 인구는 정점을 지나고 있는데 신도시를 자꾸 지어 외연만 확장하는 도시개발이 맞는지 고민해야 한다. 집회 현장에서는 "그린벨트를 풀든 초고층 개발을 하든 서울에서 싼 X은 서울에서 치워라"는 구호가 들렸다. 일산 주민들의 소외감과 박탈감은 1기 신도시 동기인 분당 신도시와 비교했을 때 더 커진다. 한 주민은 "입주 초기만 하더라도 '천당 아래 분당' '천하제일 일산'이라는 식으로 두 도시를 비교하는 기사가 나온 곤 했다. 지금은 일산 집값이 분당의 반도 안 된다는 기사만 나온다"고 씁쓸해했다.
>
> ─『중앙일보』 2019년 5월 29일

실제로 일산과 분당의 집값 격차는 갈수록 커지는 추세다. 한 부동산정보 기업의 자료에 의하면, 1993년 초 1억 2000만 원 정도이던 일산 신도시의 전용 31.5평$^{(105㎡)}$ 아파트 시세는 2019년 5월 현재 4억 원 언저리에 형성됐다.[6] 반면 1억 5000만 원 정도였던 분당 신도시의 32.3평$^{(107㎡)}$ 아파트 시세는 9~10억 원에 이른다. 2017년과 2018년의 수도권 아파트가격 급증 추세에서도 일산 신도시는 거의 소외되다시피 했다. 일산 신도시와 분당 신도시의 집값 격차에는 서울 강남권과의 근접성과 자족 기능, 교통망 차이가 결정적으로 작용했다고 본다. 분당은 인접 지역에 판교 테크노밸리 같은 업무단지가 자리 잡았지만 일산 주변 지역은 난개발에 가까운 택지개발이 이뤄졌을 뿐이며 아직도 침상도시(베드타운)에서 완전히 빠져나오지 못했다는 평가가 일반적이다. 분당은 신분당선 개통 등으로 서울과의 접근성이 한층 좋아졌지만, 일산은 제2 자유로 개통 외에는 큰 개선이 없어 서울 접근성이 비교적 떨어진다는 분석을 내렸다.

이처럼 그동안 지역발전과 아파트가격 동향에서 상대적 소외감과 박탈감을 가졌던 일산 주민들에게 서울과 거의 맞닿은 곳에 들어설 창릉 신도시 조성사업은 미래에 대한 불안을 가중하는 요소로 작용했다. 일부 부동산전문가들은 일본 경제팽창 시기인 1960년대 후반에 건설된, 도쿄 근처에 자리한 다마多摩 신도시의 악몽과 유사한 상황을 떠올렸을 거란 분석을 내놓기도 했다. 학교와 공원 등 도시기반시설이 완비된 다마 신도시는 "꿈의 신도시"로 불리며 1971년 입주 이후 도쿄 지역의 주민을 흡수하며 유입인구가 빠르게 증가했다. 하지만 30년이 지나면서 침상도시라는 자족 기능의 한계와 높은 교통비 등으로 젊은 연령층이 일자리를 찾아 대도시로 빠져나가고 지금은 노인층이 대다수인 고령화 도시로 전락했다. 2000년대 접어들어 상가 전체의 26%가 문을 닫았으며 300여 곳에 이르던 초등학교도 절반 정도가 폐교했다. 한때 40만 명에 달했던 인구는 지금은 20만 명대로 줄어들었다고 한다.

창릉을 비롯한 3기 신도시는 행정구역은 경기도와 인천시지만 사실상 서울생활권에 속한다고 볼 수 있다. 지금까지 정부에서 내놓은 신도시 건설계획안 중 서울과 가장 가까워, 일부 부동산전문가들은 3기 신도시가 1기와 2기 신도시를 포함한 주변 지역의 주거 수요를 흡수해 지역경제에 충격을 줄 것이란 전망을 내놓았다. 3기 신도시로 인구가 몰리면서 기존 신도시를 위시한 인근 지역은 미분양 증가, 상권 쇠퇴, 집값 하락이라는 부작용이 나타날 수 있다고 보았다. 일산 신도시 주민들의 창릉 신도시 조성사업 반대는 바로 이러한 배경에서 터져 나왔던 것이다.

하지만 3기 신도시 조성을 악재로만 여길 필요는 없다는 주장도 만만치 않았다. 교통이 개선되고 도시인프라가 확충하면 주택공급과 함께 경제적 힘이 모이면서 집적 효과가 나타나고, 이는 기존 신도시의 주택가치까지 끌어올릴 수 있다고 보았다.[7] 이들 전문가는 판교 신도시 조성으로 오히려 분당 집값이 동반 상승했다는 사실을 들면서, 이를 고용과 주거라는 자족 기능을 갖춘 거대 권역이 형성되면서 지역 가치를 키우고 시너지 효과를 낸 사례로 꼽았다.

일산 신도시와 창릉 신도시의 미래 또한 이와 유사한 가능성이 열려 있다고 보고 있다. 더구나 일산과 창릉은 주변에 자리 잡은 삼송·지축·향동·원흥 등의 택지지구와 거대한 클러스터를 형성할 수 있어 앞으로 시너지 효과가 날지 부작용이 더 많을지는 지켜봐야 한다는 의견이 지배적이다. 게다가 창릉 신도시는 그 절반 정도를 청년·신혼 맞춤형 주택으로 분양한다는 계획을 세워놓고 있어 일산 신도시에서 빠져나가는 수요는 소수일 것이라며 다소 낙관적인 전망을 하기도 했다.

문제는 앞으로 일산과 창릉, 이 두 신도시를 어떤 도시로 만들어나가고 두 신도시의 관계 양상을 어떻게 정립할 것인가에 달려 있다고 여겨진다. 자족 기능을 탄탄히 하고 편리한 교통망과 문화인프라를 대거 갖춘 흡인력 있는 신도시 조성과 기존 신도시 재창출, 거기에 경제와 주거 양 측면에서 시너지 효과를 낼 수 있는 두 신도시 간의 관계 정립에 일산 신도시의 앞날이 달려 있다고 해도 과언이 아닐 것이다. 아니면 30년 전 고양군 읍내와 일산 신시가지가 그랬던 것처럼 일산이라는 구도심과 창릉이라는 신도심으로 또 한 번 도시중심지 위상이 역전될 것인지도 모른다.[8] 2019년 봄, 일산 신도시의 미래는 그렇게 다른 신도시의 미래와 함께 다가왔고, 주민들은 앞날을 알 수 없는 혼돈과 불안의 기로에서 새로운 신도시 조성을 반대하는 구호를 외쳤던 것이다.

그런데 그 함성은 30년 전 그곳에서 일산읍과 송포면 주민이 외친 함성과 일견 닮아 있었지만 한편으론 다른 목소리이기도 했다. "신도시 조성을 반대한다"는 목소리는 같았지만 그 외침의 궁극 목적이 그대로 일치하지는 않았다. 30년 전 그때는 일하고 노래하며 대를 이어온 논밭과 집터인 삶의 터전을 빼앗길 수 없다는 외침이 강했다면 지금의 외침은 삶터보다 자산 증식의 수단에 무게가 실린 주택의 가격하락을 막아보자는 목소리가 더 강함을 부인할 수 없다.

30여 년 전인 1989년 봄, 일산의 들녘과 동산을 들깨운 그 외침은 정녕 어떠했을까? 그때 일산 들판에도 또 다른 봄이 오고 논밭에는 어김없이 씨앗이 뿌려졌을 터였다. 그런데 그 들과 마을을 허물고 시가지를 지어 올린다는 신도시 건설계획이 느닷없이 날아들었고, 그곳 일산 땅에는 그해 봄부터 절규의 목소리가 3년 넘게 울려 퍼졌다. 토박이 농민을 비롯한 다수 주민이 외치는 그 함성은 정치권력의 일방적인 결정에 따른 신도시 조성사업을 거부한다는 몸짓이자, 순리자연順理自然한 일산의 산야와 오래된 마을을 버리지 않겠다는 자기 다짐이기도 했다. 대대로 이어온 농토에서 쫓겨날 수 없다며, 이대로는 달리 갈 곳이 없어 지금의 삶터를 떠날 수 없다며 죽음으로 항거한 주민만도 다섯 사람이나 되었다. 이제, 한국 신도시 조성사업 역사 이래 가장 강하고 처절했다는 그 저항의 현장으로 되돌아가 보자. 일산과 송포를 만들어내었을 수만 수억 년 역사의 층과 결 어느 한 곳에 웅크리고 있을 그 절규와 항거의 시간을 불러내어 이곳 일산 신도시의 뿌리가 어디에 있고, 한 신도시의 탄생이 어떤 반목과 비극을 딛고서야 가능했는지를 직시해보자.

고양군 일산 주민은 왜 신도시 건설을 반대했나?

일산 신도시 건설계획이 발표된 지 채 한 달이 지나지 않은 1989년 5월 21일, 당시 고양군 일산읍의 백마국민학교(백마초등학교)에서 주민장住民葬으로 발인하는 영결식이 거행됐다.[9] 일산읍과 송포면을 비롯한 고양군 주민 1000여 명이 참석했으며, 장례식장이 된 운동장에는 "농민생존 압살하는 신도시 건설 철회하라", "보통 사람이 농민 죽이네" 등의 구호가 적힌 만장輓章과 플래카드가 곳곳에서 나부꼈다. 신도시개발로 집과 땅이 수용되는 걸 비관해 이틀 전

신도시개발에 반대하며 자살한 고양 주민의 장례식(1989.5.21)
| 『주간고양』(지금의 『고양신문』) 1989년 6월 29일

스스로 목숨을 끊은 한 50대 주민의 장례식이었다. 이 주민은 1970년 무렵에 상경해 목수 일을 하며 서울 변두리 지역을 전전한 도시빈민층으로, 1980년대 초까지 무려 30여 군데의 셋방살이를 거쳤다고 한다. 이후 서울에서 밀려나 일산읍에 거주지를 마련했으며, 그 몇 년 뒤에는 장차 형편이 나아지면 상가건물을 지어 노후대책을 하겠다며 빚을 내어 수십 평 규모의 밭을 샀는데 그게 사단이었다.

> 가족들에 따르면 강씨는 지난 86년 저축한 돈과 사채로 백마국교 앞 밭 45평을 샀다가 빚이 늘어 이 땅을 되팔아 빚을 갚으려 했으나 새도시 건설계획으로 이 땅이 정부에 수용될 경우 빚도 못 갚게 되고 상업은행에 1500만 원에 저당 잡힌 집마저 잃게 될 것을 비관해왔다는 것이다. 강씨 소유의 밭은 올봄까지 평당 70만 원을 호가했으나, 요즘 이 지역에선 정부가 수용할 경우 2만 원 선으로 떨어질 것이란 소문이 퍼져 있었다.
>
> ―『한겨레』 1989년 5월 20일

이 주민은 "정부 보상금으로는 은행 빚 갚기도 힘들어 거리에 나앉아야 할 형편"이라며 신세를 한탄했다고 한다. 수십 년을 떠돌다 정착한 이곳 일산에서 겨우 마련한 집과 땅이었는데, 이마저 헐리고 수용된다는 것은 오십 평생이 물거품으로 돌아가는 것이었는지도 모른다. 그는 "30년 넘게 피땀 흘려 모은 재산이 이렇게 허망하게 사라질 수 있느냐"며 비관하다 결국 농약을 마시고 자살을 택했다고 한다.

장례식장 분위기는 점점 무거워져 갔다. "모든 주민이 신도시계획 백지화를 위해 끝까지 싸우겠다"는 요지의 결의문이 낭독되면서 장례식장은 고인에 대한 추모의 슬픔과 함께 신도시 건설 저지를 위한 다짐의 함성으로 가득 찼다. 수십 대의 경운기와 트랙터, 오토바이를 앞세운 이날 장례행렬은 2km에 이를 정도였으며, 주요 교차로와 군청 앞에서 노제를 지내면서 절정에 달했다. 주민들은 "조상들이 묻힌 이 땅을 떠나 달리 갈 곳이 없다"며 신도시 건설에 대한 반감과 함께 울분을 토해냈다.

> "고생과 노력으로 땅을 일궈 평화롭게 오순도순 살고 있는 이 지역에 어느 날 갑자기 서울의 부유층을 위한 아파트를 짓는다는 이유로 주민들이 대책 없이 고향을 떠나야만 합니까?" "우리의 재산인데 왜 우리가 희생돼야 합니까?" (…) "나의 태를 묻은 땅, 뼈도 묻고 말 테다"라고 쓰인 피켓을 든 한 청년은 노제를 지내는 제상 앞에서 통곡하는 강씨의 가족을 바라보며 이렇게 말했다. "서울 사람들에겐 내 집 장만의 부푼 꿈일 수 있지만, 우리에게는 고향을 뺏기는 절망입니다."
>
> -『한겨레』 1989년 5월 23일

1989년 4월 27일, 정부는 수도권 1기 신도시의 일환으로 성남시 분당지역과 함께 고양시 일산지역에 대규모 신도시를 조성한다는 개발계획을 발표했다. 일산읍과 송포면 일부 지역 476만 평(1573만 5711㎡)에 들어설 일산 신도시에는 6만 9000호의 주택을 지어 27만 6000명의 인구를 수용한다는 계획이었다. 분당 신도시는 이보다 규모가 커, 전체 면적 594만 평(1963만 6363㎡)에 주택 9만 7500호, 인구 39만 명 수준이었다.

두 곳 모두 서울지역의 중산층을 끌어들인다는 구상 아래 입지와 환경 여건이 검토됐는데, 일산지역은 서울 중심부에서 북서쪽으로 약 20km 정도 떨어져 있어 서울에서 멀지 않고 평지와 평탄한 구릉지가 많아 대규모 택지 조성에 유리하다는 점이 크게 고려됐다.[10] 전철과 간선도로, 상하수도 등 도기기반시설의 연계가 용이하며, 한강변을 낀 자연경관으로 인해 전원도시로 개발하기에도 적합하다고 보았다. 당시 추진하던 북방정책과 관련해 낙후한 서울 북부지역을 선도할 거점도시를 육성해야 한다는 목소리가 커지고 있었는데, 이 또한 일산 지역 선택에 영향을 미쳤다고 한다. 건설비용과 사업 진행 측면에서 보아도, 이 지역은 군사작전과 안보를 이유로 비교적 개발이 저조한 상태여서 토지수용과 택지공사에 큰 문제가 없을 것으로 판단했다는 후문이다.

하지만 현지 농민들은 인근 구릉지와 야산지대를 제쳐두고 농경지가 대부분인 이곳 일산지역을 신도시로 개발하려는 정부의 태도를 알 수 없다며 의심의 눈초리를 거두지 않았다. 게다가 이 지역은 강변 인근의 저지대라 벼농사에는 꽤 좋은 곳이지만 택지로 이용하려면 흙을 퍼부어 지표면을 높이는 성토盛土

신도시 개발 전, 일산 들판의 모내기 풍경 | 고양 사이버역사박물관

작업이 필요해, 예정지의 절반 가까운 땅은 2~9m 높이로 땅을 높이는 공사를 해야 할 정도였다. 실제로 이 성토 공사를 거치면서, 일산지역 여기저기에 아담하게 자리 잡았던 동산이 거의 모두 밀려 나갔다. 이로 인해 일산 신도시는 사실상 지대가 낮은 농경지를 매립해 조성한 시가지나 다름없게 되었다.[11]

한강변의 충적토로 이루어진 저지대와 낮은 구릉지가 대부분인 일산 신도시 예정지역은 땅속 1~2m 정도에 토탄층이 깔려 있어 토양이 비옥하고 농업용수가 풍부해 천혜의 농경지로 알려져 왔다.[12] 한강 하류 연안에 위치해 홍수 피해를 보기도 했지만, 둑과 수리시설을 갖추면서 가뭄이 들어도 기후에 영향을 받지 않는 복 받은 농토로 꼽혔다. 이러한 평탄 지형에 형성된 논과 밭이 신도시 예정지역 전체의 66%이며, 낮은 구릉지에 자리한 임야林野가 21% 정도로, 농경지와 임야가 모두 87%를 차지했다. 더구나 주민들이 소유한 농지의 75% 가량이 절대농지이며, 막대한 비용을 들여 경지정리까지 마쳐 수도권 최고의 평야지대이자 곡창지대의 하나로 평가받았다.

이런 요건 아래 일산읍을 비롯한 고양지역은 전형적인 근교 농업지역으로 자리 잡아 서울생활권에 농산물을 공급해왔으며, 한편으론 서울을 위시한 수도권 주민의 주말 여가 장소와 위락 공간을 제공하기도 했다.[13] 수도권 정비계획과 군사시설 보호구역으로 묶여 개발이 제한된 지역이었지만, 신도시 건설이 발표될 무렵엔 전원 환경과 비교적 저렴한 집값으로 서울에 직장을 둔 서민들이 선호하는 주택지로 관심을 끌고 있었다. 서울 재개발과정에서 집을 잃고 밀려온 도시빈민층에 속하는 부류도 부쩍 늘어나는 추세였다. 그렇지만 아직은 기반시설과 생활환경시설이 제대로 갖춰지지 않아 편익시설과 상품구매를 대체로 서울 북서부 지역에 의존하는 상태였다.

이처럼 고양지역은 수도권 다른 지역과 마찬가지로 산업과 유통 등 여러 면에서 서울이라는 거대도시의 영향권 아래 놓여 있었지만, 한편으론 농업생산에 기반을 둔 지역사회가 건재해 농촌 생활문화 양식이 서울과 인접한 여타 지역에 비해 강하게 남아 있었다. 정주지定住地 체계와 정주 의식도 비교적 탄탄해, 단양 이씨·전주 이씨·해주 오씨·김령 김씨 등 집계된 집성촌만도 30여 곳에 이를 정도였다.

신도시가 들어설 예정지역에는 5300여 가구에 2만 3000명가량의 주민이 거주했으며, 이 중 약 40%에 해당하는 2170여 가구가 세입자였다.[14] 주민 다수는 농민과 영세상인, 회사원, 노동자 등으로 구성돼 있었으며, 이들 중 상당수는 현지를 떠나서는 당장 주거지 마련이 힘들고 생활이 곤란한 서민층이었다. 농민층은 그 내력과 부류가 다양했다. 대를 이어 고양지역에 거주해온 토착민이 중심을 이루는 가운데, 한국전쟁 당시 월남한 실향민과 1960년대 말 이후 경상도와 전라도, 충청도 등에서 이주해온 주민도 있었다. 서울 재개발지역에서 철거당한 이주민 일부도 농사를 짓고 있었다.

신도시 사업지구로 편입될 부지의 토지소유자는 모두 4190여 명으로 집계됐다.[15] 이 중 약 76%인 3190여 명이 고양군에 거주했으며, 이들 현지 주민이 신도시 예정부지 476만 평(1573만 5537㎡)의 74.5%인 354만 4997평(1171만 8998㎡)을 소유했다. 동시에 추진되는 분당 신도시 사업의 경우 현지 주민이 소유한 토지가 전체의 37.6%에 지나지 않는다는 점을 고려하면, 일산지역 현지인의 토지소유 비율은 상당히 높은 편에 속했다. 규모별 토지소유 현황을 보면, 1000평(3306㎡) 미만 토지소유자가 전체의 69%인 2870여 명으로 토지를 가진 다수 농민이 영세농민이었다. 1000~3000평(3306~9917㎡) 미만 토지소유자가 23%였으며, 3000평 이상을 가진 중층 이상의 농가는 겨우 8%에 불과했다. 이처럼 일산 지역 농민 대부분이 전형적인 소농경영 가구에 속했지만, 그런데도 근교농업이나 축산업으로 안정된 소득을 올리는 가구가 비교적 많았다.

토지소유 현황을 보면, 일산 신도시 건설사업은 주민들의 강력한 반발에 부딪힐 수밖에 없는 요건을 애초에 갖추고 있었던 셈이다. 토지소유자 10명 중 7~8명이 현지 주민이며, 게다가 농가 10가구 중 적어도 7~8가구는 영세하거나 소농가구인 상황에서 지금 못지않은 대체농지 마련이나 예상을 뛰어넘는 토지보상이 이뤄지지 않는다면 신도시 개발사업자와 주민 간의 충돌은 사실상 불가피해 보였다. 이런 실정에서, 일산읍과 송포면 일부 지역에 신도시를 건설한다는 개발계획안이 전격 발표됐던 것이다.

일산 신도시 조성사업은 개발계획 발표 때부터 여러 사안을 두고 논란이 일었다. 우선, 물량 위주의 공급정책이 서울을 비롯한 수도권의 주택문제를 근본적으로 해결할 수 없다는 비판이 나왔다.[16] 서울의 주택문제는 총량적인 공급 부족 때문이 아니라 토지와 아파트 투기를 위시한 주택시장의 왜곡에 그 원인이 있기에 투기 요소를 그대로 둔 채 신도시 개발과 같은 물량 공세를 펴면 오히려 투기업자만 돈을 벌 뿐, 정작 주택이 필요한 시민에겐 큰 혜택이 돌아가지 않는다는 주장이었다. 개발방식 자체를 재검토해야 한다는 목소리도 거셌다. 농민 소유의 농토를 싼 가격에 수용해 시가지와 택지를 조성한 다음 민간개발업자에게 매각하고, 이 과정에서 발생하는 개발이익으로 도시기반시설을 조성하겠다는 방식은 결국은 규제를 풀고 특혜를 줄 수밖에 없다고 보았다. 예를 들면, 민간 건설자본을 끌어들이기 위해 주택상환사채 발행을 허용하고, 양도소득세 감면규정인 3년 거주 또는 5년 보유의 조건을 사실상 폐기하게 된다는 것이다.

제도와 절차를 무시한 개발계획 수립에 대해서도 비판이 쏟아졌다. 신도시 구상과 계획 입안과정에서부터, 행정체계의 합리성과 민주적 절차를 무시하고 실정법까지 어긴 최악의 밀실 행정이자 졸속 계획이라는 비난을 받았다. 무엇보다, 수도권으로의 인구와 산업 집중을 억제한다는 수도권 정비계획과 어긋났다. 더구나 건설부가 '수도권 인구유입 억제정책'을 1989년도 역점사업으로 발표한 지 3개월 만에 신도시 건설계획이 나와, 도시정책의 일관성은 물론 건설목표의 진위성까지 의심받기에 이른다. 대규모 건설사업은 사전에 인구·교통·환경 등의 영향평가를 마쳐야만 사업승인이 나는데도, 신도시 건설계획은 청와대의 밀실에서 결정된 뒤 밀어붙이기식의 정당화에만 급급하다는 비난을 받기도 했다.

신도시 사업 추진의 비민주성과 억압성은 여론 수렴 과정에서도 그대로 드러났다. 전문가의 의견수렴과 사업 대상지역 현지 주민의 의사를 검토하는 절차를 거쳐야 하는데도 사실상 이 과정을 무시했다. 정부에서는 중산층 위주의 대규모 주택단지 조성이라는 사업목표와 개발 과정상의 편의에만 치중한 나머지, 정작 신도시 예정지역에서 살아가는 주민의 처지를 파악하고 여론을 수렴하는 데는 지극히 소홀했던 것이다. 군사정권의 연장이었던 당시 정권의 권위주의 통치방식이 영향력을 발휘하던 시기라는 점을 고려하면, 아예 처음부터 읍과 면 단위 현지 주민의 재산권은 물론 생존권과 의사 표현의 자유마저 가볍게 여겼는지도 몰랐다.

현지 분위기는 신도시 건설계획이 발표된 뒤 며칠간은 정부가 바라는 대로 흘러갔다. 신도시 예정지역 주민 다수가 그런대로 호의적인 반응을 보였는데, 이는 개발이익에 대한 기대감은 물론 신도시 사업이 지역발전을 위한 전환의 계기가 되리라는 전망에서였다.[17] 하지만 뒤이어 정부의 신도시 개발계획 후속 조치가 나오면서 현지 분위기는 급변했다. 신도시 사업 발표 사흘 뒤인 1989년 4월 30일, 일산지역 주민들은 이장을 중심으로 대책위원회를 구성하고, 전날부터 마을에 투입돼 전답과 함께 건물·분묘·시설물 등 지장물을 점검한 조사반원의 출입을 막았다. 신도시 건설사업의 실질적인 시작이랄 수 있는 토지와 지장물 기본조사가 하루 만에 전면 중단된 것이다. 이튿날인 5월 1일에는 주민대표로 구성된 회의를 소집하고 대책위원회를 투쟁위원회로 전환하며 신도시 조성사업에 대한 반발의 수위를 높여나갔다. 투쟁위원회는 곧바로 일산 신도시 건설계획의 백지화를 요구했으며, 이를 위해 집단시위를 지속해서 전개하겠다는 의지를 표명했다.

이같이 일산지역 분위기가 돌변한 데는 주거환경을 개선해 줄 것으로 기대했던 신도시가 자신들이 실제로 거주할 수 있는 농촌형과는 거리가 먼 중산층을 위한 중·대형 아파트단지로 조성되고, 보상대책도 기대했던 것과 크게 어긋났기 때문이다. 신도시 건설계획이 발표되기까지 현지 주민의 의사가 전혀 반영되지 않았기에 정부가 제시하는 보상안과 이주대책에 대해 불신할 수밖에 없는 상황이었다. 거기에, 이주에 따른 생활기반의 전면적 변화라는 불안 심리와 생계수단을 잃어버릴지도 모른다는 위기의식이 작용하면서 신도시 사업에 대한 반대 기류가 강하게 형성됐다. 대를 이어 살아온 중년 이상의 토박이 주민 중에는 신도시 건설에 대한 기대나 개발이익보다 향토 보존을 우선시하는 이들도 있었다. 이들은 오랜 생계 터전을 내놓고 새로운 터전을 일구어야 한다는 불안함과 조상 대대로 살아온 삶의 장소에서 일방적인 축출을 당한다는 울분이 뒤섞인 심정을 드러내며 신도시 사업에 대한 거부감을 보였다.

얼마 전까지만 해도 한가하게 트랙터와 소가 왕래하던 일산 백석·마두·장항 리 등 예정지구로 편입된 일산 읍내 23개 리의 농토길에는 "신도시 개발 결 사반대" 등 플래카드가 곳곳에 걸려있고 시멘트 포장길과 담벼락에는 "조상 대대로 물려온 문전옥답을 도시 중산층에게 빼앗길 수 없다"는 등의 구호가 페인트로 어지럽게 씌어있다. 농민들은 한창 바쁜 철의 농사 일손을 아예 놓 고 동네 어귀마다 모여앉아 시름 어린 표정으로 앞으로 살아갈 일을 걱정하 고 있다. 이들 주민의 표정에는 곧 닥쳐올 주거생활의 변화에 대한 근심과 당 국에 대한 심한 적개심이 깊게 배어있다. 일산 10리 동네 어귀에서 만난 농 민 이 모 씨(50)는 아침부터 마신 술로 얼굴이 벌겋게 달아오른 채 "일손이 잡 히지 않는다. 대대로 다져온 주민의 생활 근거를 하루아침에 뒤집어엎겠다는 발상을 낸 정부가 가증스럽다"며 분격을 참지 못했다. 마을 노인들은 "대대로 모셔온 조상의 선산이 엎어지다니 대명천지에 웬 날벼락이냐"며 "조상 뵐 면 목이 없다"고 눈시울을 붉히기도 했다.

-『동아일보』 1989년 5월 6일

특히 자기 소유의 농지를 경작하는 자작농민自作農民들은 이미 주변 지역 땅값이 크게 올라 대체농지를 구하기가 사실상 힘든 실정이라며 크게 불안해 했다. 이들은 정부정책을 그대로 따를 경우, 자신들이 어떤 선택을 하든 앞날은 불투명하고 어두울 것이라고 내다보았다. 집과 전답을 실거래가격보다 낮은 헐 값에 넘기고 이미 땅값이 오를 대로 오른 주변 지역으로 이주한다면 지금보다 작은 규모의 농사를 짓는 빈농의 삶을 감수해야 했다. 신도시 개발계획의 여파 를 받지 않는 먼 지역으로 이주한다 해도 낯선 환경에서 모든 걸 새로 시작해야 해 불안하긴 마찬가지였다. 이도 아니면 농사를 버리고 상업이나 사업과 같은 다른 직업을 찾아야 하는데, 대부분이 소농경영 가구에 해당해 보상액을 고려하면 이 또한 쉬운 일이 아니었다. 실제로 뒷날 토지보상을 받은 약 5000명 중 1억 원 이하의 보상금을 수령한 자가 3130여 명으로 전체의 62.1%였으며, 10억 원 이상의 고액 보상을 받은 주민은 50명으로 전체의 1%에 지나지 않았다.[18]

개발시대의 그늘
– 일산신도시 저항사

신도시 개발을 반대하는 일산주민들의 결의대회 | 고양 사이버역사박물관

1989년 5월 초 '일산신도시 건설 결사반대 투쟁위원회'가 결성되면서 일산지역 주민들은 신도시 개발을 반대하는 집단시위에 들어갔다. 경운기와 트랙터를 동원해 도로와 철로를 점거한 채 농성을 벌였으며, 3000~4000명의 주민이 결집해 신도시사업 백지화를 요구하는 결의대회를 가졌다. 가두시위를 벌인 뒤 군청 진입을 시도하며 경찰에 맞서 몸싸움을 벌였으며, 5월 중순 들어서는 주민 1000여 명이 국회의사당 앞까지 진출해 신도시 건설계획을 폐지하라며

목소리를 높였다. 일산지역 이장 20여 명은 주민들과 행동을 같이하기 위해 사직원을 제출하기도 했다.

5월 19일에 일어난 50대 주민의 자살사건은 이러한 신도시개발 반대기류를 한층 격한 방향으로 몰고갔다. 그런데 닷새 뒤 다시 불상사가 일어났다. 이번엔 일산읍에 사는 60대 후반의 토박이 농민이 목숨을 끊었다.[19] 5대째 이 지역에 거주하며 줄곧 농사를 지어온 이 노인은 신도시 건설로 고향이 없어질 것을 비관해왔으며, 숨지기 며칠 전에는 이웃을 찾아가 "조상들 선산도 있는데 어디로 가 사느냐, 차라리 죽어버리는 게 낫겠다"고 한탄했다 한다. 이 노인이 사는 마을은 전주 이씨 30여 가구가 모여 사는 집성촌으로 마을주민 대부분이 신도시 개발에 반대해 항의농성에 참여해 왔으며, 노인 또한 10여 차례나 반대시위에 나선 것으로 알려졌다. 며칠 전엔 모내기까지 마쳤지만 결국은 미래에 대한 불안과 혼돈을 견디지 못하고 생을 마감해버린 것이다.

그런데 신도시 건설사업과 관련한 비관 자살은 여기가 끝이 아니었다. 60대 후반 농민의 자살 이후 세 명의 주민이 더 목숨을 끊는 비극이 이어졌다. 6월 하순에는 세입자로 사는 50대 중반의 주민이 "신도시 건설로 이사 갈 곳도 없게 돼 살길이 막연하다"며 인근 야산에서 목을 매 자살했다. 7월 중순에는 남의 논밭 1400평을 빌려 농사를 짓던 20대 중반의 젊은 소작농이 농약을 마셨으며, 9월 초순에는 30대 초반의 주민이 "죽어서도 일산 신도시 결사반대를 외쳐본다"는 말과 함께 아들을 부탁한다는 유서를 남기고 부엌에서 목을 매 숨졌다.[20]

내가 더이상 살 수가 없다. 내가 죽거든 방 보증금을 뽑아서 0455-63-6298에 넣어주기 바란다. 청년회 여러분들에게 여직껏 걱정만 끼쳐서 죄송합니다. 아름이 좀 부탁합니다. 죽어서도 일산 신도시 결사반대를 외쳐봅니다.

-일산 신도시 건설에 반대하며 자살한 주민의 유서(1989.9.5)

일산과 분당을 비롯한 신도시 예정지역에서 반대시위가 계속되고 특히 일산에서는 자살자가 속출하면서 신도시 사업에 대한 국민의 관심이 높아졌으며 비판 여론 또한 크게 일었다. 정치권에서도 신도시 건설계획 재검토 논란이 일어, 일산에서 두 번째 자살자가 나온 닷새 뒤인 5월 29일에 '분당·일산지역 신도시 건설계획 재검토촉구결의안'이 국회 본회의를 통과했다. 하지만 이는 현지 주민이 요구한 신도시 개발계획 백지화나 입지 변경에는 크게 못 미쳤다. 정부에서는 신도시 위치와 추진일정, 개발 방향과 성격 등 기본사항은 계획대로 추진하되 수도권 인구집중·교통 및 입주자 선정·국가안보·주민보상 등 그동안 문제점으로 지적된 일부 사안에 대한 의견수렴과 보완방안을 검토하겠다는 입장이었다. 국회 본회의에서 채택한 '신도시 건설계획 재검토촉구결의안'이지만 법적인 구속력이 없어, 충실한 의견수렴을 거친 제대로 된 보완대책이 나온다는 데 대해선 회의적인 시각이 지배적이었다.

아니나 다를까, 정부에서는 현실성 없는 이주대책을 제시하며 주민을 회유하려 들었다. 신도시 예정지역 인근인 파주군 교하면의 하천 연변을 대체농지로 제시했는데 이곳은 1987년 대통령선거 당시 집권당 후보가 현지 주민에게 간척을 허용하겠다고 공약한 땅으로 일산지역 농민에게 돌아가기 힘든 땅이었다.[21] 설령 가능하다 해도, 면적이 약 40만 평(약 132만 2314㎡)에 불과해 300만 평(991만 7355㎡) 정도의 농토를 수용당한 일산지역 수요를 감당할 수 없는 규모였다. 게다가 간척할 동안의 생계대책도 세워야 해, 이는 신도시 건설 반대

기류를 약화하고 건설 추진의 명분을 쌓으려는 구실용 제안에 불과해 보였다.

한편, 현지 주민들은 6월 들어 투쟁위원회 내에 청년모임을 결성하고 새 집행부를 구성해 신도시 건설 반대시위를 지속해나갔다. 젊은 세대가 전면에 나서면서 신도시 반대투쟁은 한층 조직적이고 격렬하게 전개됐다.

그렇게 주민과 당국의 팽팽한 대치가 계속되는 가운데 7월 1일 정부에서 보상비 지급계획을 발표했다. 하지만 투쟁위원회에서는 토지와 지장물에 대한 기본조사를 거부하기로 하고 측량기사의 출입을 저지하며 마을을 봉쇄했다. 재검토촉구결의안이 국회를 통과하고, 합리적인 보상대책을 마련하라는 대통령의 언질이 있었음에도 불구하고 정부의 보상안은 기대에 훨씬 못 미치는 수준이었다. 주민보상에 대한 정치인의 결기에 찬 목소리와 최고 권력자의 약속이나 다름없는 지시가 당장의 비난을 피하고 여론을 호도하려는 정치술책에 불과한 셈이 되었다.

정부에서 내보인 보상안을 보면, 자영농의 경우 토지는 기준시가에 지가변동을 고려해 산정하고, 주거용 건물은 거래가격을 기준으로 삼으며, 기타 공작물은 평가액으로 보상한다고 했다.[22] 그런데, 이 기준에 따르면 토지의 평당 보상액이 4만 5000원에 불과한 실정이어서 외려 농민들을 놀라게 했다. 1500평(4958.7㎡)의 농토를 가지고 있는 주민이라면 약 7000만 원의 보상을 받게 되는데, 농민들은 이 수준으로는 생계대책이 막연할 뿐 아니라 전업은 엄두도 내지 못한다며 목소리를 높였다. 가옥주에게는 실거래액으로 건물 보상을 하겠다고 했지만 그 돈으로는 장기적인 주거대책이 막연했으며 이미 급등한 주변 집값으로 인해 결국은 세입자로 전락할 가능성을 배제할 수 없었다.

이주대책으로는 60평(198.3㎡) 정도의 택지분양권을 조성원가 이하로 공급하거나 아파트입주권 중 선택하도록 했지만, 이는 논밭을 내준 대신 받은 돈을 가지고 겨우 집 한 채를 사는 셈이었다. 논밭을 빌려 농사를 짓는 임차농에 대한 이주대책으로는 8개월 동안의 생활비 지급에 그쳐, 이 또한 원성을 샀다. 가진 것 없지만 성실히 살아보려는 서민을 도시빈민으로 전락시키겠다는 실정失政과 다름없는 시책이라는 비난을 받았다. 세입자에게는 임대아파트 입주권이나 주거대책비 180만 원 중 선택하도록 했지만, 임대아파트 완성 때까지의 주거문제 해결방안이 빠져 있었다. 이처럼 정부가 제시한 보상안은 극히 일부의 대규모 토지소유자를 제외하고는 현상 유지는커녕 앞날의 생계를 걱정하게 만드는 시책이었다.

이에 대해 주민들은 원칙적으로는 신도시 사업 백지화를 주장했지만, 끝내 신도시 건설을 강행하겠다면 그동안 절대농지로 묶여 지가地價 상승이 억제된 점을 고려해 최소한 주변 지역 지가만큼의 보상을 해달라는 입장이었다. 주택보상의 경우, 대지를 70평(231.4㎡)까지 무료 환지換地하고 주택건설자금을 무이자로 융자하거나 국민주택 규모의 아파트를 무료로 분양해주길 원했다. 세입자들은 조성원가 30% 이하로 이주택지를 공급하거나 국민주택 규모 이하의 아파트분양권을 요구했다. 정부 보상안과는 좁히기 힘들어 보이는 큰 차이가 났지만 주민들은 생업 포기와 생활터전 박탈에 대한 대가가 이 정도는 돼야 한다고 보았다.

보상안이 발표되던 이 무렵까지도 토지와 지장물에 대한 기본조사는 진척이 없었다. 신도시 사업시행자인 한국토지개발공사에서는 기본조사를 1989년 4월 말경에 시작해 7월까지 완료할 예정이었지만 주민들의 거부와 마을 봉쇄로 현장에 출입하는 것조차 힘든 실정이었다.[23] 주민들은 현장에 파견된 직원들

신도시개발 전의 일산지역. 초등학교와 마을이 함께 자리 잡은 1980년대의 전형적인 읍내 풍경이다. | 고양 사이버역사박물관

을 극도로 경계했다. 한국토지개발공사 직원들은 주민을 설득하기 위해 정보부대에 들어가 훈련을 받고 나온 특수요원이기 때문에 아예 대화 나누는 자리를 갖지 말아야 한다는 다소 황당한 소문이 떠돌 정도였다. 주민들은 비상연락체제를 갖추고 동네마다 출입 차단기와 사이렌 경보 시설을 구축했으며, 마을의 남녀노소 주민이 모두 나서서 조사반원의 활동을 막고자 했다.

　기본조사 저지조를 구성하여 첫 번째 저지선은 아주머니·할머니, 두 번째 저지선은 할아버지, 마지막 저지선은 청년들이 맡아 조사를 거부하게 하였다. 또한 열쇠로 문을 잠근 채 출타하고 실측 거부 동원에 불참할 경우 1만 원 벌칙금을 부과하여 주민들의 단결력을 강화하였다. 마을 진입도로에 천막을 설치해 경계초소를 운영하고 한국토지공사 직원이 나타나면 비상 사이렌을 울려 마을주민을 동원해 출입을 원천 봉쇄하였다. 투쟁위원회에서는 집마다 실측 거부 딱지를 붙여 지장물 조사를 거부하고 문을 잠그고 조사에 응하지 말 것을 종용하는 방송을 계속하였다. 사태는 점점 더 과격한 시위로 전개되면서 주민들은 한국토지공사 조사반에게 분뇨를 투하하거나 몽둥이를 들고 폭언을 하기도 하였다. 또한 홍보 안내문을 탈취하여 소각하고 협조 주민들을 협박하는 한편 신도시 건설을 반대하는 청년들은 자기 마을은 물론 다른 마을에까지 오토바이 및 경운기를 타고 순회하면서 조사방해 및 조사거부를 선동하는 등 극렬하게 반대하였다.

-「취득 부문 - 기본조사」『일산 신도시 개발사』(1997)

주민과 조사반원의 충돌이 잦아지면서 심한 경우엔 폭력사태가 일어나기도 했다. 결국 주민 설득에 한계가 있음을 인지한 한국토지개발공사에서는 고양군에 협조를 요청하게 된다. 고양군에서는 공무원 한 사람당 다섯 가구를 담당하는 전담팀을 구성해 개별 설득에 나섰으며, 토지와 건물 조사에 대한 안내문과 협조를 당부하는 고양군수의 서한문을 전달하기도 했다. 하지만 한국토지개발공사와 고양군의 합동전략에도 불구하고 주민들은 기본조사를 거부하며 강경한 태도를 고수했다. 그러자 한국토지개발공사에서는 기본조사를 방해하고 주민을 선동할 경우 그에 따른 응분의 조치를 하겠다는 방침을 전달하고 물리력을 행사하기로 한다. 1989년 7월 말, 고양경찰서와 고양군의 지원 아래 공무원 56명과 경찰 491명을 동원해 기본조사를 전면적으로 실시해 이후 약 3주간에 걸친 강제 실측을 벌인다. 마을과 농지에 전투경찰까지 투입되면서 곳곳에서 크고 작은 충돌이 빈번하게 일어났다.

기본조사가 시작된 1989년 4월 말부터 8월 하순까지 사업시행자 측에서 투입한 인원은 한국토지개발공사 직원이 1440명, 고양군 공무원 684명, 고양경찰서 소속 경찰병력이 3299명으로 모두 5493명이었다. 이처럼 신도시 예정지 가구 수보다 많은 대규모 인원을 동원하고 물리력까지 행사했지만, 실적은 저조해 이 시기에 파악한 사업지구 내 지장물 4052동 가운데 그 절반에 약간 못 미치는 1971동을 조사하는 데 그쳤다.[24] 이는 신도시 건설을 저지하려는 일산 주민의 의지와 결집력이 그만큼 강했으며 거부와 투쟁의 강도 또한 격렬했다는 뜻이기도 했다. 이러한 저항 양상을 가능하게 한 동인動因은 무엇보다 신도시 예정지 내의 토지소유 현황과 구조에 있었다. 신도시 예정지 토지소유자의 약 76%가 고양지역 현지 주민이었으며, 이들이 토지의 75%가량을 소유했다. 농민이 주민의 다수를 이루었을 뿐만 아니라 이들 대부분이 영세농민이거나 소농경영 가구라 신도시 조성으로 얻는 것보다 잃을 게 많은 처지였다.

신도시 건설에 대한 일산 주민의 저항은 분당 신도시 건설에서 분당지역 주민이 보여준 저항 양상과 종종 비교된다. 신도시 건설이 발표된 뒤 분당지역에서도 신도시개발을 반대하는 목소리와 함께 충분한 보상을 요구하는 집단시위가 연이어 벌어졌다. 고속도로를 점거했으며, 가두시위는 물론 시청 앞에 집결해 생계대책을 요구하고 국회를 찾아 자신들의 의사를 전달하기도 했다. 그런데 얼마 지나지 않아 신도시개발 자체를 반대하는 목소리는 잦아들고 시위의 목적이 보상액과 이주대책에 맞춰진다.[25] 이는 개발계획의 전면 백지화보다 최소한 현시가로 보상받는 게 유리한 토지소유자가 더 많았기 때문이다. 분당 신도시 예정지역의 62.4%를 이미 외지인이 소유한 상태였으며, 심지어 이들은 보상을 더 많이 받기 위해 현지인을 고용해 대리시위를 벌이기도 했다. 외지인 토지소유자에겐 생계 터전이나 삶의 공간 확보는 남의 일이었으며, 토지보상에 한층 유리한 상황을 조성하거나 더 나은 조건을 쟁취하면 그만이었다. 비교적 일찍 보상대책에 초점이 맞춰진 분당지역의 이러한 저항 양상은 신도시 건설계획 발표 뒤 이듬해까지도 주민 다수가 신도시개발 철회를 주된 목표로 내세운 일산지역과 차이를 보인다.

일산지역 주민들의 대규모 시위는 신도시 건설계획이 발표된 이듬해에도 계속되었다. 1990년 2월 하순에 당시 제1야당이던 평화민주당 중앙당사와 국회의사당 앞에서 신도시계획 철회를 요구하며 농성을 벌였다.[26] 이들은 성명서를 통해 "조상들이 물려준 옥토를 내놓으라는 것은 받아들일 수 없다"고 주장하며, 만부득이 신도시 건설을 해야 한다면 주민 여론과 요구사항을 충분히 수렴한 '신도시 개발법'을 만들어 그에 맞추어 추진해야 한다고 대안을 제시했다. 한편으론 법률투쟁에도 나섰다. 1990년 6월 들어 투쟁위원회는 주민 870여 명의 이름으로 건설부 장관을 상대로 '토지개발 예정지구 지정처분 취소청구 소송'을 서울고등법원에 냈다. 건설부가 법 절차를 무시한 채 신도시 개발계획을 수립했다는 게 소송을 제기한 이유였다. 사전공고와 '국토이용계획 심의위원회'를 거치지 않고 절대농지를 택지로 형질 변경한 시책 자체가 불법이라고 본 것이다.

하지만 신도시사업 반대운동이 장기화하면서 주민들 사이에서 투쟁의 방향과 강도에 대한 차이가 점차 드러났다. 토착 농민 대부분은 큰 줄기에서는 전면 백지화 입장을 견지했지만, 상인을 비롯한 비농민과 일부 세입자들은 이와는 다른 반응을 보였다.[27] 택지나 주택만을 소유한 비농민 계층은 개발로 인해 생계방식이 변하는 게 아니라 주거 장소만 변하기 때문에 보상비 문제에 관심을 더 쏟고 있는 게 사실이었다. 이들 중 상당수는 토지와 지장물 기본조사에 응하면서 보상안에 불만을 나타냈다. 세입자는 직업별로 상당한 차이를 보였다. 서울에 직장을 둔 통근자들은 개발이 되어도 손해 볼 것이 없다는 판단으로 신도시사업 반대운동에 소극적인 자세를 가졌으며, 반면 서울지역 철거민 출신의 세입자는 더는 밀려날 곳이 없다는 절박한 심정으로 집단시위에 동조하는 편이었다. 논밭을 빌려 농사를 짓는 주민들도 지금의 형편으로는 일산지역만 한 농토를 구하기 힘들어 신도시사업 철회 주장에 상당히 호의적이었다.

그런데 1990년 4월 이후 보상이 시작되고 5월 들어서선 이주방안과 생활대책이 공고되면서 신도시 개발반대라는 기류 한편으로 보상에 관심을 가지고 개발을 반기는 정서가 조금씩 확산해갔다. 여기에 한국토지개발공사에서는 개발반대 분위기를 희석하기 위해 신도시사업 추진에 비협조적인 주민에게 현실적인 불이익을 주는 보상안을 내놓았다.[28] 기본조사에 응하고 자진해서 이주한 주민의 토지일수록 보상가를 높게 책정하는 차등 보상책을 실시했는데, 이는 보상액을 미끼로 한 일종의 회유책이자 압박정책이었다. 지역주민 커뮤니티의 내부 분열을 노린 '편 가르기 전략'이기도 했다.

다수 주민의 지속적인 반대에도 불구하고 한편으론 보상작업이 진행됐으며, 1990년 하반기에는 택지공사와 주택분양이 시작됐다. 그해 12월에는 마지막으로 남아 있던 미조사 지장물 176동에 대한 실측을 마쳐 기본조사가 완료됐다. 보상작업은 업무를 시작한 지 1년이 넘게 지난 1991년 7월 중순에 끝난 것으로 공식 발표됐다. 기본방침은 협의보상이었으나 강제보상이 전체의 25%에 달해, 주민 네 명 중 한 명은 마지막까지 개발과 보상에 반대했음을 알 수 있다.[29]

주민 이주와 건물 철거 또한 진행됐는데, 주민과의 마찰이 이어져 난항 속에서 철거작업이 이뤄졌다. 1991년 7월 초에 이르면 사업지구 내 지장물 3412동 중에서 자진해서 철거한 지장물이 77.5%인 2645동이었는데, 22.5%에 해당하는 767동의 소유주민은 여전히 철거를 거부하며 개발사업에 맞섰다. 이들은

'선입주 후철거' 대책 마련과 보상액의 상향 조정을 요구하며 농성을 이어갔다.

결국 한국토지개발공사에서는 더는 협의가 불가능하다고 보고 강제철거인 행정대집행을 실시하기로 한다. 그해 7월 하순에, 공사가 시급하다고 판단한 지역에 자리한 건물 19동에 대한 강제철거에 들어갔다. 경찰 150명, 청원경찰 50명, 철거용역반원 100명 등을 위시해 모두 531명의 인력이 이 강제철거 현장에 투입됐다. 물리력을 동원한 이날의 철거는 신속했으며 또한 처절했다. 당시 한국토지개발공사에 근무하며 현장 일을 맡았던 한 직원의 증언이다.

한국토지공사 직원과 용역회사 직원들이 행정대집행을 위해 대기하고 있는 동안 경찰이 주민들을 차단하였으나 주민들은 여기저기서 행정대집행을 저지하기 위하여 현장으로 모여들었고 포크레인, 소방차, 구급차, 경찰호송차 등이 포진하고 있어 마치 시위대와 경찰의 일대 접전을 연상시켰다. 영장 제시와 동시에 현장은 아수라장이 되었고 집행개시 30여 분만에 지장가옥은 흔적조차 찾을 수 없게 되었다. 최초로 행정대집행을 개시한 집의 소유자는 강성이면서 가장 극렬하게 반대하고 있어 선택을 당하였다. 집행 과정에서 집주인은 유리로 손바닥을 자해하였고, 그 아들은 충격으로 인하여 혼절하였다. 피집행자는 모든 용기에 농약을 풀어 공격하는 과정에서 용역원 1명이 눈에 부상을 당하는 사고 이외 별다른 사고는 없었다. 이들은 신속한 응급조치와 병원호송으로 바로 정상을 되찾았다. 이 과정에서 막내딸이 교복을 입은 채로 겁에 질려 비명을 지르며 울며 엄마와 아버지를 찾는 모습은 좀체 잊을 수가 없다. 어린 마음에 상처는 입지 않았는지 어른들이 어떻게 비췄을까. 집주인과 우리들이 밉기만 하였다.

-「남기고 싶은 이야기」『일산 신도시 개발사』 (1997)

이날의 1차 행정대집행 실시 뒤에 지장물 소유자 다수는 자진 철거를 했지만 120동의 지장물 소유자는 여전히 철거를 거부했다. 하지만 계속해서 버틸 수는 없는 조건이자 형편이었다. 이들의 가옥과 시설물은 이듬해인 1992년 4월 중순에 이르기까지 여섯 차례의 행정대집행을 통해 모두 강제 철거됐다. 이 마지막 저항주민 축출에는 경찰 542명에 철거용역반원 380명, 한국토지개발공사 직원 431명 등 모두 1860명이 동원됐다.

철거 완료에 앞선 1992년 2월 초에 고양군은 시로 승격됐으며, 이해 8월로 예정된 일산 신도시 입주를 위한 대비를 차근차근해나갔다. 철거에 맞선 주민 저항이 계속되는 가운데 한편에선 아파트단지 주택공사에 박차를 가했으며, 동사무소 3개소에 파출소 1개소, 초·중·고등학교 3개교가 신설됐다. 8월 말에는 최초의 일산신도시 주민 786세대가 마침내 아파트단지에 입주했다. 신도시 건설계획이 발표된 지 3년 4개월이자 착공으로 첫 삽을 뜬 지 2년 1개월 만이었다. 이 첫 입주와 함께, 3년 넘게 지속한 신도시사업 반대시위 함성과 저항의 절규는 개발의 뒤안길로 잦아들었다. 이후 3년에 걸쳐 모두 6만 9000세대가 입주를 마쳐 일산신도시 조성사업이 마무리된다.

입주 시기를 전후한 몇 년 동안 일산 신도시는 시설 미비와 교통 문제로 삭막하고 생활하기 불편한 곳이라는 평가를 받기도 했지만, 이후 도시기반시설과 근린생활시설이 갖춰지고 수목이 자라면서 점차 쾌적하고 살기 좋은 곳으로 관심을 받았다. 넓고 곧게 뻗은 도로와 잘 정돈된 시가지, 깔끔하고 세련되게 조성된 생활시설, 정갈한 외양을 드러내는 아파트단지. 이제 일산 신도시는 분당 신도시와 함께 수도권 중산층이 거주하는 대규모 시가지로 자리를 잡아갔으며, "고양 시민"이라는 말보다 "일산에 산다"는 말에 더 호감을 느끼는 이주

일산 신도시의 명소로 자리 잡은 호수공원과 주변 시가지(2014) | 대한민국역사박물관

민이 주민의 대다수를 이루었다. 다양한 문화시설과 대형 유통시설이 더해지면서 신도시 구역 주변으로 화정 · 탄현 · 중산 · 행신 등 여러 주택지구를 거느린 명실상부한 고양시의 중심지로 거듭났다.

하루가 다르게 성장하는 신도시의 상가와 주택가에는 옛 일산 주민의 이야기도 가끔은 피어올랐다. 토지로 막대한 보상비를 챙겼다는 벼락부자 이야기가 마치 영웅담처럼 전해왔지만, 한편으론 1~2억 원가량의 목돈을 쥔 주민들이 평생 처음 장사나 사업에 뛰어들었다가 분양받은 주택마저 날리고 먼 변두리로 떠났다는 어두운 사연이 더 많이 들려왔다. 하지만 세기가 바뀌고 십수 년이 더 흐르면서 그나마 드문드문 들리던 옛 일산 주민의 이야기도 사연도 점차 잦아들었다. 그러면서 이 멋진 신도시가 그들 옛 주민의 집을 허물고 논밭을 메우고서야 들어섰다는 사실도 차츰차츰 잊혀갔다. 정치권력과 토건개발족이 결탁해 결정한 개발사업을 거부하고, 사람다운 생존과 최소한의 재산권을 지키기 위해 외쳤던 울분의 함성과 시위의 절규도 망각의 시간으로 흘러 들어갔다.

1989년 일산 신도시 건설계획이 발표된 이후 1992년까지 신도시 건설을 반대하는 시위는 끊이지 않고 지속했다. 사업시행자 측에서 집계한 주요한 집단시위와 농성만 해도 253건에 이르며 참가자는 1만 5000여 명에 달한다.[30] 일산 신도시 개발 초기에 이들 주민의 저항과 투쟁은 더 많은 보상금만을 얻어내려는 집단이기주의로 비치기도 했다. 하지만 이들의 거센 저항의 몸짓과 목소리는 그나마 신도시를 제대로 건설하도록 하는 압력과 감시의 역할을 다했음을 부인할 수 없다. 오늘 이곳 일산 신도시에 지역의 번영과 주민의 긍지가 피었다면 그것은 수십 년 전 일산 옛 주민의 생계 터전과 삶터를 허물고서야 가능했다는 사실 또한 오랜 고양의 역사는 물론 이 신도시의 내력에도 올곧게 기록되어야 할 것이다.

14장

떠난 자와 남은 자
- 신도시 원주민 생존기

신도시 아파트단지에 일산의 오랜 마을이름을 남기다

사라진 마을, 묻힌 이야기, 또 다른 갈등

떠나지 않은 주민들
오마리 오씨 노인
장성마을 김씨
문화촌 김씨

동탄 주민의 신도시 정착기定着記

신도시 아파트단지에
일산의 오랜 마을이름을 남기다

1990년대 초반 일산 신도시 건설현장 | 고양 사이버역사박물관

　　일산 신도시 건설계획이 발표된 지 2년이 조금 넘게 지난 1991년 6월 초순, 시가지가 들어설 고양군 일산지역은 그야말로 혼란하기 그지없었다. 토지수용과 가옥 철거가 한창인 가운데 보상에 협의한 주민들은 이사를 서둘렀으며, 다른 한쪽에선 정부의 보상책을 거부하는 일부 주민들이 여전히 투쟁의 목소리를 높이고 있었다. 이 시기의 신도시 반대투쟁은 세입자를 중심으로 이어졌는데, 이들은 철거와 이주 거부는 물론 때로는 택지 조성공사 현장에도 뛰어

들었다.[1] 불도저의 기계음이 요란한 공사현장에 시위대의 구호가 뒤섞이고, 돌이 날아들고 오물이 투척되기도 했다. 그런 한편으로 이미 지반공사를 끝내고 골조작업에 들어간 공사현장도 있어, 일부 아파트단지의 외관이 서서히 골격을 드러내고 있었다. 사업시행자인 한국토지개발공사에서는 강제철거를 검토하는 한편 이듬해 8월로 예정된 첫 입주 시기를 맞추기 위해 공사를 서두르고 있었다. 갈등과 반목, 협상과 분쟁, 철거와 건설…. 그 혼돈의 현장으로 창출과 구축의 굉음 요란한데, 그 아래로는 한 오래된 시대가 훼손되고 파괴되며 종언을 고하고 있었다.

그런 와중에, 사라져가는 그 오래된 시대의 한 결이나마 남기고 증명하려는 의미 있는 작업이 완료됐다는 소식이 들려왔다. 신도시가 들어서는 일산읍과 송포면 지역을 중심으로 한 고양지역의 마을 현황과 지명 특성을 담은『고양군 지명유래집』이 2년 넘는 조사를 거쳐 출간됐다. 여기에는 고양 각 지역의 지명 유래와 내력, 인구지리와 취락聚落지리를 포함하는 인문지리 특성, 전설과 민담 등이 수록됐다.[2] 도서나 문서자료의 내용만이 아니라 일일이 마을을 찾아다니며 현지 주민과의 접촉을 통해 채집한 구전 사실까지 정리해놓았다. 마을을 방문해 제보자를 만나고 청취한 내용을 채록한 조사자 대부분이 고양지역에 거주하는 대학생이어서 더 큰 의의가 있다는 평가를 받았다. 말하자면 이『고양군 지명유래집』은 신도시 건설이라는 이 지역 역사상 최대의 전환 사태를 맞아, 마을의 기성세대와 지역 젊은이가 머리를 맞대고 가슴을 열어 이뤄낸 신구세대 소통의 결과물이었다. 가족과 이웃의 하루하루를 유지하게 해주고 일상이 영위되는 고샅과 논밭을 존속하게 한 마을의 오랜 자연환경과 선대들의 삶에 바치는 헌사와도 같았다.

이러한 작업에는 10대째 고양에 터를 잡은 집안에서 자란 정동일이라는 한 토박이 젊은이의 역할이 컸다. 당시 한국사를 전공하는 대학원생 신분이었던 그는 고양문화원 연구원 자격으로『고양군 지명유래집』발간에 참여했으며, 이후 고양시 전문직 공무원으로 발탁돼 역사문화재 전문위원으로 줄곧 활동해왔다. 그는 1980년대 말, 자신이 태어나고 성장한 고양지역이 택지개발로 인해 심각하게 훼손되는 것을 목격하면서 향토사와 지역 전통문화에 관심을 두게 되었다고 한다.

> (군대에서) 휴가를 나올 때마다 있던 길이 없어지고, 마을 어귀 나무들이 뽑혀나가고 논밭이 사라지곤 했어요. 내가 태어나고 자란 고향이 점차 변하는 것이 너무 안타까웠지요. 누군가 기록하고 남기지 않으면 그냥 그곳이 어떤 모습이었는지 영원히 묻히고 말 텐데 문화재를 연구하는 학자들이 얼마나 절실한 마음으로 그걸 기록으로 남길까 싶었어요. 애향심이 없으면 발로 뛰면서 기록을 남겨야겠단 생각이 아무래도 덜 하겠지요. 그래서 시간만 나면 사진을 찍어두기 시작했어요.
>
> -「기획-我저씨 - 정동일 고양시문화재전문위원」『내일신문』 2011년 2월 28일

일산 신도시 건설은 향토문화에 대한 탐구를 평생의 업으로 만드는 계기가 되었다. 1989년『고양군 지명유래집』발간작업에 책임조사원과 집필자로 위촉되면서 '고양군 대학생향우회'를 비롯한 대학 후배들과 함께 고양 각 지역의 지명 유래와 전설을 채록하고 마을의 인문지리를 조사했다. 특히 조만간 아파트단지로 채워질, 그래서 다시는 볼 수 없을 일산읍과 송포면 지역의 마을에 남다른 관심을 가지고 조사작업을 벌였으며, 이 과정에서 의외의 수확을 올리기도 했다. 경기지방의 전통적인 서민 농가인 한 초가草家를 발견해 이를 고양문

화원에 알리고 철거로부터 지켜낸 것이다. 4대 170년에 걸쳐 틀을 갖춘 이 가옥은 경기지방 서민 가옥의 외양과 구조를 간직하고 있는데, 경기도 민속자료로 지정돼 철거를 피할 수 있었다. 이후 '밤가시 초가'라는 이름을 얻고서 지금까지 일산 신도시 중심가에 보존돼 있다.

　그는 일산 신도시 조성 시기에 고양지명위원으로도 활동하며, 예부터 내려오던 마을 고유의 이름을 신도시 아파트단지에 부활시킨 장본인이기도 하다.[3] 1993년 신도시 입주가 본격화하면서 아파트단지의 마을 이름을 짓는데, 여기에 신도시개발 이전부터 써오던 자연부락 명칭을 그대로 가져다 쓰기로 한 것이다. 사업시행자인 한국토지개발공사가 한국부름회와 한국땅이름학회에 자문을 의뢰했고, 이를 정동일이 위원으로 있던 고양군지명위원회에서 최종적으로 결정했다고 한다. 이 과정에서 그가 발로 뛰며 채록하고 수집한 마을의 지명 유래와 내력이 큰 역할을 했음은 물론이다. 신선과 선녀가 내려와 노닐 만큼 경관이 수려한 고개가 있어 강선降仙이라 불린 마을이 있었으며, 북풍을 막아주는 야산 아래 이름난 서당이 있었다는 데서 유래한 문촌文村 마을이 전해왔다. 도당산에 가로 2m, 세로 1m 크기의 흰돌이 놓여 있어 흰돌 마을이라 칭했으며, 예로부터 마을 야산에 밤나무가 많아 가을이면 밤송이 가시가 지천으로 널려 있다 해서 밤가시 마을로 명명된 곳도 있었다. 경기도 민속자료로 보존된 초가가 바로 이곳 마을 이름을 따 '밤가시 초가'로 불렸다.

　　한순간에 마을문화가 훼손되고 하루아침에 삶터가 파괴되어도 풍요와 안락의 미래를 약속하는 개발의 기치 아래 신도시 건설사업은 흔들림 없이 이어졌다. 국가의 미래를 탄탄히 하고 다수 국민을 위한다는 명분 아래, 고단하지만 정 깊었던 지난 시절의 일상과 삶의 마디마디를 지탱해준 오래된 논밭은 속절없이 자리를 내주어야 했다. 그 내쫓김이 안타까워 그 잊힘에 침묵할 수만은 없어 시작된 작업이 '지명 유래 찾기'와 '마을 이름 붙이기'였다. 사라질 마을의 지명에 얽힌 오래된 이야기를 기록하고, 새 아파트단지 구역마다 선대의 자취가 어린 마을 이름을 붙이는 이 작업은 새로운 도시 건설이라는 국가 규모의 정책 현장에서 보면 과외의 일인지도 모른다. 하지만 이는 소소하거나 치기 어린 작업이 아니라 누군가는 해야 할 참으로 의미 있는 작업이었다. 그나마 이곳 향토사의 맥과 문화의 결을 후대로 전해줄 표지석이나 등대가 될지도 몰랐다. 신선이 놀았다는 고개가 없어지고, 평판 자자했던 서당 터가 묻히고, 밤송이 가시 널려 있었던 언덕은 사라졌지만 강선과 문촌, 밤가시라는 이름이 거기 남아 있어 이곳 신도시 이전에 건재했던 마을 내력과 주민의 삶을 먼 후대의 지평으로 열어줄 터였다.

이것이, 발로 뛰며 사라져가는 마을의 오래된 이야기와 선대의 예지에 찬 삶의 사연을 가슴으로 기록했던 한 젊은이의 작업을 지금 우리가 기억해야 하는 이유일 것이다. 그가 전하는 일산의 풍경과 삶의 정취를 오늘 우리가 이곳으로 다시 소환하는 까닭일 것이다.

> 정발산을 사이에 두고 양옆에 마을들이 날개처럼 펴져 있었어요. 산기슭에 마을들이 옹기종기 모여있는 풍경이었죠. 일산지역은 곡창지대, 평야지대로 유명했는데, 사람들이 거주하고 있던 마을과 산, 너른 평야가 없어지고 그 위에 아파트가 지어진 거죠. 경의선 기차가 논밭 사이로 달려가고, 저 멀리 한강이 보이는 아름다운 풍경이 지금도 눈에 선해요. 일산은 다른 신도시와 달리 주민들이 많이 거주하고 있었다는 특징이 있었어요. 경주 이씨, 전주 이씨 등 집성촌이 많았고, 단일 문화권이다 보니 초·중·고등학교를 함께 다니고 자란 토박이들이 대부분이었죠. 한 집 걸러 동문에 동창에, 집안사람이다 보니 결속력이 뛰어났어요. 신도시개발에 반대하는 목소리가 높을 수밖에 없는 상황이었죠. 사실 나고 자란 터전을 쉽게 내어줄 사람이 몇이나 있겠어요. (정동일. 2013년)
>
> ―이지연, 「스물넷 청신한 얼굴, 일산 신도시를 가다」 『도시문제』 48-531

사라진 마을, 묻힌 이야기, 또 다른 갈등

1992년 4월 중순, 지반공사에서 골조작업과 외관공사에 이르기까지 일산 지역 곳곳에서 주택공사가 한창이었다. 며칠 전, 이해 들어서도 이주를 거부하던 수십 가구에 대한 강제철거가 완료되면서 일산 신도시 건설현장에서는 사실상 시위 구호가 잦아들었다. 일찍이 택지공사를 시작했던 구역은 아파트단지 외관이 거의 완성된 상태였다. 사업시행자 측에서는 공사에 한층 박차를 가하며 8월 하순으로 예정된 첫 입주 준비에 만전을 기하고 있었다.

이제 80대 중반에 이른 농민 오씨는 이날도 일산지역으로 나들이를 나왔다.[4] 일산읍에 속한 대부분의 지역이 신도시 부지로 수용됐지만 경의선 철로의 동쪽에 자리한 일산리 일부 지역은 제외됐는데, 그나마 이곳이 얼마 전까지만 해도 자신이 살았던 마을과 가까웠다. 오씨는 신도시 건설로 집과 논밭이 수용되기 전까지 오마리五馬里라 부르는 주엽 2리에 대를 이어 거주해온 토박이 주민이었다. 서당에서 한문을 익힌 오씨 노인은 마을에서 최고령 어른으로 대접받아왔다. 지금은 이곳 일산 읍내에서 약 7㎞ 떨어진 원당 지역에 있는 다세대 주택에 전셋집을 마련해, 부동산중개업소와 기원棋院을 운영하는 막내아들 내외와 함께 살고 있었다. 원당은 이 무렵 시로 승격한 고양지역의 중심지로, 오마리에 비하면 도시화가 상당히 진전된 곳이었다. 평생 농사를 지어온 오씨는 원당 주택가로 거주지를 옮기고부터는 마땅한 소일거리마저 없어, 거의 매일 일산 읍내에 출타하다시피 했다.

오마리는 자그마한 야산을 뒤로하고 앞으로는 널따란 벌판을 가진 논농사

신도시 개발 전의 일산읍 주엽리. 지금은 일산 신도시의 중심부를 이루며 주엽동으로 불린다. | 고양 사이버역사박물관

지대로, 신도시 조성사업이 발표되던 1989년 무렵까지 54가구 243명이 거주하던 전형적인 농촌마을이었다. 오마리라는 마음 이름에 옛이야기를 담으며 수천수백 년을 이어온 오래된 삶터였다.

오마리는 주엽 2리의 자연촌락 명칭으로, 옛날에 이 마을에 장사가 태어났는데 겨드랑이 밑에 날개를 달고 있었다. 이 장사가 역적이 되어 집안이 망할까 봐 우려한 사람들이 장사를 죽였는데 이때 말馬 다섯 마리가 마을을 울며 떠돌다가 언덕을 넘어 사라졌다고 한다. 이후 이 마을의 명칭이 오마리가 되었다고 한다. 또 달리 해주 오씨들이 집성촌을 이루어 산다고 해서 오마리라 불리게 되었다고도 한다.

-이은만 편 · 정동일 집필, 「지명유래 - 일산읍」『고양군 지명유래집』 (1991)

오마리는 17세기 후반 해주 오씨가 터를 잡은 이래 줄곧 동족마을로 내려왔으며, 신도시개발 전인 1980년대 후반까지도 일족 40여 가구가 거주하던 집성촌이었다.[5] 오씨 노인 집안은 200여 년 전 7대 조부가 이주해 살면서 최근까지 뿌리를 내린 곳이라 한다.

> 오씨에게 있어 가장 힘든 일은 고향을 버리고 떠나온 아픔과 함께 조상의 묘를 파헤친 일이다. 수십 년간 섬기고 제사 지내던 조상의 묘를 포크레인으로 파내어 화장을 모시거나 이장한 일은 죽어도 씻을 수 없는 큰 죄로 여기고 있다. 또 요즘 들어 고향 땅이 더욱 그리워져 주로 고향 사람들이 많이 살고, 고향이 가까운 일산으로 마실을 간다. 수십 년간 사귀어온 친구, 친지 등을 만나 옛이야기도 하고 장기도 두면서 고향의 그리움을 달래고 있다. 오씨는 일산 새도시에 택지 조성작업이 끝나고 단독 주택 조성이 시작되면 비록 바뀌어버렸지만 옛 고향 땅으로 다시 이사할 생각이라고 말한다.
>
> -정동일, 「생활사 - 토박이 오 씨네」 『일산 새도시 개발지역 학술조사보고 2』 (1992)

공사를 시작한 지 채 2년도 되지 않았지만 일산 들녘의 풍경과 마을 정경은 신도시 부지 그 어디에서도 찾아보기 힘들었다. 마을 앞을 흘러 들판을 가로지르던 실개천이 그 긴 허리를 잘리며 파묻혔고, 마을을 지키는 수호신이었던 수백 년 느티나무도 뿌리까지 잘려나갔다. 하루에도 몇 번씩 논밭을 오가며 지르밟았던 농삿길도, 마당 깊었던 한옥 농가도 모두 흔적 없이 사라져버렸다. 그곳 장소와 함께했던 고된 노동 뒤의 보람도, 입학하고 결혼하며 성장하던 자식들과 나누었던 일상의 향취도, 더불어 살았던 이웃의 목소리도, 당산제와 산신제 같은 뜻깊었던 마을의례도 모두 기억과 회상의 영역으로 잠겨버렸다. 장소가 그 근저에서 외양까지 모두 변해버리자 그 속에 담기고 피어올랐던 사람 사는 이야기도 기억 속에서조차 점점 생기를 잃어갔다. 그러다 세대가 더 흐른 어느 날이면 그곳 마을과 삶의 이야기가 마침내 망각의 시간으로 영영 잦아들지도 몰랐다.

당시 정부가 추진한 신도시개발 방식은 이러한 삶터 파괴와 일상문화 훼손을 한층 격화했다. 신도시개발 추진은 전면적이고 일방적이었으며, 주민의 생계와 생활에 대한 대책은 박하고 졸속했다. 이에 대한 아쉬움과 의분은 일산 신도시 20년을 돌아보며 마련한 한 토론회 자리에서도 여전했다. 신도시 조성 당시 개발반대 활동을 주도하며 주민대책위원장을 지내던 주민은 정부의 강압적인 건설정책이 남긴 폐해를 이렇게 짚어냈다.

> 이 땅을 지키며 살아왔던 이들을 고려하지 않은 뿌리 없는 개발에 대해서는 설원규 씨가 강한 어조로 비판에 나섰다. "신도시가 허허벌판에 만든 건 아니다. 여기는 기존의 수백 년 동안 정든 이웃과 심지어 무덤을 파헤쳐가지고 이 땅에 콘크리트를 깔고 아파트를 지었다. 식물에도 뿌리가 있고 수백 년 이웃과 희로애락을 함께 한 일산 신도시에도 뿌리가 있었다. 그런데 어느 날 갑자기 사전대책도 없이 일방적으로 개발이 됐다." 설씨는 "당시 자연부락 사람들이 일방적으로 토공(한국토지개발공사)에 의해 뿔뿔이 흩어졌고 남아 있던 미풍양속을 완전히 잃어버렸다"며 격앙된 목소리를 높였다.
>
> —『고양신문』 2009년 11월 3일

어느 날 아침의 느닷없는 신도시개발은 수백 년 대를 이어온 집성촌 주민에게는 자신과 집안의 뿌리가 잘려나가는 고통이었다. 해주 오씨가 살았던 오마리(주엽 2리)·달성 서씨가 거주했던 강선마을(주엽 4리)·단양 이씨 집성촌인 밤가시마을(일산 9리)·진주 강씨 주거지인 뒷골(일산 10리)·초계 정씨의 낙민마을(마두 1리)·개성 설씨가 자리 잡았던 설촌마을(마두 3리) 등 오래되고 견고했던 촌락이 허물어지고 아파트단지 건설에 하릴없이 자리를 내주어야 했다.[6] 일족은 형편에 따라 여러 곳으로 이주해나갔다. 일부는 신도시 부지에서 가까운 고양군 관내에 머물렀으며, 일부 친족은 고양을 떠나 먼 외지에서 새로운 삶터를 만들어나가야 했다.

그렇게 일족이 흩어지면서 끈끈했던 유대와 엄중했던 조상의례도 느슨해져 갔으며, 이에 따라 밀집 거주가 아닌 새로운 문중조직 운영방안을 모색해야 했다. 오마리 해주 오씨의 경우는 오씨 노인이 그랬던 것처럼 대체로 고양 관내에 거주하며 문중 묘소를 새로 마련해 이를 구심점으로 삼아 동족 공동체를 유지하고자 했다.[7] 단양 이씨, 초계 정씨, 개성 설씨, 전주 이씨 등은 연천이나 양평 등 경기도를 벗어나지 않은 곳에 선산을 조성해 문중을 지속시키고자 했다. 하지만 참여하는 문중 구성원의 수나 관심도가 떨어지고, 문중의 위세와 영향력이 약화하는 건 어쩔 수 없는 한계였다. 사회변화에 따른 친족제도 자체의 변모가 문중조직과 운영에 큰 영향을 미쳤겠지만, 신도시 건설로 인한 집성촌 해체가 문중조직 약화를 가속화했음을 부인하긴 어렵다.

그렇더라도 경기도 내에 묘소를 마련한 문중은 그나마 앞날이 나은 편이었다. 임야 구입이 어렵거나 문중 재산이 뒷받침되지 않는 일부 집안은 경기도 바깥 지역으로 묘소를 옮겨야 해, 이들 일족의 문중행사 참여도가 급격히 떨어지고 문중조직의 격심한 쇠퇴가 예상됐다. 1994년에 실시한, 1990년대 초반에 고양 관내와 인근 지역으로 이주한 농민 249명을 대상으로 한 조사에서 전체의 약 30%에 해당하는 74명이 묘소를 경기도 외 지역으로 옮겼다고 응답했다.[8] 신도시와 가까운 고양지역에 묘소를 새로 마련했다고 답한 주민은 전체의

8.4%인 21명에 지나지 않았다.

훼손되고 사라지는 건 오래된 마을만이 아니었다. 지역을 기반으로 하여 대대로 전승되어온 생활문화와 마을공동체 의례 또한 소멸하거나 박제화돼갔다. 품앗이와 농기싸움, 풍물 같은 농경문화와 놀이가 스러져갔으며, 마을공동체 의례인 도당제와 동제는 사회적 기반을 상실하고 원형 보존이라는 명맥 유지에 안간힘을 써야 했다.

급격하고 느닷없어 일산지역 향토사에선 유례를 찾아볼 수 없었던 신도시 개발사업은 오랫동안 유지돼온 공동체질서와 인간관계를 허물어뜨리기도 했다. 수십 년을 함께 일하며 나누고 어울렸던 이웃이지만 보상금 액수가 예상보다 더 큰 차이가 나자 시기와 질투가 일었으며, 심지어 보상과정에 부정이 개입

일산 신도시 '백석동白石洞'의 지명 유래가 된 흰돌. 매년 음력 3월 초 길일에 마을의 안녕을 기원하며 도당제를 지낸다. | 고양문화원

했다는 뒷공론이 이는 곳도 없지 않았다. 보상금 수령액이 사회적 지위에 영향을 미쳐 그동안의 공동체 의식과 상호부조 생활에도 균열을 가져왔다. 보상액이 적고, 이주를 내쫓김을 당한다는 축출로 받아들일 수밖에 없는 주민 중에는 아예 삶의 의지를 놓아버리고 막된 생활을 하는 이도 있었으며, 반면 예상치 못한 큰돈을 만진 주민 중에는 이를 위세 삼는 자도 생겨났다. 급속한 사회변화로 인한 가치와 규범의 혼란 상태를 이르는 일종의 아노미anomie 현상에 직면했다고 해도 과언이 아니었다. 가족이나 친족 구성원도 예외는 아니었다. 집안 토지를 매각하는 과정에서 지분 다툼이 일어나 불화를 넘어 분쟁을 유발했으며, 가족 간에도 보상을 둘러싼 반목과 소송이 벌어지기도 했다. 일산 신도시 개발 당시 인접한 마을에 거주했던 한 주민은 보상을 둘러싼 형제간 다툼의 실상을 이렇게 전한다.

일산신도시 발표 나고 형제간의 재판, 부모와 자식 간의 재판이 무지하게 많았어요. (…) 우리 어렸을 때도 그랬지만, 큰아들한테는 골논을 줘. 골논이라는 건, 물이 흔해서 아무 때나 벼 심고 그러는 논이고. 둘째 차남한테는 자갈논을 준다고 했거든요. 그런데 신도시 발표 나고 나서 자갈논이 보상을 더 많이 받은 거야. 그러니 뒤집어지지, 큰 아들이…. 그런 부분이 엄청나게 싸움질도 하고…. 그래서 죽은 사람이 있어요. 아까 돈벼락이라는 게 아주 좋아서 난리도 쳤겠지만 생전 몇만 원도 못 만지던 사람들이 몇십억을 보니 안 돌아가요? (고양시 덕이동 거주자. 2011년)

- 나도은, 「기억의 구술을 통해 본 신도시 주민들의 공간과 일상에 대한 관계맺기와 실천 연구」, 성균관대학교 문과대학원 비교문화협동과정 석사학위논문

하지만 보상금으로 인한 가족 간 분쟁이라도 있는 주민은 그나마 나은 앞날을 설계할 수 있었는지도 모른다. 정부에서 내놓은 보상비와 이주대책으로는 이미 오를 대로 오른 일산지역 인근의 땅값과 집값을 감당하지 못하거나, 주택 분양에 필요한 자금을 마련하지 못하는 주민은 끝내 고향을 떠나야 했다. 농지 가격이 비교적 싼 먼 외지로 들어가 농사를 짓는 이도 있었고, 아니면 서울 변두리 지역이나 수도권 내 도시 외곽을 찾아 고단한 삶을 이어가야 했다.

떠나지 않은 주민들

오마리 오씨 노인

고향을 떠난 자와 고향에 남는 자를 가르는 가장 큰 요인은 결국 보상비와 재산이었다. 신도시개발 후에도 일산을 비롯한 고양지역을 떠나지 않은 주민 중에는 일산과 인근 지역에서도 재정착이 가능할 정도의 보상금을 받은 부류가 비교적 많았다.[9] 한편으로, 고향이라는 장소성과 지난 삶의 기억에 정서적으로 강하게 긴박된 이들 중에서도 고양지역을 떠나지 못하는 경우가 있었다. 다른 지역으로 이주해 새로운 생활기반을 닦기조차 어려울 정도로 가난한 이들 중에서도 생계를 위해 어쩔 수 없이 눌러앉은 주민도 있었다. 빈한한 생활을 하더라도 인맥도 사회관계도 없는 낯선 외지보다 그래도 고양지역이 조금은 나을 것이란 판단을 한 소수의 주민이었다.

오마리 출신 오씨 노인은 보상금 수령액만 보자면 일산지역 재정착에 무리가 없어 보이는 부류였다. 오마리에 살 당시에 논 5000평$(1만\ 6528m^2)$과 밭 2000평$(6611m^2)$, 임야 850평$(2809m^2)$ 정도를 소유했는데, 이는 마을에서 상류 수준에 속했다. 오씨는 이제 일하기 힘든 나이인데다 농사를 짓겠다는 자식도 없어 대체농지를 사지 않고 보상금 모두를 2녀 4남의 자식들에게 분배했다. 신도시 부지 내에 가옥을 소유한 주민은 이주대책으로 조성원가보다 낮게 공급하는 택지나 국민주택 규모 이하의 아파트입주권 중에서 하나를 선택할 수 있었는데, 오씨는 이주자택지에 집을 마련해 다시 일산지역에서 살 계획이었다. 막내를 제외한 세 아들이 고양과 서울에서 교사와 공무원 등 안정된 직장생활을 하고 있어, 이들 자식의 관심이 끊기지 않는다면 오씨 노인의 여생은 겉으로 보기엔 큰 무리 없이 평온할 터였다. 물론 누대累代를 이어온 한 집안의 터를 잃었다는 박탈감과 수백 년 내려온 조상의 묘를 자기 대에서 지키지 못했다는 죄책감에 시달려야 하겠지만 말이다.

장성마을 김씨

신도시 부지 인근에 집을 장만하고 대체농지까지 살만큼 충분한 보상을 받지 못했지만 고양지역을 떠나지 않는 주민도 있었다. 신도시개발 이전에 송포면 장성마을(대화 5리)에 살았던 70대 김씨는 1992년 현재 신도시 부지 인근인 탄현에 있는 한 아파트에 거주하며 1800평(5950㎡) 정도의 농지를 빌려 농사를 짓고 있었다.[10] 친척이 소유한 땅의 사용권을 얻어 농사를 짓는데, 한동안은 생계유지가 가능한 형편이어서 신도시 인근 지역에 재정착할 계획을 세워두고 있었다. 이 임차농지를 구하지 못했다면 김씨 또한 고양지역을 떠나 생계를 도모해야 했을지도 몰랐다.

신도시개발 이전에도 김씨는 남의 농지를 세내어 농사를 짓는 임차농이어서 가옥에 대한 보상만 받을 수 있었다. 집터 200평(661㎡)은 평당 50만 원으로 산정해 1억 원을 수령했으며, 축사를 포함한 집이 1600만 원, 대추나무 1그루가 5만 원으로 모두 1억 1605만 원을 손에 쥐었다. 이 돈으로 아파트를 구입하고 가구와 집기를 들여놓자 대략 1500만 원이 남았다. 인근 지역에 있는 농지구입은 꿈도 못 꿀 처지였지만 어떻게든 장기적인 생활대책을 세워야 했다. 김씨는 일산신도시 내 택지분양권을 가지고 있지만, 이 땅을 살 자금이 없어 조만간 택지분양 권리를 팔아넘길 예정이었다. 임차농에 대한 특별 조치로 받게 된 6평(19.8㎡) 기준의 상가용지 분양권도 다른 사람에게 넘겨 생활대책을 마련할 예정이지만 앞으로도 임차농 처지를 완전히 벗어나긴 힘들어 보였다.[11] 그나마 농지를 빌릴 수 있어 이전 거주지에서 멀지 않은 고양지역에 남았지만 안정된 생활을 꾸리고 재정착에 성공했다는 말을 듣기에는 앞날이 그리 밝지만은 않았다.

사실 김씨에게는 신도시개발로 인한 이번 이주가 한국전쟁에 이은 생애 두 번째 축출이었다. 1950년 한국전쟁 시기에 경기도 서북부에 위치한 장단군長湍郡에서 피난 내려와 정착한 곳이 고양군 송포면의 장성마을이었다. 당시 이곳에는 월남한 장단군 지역 사람들이 머물렀던 수용소가 있었는데, 이 수용소가 뒷날 마을로 변했다. 그래서 마을 명칭도 '장단長湍 사람들이 이룬 마을'이라는 뜻으로 장성長成마을이라 불리게 됐다.

이후 장단군 인근에 자리한 개풍군 출신 사람들도 하나둘 마을에 들어오고, 전라도와 경상도에서도 수십 가구가 이주해오면서 제법 규모를 갖춘 마을이 형성됐다. 남도에서 올라온 사람들은 주로 부부가 맞벌이하며 품을 파는 일을 했는데, 이들이 장성마을에 거주지를 마련한 것은 그나마 집값이 쌌기 때문이다. 장성마을 주민들 대부분이 언젠가 이북의 고향으로 돌아간다는 생각으로 처음 지은 허름한 집에서 그대로 살고 있어서 인근 다른 지역과 비교해 집값이 쌀 수밖에 없었다. 김씨도 방을 다섯으로 늘려서 방 네 개를 세주기도 했다. 1980년대 중반에는 소규모 공장이 마을 주변에 들어서면서 주부들까지 이곳에서 부업을 하게 돼 집마다 수입이 늘고 살림살이 형편이 한층 나아졌다. 인구도 점차 늘어나 1989년에는 196가구 810명이 거주하는 제법 큰 마을을 이루었다.

그런데 김씨를 비롯한 장성마을 사람들이 "이젠 좀 살만하다"며 어깨를 펴고 지금보다 좀 더 풍족한 앞날을 설계하던 그 시기에 대규모 신도시가 들어선다는 소식을 듣게 된다. 마을 주민들은 곧 신도시 반대시위에 나섰다.

> 황무지를 개간하며 힘들게 터를 닦은 이곳을 떠나야 한다는 것이다. 그리하여 온 마을 사람들이 데모하고 부당성을 부르짖었다. 그러나 대세는 어쩔 수 없었다. 시간이 흐를수록 자기 땅을 가지고 있는 사람들은 대열에서 떨어져 나갔다. 나중에는 장단 출신 세입자들만이 남아서 외롭게 투쟁을 하게 되었다. 공장 때문에 이곳에 임시로 있던 사람들은 그 나름대로 보상을 받았다고 생각하고 자기 살길을 찾아갔지만, 장단 출신으로서 아직 이곳에서 세를 사는 사람들의 경우는 삶의 터전이 송두리째 없어지는 판에 물러날 수가 없었다. 그중에 박모 씨 같이 투쟁이 실패로 끝나자 자살을 한 사람도 있다. 김 노인은 자기 논을 가지고 있지는 않았지만, 집터와 집이 있어서 그나마 보상을 좀 받을 수 있게 되어 현실을 받아들이기로 하였다.
>
> -류기선, 「생활사 – 실향정착민 김 씨네」 『일산 새도시 개발지역 학술조사보고 2』 (1992)

장성마을 주민들 대부분은 신도시 반대운동 초반기엔 대체로 시위에 적극적으로 참여하는 편이었지만 점차 결집력이 떨어지고 투쟁대열에서 이탈하는 주민도 늘어났다. 예로부터 내려오는 오래된 집성촌이 아니고 한두 가문이 확실한 위세를 행사하는 마을도 아니어서 신도시 반대운동에 암묵적인 동참을 강요하는 분위기가 약했던 게 사실이었다. 다른 마을과 비교해 주민 부류도 다양해 지속해서 목소리를 한데 모으기도 힘든 실정이었다.

한국전쟁기와 이후의 산업화시대를 거치면서 형성된 장성마을은 전래의 마을공동체 신앙이라 할만한 의례가 없었으며, 마을의 물적 토대가 되는 경지가 비교적 적었기에 주민을 한데 묶을 만한 공동체적인 마을문화 또한 성하지 못했다.[12] 대신에 월남 이전의 장단지역과 관련한 면민회·군민회 등의 모임, 김 씨의 고향인 장단군 장도면 하리에 살던 강릉 김씨 종중친목회 등이 일부 마을

주민을 엮는 구심체 역할을 했다. 계 또한 상당히 성행했는데, 친목계인 '15회'는 15사람이 만들었다고 해서 붙여진 이름이며, '45회'는 45세 이상 되는 남자를 회원 자격으로 하는 계였다. 다섯 조직이나 있었던 '쌀계'는 초상이 나면 쌀 1가마씩을 내어 상조하는 계이며, 전답을 사기 위해 100가마 정도의 쌀을 한 주민에게 몰아주는 방식으로 운영하는 쌀계도 있었다. '관광계'는 이른 봄에 온천이나 풍광 좋은 곳으로 유람가기 위해 만든 계 조직이었다.

마을 형성 초기부터 장성마을에 거주한 주민 중에는 신도시개발 이후에도 고양지역에 거주하는 주민이 비교적 많은 편이었다. 장성마을이 신도시 부지 위쪽 가장자리 지역에 자리 잡고 있어, 일부 주민이 개발에서 제외된 농지를 소유하거나 임차해 짓는 경우가 있었기 때문이다. 이런 실정에서 신도시개발 이전부터 있어 온 친목계와 면민회·군민회, 종중친목회 등이 전과 같은 활력을 가지지는 못하지만 1990년대 초인 이때까지는 그런대로 유지가 되는 편이었다. 하지만 이 또한 불안하긴 마찬가지였다. 앞으로 신도시 부지 위쪽 주변의 토지에까지 개발 바람이 불어닥치고 농사를 짓는 이전의 장성마을 주민이 한층 줄어들면 결속력 또한 지금보다 느슨해질 수밖에 없었다. 그때면 신도시 인근 농지에서 어렵게 농사를 짓던 이전 장성마을 주민들은 땀 흘려 가꾼 터전을 외부의 일방적인 힘에 눌려 잃게 되는 축출을 세 번째 당하는 비극을 겪게 될지도 몰랐다. 실제로 이 지역엔 2000년대 들어 주거지와 농경지를 밀어내고 일산 신도시와 생활권역을 같이 하는 대화지구·가좌지구·덕이지구 등 수천 가구 규모의 아파트단지가 들어선다.

문화촌 김씨

신도시 부지로 편입된 일산 11리에 살았던 62세의 김씨는 1992년 들어 그동안 2년 넘게 드나들었던 마을방 출입마저 끊고 거의 집에서만 지내다시피 했다.[13] 집이라야 인근 탄현지역으로 이주하면서 전세로 마련한 아파트주택이어서 사실상 갇혀 지내는 신세나 다름없었다. 마을방은 경로당에 드나들기에는 나이가 좀 이른 60대 초반의 중늙은이들이 모이는 곳으로, 주로 살림살이 형편이 나은 주민의 사랑방을 돌아가며 이용했는데, 때로는 노인정의 방 한 칸을 따로 쓰기도 했다. 신도시 건설로 이곳 탄현지역으로 이주한 엇비슷한 연배의 동료가 몇몇 있어 어렵지 않은 발걸음이긴 했지만, 근래 들어 화투판 판돈이 오르고 거의 매일 5000원에서 1만 원가량의 돈을 잃어 경제적 부담이 만만치 않았다. 게다가 술을 즐기지 않아 어울림이 불편할 때가 있었고 건강도 좋지 않아 이래저래 마을방 출입을 끊은 터였다.

김씨는 1970년에 경상북도 봉화에서 이곳 일산지역으로 터전을 옮긴 이주 농민에 속했다. 김씨의 부친이 일산으로 먼저 거처를 옮긴 친척을 방문했다

신도시개발 초기 일산지역의 마을과 들녘(1991) | 고양 사이버역사박물관

가 이곳이 고향보다 살기에 더 좋다고 여기고 이주를 서둘렀다고 한다. 당시 일산의 땅값은 매우 싸서, 고향의 땅 한 평으로 두 평의 땅을 살 수 있었을 정도였다. 그렇게 논 3500평$^{(1만 1570㎡)}$을 사들이고, 집은 지은 지 10여 년 되는 이른바 문화주택을 구입해 일산 11리로 이주했다. 이 일산 11리 또한 장성마을과 같이 한국전쟁 시기의 피난민이 거주하던 수용소에서 시작한 마을이었는데, 이후 호주의 원조금으로 지은 문화주택이 많이 들어섰다고 해서 문화촌으로 불리기도 했다.[14] 일산 11리 인구는 대부분 다른 지역에서 이주해온 주민으로 구성됐으며, 신도시 조성사업이 발표된 1989년엔 209가구 853명이 거주하는 꽤 큰 마을을 이루고 있었다.

봉화에서 이주한 뒤 김씨 집안은 규모 면에서 중간층에 속하는 논농사를 지었고, 게다가 김씨가 건설현장 경비나 상품대리점 관리자 등의 일을 겸해 꽤 안정된 생활을 유지했다. 근검절약하는 생활 태도도 가계 운영에 도움이 되었다고 한다.

> 그의(문화촌 김씨의) 생활습관은 검소함으로 일관되어왔는데 이는 그의 꼼꼼함과 무관하지 않을 것이다. 근검절약이라는 측면이 도덕상의 규범으로 제시된 관습이든 또는 물질상의 여유가 없는 환경이 빚어낸 결과이든 이는 한국 농촌사회의 사람들에게 강요되어온 것이었고 또 대부분이 지켜 내려올 수밖에 없었던 삶의 궤적 그 자체로 이해된다. 그러나 김씨의 삶에서 읽을 수 있었던 이 행동양식은 거의 견인주의자堅忍主義者에 가깝게까지 보이게 하는 요소를 지니고 있다. 그에게는 근검절약이 단순히 삶에 적응하는 방식으로만 체득된 것이 아니고 일생동안 추구해야 할 지표로서 자리 잡은 것이 아닌가 하는 느낌이다.
> ─박명도, 「생활사 ─ 농업이주민 김씨네」 『일산 새도시 개발지역 학술조사보고 2』 (1992)

그런데 신도시 사업이 발표될 당시 김씨 집안의 가세는 크게 기운 상태였다. 신도시 건설로 보상을 받을 수 있는 것이 주택 보상비와 이주대책으로 공급한 아파트분양권 뿐이었다. 신도시 건설사업이 발표되기 직전인 1988년에 논을 팔아버렸기 때문인데, 맏아들의 사업실패에 따른 빚가림과 암에 걸린 맏며느리의 병원비가 급해 논을 처분할 수밖에 없는 처지였다. 하지만 3년간의 투병과 병구완에도 며느리는 결국 세상을 떠났고, 이후 맏아들은 서울로 나가 낚시점을 운영했으며 손녀는 김씨 부부가 맡아 키우게 됐다.

1989년에 불과 평당(3.3㎡당) 9000원을 받고 논을 처분하지 않았다면 김씨는 토지 보상비만도 최소 3~4억 원은 수령했을 것이지만, 주택 철거에 따른 보상협의가 끝나고 받은 돈은 1억 2600만 원이 전부였다. 자신이 살던 문화촌 가옥이 분묘이장비까지 합해 약 8900만 원이었으며, 맏아들 명의로 된 연립주택이 3680만 원가량이었다. 여기에 소위 딱지라 불리는 택지분양권을 전매한다 해도 2억이 조금 넘는 돈을 마련할 수 있을 뿐이었다. 보상이 끝난 뒤 김씨는 여태껏 남은 빚을 갚고, 3000만 원 하는 전셋집을 얻어 재정착에 들어갔다.

이후 김씨는 다시 일을 해야겠다는 일념으로 아파트 건설공사장의 경비 일을 시작했지만, 한 달 만에 그만두어야 했다. 몸이 옛날 같지 않고 경비 일도 만만치 않아 병을 얻었는데, 치료비만도 70여만 원이 나왔다. 한 달 경비 일로 번 돈은 불과 30만 원이었다. 더 큰 문제는 앞으로도 생계에 도움이 되는 일자리 찾기가 쉽지 않다는 데 있었다.

일자리 찾기는 김씨만이 겪는 어려움이 아니었다. 신도시개발로 마을을 떠난 농민 다수가 직업전환에 힘들어했다. 1994년 들어, 1990년대 초반에 고양 지역과 그 인근으로 거주지를 옮긴 농민 249명을 대상으로 정착하는 데 힘든 요인이 무엇인지를 조사했는데, 전체 응답자의 약 88.8%에 해당하는 221명이 직업전환을 가장 큰 고충으로 꼽았다.[15] 이 중에서 186명이 20년 이상 농사를 지은 주민으로 조사돼 농사를 오래 지은 사람일수록 새로운 직업 마련에 더 큰 어려움을 겪는 것으로 드러났다.

직업전환 실상을 살펴보면 응답자의 50.6%인 126명이 서비스업종 일을 한다고 했으며, 기능 및 제조업에 종사한다고 답한 주민이 10.8%인 27명이었다. 그 외 고령 등으로 인한 무직 상태라는 응답자가 15.3%인 38명으로 조사됐다. 신도시개발 전과 동일한 농업이나 축산업 일을 한다는 주민은 19.3%인 48명이었다. 전문관리직이나 공무원, 사무직 직원으로 직업을 바꾼 사례는 애초부터 농사를 부업으로 삼은 몇 사람을 제외하면 전무했다. 서비스업이나 제조업 등 단순 직종으로 전환한 주민이 직업전환자의 거의 대다수를 차지했는데, 이는 특별한 기술이나 직업교육 등 직업전환에 대한 준비 없이 단시간에 이주와 정착을 추진한 졸속 행정이 낳은 당연한 결과였다.

여기에, 충분하지 못한 보상비라는 경제적 요인도 원주민의 이주 재정착을 힘들게 하는 난관으로 작용했다. 실제로 위 직업전환 관련 조사에서 농지가격이 하락한다면 농사를 다시 지을 의향이 있는지를 물었는데, 응답자의 22.9%만이 부정적인 답을 내놓았다.[16] 이는 합당하고 충분한 보상으로 신도시 인근 지역의 전답을 마련할 수 있다면 원주민 10명 중 7명이 농사로 재정착에 성공할 수 있다는 사실을 보여준다.

하지만 현실에서는 대체로 보상비와 이주대책이 적절하지도 충분하지도 못했다. 토지와 가옥에 대한 가격 산정은 인근 지역에서 대체물을 마련할 수 있을 정도로 상향 책정하는 게 자본주의 사회의 등가교환 법칙에 가까웠다. 생계 터전과 삶터 박탈, 사회적 관계의 상실 등에 대한 기본적인 보상이 뒤따라야 했으며 축출의 충격과 이주에 따른 상실감 등 정서 측면의 보상도 고려해야 했다.

주민들이 이주를 요구한 것이 아니라 정부가 이들의 이주를 강요했다는 점에서, 이들 주민이 이주해 재정착하는 데 필요한 교육 프로그램을 준비하거나 이를 받을 수 있는 비용을 산정하는 게 순리였다. 그런데도 생계 터전과 삶터의 전면적 변화에 대응할 수 있는 시간 여유도 주어지지 않았고, 직업전환에 대한 교육과 정보 습득의 기회도 마련되지 않았다. 권력과 자본의 결탁과 그에 따른 개발이익 우선의 일방적이고 억압적인 건설 추진이 있었을 뿐이었다. 건설사업을 일으킨 힘 있는 자들은 개발이익의 빛 아래 신도시 건설의 성공을 자축했을지 모르지만 정작 신도시 부지를 내준 주민 중에는 '생의 실패'라는 자괴감에 시달리며 참담한 고통을 감내해야 하는 이들이 적지 않았다.

신도시 되는 바람에 지금 68세부터 80세 이전까지 다 병신을 만들어버렸어. 직업이 없잖아. 나이가 있으니까 갈 데가 없지. 그러니 다방에서 중국 여자들이랑 놀고 있는 거야. 돈 내놓고. 할 게 없잖아. 그런데 그게 돈이 많고 하면 여흥을 즐긴다고 할 수 있지만, 내가 대화리 신도시 처음에 됐던 사람들 친구도 많고 하지만, 10억 이상 받은 사람은 밥 먹고 살아 지금도. 3억 이하도 밥 먹고 살아. 그런데 4~7억, 이 사람들이 다 거지가 되어버렸어. (…) 3억밖에 안 되는 사람은 3억으로 집을 하나 샀단 말이야. 그러면 벌어야 먹고 살잖아. 그러니 악착같이 일을 해. 먹고 살려고. 10억 넘는 사람들은 어디 가서 건물 하나 사서 세라도 받아먹고 살아. 6, 7억짜리는 내가 돈이 좀 있는데, 아들들 사업한다고 망하고 해서 이 사람들이 거지가 된 거야. 나이가 우리 또래 70쯤 됐으니, 취직도 못 하고 자식들이 다 들어먹고…. 할 데가 어딨어? (고양시 송산동 거주자. 2011년)
　- 나도은, 「기억의 구술을 통해 본 신도시 주민들의 공간과 일상에 대한 관계맺기와 실천 연구」, 성균관대학교 문과대학원 비교문화협동과정 석사학위논문

동탄 주민의 신도시 정착기定着記

2000년대 이후에 추진한 수도권 2기 신도시사업의 원주민 이주와 재정착 과정은 어떠했을까? 21세기 들어와 첫 번째 신도시로 개발된 화성시 동탄신도시를 사례로 그 실상을 알아보자.

서울 도심으로부터 약 $40km$ 거리에 자리한 동탄 신도시는 경부고속도로 인근의 오산천과 반석산을 중심으로 그 서쪽은 동탄 제1 신도시로, 동쪽은 동탄 제2 신도시로 나뉜다. 2003년에 착공해 2007년 입주를 시작한 동탄 1기 신

화성 동탄 제1 신도시(2021)

도시는 약 4만 1500호에 12만 6000명이 거주할 시가지로 개발됐다. 이보다 늦은 동탄 2기 신도시는 2011년에 착공해 2015년에 입주를 시작했으며, 11만 6500호에 28만 6000명이 거주하는 시가지 조성을 목표로 했다.[17]

동탄 신도시는 '선계획 후개발'이라는 수도권 2기 신도시 조성 원칙에 따라 계획과 설계, 시행에 이르기까지 기존 신도시와는 차별화된 개발방식을 채택했다고 한다.[18] 이에 따라 수도권 남부지역의 거점도시 육성, 중·저밀도의 친환경 주거단지 조성, 자연과 함께하는 첨단 자족도시 건설이라는 구체적인 개발전략을 수립했다. 공원과 녹지가 차지하는 비중을 늘려, 분당과 일산 등 수도권 1기 신도시의 공원·녹지 비율이 평균 19%인데 비해 동탄 신도시는 25.6%로 계획했다. 신도시 내에 반도체 생산단지를 비롯한 첨단산업시설을 유치해 자족 기능을 강화했으며, 이에 따라 동탄 신도시는 수원과 기흥, 오산 등 인근 지역으로 통근하는 직장인의 베드타운 역할을 하면서 동시에 일정한 자급성을 가진 도시로 평가받았다. 한편으론, 도시계획·건축·환경·교통 분야의 전문가 집단을 구성해 이들을 신도시 조성 과정에 참여시켜 각 공정을 일관성 있게 점검하고 의견을 제출하도록 하는 MP(Master Planner) 제도를 도입했다. 게다가, 정보통신기술과 건설이 융합된 한국형 첨단도시인 U-City 구축을 최초로 추진한 신도시이기도 하다.

동탄신도시 건설이 진행되기 전 이 지역은 행정구역상 화성시 태안읍과 동탄면에 편제된 곳으로, 논밭이 개발계획지구 전체의 45.7%를 차지하고 임야가 42% 정도를 차지해 기본적으로 농촌지대에 속했다.[19] 그러면서도 1970년대 들어 소규모 공장과 사업체가 하나둘 들어서고, 1990년대 이후에는 공장시설이 매우 늘어나면서 점차 농경지와 공장이 혼재하는 농촌 경관이 형성되었다.

공장 증가와 함께 외지인 유입이 늘고 차량 통행도 빈번해졌으며, 공장 노동자를 대상으로 한 음식점과 술집까지 들어서면서 일부 지역 도로변은 제법 소란스러운 곳으로 변해갔다.

2001년 들어 동탄 신도시 개발이 기정사실로 굳어지면서 신도시 예정지역에는 건설을 반대하는 목소리가 커지고 집회가 잦아졌다. 정부에서는 동탄 신도시 조성사업을 발표하면서 친환경 도시, 자족도시, 첨단도시, 전문가 집단의 참가 등 화려한 개발구호를 앞세웠지만 이전의 밀실 행정과 졸속 계획의 틀을 크게 벗어나진 못했다. 개발계획 수립 초기에 신도시 예정지역을 관할하는 화성시와 협의 없이 신도시 건설방침을 정했으며,[20] 외부 전문가나 주민의 목소리에 둔감하거나 무시하는 듯한 개발추진 방식 또한 겉으로 드러난 것과 달리 그다지 달라지지 않았다. 공청회를 통해 주민 의사를 청취하고 외부 전문가들의 의견을 듣긴 했지만, 이는 "참고자료일 뿐"이라며 정작 개발계획에는 제대로 반영하지 않았다.[21]

정부의 이런 무리한 개발계획 추진에 맞서 신도시 예정지역 주민 400여 명은 '화성신도시 개발반대 투쟁위원회'를 조직해 대응에 나섰다. 주민들은 생활터전 상실에 따른 신도시건설 반대, 철거에 앞서 주민 생존권과 생계수단 보장, 토지 현시가 보상 등을 주장하며, 2001년 1월부터 근 1년 동안 모두 14차례의 집회를 열었다.[22] 각 마을의 주민 절반 정도가 활동에 나섰으며, 사업시행자인 한국토지공사와 정부종합청사, 화성시청, 여당과 야당 사무실 등을 찾아가 시위를 벌이기도 했다. 2001년 10월에는 신도시 조성사업 자체를 무산시키기는 불가능하다고 여기고, '화성신도시 대책위원회'로 조직 명칭을 변경하며 보상과 이주대책에 초점을 맞추는 운동을 전개해나갔다.

토지 보상금 산정방식에서 가장 첨예한 갈등이 일어났다. 주민들은 주변 땅값을 고려한 실거래 가격을 주장했지만, 한국토지공사에서는 공시지가와 감정평가업자가 평가한 액수의 산술평균치를 기준으로 한다는 원칙론을 고수했다. 정부의 보상치를 가늠할 수 있는 2001년 2월 무렵의 공시지가는 12~13만 원 선이지만 실제 토지거래가격은 50~60만 원대에 달했다.[23] 한국토지공사에서는 제시한 보상비로는 인근 지역에서 대체농지를 구입하기는 사실상 불가능한 실정이었다. 신도시 예정지역에는 600여 개에 달하는 중소 규모의 공장이 문을 열고 있었는데, 이들 또한 턱없이 부족한 보상으로 공장 이전에 난감해했다.

주민들은 현실을 반영한 보상비 지급과 함께 조상의 묘를 이장할 집단묘지와 안정적인 이주지 조성을 바랐지만, 이 역시 이뤄지지 않았다.[24] 특히 이주 뒤에 마을주민이 함께 모여 살 수 있는 정착촌을 원해, 동탄 2기 신도시 예정지역에 속한 한 마을은 자체적으로 이주정착지를 구하자는 의견을 모으기도 했다. 당시 이 마을의 이장을 맡았던 이가 경기도 오산과 안성 등지를 다니며 적합한 장소를 물색했지만 금전적인 문제로 그만두었다고 한다.

> 저희는 마을 분들 단체로 한번 생각도 한번 했었어요. 근데 그거는 저, 의견 수렴해 보니까 어려운 문제라 그건 나중에 포기하고 각자 이주로. (…) 원래 (용인시) 남사 쪽에도 한 번 가서 보긴 봤었어요. 얘긴 안 드리고 몰래 가서 보긴 봤었어. 근데 그만한 땅이 없더라고. 내가 원하는 위치들이. 그런 데라도 있었으면. [동탄 신도시 주민(동탄면 영천3리 출신)]
> ―최정은, 「원주민들이 겪은 개발, 그때의 이야기」『화성시사 10』

또한 주민들은 향후 신도시에 들어와 거주하면서도 농사를 지을 수 있는 집단농장을 조성해주길 원했다. 신도시개발 추진 초기에 한국토지공사에서는 이러한 의사를 받아들여 대체농지 조성을 꾀하기도 했다. 지금의 동탄 1기와 2기 신도시 부지 사이에 농사를 지을 수 있는 14만 7765평$^{(48만\ 8482㎡)}$ 규모의 농지를 조성하고 영농자를 위한 70여 가구의 농가주택까지 분양한다는 계획을 세워 실제로 터를 확보했다. 그런데 2008년 들어 동탄 2기 신도시 개발계획이 확정되고 대체농지 지정제도가 폐지되자 용도변경을 추진해 이 대체농지 터를 공익시설 용지로 바꾸어버렸다. 고층 아파트단지와 벼농사 들판이 공존하는 시가지는 결국 상상 속의 신도시로 끝나버린 셈이다.

> 농민 40여 명은 이날 오전 10시부터 토공(한국토지공사) 동탄사업본부 정문에서 대체농지 공급을 촉구하며 시위를 벌였다. 농민들은 "토지공사가 농민들의 땅을 쉽게 수용키 위해 농민생활권 보장, 도농통합실현 등을 명분으로 대체농지를 약속하고도 일방적으로 백지화하려는 등 농민들을 기만하고 있다"며 "최대한 빨리 조성·공급하겠다던 약속이 7년 동안이나 미뤄지면서 부지 전체가 잡초밭으로 방치되고 있다"고 분통을 터뜨렸다. 땅이 수용된 농민 최모 씨(55)는 "신도시 건설로 평생의 생활터전을 잃고 일손을 놓은 지 수년째"라며 "대체부지를 약속하고도 이제 와서 발뺌한다면 부동산 사기꾼과 다를 것이 무엇이냐"고 비난했다.
>
> -『경기일보』 2008년 7월 18일

이후 이 대체농지 부지를 한옥마을, 체육공원, 근린생활시설, 유통단지 등으로 개발한다는 새로운 계획을 발표했는데, 이번엔 신도시 주민의 반발로 무산돼 다시 장기간 방치되는 처지에 놓이게 된다.

현지 주민들이 가장 선호한 보상방식은 이주자택지 공급이었다고 한다.[25]

동탄1 신도시 내 이주자 주택단지(2021). 동탄1 신도시 개발지역에 거주했던 주민을 대상으로 공급한 이주자택지에 조성됐다.

신도시 부지 내에 주택용지를 1필지당 50~80평^(165.3~264.5㎡) 기준으로 조성원가의 약 70%에 공급하는데, 건물 면적의 40%까지 상가시설을 지을 수 있었다. 이렇게 월세를 받으면서 주거를 해결할 수 있다는 이점이 있었지만, 다수 주민은 이를 전매할 수밖에 없는 처지였다. 주택용지를 살만한 구매력이 없거나 건물을 올릴 재력이 뒷받침되지 않는 주민은 결국 이를 되팔아 생활대책을 마련해야 했다. 이 이주자택지는 1회에 한해 전매가 가능했으며, 웃돈이 1억 원 넘게 붙기도 했다. 동탄 1기 신도시의 경우 주민에게 411필지의 이주자택지를 공급했는데, 이 중 318필지가 매도됐다. 이주자택지를 선택한 411가구의 약 77.3%에 해당하는 318가구가 택지를 팔고 비교적 땅값이 싼 신도시 지역 바깥으로 나가 거처를 구했던 것이다. 동탄 2기 신도시도 이 같은 사정은 크게 달라지지 않았다고 한다.

2016년을 기준으로, 동탄 1기 신도시 내에 거주지를 마련해 사는 원주민은 전체 원주민의 15~20% 정도이며, 대부분 신도시에 들어오고 싶어도 경제적 부담 때문에 못 들어왔다고 한다[26] 마을에 따라서는 재정착률이 10% 내외인 곳도 있었다. 경제적 능력을 고려하지 않은 이주대책으로 인해, 조성원가의 80% 금액에 입주하더라도 추가비용 부담이 많아 대부분의 원주민이 재정착 대상에서 제외된 것이다. 신도시에 남게 된 원주민은 그나마 어느 정도 재산을 가진 이들이었으며, 그렇지 못한 다수의 원주민은 오산·평택·용인 등 주변 지역으로 뿔뿔이 흩어졌다고 한다. 충청도 지역까지 거처를 옮긴 이들도 상당했다는 후문이다. 이처럼 토지가 적거나 가격이 낮은 전답을 가진 주민은 저렴한 농토를 찾아 떠나야 했으며, 이도 여의치 않은 더 가난한 주민은 막일이라도 하기 위해 인근 도시의 변두리로 주거지를 옮겨야 했다.

> 대체로 막일 많이 다니시죠. 막일 많이 다니시고. 여유 되시는 분들은, 농지 사신 분들은 농지 도로 사서 농사짓는 분들 많구요. 농지를 외곽으로 나가서, 멀리 가서 사신 분들은 좀 싸게 사신 분들은 비슷하니까 사신 분들도 있고, 멀리 가신 분들도 꽤 되는 걸로 알고 있어요. (…) 화성시를 벗어난 경우가 더 많은 것 같은데요. 왜냐하면 화성시 쪽이 오히려 살기 어려우니까 (충청남도) 당진 쪽으로 땅 사신 분들도 많구요. 거기는 그때 당시 더 쌌으니까, 그쪽으로 많이 갔고. [동탄 신도시 주민(동탄면 석우2리 출신)]
>
> —윤택림, 「동탄 신도시 주민의 인구 구성적 특징」 『화성시사 10』

가난한 농민뿐 아니라 중소 규모 공장에서 일하던 노동자들도 타 지역으로 이전한 공장을 따라 동탄을 떠나거나 다른 일자리를 찾아서 하나둘 흩어졌다.

> 근로자로 와서 사는 사람들, 그런 사람들은 다 자기 집 지을 땅 조금 사서 집만 가지고 있던 사람들, 아니면 남의 땅에다가 집만 짓고 있던 사람들. 뭐, 또는 지금으로 말하면 월세지. 그런 식으로 와서 사는 사람들도 있었고. 그런 사람들은 참 막막했지, 막막했지. [동탄 신도시 주민(동탄면 석우리 출신)]
> —최정은, 「남은 이들과 떠난 사람들」 『화성시사 10』

동탄면 출신으로 신도시에 재정착한 한 주민은 당시 신도시개발로 이곳을 떠난 사람들이 "다 망해서 쫓겨난 난민"과 같았다며 대책 마련을 요구했지만 이뤄지지 않았다고 한다.[27] 수도권 1기 신도시인 일산 신도시와 마찬가지로, 10여 년이 지난 뒤에 조성된 수도권 2기 신도시인 동탄 신도시에서도 고향 재정착과 축출을 결정지은 가장 큰 요인은 결국 돈의 문제였다.

동탄지역에 남은 주민들은 이제 신도시 주민으로 살아가기 위해 새로운 생활환경과 생계방식에 적응해야 했다. 50, 60대 주민 대부분은 농사를 전업으로 삼았기에 새로운 일을 찾아 나서야 했는데, 고향에 남을 수 있었던 이들 계층에서도 경제력에 따라 그 차이가 확연했다. 여유가 있는 주민은 이주자택지에 건물을 지어 세를 받거나, 자신이 살면서 다른 층은 자식 세대에게 상속하기도 했다.[28] 제법 큰 액수의 보상금을 받은 소수의 주민 중에는 땅을 매입해 공장이나 창고를 지어 세를 받는 이도 있었으며, 소규모 농지를 매입해 적게나마 농사를 이어가는 주민도 있었다. 주택 마련 외에는 그다지 경제적 여유가 없는 주민은 보상금을 자식에게 상속하고 함께 살거나, 살림살이를 돕기 위해 경비원 일을 하기도 했다. 나이가 들어 일하기 힘든 70대 이상의 연령층은 대체로 경로당이나 문화센터를 드나들며 소일했다. 개발 전 30, 40대였던 주민들은 농업과 다른 직업을 겸하는 경우가 많았는데, 대체로 주말을 이용해 부모와 함께 농사일을 하곤 했다. 이들은 개발 뒤에는 물려받은 재산으로 집을 마련하고 세를 받는 이중수입이 가능해 제법 안정적인 생활을 하며 신도시 생활에 빠르게 적응해갔다.

가장 큰 변화는 역시 이웃이었다. 서로 어울려, 말 그대로 이웃사촌으로 살았던 개발 전의 그런 이웃이 아니라 이제는 생활양식과 사고방식이 다른 낯선 이주민이 이웃이 되었다. 50대 이상의 원주민들은 대체로 이주민과 거의 교류가 없는 실정이었다. 반면 40대 이하로 원주민 2세대에 속하는 이들 중에는 이주민과 모임을 하거나 함께 활동하며 관계 맺기를 꾀하는 이들도 있었다. 주로 자녀교육이나 주택단지 운영과 관련한 모임, 취미 활동 등을 통해 만남이 이뤄지는데, 관심 방향이나 사고 양식의 차이로 그 교류가 장기적으로 지속하는 경우는 드물었다고 한다. 이런 경험을 거치면서 대다수 원주민은 이주민을 언젠가 떠날 사람들로 보았다. 조건이 맞아 이곳 동탄으로 이주해왔듯이 더 나은 조건이나 환경이 갖춰진 곳이 나타나면 언제든 떠나갈 사람으로 여기기에, 이들과 굳이 속내까지 내보이는 공고한 인간관계를 맺지 않으려는 경향이 강했다.

원주민들은 나름의 생활방식으로 신도시 환경과 세태에 적응하려 했는데, 그 인간관계와 사회교류의 근간은 역시 옛 마을에서 더불어 살았던 이웃과의 교류였다. 신도시개발로 마을을 중심으로 한 원주민 공동체는 물리적으론 해체되었지만 원주민들의 만남은 여러 경로를 통해 지속되었다. 신도시개발 전부터 있었던 노인회·청년회·부녀회 등의 마을별 친목회를 없애지 않고 그대로 유지해 만남을 이어갔으며, 동탄면 향우회나 동탄농협 고향산악회, 동문회 등 마을 단위를 넘어선 단체를 통해 결속을 도모하기도 했다. 이러한 모임이나 행사에는 고향을 떠난 일부 주민들도 참가했는데, 초창기와 비교하면 점차 그 수가 줄어드는 실정이었다. 사실, 마을 친목회와 면 단위 모임 자체의 앞날이 그리 밝다고는 할 수 없었다. 이들 모임이 원주민 1세대를 중심으로 이뤄지고 있어 시간이 더 지난 뒤에도 2세대를 중심으로 한 원주민 간의 교류가 이어질지는 불확실한 상태였다. 물론 2세대 원주민 중에서도 고향에 대한 애착이 강한 이들이 없지는 않았다. 하지만 부모 세대를 위한 효도 차원에서 고향 모임이나 행사에 참가하는 경우가 많았으며, 신도시 형성과 함께 새롭게 형성된 인간관계와 사회모임에 더 많은 관심을 두는 이들도 차츰 늘어나고 있었다.

시간이 흐르면서 원주민들 사이에서도 신도시개발에 대한 시각이 좀 더 다양해지고 그 차이도 한층 분명해졌다. 평생 농사를 지어왔던 원주민 일부에게는 신도시개발이 힘든 농사일을 그만두어도 되는 삶의 변화를 의미했다. 이들에게 신도시 건설은 생활환경을 개량한 1970년대의 새마을운동과는 비교도 안 될 정도로 전면적이고 전격적인 변화를 가져온 '시대의 전환점'으로 다가왔다. 농사를 전업으로 하지 않았던 원주민 일부에게는 신도시 조성이 시골마을을 벗어나는 계기이자 삶의 질을 높이는 개발사업으로 평가됐다. 한편으론, 여전히 아쉬움과 불만의 시선으로 당시를 보며 신도시 건설을 한 시대의 쇠락을 이끈 단절과 훼손의 주범으로 여기는 원주민이 있었다.

그렇게 편안하게들 껄껄대면서 눈뜨면은 만나서 '안녕히 주무셨느냐'고, '잘 잤느냐'고 그리고. 또 저녁때쯤 되면 대폿집들 모여서 대포 한 잔씩들 하면서 서로들 술 살려고 들고 이렇게 살았는데 지금은 완전히 없어졌지. 참 너무 삭막해졌어요. 고향이라는 게 없어진 거 아닙니까, 완전히. 태어나고 자라고 뭐, 이 동심의 세계에서 이렇게 크고 다 그랬는데. 그게 대대로 물려서 대대로 이렇게 살던 사람들 그냥 다 없어진 거지. [동탄 신도시 주민(동탄면 석우리 출신)]

-최정은, 「남은 이들과 떠난 사람들」 『화성시사 10』

신도시 건설사업을 과거의 일로 치부하고 이젠 지난 시대에 얽매이지 말자는 현실주의자의 모습을 보이는 원주민도 없지 않았다.

그냥 자연부락 단위로 있을 때만은 못 하지만은 그래도 이제 개혁되고 이렇게 발전된 모습이니까. 그전 거 생각을 하면 뭘 해요. 과거 아니에요? 하하하. 아니 지금 이북하고 여기하고 그 실향민들 사는데, 죽어도 잊지 못한다는 게 그 고향을 이러잖아요. 그런데 그거 뭐 불가피한 거지. 성인도 시속時俗을 따르라고 그랬는데, 평민들이야 뭐 더군다나 따르지 않고 어떻게 살아요. [동탄 신도시 주민(태안읍 능리 출신)]

-최정은, 「남은 이들과 떠난 사람들」 『화성시사 10』

'나라의 큰일'을 거스르지 않는 자세를 미덕으로 여기는, 지난 시대 순응하는 국민의 한 초상을 보는 듯도 하지만 한편으론 힘을 가진 이들이 일방으로 밀어붙인 신도시개발의 명분과 그 결과물을 뒤트는 듯한 언중유골의 분위기도 감지된다.

신도시개발에 대한 시선과 평가가 어떠하든지 동탄에 끝내 남을 수 있었던 주민들은 옛 마을의 고샅과 굴뚝연기 낮게 드리운 집, 논밭 갈고 벼 이삭 훑던 노동의 경험을 기억으로 삼아 살아간다. 그래서 그들 모두는 여전히 '신도시

동탄1 신도시에서 바라본 동탄2 신도시(2021).
두 신도시 사이의 일정 구역을 대체농지로 조성한다는 계획을 세웠지만 개발이익에 밀려 무산됐다.

가 된 고향에 사는 원주민'인 셈이다. 그러면서도 그들은 동시에 '고향을 딛고
선 새로운 시가지에 사는 신도시 주민'이기도 하다. 그렇게 재정착한 토박이들
의 기억 속에서 동탄의 자연과 사람 사는 이야기는 여전히 살아 있으며, 잘 정
돈된 신도시 시가지의 어느 한쪽에서 지난 동탄 시절의 사회상을 비춰주는 토
박이들의 관계망이 지금도 유지되고 있다. 신도시 건설의 기치 아래, 권력과 개
발자본의 힘에 밀려 고향과 집을 내주어야 했던 이 땅의 많은 이들과 마찬가지
로 동탄의 원주민들은 소수이긴 하지만 신도시 주민으로서 혹은 신도시가 된
고향에 사는 원주민으로서 오늘도 나름의 생활양식을 일궈내며 한 도시의 내
력을 잇고 있다.

신도시 이주원주민의
탄생과 진화
- 수도권 신도시에 남겨진 과제

이주민의 도시 – 반월 신공업도시에서 안산시로

안산시가 한국 신도시 전개의 지평에 던지는 질문

아파트 원주민의 탄생 – 과천 신도시 이주민 정착기定着記

강남화, 재건축, 그리고 과천의 변모

이주민의 도시
– 반월 신공업도시에서 안산시로

그곳은 정부가 인위적으로 만들어낸 계획도시라 했다. 1960~1970년대 산업화 시기에 등장한 도시들은 대부분 자연 발생적이거나, 정부 정책이 도시 탄생과 성장에 일부 영향을 미쳤을 뿐이지만 그곳은 기존의 땅을 모두 뒤엎고 도시 전체를 설계해 건설한 신도시라 일렀다.[1] 서울의 인구와 공해 문제를 해결하기 위해 국가 최고 권력자의 주도 아래 구상되고 만들어진 신공업도시라고

안산시(2015) | 안산시청

도 했는데, 거기엔 한국사회 산업화의 쟁점과 그 이면의 그늘이 압축되어 응결해 있다는 평가를 내리기도 했다. 또한 그곳은 두 번에 걸친 대규모 도시개발사업으로 원주민은 흩어지고 서울을 비롯한 전국 곳곳에서 모여든 이주민이 시민의 절대다수를 이루었으며, 거기에 저임금의 값싼 노동력을 공급하는 외국인 노동자까지 대거 유입돼 결국은 '원주민 없는 이주민의 도시'가 되었다고 한다.

그곳은 1970년대 후반 첫 도시개발이 추진되기 전엔 주민 10명 중 7~8명이 농사를 짓거나 어업에 종사했는데 불과 도시개발 10년 만에 제조업 중심의 2차 산업 취업자가 주민 10명 중 8명 남짓한 도시로 변했다고 한다. 그리고 다시 수십 년이 흐른 지금은 5만 4100여 개의 사업체에 인구 70만 7400여 명을 수용하는 거대한 산업도시로 변모했다. 한때 '서울의 그림자로 생겨난 도시', 서울과 그 주변에서 떠밀린 사람들이 모여 사는 '밀려난 자들의 도시'로 불리기도 했지만, 이제는 '전원적 산업도시', '열린 국제도시'를 표방하는 도시로 거듭나고자 하는 곳이기도 하다. 안산시라 부르는 이 도시의 시작은 1976년 여름으로 거슬러 올라간다.

수도 서울의 안보와 관련한 도시정책은 결국 신도시 건설로 가닥이 잡혔다. 1976년 7월 하순, 당시 청와대의 최고 권력자는 국무회의에서 건설부장관에게 서울 근교에 새로운 공업도시를 조성하라는 지시를 내린다.[2] 수도권 내에 100만 평 규모의 공업단지를 갖춘 신도시 건설을 위해 후보지를 물색하라는 명령이었다. 서울지역에 집중된 인구와 산업기능을 분산하기 위한 방책의 하나로 추진된 정책이었다.

이 신도시 조성사업의 책임자인 건설부장관은 뒷날 중앙정보부장을 맡으며 최고 권력자를 암살하게 되는 바로 그 비운의 인물이었다. 그는 이날 국무회의 뒤 즉시 실무진을 꾸리고 신도시 후보지 조사를 지휘했다. 먼저 서울 남동쪽에 자리한 경기도 광주와 이천 등지에 대한 답사에 나섰다. 하지만 이들 지역이 한강 상류인 남한강에 인접해 있어 이곳에 공업도시를 건설할 경우 서울의 상수원이 오염될 우려가 있다는 의견이 제시돼 후보지에서 제외됐다.

이후 경부고속도로 남서쪽 지역을 답사한 끝에 아산만 개발과 연계할 수 있는 평택지역의 조암과 발안, 안중과 지금의 안산시에 속한 반월·수암·군자 지역이 물망에 올랐다. 장차 개발될 아산만 지역 거점 확보란 견지에서 조암과 안중이 강력한 후보지로 거론됐으나 서울 중심부에서 50km가 넘는 원거리에 위치해 공장 이전에 문제가 많을 것으로 예상됐다. 결국 순조로운 공장 이전과 공업단지 조성을 우선해 서울 중심부에서 약 30km 거리에 위치한 반월·수암·군자 지역을 선정하고, 1976년 10월 초에 신공업도시 건설계획을 발표했다. 한편으론 당시 최고 권력자가 신공입도시 입지 선정에 결정적인 역할을 했다는 주장도 제기됐다.

> 새로운 도시를 건설하자는 정책이 세워졌고 이를 위한 장소 물색이 시작됐다. 그러던 중 지난 76년, 당시 박정희 대통령이 헬리콥터 편으로 시찰을 나갔다가 이곳을 발견하게 된 것이다. 수도권에 인접해 있으면서 원자재 및 생산 제품의 반·출입이 용이하고 주변 도시 유휴인구의 산업인력화가 가능한 경기도 시흥군 군자면·수암면과 화성군 반월면 일부를 포함한 이 지역은 갯벌과 농지만으로 이루어진 벌판이었다. 백지에서부터 출발해야 하는 신도시 건설계획이 쉽사리 이루어지게 할 수 있는 최고의 적지였던 것이다.
>
> -이정남, 「서해안 시대를 주도하는 이상향 - 안산시」 『지방행정』 38-434

이렇게 해서 지금의 안산시 모체인 반월 신공업도시 조성사업이 시작되었다. 이듬해인 1977년에 고시된 도시계획구역은 면적이 9622만 8880평(3억 1811만 2000㎡) 정도였으며, 이 중 개발구역은 1748만 4500평(5780만㎡)으로 여기엔 약 1만 6000명의 주민이 거주하고 있었다.[3] 개발구역 지대는 대체로 농토와 염전, 야산으로 이뤄졌으며, 인구의 약 73%에 이르는 주민이 농업과 어업 등 1차 산업에 종사하는 전형적인 농어촌 지역이었다.

이 지역은 서울과 인천 등 인근 대도시와 근접해 있다는 입지 조건 외에도, 산업도로와 철도는 물론 인천항을 통한 화물유통 기능이 원활하다는 유리한 교통여건을 갖춘 곳이었다.[4] 대부분의 지역이 평탄지와 낮은 구릉으로 이뤄져 있어 공단 입지로도 매우 양호한 편이었다. 순수 농어촌 지역이라 도시개발이 가능한 면적이 약 70%에 달하고 도시건설 추진이 용이하며, 공해 발생에 따른 피해를 상대적으로 최소화할 수 있다는 점도 입지 선정에 유리하게 작용했다.

1970년대에 강화된 국가 주도의 경제개발정책은 서울과 그에 인접한 수도권 지역의 산업 집중과 인구 과밀화를 초래했으며, 이로 인해 서울지역에는 대기오염과 수질오염 등 공해와 주택부족, 교통난과 같은 각종 폐해가 한층 심각해지고 있었다. 이에 정부에서는 서울의 인구를 줄이고 산업기능 일부를 이전하는 분산정책을 추진했는데, 인구집중 유발효과가 큰 산업시설의 지방 이전에 초점을 맞추었다. 화학·피혁·섬유·기계 등의 분야에 걸친 공해성 중소기업이 그 1차 이전 대상으로 꼽혔다. 최고 권력자와 정책입안자들은 지금의 안산시가 된 시흥군 군자면·수암면과 화성군 반월면이 서울지역에서 공해를 많이 일으키는 중소 공장을 이전할 수 있고 그에 따른 인구 유출 효과까지 거둘 수 있는 최적의 장소로 판단했다. 부적격 유해업소를 색출해 외부로 격리하고 과밀해진 인구를 솎아내 서울을 이른바 '정상正常 도시'로 만들기 위해서는 이에 필요한 신공업도시라는 예외적 장소가 필요했던 것이다.

이러한 1970년대 후반의 인구분산 정책은 경제개발이나 도시정책의 테두리에 한정된 시책이 아니라 남북대치 상태라는 당시의 국가안보와 관련된 사안이기도 했다. 서울시 기획관리관 신분으로 1971년 8월 10일에 일어난 광주대단지 집단시위 현장을 목격한 손정목은 수십 년 뒤에 저술한 서울 도시계획 관련 저서에서, 애초 최고 권력자의 서울인구 분산책이 안보상의 이유에서 비롯된 것이라 전한다.[5] 이에 따르면, 최고 권력자는 한강 북쪽의 강북지역에 많은 인구가 모여 살면 북한 남침 시 한강을 건너 피난하기 어렵다고 보고 주로 이 강북지역 인구를 억제하는 데 관심을 쏟았다고 한다. 그런데 1970년대 중반 베트남과 캄보디아 등 인도차이나반도에 위치한 국가가 공산화하고, 북한이 서울을 사정거리에 둔 강력한 장거리포를 확보하면서부터 인구 분산책이 서울과 그 경계지역 전체로 확대되었다고 한다.

> 그런데 대통령의 의지는 1975년 4월경부터 '비단 강북만이 아니라 서울 및 수도권 인구 전체가 억제되어야 한다'는 것으로 바뀌었다. 그의 생각이 강북 억제책에서 서울 전체 인구 억제책으로 바뀐 데는 두 가지 이유가 있었다. 첫째가 인도차이나반도의 공산화 도미노 현상이었고, 둘째가 북한이 보유하게 된 장거리포(미사일)의 사정거리였다.
>
> ─손정목, 「인구집중 방지책과 행정수도 전말」 『서울 도시계획 이야기 4』

북한의 무력강화와 긴장 고조, 종전이 아니라 휴전 상태라는 한반도의 위급한 정세와 그에 따른 안보시책이 신공업도시 구상과 그 입지 선정에도 영향을 미쳤던 것이다.

당시 반월 신공업도시 개발사업은 1986년까지 중소 규모의 공해성 공장 1000여 개를 수용하는 공업단지 건설과 상주인구 20만 명을 수용하는 배후의 시가지 조성으로 나뉘어 추진됐다.[6] 공장만을 집단 수용하던 종래의 공업단지와 달리 배후도시를 함께 건설해 주거와 교육 등 도시환경과 생활시설까지 갖추는 건설방식이었다.

건설계획이 발표된 이듬해인 1977년 3월에 신공업도시 건설 기공식을 올렸으며, 이후 공장 유치를 위한 적극적인 시책을 펼쳤다. 반월 공업단지를 공업개발장려지구로 지정해 입주업체에 재산세·등록세·취득세·법인세의 일부 혹

반월공업단지(반월국가산업단지. 1985) | 안산시청

은 전액을 감면하고 대지구입비와 건축자금을 장기저리상환 조건으로 대출하 겠다는 유인책을 제시했다. 1979년 들어 311개 공장이 입주를 결정했으며, 이 중 60개 업체가 가동에 들어갔다. 1980년을 전후한 시기에 반월 신공업도시의 기틀이 잡혀갔으며, 이후 공업단지에 입주하는 공장이 계속 늘어나 시흥군 반 월출장소에서 안산시로 승격되던 1986년엔 목표치인 1000개를 넘어서게 된다. 지방산업단지가 문을 열고, 시흥시 지역市城에까지 걸친 시화공업단지가 추가 로 조성되면서 2004년 하반기에 이르면 이 지역은 6920개 업체에 고용인원 12 만 3400여 명에 이르는 대규모 산업지구로 성장한다.

공업단지와 구분되는 배후 시가지 또한 성장을 거듭했다. 안산시로 승격 되던 1986년 무렵엔 비록 목표한 인구 20만 명에는 미치지 못했지만 한적한 농 어촌 지역에서 10만 명이 넘는 주민이 거주하는 도시로 탈바꿈했다. 도시 조 성 초기에 안산시에 거주한 이주자는 공업단지에서 일하는 노동자들이 대부분 이었으며, 그중에서도 생산직에 종사하는 20대 단신 이주자들이 다수를 차지 했다. 서울을 비롯한 수도권 지역에서 유입된 주민이 많았지만 1980년대 중반 엔 섬진강 지역 수몰민과 폐광된 탄광촌 주민들도 흘러들어와 정착했다. 1990 년대 말 외환위기 이후엔 외국인노동자들이 대거 유입돼 이들의 집단거주지까 지 형성됐다. 이후에도 인구가 꾸준히 늘어 2005년 무렵이면 등록외국인 1만 8200여 명을 포함해 거의 70만 명에 달하는 주민이 거주하는 대도시로 자리를 잡는다.

안산시가 한국 신도시 전개의
지평에 던지는 질문

2000년대 중반기의 인구 수치와 공단 규모로 보면, 1970년대 후반기에 최고 권력자가 청와대에서 구상했던 분산정책의 목표 중 일부는 충분히 달성된 것으로 보여진다. 서울의 인구는 지속해서 증가했으니 이는 차치해야 하지만, 다수의 공해성 중소기업이 안산지역 공업단지로 이전하면서 서울지역의 도시 환경이 비교적 쾌적해질 수 있었다는 사실은 부인하기 어렵기 때문이다.

하지만 안산지역은 신도시 조성이 가져온 개발 혜택과 함께 공해성 중소기업 이전이 만들어낸 길고 질긴 폐해를 동시에 떠안아야 했다. 2000년대 들어서도 초기 공단 형성기의 주된 업종이었던 피혁·도금·섬유 등 공해 유발업종 중심의 산업구조 특성이 여전히 강고했으며, 대기업의 2차 혹은 3차 하청업체가 다수를 이루는 영세성을 벗어나지 못했다.[7] 그 형성기부터 한국경제 전체 제조업 분야의 위계에서 가장 하층에 위치하도록 설계된 탓에 임시직과 비정규직 비율도 유난히 높았다. 산업구조와 노동여건의 이런 측면은 크게 보면 지금도 이어진다고 할 수 있는데, 이런 면에서 보면 안산은 아직도 '서울의 그림자로 생겨난 도시'라는 평가에서 완전히 자유롭지 못한 것이 사실이다.

당시 군사정권의 속성에 걸맞게 군사작전식으로 밀어붙인 신도시 조성방식 또한 안산지역에 오래도록 남을 그늘을 만들었다. 군사작전을 방불케 하는 단시일의 개발기간과 정부 주도의 일방적이고 억압적인 개발추진으로 다수 원주민 축출을 넘어 원주민 거주의 단절에 가까울 정도로 대다수 원주민이 지역을 떠남으로써 안산지역 향토사의 내력이 크게 훼손당한다.

개발과정에서 큰 논란이 되었던 사안 중 하나는 도시개발에 필요한 토지를 전부 통째로 사들이는 전면매수방식이었다.[8] 정부에서는 도시계획 구역 안에서 대지와 도로, 하천 등을 정리하고 개발 이후에도 시가지를 개조하는 방식으로 점진적으로 토지를 관리하는 기존의 토지구획정리법이 아닌 전면매수방식을 개발구역 전체에 적용했다. 이는 국가권력이 주도하는 압력적인 개발방식으로 지역 원주민의 거주와 생활에 돌이킬 수 없는 막대한 영향을 미쳤다. 원주민들은 제대로 된 보상을 받지 못한 채 살던 곳을 강제로 떠나야 했으며, 그 대다수는 지역 변두리를 떠돌거나 다른 농촌지역으로 이주해 겨우 생계를 유지하는 빈민층으로 전락했다.

토지 보상비를 예를 들면, 밭이 평당 1000~2500원 정도였고 논이 2500~3500원가량이었는데 이는 유사한 시기 경기도 과천 신도시의 평당 보상가인 4~5만 원과 비교하면 현저히 낮은 금액이었다. 원주민에게 70평(231.4㎡) 규모의 이주택지를 공급했지만, 평당 주택신축 비용이 30만 원 정도였으니 20평 집을 짓는다 해도 600만 원의 경비가 더 필요했다. 그런데 원주민 중에서 500만 원 이상의 보상금을 받은 사람은 약 30%에 지나지 않았다고 한다. 대다수 원주민은 토지보상가만으로는 주택을 신축할 수 없는 처지였으며, 더구나 보상금을 일시에 지급하지 않고 장기간에 걸쳐 지급해 곤란을 가중했다.

또한 원주민들은 고령화와 기술 부족 등으로 직업전환이 매우 어려운 상태였다. 반월 공업단지에서조차 원주민에게 취업 기회를 거의 제공하지 않은 것으로 드러났으며, 토착 기업체나 지역사회에 기반을 둔 경제주체의 역할은 그 가능성조차 원천적으로 배제되었다고 한다. 이런 상황에서 원주민들은 점차 안산지역을 떠나게 되었으며 결국은 '원주민 없는 이주민의 도시'라는 말까지 나돌게 된다. 이미 1980년대 말에 안산지역 토박이는 전체 인구의 8%에 불과한 1만 명 정도였으며, 2000년대 중반엔 1.0~1.4% 수준으로 떨어진 것으로 파악됐다. 그나마 남은 주민도 극히 일부의 부유층을 제외하면 대부분이 청소부나 경비, 막노동 등을 하며 세입자 생활을 하는 빈민층으로 전락했다고 한다.

이처럼 안산이라는 신도시는 공업단지와 주거단지 유지에 필요한 인력과 주민 등의 요소를 거의 외부로부터 조달하는 과정을 통해 형성되어갔으니, 그 태생부터가 이주민의 도시라 해도 과언이 아니다. 한국사회 신도시 건설사의 초기에 해당하는 안산시의 탄생에서 추진된 이러한 원주민 재정착제도의 부실함은 이후의 신도시 정책에도 영향을 끼쳐 그 여파가 최근의 신도시 조성사업에까지 미쳤다.

신공업도시로 출발해 이주민의 도시가 된 안산이 한국 신도시 전개의 지평에 던지는 또 하나의 과제는 도시공간의 구조적 분리와 이에 따른 도시 내 지역 격리화의 문제다. 안산시는 2000년대 초반 이래 고잔 신도시 입주가 시작되면서 도시공간의 이원화와 이에 따른 이중도시의 문제를 넘어 도시 삼원화와 삼중三重 도시의 난관에 직면하게 된다. 본시가지(원도시)와 신도시(고잔 신도시), 외국인노동자 거주지(원곡동 지역)로 전체 도시공간이 삼분화되면서 이 지역경계가 계층을 분리하고 경제력과 계급 격차를 확연하게 드러내는 차별과 배제의 사회적 경계 역할을 했다.

1990년대 들어 안산시는 증가하는 인구를 수용한다는 목표로 '신도시 2단계 개발계획'을 수립하고 고잔지구 택지개발에 들어갔다. 흔히 '고잔 신도시 조

신도시 개발 전의 고잔지역(1993) | 안산시청

고잔 신도시(2005) | 안산시청

성사업'으로 불리는 이 개발계획은 안산시 남쪽에 자리한 간척지이자 들인 고 잔지역에 약 3만 7000호 규모의 시가지를 건설하는 사업이었다.[9] 수용 인구는 13만 7000여 명으로 계획했는데, 이는 일산과 분당 등 1기 신도시사업 이후 수도권에서 처음으로 추진한 대규모 신도시 개발사업이었다.

그런데 공업단지 노동자의 주거안정을 위해 택지를 공급한다는 개발계획의 취지와 달리 계획주택 3만 7000호 중 3만 2000호가 일반주택보다 분양가가 높은 아파트로 건립된다. 초기 건설계획에는 저층 건립비율이 약 70%에 달했는데, 후반기 계획에서는 다른 신도시에서 흔히 볼 수 있는 중산층의 상징과도 같은 전형적인 고층 아파트가 약 51%를 차지하기에 이른다. 게다가 분양가에 1억 원 남짓한 웃돈(프리미엄)이 더해지면서 공업단지에 직장을 둔 저소득 계층의 입주 가능성은 한층 낮아진다. 결국 고잔 신도시는 서울이나 인근 도시로 출퇴근하는 직장인의 베드타운 역할을 하는 시가지로 굳어져, 서울지역의 비싼 주택가격을 감당하기 어려운 상황에서 잘 갖춰진 도시시설과 양호한 생활환경의 이점을 누리려는 이들이 입주민의 주류를 이루게 된다.

이처럼 안산시는 고잔 신도시 건설로 산업단지의 배후도시라는 성격 외에 수도권 주거 신도시라는 성격을 더하게 되지만, 주민의 경제력에 따라 거주지가 확연하게 갈리는 지역 분리와 계층 격리라는 사회문제를 떠안게 된다. 안산지역 내 중산층에 해당하는 주민들이 거주하는 고잔 신도시가 들어서면서 대체로 저소득층이 거주하는 본시가지와의 경계가 만들어졌다.[10] 전문직 종사자나 공공부문 정규직 종사자, 비교적 여유가 있는 자영업자 등은 고잔 신도시의 고층 아파트를 선호했고, 공업단지나 영세사업장의 노동자들은 본시가지의 저층 아파트나 다세대주택에 거주했다. 이 본시가지는 내국인 거주지와 외국인 거주지로 다시 분리가 일어나, 원곡동과 같이 공업단지에 한층 밀접한 곳은 등록인구만도 수만 명에 이르는 외국인노동자의 거주지로 굳어진다. 안산시 탄생의 계기이자 본거지였던 공업단지의 주변은 이제 안산 내부에서 가장 소득이 적은 계층이 거주하는 곳으로 명명됨과 동시에 위험지대로 인식되기에 이른다.

> (구도시와 신도시 차이) 당연히 있죠. 아 그런데 이거는 가식적으로 말하면
> 안 되고, 진짜 딱 느껴지죠. 같은 도시가 아니라고 봐야 돼요. 솔직히, 그 정도
> 예요. 생활 수준 차이라든지 여러 가지가. (안산 주민)
> – 김지수, 「계획도시 안산의 공간에 대한 문화지리학적 분석 – 개발, 이주, 노동의 문제를 중심으로」,
> 경희대학교대학원 언론정보학과 석사학위논문

나누어진 이들 세 구역은 주택 규모와 생활환경은 물론 직업과 소득, 자녀
에 대한 교육열과 학업성취도, 여가와 취미 생활에 이르기까지 거의 모든 면에
서 확연한 차이가 났다. 여타 지역과 비교해 많게는 두 배나 비싼 고잔 신도시
주택가격은 이곳으로 유입되는 인구를 경제력에 따라 여과해 결국은 계급 차
별과 배제를 강화하는 수문장 역할을 하게 했다. 신도시가 주거지에 따른 계층
분리를 강화하고 사회적 불평등을 심화하는 일종의 빗장도시gated city로 기능
하며, 한 지역사회의 계층 간 단절과 갈등을 심화하는 바탕으로 작용했다. 이는,
내세운 기치나 명분과 달리 건설자본과 사회 안정계층의 이익을 우선한 개발
사업이 가져온 당연한 결과인지도 모른다. 원활한 주택공급과 부동산가격 안정
화, 국민의 풍요로운 생활을 위한 주거기반 조성, 경기 활성화와 지역경제 발전
도모 등 갖은 미사여구로 포장한 욕망과 이기利己의 개발정책에 던지는 경고인
지도 모른다.

아파트 원주민의 탄생
– 과천 신도시 이주민 정착기定着記

반월 신공업도시 건설 기공식이 있은 지 3년 뒤인 1980년 3월, 이번엔 서울 중심부에서 15km 정도 떨어진 경기도 과천지역에서 신도시 건설 기공식이 열렸다. 이 건설사업은 당시 시흥군 과천면 문원리 일대 약 89만 6000평(296만 1983㎡)의 부지에 '정부 제2 종합청사'를 짓고 그 주변에 1만여 가구 4만 5000명을 계획인구로 잡은 주택단지와 시가지를 조성하는 국가사업이었다.[11] 이해 하반기에 본격적인 건축공사에 들어가고 이듬해부터 입주를 시작해 1984년에 주민 입주를 완료한다는 계획이었다. 이 과천 신도시 또한 반월 신공업도시와 마찬가지로 도시 구상에서 설계, 공사에 이르기까지 사업의 모든 과정을 정부가 주도하는 계획도시의 하나로 추진됐다.

장거리포를 앞세운 북한의 무력강화와 이에 대비한 안보시책이 신도시 구상과 입지 선정의 한 배경이었다는 점도 반월 신공업도시와 유사했다. 정부에서는 "서울의 과밀화를 완화할 목적으로 중앙행정부 기능 일부를 가진 새로운 도시를 조성했다"며 인구와 행정기능 분산을 과천 신도시 건설의 이유로 내세웠는데, 그 이면에는 북한의 무력 도발에 따른 피해를 최소화하기 위한 안보전략이 자리 잡고 있었다고 한다.[12] 1970년대에 서울시청 고위직 공무원으로 근무했던 손정목은 과천지역에 '정부 제2 종합청사'와 신도시를 건설한 주된 목적이 북한의 기습 포화를 피해 정부 기능을 유지하는 데 있었다고 한다.

필자의 기억이 틀림없다면 2월 18일에 있었던 1976년의 서울시 연두 순시 때 박 대통령은 분명히 "대외적으로 공표될 내용은 아니지만" 하는 전제를 달고 북한의 장거리포에 의한 기습공격 가능성, 그리고 중앙정부가 지닌 기획 기능의 마비 가능성에 대해 언급했다는 것을 필자는 어렴풋이 기억하고 있다. 아마 틀림이 없을 것이다. (…) 시흥군 과천면 문원리 일대는 해발 629미터 높이의 관악산 기슭으로, 포물선을 그리며 날아오는 적의 장거리 포탄을 막아낼 수 있다는 것은 여러 가지로 검증이 되었을 것이다. 과천면 문원리에 정부 제2 청사를 짓고 그 일대에 신도시를 건설한다는 결심은 1977년 중에 세워졌으며 정부청사를 관리하는 총무처장관과 신도시 건설업무를 관장하는 건설부장관에게 지시되었다. 그와 같은 결심과 지시는 모두 대통령 스스로에 의한 것이었다.

-손정목, 「과천시의 탄생 (상)」 『도시문제』 39-426

과천 신도시와 반월 신공업도시는 국가안보 전략, 서울의 과밀화 완화, 정부 주도의 계획도시 등 여러 면에서 유사점을 가졌다. 하지만 이 두 도시는 그 성격과 조성 목적이 엄연히 다른 별개의 신도시며, 구체적인 목표와 개발전략에 있어서도 큰 차이가 난다. 반월 신공업도시는 경공업을 주축으로 하는 산업도시이자 자기 완결형 자족도시를 지향했으며, 서울 서남부의 거점도시 육성을 목표로 했다. 이와 비교해 과천 신도시는 행정형 도시이자, 자족도시가 아닌 서울의 부도심 역할을 하는 주택단지로 개발됐다. 도시의 90%가량이 주거 건물로 이루어졌으며, 생활기반시설과 도시서비스 지원 일부를 서울에 의존했다.

과천 신도시는 또한 서울 인구의 분산이라는 부수적 효과도 노려, 시가지 전체에 걸쳐 쾌적한 도시환경을 조성해 고급 주기환경을 선호하는 서울 주민을 유치하고자 했다. 청계산과 관악산을 배경으로 한 주변 경관이 수려하고, 도

시 내 중앙공원과 개발제한구역의 자연녹지로 인해 녹지율이 매우 높았다. 주거단지가 마치 전원에 둘러싸인 형상을 하고 있어 전원도시라는 별칭이 어울리는 신도시로 평가받았다. 초기 개발목표가 자연과 조화된 주택단지 조성이었고 단지의 기본골격 구성도 단독주택, 연립주택, 5층 이하의 저층 아파트단지, 14~15층의 중층 아파트단지 등 다양한 주택 유형과 규모를 혼합해 도시 중심부를 제외하면 대체로 저층의 스카이라인이 형성됐다.

　　주택단지 입주가 끝난 1984년 과천 신도시의 주민은 계획인구를 초과한 1만 7410가구에 6만 9640명으로 거의 7만 명에 육박했다.[13] 이 시기를 기준으로 한 인구이동을 분석한 자료에 따르면, 전체 인구의 약 65%에 해당하는 4만 5000명 정도가 서울로부터 유입된 주민으로 추산됐다. 이를 4인 가족 기준으로 환산하면 약 1만 1250가구가 서울에서 과천 신도시로 이주한 셈이다. 이 시기 외지에서 과천 신도시로 이주한 주민은 크게 두 부류로 나뉘었다. '정부 제2 종합청사' 이전과 함께 거주지를 옮긴 공무원 신분의 입주민이 있었고, 서울 통근이 불편하지 않은 비교적 젊은 세대의 직장인이 다른 한 부류를 이루었다.[14]

여기에 신도시 개발 이전부터 과천지역에 거주했던 이들이 주민의 또 다른 부류를 형성했다. 개발 이전의 과천지역 인구는 약 1676가구에 6800명 정도였는데, 이 중에서 3900명가량이 신도시에 남고 나머지는 생활터전을 찾아 과천을 떠난 것으로 파악됐다. 신도시를 떠난 원주민 중 1억 원 이상의 보상비를 받은 일부 주민만 서울지역으로 이주했으며 대부분은 안양과 군포, 수원 등으로 이주해 생업을 계속했다고 한다. 과천에 잔류한 원주민들은 토지에 대한 보상을 이주단지로 한정해 받았기에 아파트단지로 이주한 사람은 거의 없었다. 대체로 농업에 종사했던 이들 원주민은 이주단지 내에 집을 짓고 살았으며, 이주할 필요가 없었던 원주민들은 아파트단지 외부에 있는 그린벨트 지역의 단독주택에 거주했다.

이런 배경 아래, 아파트단지에 거주지를 마련한 이주민들은 입주 초기부터 원주민들과는 교류가 거의 없었다고 한다. 신도시 개발은 과천지역에 주거환경과 직업, 사회성향, 학력 등 여러 방면에서 이질적인 두 집단을 만들어냈는데, 신도시 입주가 한창이던 1982년 무렵 이후에는 이주민이 전체 인구의 대다수를 차지하면서 과천 또한 이주민의 도시로 변모한다. 1981년 첫 입주 이후 꾸준히 증가한 과천 신도시 인구는 1989년에 7만 명을 넘어섰으며, 이후 2010

년대 중반까지 대체로 7만 명 내외의 안정된 인구 현황을 보인다.

서울을 비롯한 다른 지역에서 과천으로 이주해 사는 주민은 거주기간에 따라 두 부류로 나뉘었다. 짧게는 1~2년에서 길어야 수년 정도 거주하다 다른 지역으로 떠나는 중단기 거주자가 있었고, 십수 년에서 수십 년을 거주한 장기 거주자가 있었다. 특히 신도시 초창기인 1980년대 전반기에 입주해 20년 넘게 살아온 주민들은 자신들을 아파트 원주민이라 불렀다.[15] 이들은 과천지역에 애착을 보이며 과천을 제2의 고향으로 여기는 주민들이라 할 수 있는데, 대체로 입주 초기의 불편한 생활을 감내한 이들이었다. 당시 기반시설은 기본적으로 갖춰져 있었다고는 하지만 편의시설이 상당히 부족한 상태였다. 초기 입주자인 한 주민은 그때의 과천 신도시 생활을 이렇게 회고한다.

> 아파트만 지어져 있었고, 생활의 조건은 하나도 되지 않았어요. 그때 작은아들이 10개월, 큰아들이 28개월이었고, 저는 27살 때예요. 세탁소도 없고, 빵 사러 (서울) 반포에 있는 고려당에 갔어요. 과천초등학교 앞에 읍내로 길이 있어서 그 길로 남태령을 넘어서 버스를 타고 다녔어요. 1단지가 1981년에, 2단지 3단지가 같이 들어섰어요. 2단지 18평 기름보일러 집에 전세로 이사 왔어요. 그때 문원초등학교 자리에 천막으로 임시상가가 있었어요. 청사 자리에 있던 배밭이 없어지고 청사건물만 지어져 있었어요. 큰길이 뚫릴 거라고 했어요. 그때는 온 땅이 질어서 장화 없이 못 살았어요. 그땐 산이 참 가까웠던 것 같애. 해지고 해 뜨는 것이 기가 막히게 아름다웠어요.
>
> —윤택림, 「아파트 원주민들의 삶 이야기」 『과천시지 5: 과천, 우리 삶 우리 이야기』

초창기의 이런 심각한 생활 불편은 출신과 성향 등 면면이 다양한 입주민들을 한데 묶어내는 매개체 역할을 하기도 했다. 뒷날 아파트 원주민이 될 이들은 불편한 생활경험을 공유하며 한편으론 이웃과 함께 하는 공동체 생활문화를 일구어나갔다. 아파트 입주가 마무리돼갈 즈음엔 단지 내에 이미 상가가 형성되었고, 도로가 정비되고 병원과 학교 등도 하나둘 들어서면서 도시기반시설과 편익시설이 차츰 자리를 잡아갔다. 이와 함께 주민들의 과천지역에 대한 애착이 서서히 뿌리를 내렸으며, 주민들 간에도 연대감이 형성되면서 일종의 아파트 생활공동체라 할만한 지역 커뮤니티가 형성되었다. 이들은 지금의 아파트 입주민은 상상하기조차 힘든 이웃 간 교류를 나누었다고 한다.

> 아파트 계단 청소하는 날은 5층에서부터 호수로 물을 뿌려 계단 청소를 시작하면 4층, 3층, 2층으로 내려와서 1층 청소까지 마치면 우리 집에서 커피도 마시고 칼국수에 부침개를 해 먹으며 하루를 보내곤 했지…. 밖에서 놀던 아이들은 화장실을 가려면 집에까지 안 올라가고 우리 집으로 오곤 해서 현관문을 항상 열어 놓고 살았어…. 아이가 아파서 병원이라도 가는 날이면 동네 아줌마들이 큰아이를 돌보아 주곤 했었지…. 시골인심이었던 것 같아.
>
> ―윤택림, 「아파트 원주민들의 삶 이야기」 『과천시지 5: 과천, 우리 삶 우리 이야기』

일상생활에 기반을 둔 지역사회운동 단체나 모임을 조직해 과천을 자신들의 정주지定住地로 만들어가려는 노력 또한 활발하게 일어났다. 1990년대 들어, 소비생활·환경·교육·지역정치 등 다방면에 걸쳐 시민들이 자발적으로 조직한 단체가 본격적으로 만들어지면서 이른바 풀뿌리 시민운동이 과천 지역사회에 점차 뿌리를 내리게 된다.[16] 이 시기는 입주 이후 10년이 지나면서 지역에 대한 관심과 애정을 갖는 주민들 사이에 제법 탄탄한 관계망이 형성된 때였다. 여기에, 중산층에 고학력 젊은 세대가 비교적 많이 거주한 과천의 인구구성 요소도 시민운동 활성화의 한 요인으로 작용했다. 이들은 이념으로 뭉친 강고한 조직을 바탕으로 한 격렬한 사회운동보다 합리성을 추구하는 느슨한 네트워크식 운동방식을 선호하며 주민이 살기 좋은 지역사회 창출에 힘을 쏟았다.

예를 들면, '과천 녹색가게'는 1992년 자원재활용 캠페인을 시작으로 이후 알뜰시장을 열고, 4년 뒤에는 과천시민회관에 상설매장을 개장하는 성과를 거둔다. 지방선거를 맞아서는 '공명선거실천 시민운동협의회'를 구성해 활동하며 생활정치 마당에도 뛰어들었다. 또 다른 사례로는, 과천시가 과도한 규모로 추진하던 쓰레기소각장 건설에 제동을 건 '환경사랑실천모임'의 활동을 들 수 있다. 1994년 무렵 과천시에서는 200t 규모의 쓰레기소각장을 건립하고자 했는데, 환경사랑실천모임에서 소각해야 할 쓰레기의 양이 그 10% 정도밖에 되지 않는다는 사실을 입증해 시청이 제기한 폐기물 통계가 오류임을 밝혀냈다. 시 당국에서도 사실을 인정하지 않을 수 없어 결국 쓰레기소각장은 양측 주장을 절충해 100t 용량으로 건설하게 된다. 2000년대 들어서는 공동육아를 중심으로 한 대안교육과 생활협동조합 활동이 두드러졌다. 연령과 직업 등에 따른 다양한 독서모임을 통해 주민 간 교류와 연대를 강화하고, 마을신문 제작을 통해 지역사회의 문제점을 부각하고 해결방안을 제시하는 시민사회 활동을 펼치기도 했다.

과천 주민의 이러한 지역사회운동은 지역시민운동사에 적지 않은 이정표를 세웠다는 평가를 받기도 했다. 이는 주소를 둔 아파트단지를 자신들의 일상이 뿌리내린 '삶터'이자 이웃과 어울려 살아가는 '마을'로 변모시키고자 하는 생활운동이었으며, 크게는 과천이라는 도시를 성장하는 자녀들의 '고향'으로 만들어주겠다는 사회운동이기도 했다.

이웃 소통과 화합을 위한 행사인 '라면 영화제'. 아파트단지에서 영화를 상영하고,
주민은 라면과 쌀 등을 기부해 어려운 이웃에게 전달한다(과천 3단지 아파트. 2018.9) | 과천시청

　　"지역사회는 장소의 공유와 과거에 대한 기억의 공유를 통해 자신의 고유
하고 독자적인 이미지와 정체성을 형성하고 유지시킨다"고 했다.[17] 신도시 주민
들은, 사는 장소는 공유해도 과거에 대한 기억은 공유하지 못한 채 출발했지만
이웃 교류를 통한 공동체 생활문화 형성과 시민사회운동을 매개로 한 지역 커
뮤니티 조성으로, 훗날엔 '과거에 대한 기억'이 될 공유의 경험을 나누었다. 그
러면서, 낯선 신도시로 이주해온 이들 주민은 어느새 아파트 원주민이 되어갔
다. 화장장이나 쓰레기소각장과 같은 기피시설과 관련한 활동은 지역이기주의
의 발로라는 비판을 받기도 하지만, 지역사회에 기반들 둔 시민운동은 신도시
주민이 공유할 기억을 만들어나가며 이들에게 연대감과 공동체성을 갖게 하는
기제로 작용했다.

강남화, 재건축, 그리고 과천의 변모

한편으론, 과천 신도시 또한 부동산투기의 대상에서 벗어나지는 못했다. 분양 때부터 부동산투기꾼이 몰렸는데, 1980년대 후반부터 아파트가격이 오르기 시작해 1988년 무렵엔 두 배 가까이 뛰었다고 한다.[18] 집값이 오르면서 과천을 떠나는 주민이 생겨났다. 이들은 당장 돈이 필요하거나, 과천의 쾌적한 전원환경보다 더 큰 평수의 아파트를 선호하는 이들이었다. 집값이 오르면서 함께 상승한 전세금을 감당할 수 없어 어쩔 수 없이 떠나야 하는 주민도 있었다. 1990년대 전반기에 성남시 분당·안양시 평촌·군포시 산본 등 수도권 1기 신도시 입주가 시작되자 더 많은 주민이 아파트를 팔고 이들 신도시로 주거지를 옮겼다.

그러면서 과천에는 비싼 집값을 감당할 수 있는 서울의 중산층이 유입됐으며, 이 시기부터 과천의 강남화가 진행됐다고 한다. 1993~1995년 무렵에 과천의 아파트가격이 급등하면서 서울 강남지역의 아파트가격을 따라가게 되었고 이후부터는 강남지역과 과천의 아파트가격이 함께 상승하거나 하락하는 경향이 나타났다. 이제 과천은 서울 강남 다음으로 집값이 비싼 지역이 되었으며, 소득수준이나 학력이 전국 평균보다 압도적으로 높게 나오는 한층 탄탄한 중산층의 도시가 되었다. 부동산가격 상승과 주변 지역 신도시 건설이, 일부이긴 하지만 과천 주민 교체라는 인구구성의 변모를 초래한 것이다.

이 시기에 과천으로 이주한 주민 중에는 아파트를 투기의 대상으로 보고 뒷날의 아파트가격 차액을 노린 이들도 있었을 것이다. 하지만 한편으론 전원적이고 쾌적한 도시환경을 위해 비싼 아파트값을 지불하고 과천으로 거처를 옮긴 이들도 있었을 것으로 본다. 과천은 다른 신도시와 비교해 도시 규모가 작고 인구가 적으며, 게다가 거주지역을 제외한 시 면적의 90%가 개발제한구역으로 지정돼 있었다. 주택단지를 조성한 지 10년이 훌쩍 넘어가면서 단지 내 녹지도 한층 울창해졌다. 개별 주택의 조건보다 도시가 지닌 거주환경을 선호하는 이들에게는 최적의 도시로 진화한 셈이다. 이는 과천 신도시 조성 초기에 입주해 이 무렵까지 떠나지 않은 아파트 원주민에게도 해당하는 요인일 터인데, 이들에게는 거기에다 지역에 대한 애착이라는 또 다른 요인이 더해졌을 것이다.

그런데 과천의 주민 교체는 여기서 그치지 않았다. 지금까지 일어난 과천의 변화 또한 시작에 불과했으니, 신도시 조성 20년 가까이 되면서 과천은 되돌리기 힘들고 한층 위력적인 변화의 바람에 직면한다. 바로 아파트단지 재건축이었다. 2000년을 전후한 시기에 재건축 추진이 시작돼 2010년 무렵엔 모두 12개의 아파트단지 중 두 곳의 아파트단지가 재건축을 마쳤다.[19] 여타 아파트단지도 재건축 추진 조합을 결성하거나 재건축 방향과 일정에 대한 논의가 한창이어서 도시 전체가 재건축 열풍에 휩싸였다. 재건축 조짐이 보일 때부터 이미 과천의 집값은 급등했으며 재건축을 염두에 두고 외부에서 이주하는 사람들이 부쩍 생겨났다.

> 2000년대 초부터 과천의 아파트값이 이상하게 급상승하면서 동네는 해체되었다. 그전에 오랫동안 이곳에 '살기 위해서 살던' 사람들은 하나둘 떠났다. (…) 재건축의 티켓을 얻으려면 주민등록을 2년 이상 이전해 있어야 했기에, 서울에서 엄청난 인구들이 유입해 들어왔다. 대부분 강남 사람들이었다. 그리

고 자고 일어나면 아파트값이 올랐다. (…) 재건축조합장은 아예 이 동네 살
지도 않는 사람이고, 위장전입이라고들 했다.

-심세중, 「집의 사유: 동네는 그렇게 해체되었다」(AQ Korea, 2006)[20]

재건축을 두고 논란이 일었다. 개발부담금과 임대주택 의무 규제를 완화
해달라는 목소리가 커졌으며, 가구별 입주 평수 배정을 두고 형평성 논란이 일
어 소송이 벌어지기도 했다. 가장 첨예한 문제는 역시 새로 지을 아파트단지의

과천시 재건축 현장(2017) | 과천시청

규모였다. 이를 둘러싼 갈등이 심각해지면서 아파트단지 민심이 갈수록 흉흉해졌다. 기존처럼 대체로 저층에 저밀도를 유지해 전원도시에 걸맞은 재건축을 해야 한다는 의견과 고층 아파트단지를 건설해 재건축 비용 부담을 줄여야 한다는 주장이 팽팽히 맞섰지만 결국은 15층에서 35층에 이르는 고층 아파트단지 건설로 결론이 났다. 자본의 논리 앞에 삶의 긍지와 진중함은 자리를 내주어야 했다.

이런 논란을 거치면서 2010년 이후 여타 아파트단지들도 재건축을 서둘렀다. 재건축을 추진하는 조합의 운영은 오래 거주한 주민이 아니라 근래 이주한 주민이 주도하는 추세였다. 새로 이주한 주민들은 동대표나 부녀회 구성에도 적극적으로 활동하며 자신들의 의사를 관철하고자 했다. 그렇게 개발 기치와 자산 증식의 욕망이 앞선 재건축이 차근차근 진행됐다. 그러면서 숲과 생명체에서 집과 길, 이웃과 일상의 풍경에 이르기까지 재건축은 한 도시가 담아냈던 거의 모든 것을 일시에 바꾸어버렸다.

> 과천은 지금 재건축 열풍이지만, 그 동네에서 예전에 자동차 대신 자전거를 타고 장을 보던 주부들도, 저녁이면 공원에 나와서 이웃끼리 모여 고기를 구워 먹던 아저씨들도, 화단 모퉁이에 텃밭을 꾸미던 할머니들도, 단지 안의 산과 숲을 돌아다니던 오소리와 다람쥐들도, 아파트 안 작은 상가의 아줌마와 아저씨들도 황량한 신도시 어디론가 뿔뿔이 흩어졌다. 그 키 높은 메타세콰이어와 환한 불두화들과 황홀한 아카시향 그늘도 모두 베어져 나갔다. 마을은 그렇게 해체되었다.
>
> —심세중, 「집의 사유: 동네는 그렇게 해체되었나」(AQ Korea, 2006)

익숙해 안온했던 시가지 경관이 사라지고 아파트단지가 길목을 막아섰으며, 고층 아파트단지의 스카이라인이 사철 색 갈아입던 관악산 풍경을 어느새 지워버렸다. 사라진 건 풍경만이 아니었다. 재건축은 그나마 아파트 원주민들이 만들어온 '공유하는 기억'의 토대를 허물어버린 셈이었다. 경관이 훼손되고 단지 규모가 확대되면서 도시의 지속성이 단절 위기에 처했다. 이곳에 뿌리를 내리고 살아온, 또 앞으로 그렇게 살고 싶어 했던 이들의 세상살이의 바탕과 관계맺음의 틀을 뒤틀었다. 과천에서 태어나고 자란 아파트 원주민 2세대에겐 이곳이 자신들의 고향이었지만 결국 그 고향의 향과 색은 기억으로만 남게 됐다.

이제는 수십 년 삶이 영근 '마을'이 되고, 존재의 뿌리가 내린 '고향'이 된 이곳을 결국은 떠나야 하는 이들도 있었다. 급격한 분양가 상승과 조합원 분담금의 증가는 이를 감당할 여력이 없는 주민을 어지없이 과천 밖으로 몰아냈다. 2010년에 행한 한 조사에 따르면 원래의 거주민과 세입자의 재입주율이 35% 내외로 나와, 다수의 주민이 어쩔 수 없이 과천을 떠나야 했음을 알 수 있다.[21] 1980년대 초반부터 과천에서 생활을 영위해온 아파트 원주민의 다수도 집값이 싼 주변 도시를 찾아 다시 새로운 정착지를 마련해야 했을 것이다. 과천 신도시 개발이 추진되면서 토박이 주민의 마을공동체가 해체의 길을 걸었듯이, 30여 년이 흐른 뒤 이제는 그 해체의 장소에서 생겨나서 뿌리를 내린 새로운 지역 커뮤니티가 개발논리와 자본의 힘을 앞세운 재건축이라는 도시재편 작업에 의해 해체돼갔다.

아파트 더 높이고 이래 버리면 이 동네는 다 망가지는 거죠. 그때 그렇게 되면 공동체니 이런 얘기는 꺼내기 어려워지는 거죠. (…) 자기 땅이 없더라도 자기가 살고 싶은 데에서 살 수 있는 이런 권리 정도는 만들어야 되지 않을까 싶은데. 재건축도 있고 해서. (…) 그래서 강제로, 강제로 쫓겨나지 않을 이런

권리는 좀 만들었으면…. (과천 주민)

- 송준규, 「부모됨·이웃됨·시민됨: 과천시 풀뿌리 시민운동의 형성과 도전」,
서울대학교대학원 인류학과 석사학위논문

이 무렵 과천지역에는 재개발이 그야말로 전면적으로 진행돼 거주지를 중심으로 한 지역 커뮤니티의 해체 정도가 한층 심했다. 도시 전체의 90%를 이루는 외곽의 개발제한구역에 지식정보타운과 복합문화관광단지 등의 굵직한 개발사업이 추진됐으며, 정부 제2 종합청사 이전에 따른 대책 마련이 거의 함께 이뤄지고 있었다. 획일적이고 일방적인 개발로 수익성만을 노리고, 지가地價와 건물가격 상승을 염두에 둔 개발이익 우선의 건설이 물러나지 않는 한, 아파트단지 재건축을 비롯한 과천지역의 재개발이 과연 지역사회와 다수 주민에게 실질적인 혜택을 가져다줄지는 의문이다.

한국사회에서 과천의 재건축사업이 갖는 의미는 남다르다. 한국 현대신도시 역사의 초기에 해당하는 과천시의 재건축 양상과 도시재편 방식은 이후 추진될 여타 신도시의 재건축과 도시정비에 대한 선례가 되기 때문이다. 2000년대 이후 가시화한 과천 신도시 재건축은 특히 1990년대 초반에 조성된 수도권 1기 신도시 재건축의 시범모델이 될 가능성이 높다. 재건축사업을 두고 과천에서 일어난 논란과 갈등 또한 유사하게 벌어질 것이다. 그런 만큼 과천 재건축 추진과정을 다시 한번 냉정하게 짚어볼 필요가 있다. 문제점을 분명하게 드러내고 그 요인과 배경을 밝혀 대안과 대책을 제시하는 작업이 시급한 실정이다.

오늘 한국의 신도시는 여전히 기로에 놓여있지만 그 선택의 향방은 엄연儼然하다. 성장과 발전의 기치로 포장된 개발사업이 가진 욕망과 이기의 본모습을 세상에 드러내고, 사실상 개발이익을 우선해온 정치권력과 자본이 행한 결탁의 고리를 끊어내야 한다. 그렇지 못하면 저 수십 년 전 광주대단지에서 벌어진 비극이, 성남의 신도시에서 견고하게 일어난 차별과 배제의 구별짓기가, 일산의 원주민이 마주쳐야 했던 감당하기 힘든 혼돈과 아픔이, 과천의 아파트 원주민이 이룬 수십 년 삶터의 해체와 반복되는 주민 축출이 한층 교묘한 치장으로 외양을 달리하고 강하게 진화한 채 다시 나타날지도 모른다.

도시공간을 개발이익 창출의 장치로 보고 주택을 재산증식의 도구로 여기는 시선 또한 뒤로 돌려야 한다. 그래서, 도시공간을 삶의 터전으로 삼고 아파트를 긍지 넘치는 생활공간으로 만드는 작업이 꿈이 아니라 우리 시대의 이 신도시 광장에서 멋지게 피어나는 현실이 되게 해야 한다. 그것이 언젠가 모두를 파멸로 이끌지도 모를 무분별한 개발 이데올로기와 욕망과 이기가 응축된 개발이익의 결탁 고리를 끊기 위한 근본 과제이다.

주석註釋

1장 │프롤로그│ 한국 신도시의 한 원형을 찾아서 - 성남지역 신도시의 유산

1) '광주군 (직할) 성남출장소', '중부면 성남출장소', '성남출장소' 등 1970년을 전후한 시기의 성남출장소에 대한 명칭이 자료에 따라 다르게 표기된 경우가 있다. 성남시청 웹사이트에 나오는 성남시 연혁에 따르면, '중부면 (직할) 성남출장소'는 1946년에 설치됐는데 1964년에 '광주군 (직할) 중부면 성남출장소'로 바뀌며, 1971년 9월 13일에는 '경기도 (직할) 성남출장소'로 바뀐다. 따라서 1968년에서 1971년 9월 12일에 이르는 광주대단지 조성 시기의 행정관서 명칭에 대해서는 '중부면 성남출장소'라 표기하기보다 '광주군 성남출장소'로 표기하는 게 용어 혼란을 방지하는 데 적합하다. 그냥 '중부면 성남출장소'라 하면 1946년에서 1964년에 있었던 '중부면 (직할) 성남출장소'로 오해할 여지가 있다. 이 원고에서는 이런 혼란을 방지하기 위해 가능하면 앞의 행정단위를 생략하고 단순히 '성남출장소'라 표기했다.

2) 문맥 이해와 의미 전달을 위해, 논문에 나오는 면담자료(구술자료)의 일부 단어와 어구를 수정했다. 이는 자료의 내용과 의미를 지키는 선에서의 수정이다. 이하에 나오는 모든 면담자료(구술자료)도 이와 동일한 기준을 적용해 인용했다. 본서에서 인용한 면담자료(구술자료)는 구술자의 성명을 무기명으로 처리한 경우와 밝힌 경우가 있는데, 본서에서는 모두 무기명으로 처리했다. 구술 인용문을 연속해서 2개 이상 인용할 경우엔 구술자들 간 구분을 위해 A, B 등의 기호를 사용했다. 인용문 구술자의 직업, 신분, 근무지 등의 이력 사항은 구술 및 원고 내용과 부합하는 시기의 것을 기재했다. 이하에 나오는 모든 인용문도 이와 동일하다.

3) 임미리, 「광주대단지 사건의 오해와 진실」『정책토론회 - 성남의 역사 '광주대단지 사건'을 조명한다』, 2017, 27쪽.

4) 1971년 8월 10일 광주대단지에서 일어난 사태는 흔히 '광주대단지 사건'으로 지칭돼 왔는데, 2021년 6월에 열린 '제263회 성남시의회 1차 정례회'에서 '8.10 성남 (광주대단지) 민권운동'으로 칭하기로 의결했다. 본 원고에서는 이를 받아들여, 가능하면 '8.10 성남 민권운동'이란 명칭을 사용했다. 문장의 의미 맥락과 시의에 적합하고 그 내용을 파악하는데 용이할 경우엔 '광주대단지 사건'이나 '광주대단지 사태', '그날의 사건', '광주대단지 집단시위', '집단 항거', '성남 광주대단지 항쟁', '성남 항쟁' 등의 명칭을 사용했다.

5) 위의 주 3)과 동일.

6) 임미리, 「광주대단지 사건의 오해와 진실」, 『정책토론회 – 성남의 역사 '광주대단지 사건'을 조명한다』, 2017, 32쪽.

7) 본서에서 인용한 면담자료(구술자료) 중에는 구술자의 성명을 밝힌 자료가 있다. 임미리가 구술정리한 두 자료가 이에 해당하는데, 본서에서는 이 두 자료에 나오는 구술자의 성명을 명기하지 않았다. 다만 원고의 내용 이해를 위해 필요할 경우 구술자의 이력을 언급했다. 구술자의 성명을 밝힌 임미리의 두 자료는 다음과 같다. 임미리(구술정리), 「성남시와 함께한 40년 공직생활」, 『성남시사 8: 생애사』, 성남시사편찬위원회, 2014; 임미리(구술정리), 「철거이주민이 겪은 광주대단지」, 『성남시사 8: 생애사』, 성남시사편찬위원회, 2014.

8) 임미리, 「광주대단지 사건 – 박정희 정권 최대 도시봉기는 어떻게 잊혀졌나」, 『오늘보다』 6, 2015.

9) 대표적인 추진 사례를 보면 다음과 같다. 광주대단지 사건 30주년 기념사업추진위원회 발족(2001년), 진실화해위원회에 광주대단지 사건 진상규명신청서 제출(2006년), 광주대단지 사건 진상규명 촉구 기자회견(2006년), 광주대단지 사건 관련 성남시민 명예회복 촉구결의안 제출(2013년), 광주대단지 사건 실태조사 및 지원활동에 관한 조례 제출(2016년), 광주대단지 사건 역사재조명 특별위원회 구성 조례안 제출(2017년), 광주대단지 사건 기념사업 등 지원에 관한 조례안 제출(2019년).

10) '수도권 2기 신도시'는 국토교통부에서 공식적으로 밝힌 동탄1·동탄2(화성시), 판교(성남시), 운정(파주시), 광교(수원시, 용인시), 한강(김포시), 옥정·회천(양주시), 위례(하남시, 성남시, 서울시), 고덕(평택시), 검단(인천시) 등 10개 신도시를 이르는데, 여기서는 동탄1 신도시와 동탄2 신도시를 한 지역으로 보아 모두 9개 지역에 들어선 신도시라 했다.

11) 원자료에서는 구술자의 성명을 가명으로 처리했다. 이 원고에서는 가명 대신 A, B 등으로 인물을 특정했으며, 구술 내용에 대한 이해를 돕고 그 배경을 파악할 수 있도록 면담 당시의 구술자 거주지와 일자를 기재했다. 구술자의 거주지와 구술일자가 원고내용을 이해하고 파악하는 데 영향을 미치는 본서의 인용자료는 모두 이와 동일한 방식을 적용했다.

12) 2020년 6월 현재, 성남 본시가지의 재개발 현황을 보면 다음과 같다. 관리처분인가 후 단계로 착공이 진행 중인 구역이 다섯 구역이며, 이 중 한 구역은 2020년 7월 입주 예정이다. 사업시행인가를 받은 구역은 네 구역이며, 재개발 구역지정을 받은 곳이 다섯 곳이다. 재개발사업이 완료된 곳은 네 구역이다.

13) 성남시의 탄생과 성장 과정에서 압축적으로 보여주는 한국 신도시 및 도시화의 문제점에 대해서는 다음 자료를 참고해 정리했다. 김국현, 「1960년대 서울의 공간문제와 광주대단지 사건」, 연세대학교 교육대학원 역사교육전공 석사학위논문, 2014, 1쪽; 하동근, 「8.10사건의 재조명은 무엇을 뜻하는가」, 『공간과 사회』 38, 2011, 68~69쪽.

14) 성남 도시사를 통해 본 한국의 산업화와 근대화의 양상과 특징에 대해서는 주로 다음 자료를 참고해 정

리했다. 박태순, 「밑에서부터 본 8.10사건」『광주대단지 사건의 역사적 재조명』, 2004, 49~50쪽. 김동춘, 「광주대단지 사건의 성격과 현재적 의미」『정책토론회 − 성남의 역사 '광주대단지 사건'을 조명한다』, 2017, 82쪽.

15) 광주대단지 시기부터 성남에 거주했던 이 구술자는 이 자료에서 자신과 가족이 1968년 가을에 이주한 것으로 구술했는데, 이는 구술 착오로 보인다. 광주대단지의 첫 이주는 1969년 5월이었으며, 이 자료가 실린 책의 다른 자료(『성남시사 6』, 66쪽)에서는 이 구술자의 광주대단지 이주를 1969년 9월로 기술했다. 이에 근거해 이주 시기를 1969년 가을로 보고 수정해 인용했다.

2장 누가 왜 광주대단지를 조성했나?

1) 손정목은 1969년 5월 18일에 중앙공무원교육원 교수 신분으로 광주대단지를 방문한 후 대단지 현황과 문제점을 짚은 르포 형식의 기고문(「광주지구 대단지 조성사업, 그 현장을 가다」『도시문제』 4-6, 1969)을 발표했다. 이 절의 전반적인 내용은 이를 참고해 구성했다. 이 기고문에는 광주대단지 방문 일자가 명기돼 있지 않은데, 기고문 서두에 "일요일에 광주대단지를 찾는다"는 문구와 말미에 나오는 "10여 일 전에 부임한 광주군수"라는 문구를 토대로 5월 18일로 보았다. 광주시청 웹사이트(열린 시장실 − 역대 시장)에는 당시 광주군수(이석봉)의 재임기간이 1969년 5월 6일~1970년 3월 3일로 나와 있다. 이 절에서 기술한 광주대단지 현황 관련 수치와 사실 묘사는 이 5월 18일을 기준으로 한 것이다. 한편 손정목은 이 기고문에서 광주대단지 조성사업을 신도시 건설사업이라 이르는데, 이 절의 원고에서는 손정목의 이런 시각을 따랐다.

2) 인용한 문장의 띄어쓰기는 현재의 한글맞춤법을 따랐다. 이하에 나오는 인용문 중에서 한자로 된 단어의 경우 한글로도 이해가 가능하면 한글로 수정해 표기했으며, 지금의 표기법에 비추어 어색해 보이는 조사도 일부 수정했다. 인용한 자료의 발표시기가 본 원고의 내용 이해와 관련될 경우엔 출처표기란에 발표시기를 기재했다.

3) 이 시기에 서울시에서 세운 광주대단지 규모와 계획인구, 사업기간은 다음 자료를 참고. '광주대단지 조성사업」, 「광주대단지사업 종합계획」『광주대단지사업 종합계획관계철』, 서울특별시, 1970 (국가기록원 기록물, BA0089169)

4) 손정목이 광주대단지를 방문한 1969년 5월 18일의 '철거민 입주 상황'을 보면 철도변 철거민과 일반 철거민을 합쳐 모두 135세대 574명으로 나와 있다. 이는 다음 자료를 참고. '광주시 중부면 이주민 입주 현황(1969.6.12.)', 「성남지구 도시건설에 따른 지시」『신도시개발(광주군 도시건설)』, 경기도, 1969 (국가기록원 기록물, BA0005481). 손정목은 기고문(82쪽)에서 "철도 주변의 철거민 400여 세대의 입주"라고 했는데, 대단지를 방문한 일자를 5월 18일로 보면 이는 정확한 기록이 아닌 것으로 판단된다. 손정목이 대단지를 방문한 11일 뒤인 1969년 5월 29일을 기준으로 작성한 공문서(「성남지구 주택단지 조성계획」『신도시개발(광

주대단지 일반서류)」, 광주군, 1969 (국가기록원 기록물, BA0005489)]에 '철도청 부지(철도변) 철거 입주자'가 349세대 1808명, '서울시 철거 입주자'가 48세대 154인으로 모두 397세대 1962명으로 나와 있어 5월 18일에는 이보다 더 적은 수의 철거민이 이주했을 것이다. 광주군수 부임 일자 착오를 고려해, 손정목의 대단지 방문 일자를 5월 25일로 보더라도 400여 세대에는 미치지 못한다. '광주시 중부면 이주민 입주 현황(1969.6.12.)'에 따르면 5월 25일까지 입주한 이주민은 359세대 1763명으로 나와 있다. 손정목이 광주대단지를 방문한 이 시기에 이미 공식 기록에 잡히지 않은 상당수의 이주민이 있었을 가능성이 있고, 이들까지 집계해 '400여 세대'로 볼 수는 있지만 본 원고에서는 공식 기록을 따랐다.

5) '도시의 성격과 전망', 「광주대단지사업 종합계획」 『광주대단지사업 종합계획관계철』, 서울특별시, 1970 (국가기록원 기록물, BA0089169)

6) 이주 현황은 연구자료에 따라 차이가 난다. 여기서는 다음 문서의 이주 현황을 취했다. '제7회 광주대단지건설협의회 부의안건(부록: 사업추진상황)' 「성남주택단지의 현황 및 문제점」 『신도시개발(광주대단지 일반서류)』, 경기도, 1971 (국가기록원 기록물, BA0005489); '현황(1971.3.30. 현재)' 「성남주택단지 추진현황」 『신도시개발(광주대단지 일반서류)』, 광주군, 1971 (국가기록원 기록물, BA0005489)

7) '광주군 위성도시건설 추진에 대한 관계관 회의' 개최와 회의내용에 대해서는 다음 자료를 참고해 정리했다. 최유리, 「1960년대 서울시 무허가주택문제」, 성균관대학교대학원 사학과 석사학위논문, 2013, 95~96쪽; 「지방 중요 동향 보고(1969.6.7)」 『신도시개발(광주군 도시건설)』, (국가기록원 기록물, BA0005481); 「성남지구 도시건설에 따른 지시(1969.6.19)」 『신도시개발(광주군 도시건설)』, (국가기록원 기록물, BA0005489)

8) '광주군 위성도시 건설협의회'에 대해서는 다음 자료를 참고해 정리했다. 류성민, 「광주대단지 개발사업」 『성남시사 2: 성남의 역사』, 성남시사편찬위원회, 2004, 368~372쪽.

9) 광주대단지사업 동의 및 인가 과정에 대해서는 다음 자료를 참고해 정리했다. 최유리, 「1960년대 서울시 무허가주택문제」, 성균관대학교대학원 사학과 석사학위논문, 2013, 93~94쪽.

10) 경기도의 사업동의 과정 일자에 대한 다른 견해가 있다. 서울시가 1968년 5월 6일에 경기도에 동의를 요청했고 경기도에서는 5월 8일에 동의했다는 주장이다. 이 주장에 따르면 건설부에서는 경기도의 동의가 없는 상태에서 사업을 승인한 셈이다. 이 견해는 다음 자료에서 확인이 가능하다. 김수현, 「지역개발계획, 모란단지와 광주대단지」 『성남시사 6: 도시개발사』, 성남시사편찬위원회, 2014, 59쪽; 김수현, 「1971년 광주대단지사건 연구」, 서강대학교대학원 정치외교학과 석사학위논문, 2007, 29~30쪽.

11) 김수현, 「1971년 광주대단지사건 연구」, 서강대학교대학원 정치외교학과 석사학위논문, 2007, 30쪽.

12) 광주대단지사업의 투자와 수입 계획에 대해서는 다음 자료를 참고해 정리했다. 김국현, 「1960년대 서울의 공간문제와 광주대단지 사건」, 연세대학교교육대학원 역사교육 전공 석사학위논문, 2014, 26쪽.

13) 3선 개헌이 광주대단지 조성에 미친 영향에 대해서는 주로 다음 자료를 참고했다. 김국현, 「1960년대 서울

의 공간문제와 광주대단지 사건」, 연세대학교교육대학원 역사교육 전공 석사학위논문, 2014, 21~23쪽; 류성민, 「광주대단지 개발사업」 『성남시사 2: 성남의 역사』, 성남시사편찬위원회, 2004, 340~341쪽.

14) 무허가주택 양성화사업과 1967년 선거와의 관련성에 대해서는 다음 자료를 참고했다. 왕건굉, 「1960년대 한국사회의 이농현상과 도시빈민 연구」, 건국대학교대학원 사학과 박사학위논문, 2015, 160~163쪽; 최유리, 「1960년대 서울시 무허가주택문제」, 성균관대학교대학원 사학과 석사학위논문, 2013, 50~63쪽.

15) 서울특별시 시사편찬위원회, 『서울 600년사』 6권, 서울특별시, 1996, 665쪽.

16) 손정목, 「광주대단지 사건」 『도시문제』 38-420, 2003, 89쪽.

17) 집단이주정착지 조성사업에 대해서는 주로 다음 자료를 참고해 정리했다. 김국현, 「1960년대 서울의 공간 문제와 공주대단지 사건」, 연세대학교 교육대학원 역사교육 전공 석사학위논문, 2014, 17~20쪽; 김수현, 「1971년 광주대단지사건 연구」, 서강대학교대학원 정치외교학과 석사학위논문, 2007, 27~28쪽; 장세훈, 「도시화, 국가 그리고 도시 빈민」 『사회와 역사』, 14, 1988, 126~129쪽; 최유리, 「1960년대 서울시 무허가 주택문제」, 성균관대학교대학원 사학과 석사학위논문, 2013, 64~77쪽.

18) 『경향신문』 1966년 9월 7일 기사.

19) 『경향신문』 1965년 10월 8일 기사; 『조선일보』 1965년 10월 9일·10일 기사; 조은·조옥라 『도시 빈민의 삶과 공간: 사당동 재개발지역 현장연구』, 서울대학교출판문화원, 1992, 16쪽.

20) 『경향신문』 1966년 6월 2일 기사; 『동아일보』 1966년 6월 2일 기사; 『매일경제』 1966년 9월 21일 기사.

21) 손정목, 「광주대단지 사건」 『도시문제』 38-420, 2003, 91쪽.

3장 광주대단지가 성남으로 간 까닭은?

1) 이하의 '1969년 8월 20일 철도변철거민 집단시위'는 다음 자료를 참고해 구성했다. 「광주군 중부면 철도변 철거민 난동사건 보고」 『신도시개발(광주군 도시건설)』, 경기도, 1969 (국가기록원 기록물, BA0005481); 권 기흥 외, 「격동하는 광주대단지」 『성남시지城南市誌』, 영림서관, 1982, 288쪽.

2) 서울시의 광주대단지 조성사업을 식민정책에 비유한 것은 다음 자료에서 착상했다. 박태순, 「무너지는 산」 『창작과 비평』 25, 1972, 435쪽.

3) 광주대단지 개발 이전의 이 지역 자연환경과 지형에 대해서는 다음 자료를 참고해 정리했다. 권기흥 외, 「주 택단지 개발계획 및 사업전개」 『성남시지城南市誌』, 영림서관, 1982, 249쪽.

4) '경제면에서 본 중부면 입지 선정의 배경'에 대해서는 주로 다음 자료를 참고했다. 김수현, 「지역개발 계획,

모란단지와 광주대단지」『성남시사 6: 도시개발사』 성남시사편찬위원회, 2014, 60~61쪽; 김수현, 「1971년 광주대단지사건 연구」 서강대학교대학원 정치외교학과 석사학위논문, 2007, 30~32쪽; 조윤제, 「성남의 탄생 배경」『성남시사 2: 성남의 역사』 성남시사편찬위원회, 2004, 325~328쪽; 한상진, 「서울 대도시권 신도시 개발의 성격 – 광주대단지와 분당신도시의 비교연구」『사회와 역사』 37, 1992, 71쪽.

5) '안보 측면에서 본 대단지 입지 선정'에 대해서는 다음 자료를 참고했다. 김수현, 「지역개발 계획, 모란단지와 광주대단지」『성남시사 6: 도시개발사』 성남시사편찬위원회, 2014, 60~61쪽; 김수현, 「1971년 광주대단지 사건 연구」 서강대학교대학원 정치외교학과 석사학위논문, 2007, 31쪽; 손정목, 「광주대단지 사건」『도시문제』 38-420, 2003, 91~92쪽.

6) '안보 차원의 빈민 집단관리'라는 시각에서 본 광주대단지 조성 배경에 대해서는 다음 자료를 참고해 정리했다. 김원, 「1971년 광주대단지 사건 연구: 도시봉기와 도시하층민」『기억과 전망』 18, 2008, 222~223쪽; 임미리, 「'경기동부연합'의 기원과 형성, 그리고 고립」『기억과 전망』 28, 2013, 79~80쪽. 이 연구자료들은 '안보 차원의 빈민 집단관리'라는 시각에서 광주대단지 조성 배경을 본격적으로 연구한 논문은 아니다. 다른 주제를 논하면서 이에 대해 간략하게 언급했다.

7) 주민통제 측면에서 본 성남의 지형적 요인에 대해서는 다음 자료를 참고했다. 권락용, 「광주대단지사업의 주체별 갈등구성 – 성남 본시가지를 중심으로」 서울대학교대학원 건설환경공학부 석사학위논문, 2012, 27~31쪽; 김국현, 「1960년대 서울의 공간문제와 광주대단지 사건」 연세대학교 교육대학원 역사교육 전공 석사학위논문, 2014, 33~34쪽.

8) 서울 한강 이남의 동쪽 외곽지대에 자리한 거여동 지역은 광주군 중대면에 속했으나 1963년에 서울시에 편입됐다. 서울시에 편입되기 전에는 남한산 서쪽 신기슭에 800여 명의 주민이 사는 한적한 농촌지역이었지만 1967~1971년에 서울시내 무허가촌 철거민이 이주하면서 인구가 증가했다.

9) 손정목, 「광주대단지 사건」『도시문제』 38-420, 2003, 90~91쪽.

10) '모란단지 영향설'에 대해서는 다음을 참고. 임미리, 「광주대단지 이주민을 통해 본 1960~1970년대 이촌향도 경험(2)」『2012년도 수집 구술자료(사료군 COH009)』 국사편찬위원회 전자사료관, 2012, 5쪽. '모란단지' 용어 문제와 관련해서는, 위 자료에서는 1960년대 초중반 모란개척단이 활동한 지역을 "모란단지"라 표기했다. 1960년대 초중반 당시 언론에서는 "모란지구", "모란지역", "모란농장" 등으로 표기했다. 2014년에 나온 『성남시사 6』에서는 "모란마을", "모란지역"으로 명기했다. 여기서는 "주택, 작물 재배지 따위가 집단을 이루고 있는 일정 구역"이라는 뜻을 가진 "단지"의 뜻과 위 자료[「광주대단지 이주민을 통해 본 1960~1970년대 이촌향도 경험(2)」]에 근거해 "모란단지"라 불렀다.

11) 1960년대 김창숙과 재향군인개척단(모란개척단)의 활동에 대해서는 다음의 김수현 자료를 기본으로 요약 정리하고 다른 자료를 참고했다. 김수현, 「지역개발 계획, 모란단지와 광주대단지」『성남시사 6: 도시개발사』 성남시사편찬위원회, 2014, 43~47쪽; 류성민, 「광주대단지 개발사업」『성남시사 2: 성남의 역사』 성

남시사편찬위원회, 2004, 419~420쪽; 윤종준·서굉일, 「오늘의 성남, 도시 만들기 40년」 『성남시사 2: 역사』, 성남시사편찬위원회, 2014, 390쪽.

12) 윤종준·서굉일, 「오늘의 성남, 도시 만들기 40년」 『성남시사 2: 역사』, 성남시사편찬위원회, 2014, 390쪽.

13) 「굶주린 정착민에 쌀」 『경향신문』 1962년 1월 19일 기사; 「모란농장에 하와이서 선물 의류 두 트럭」 『동아일보』 1962년 2월 9일 기사.

14) Kwon, Taijoon, 「A Model of the Coadaptive Interaction Process of Social Systems Planning」, Ph.D.Dissertation, State University of Newyork, 1976, p.243. 이 자료는 다음 자료에서 재인용. 김수현, 「지역개발 계획, 모란단지와 광주대단지」 『성남시사 6: 도시개발사』, 성남시사편찬위원회, 2014, 62쪽.

15) 이하에 나오는 광주대단지 토지매입과 환지 문제, 유보지에 대해서는 주로 다음 자료를 참고해 정리했다. 권기흥 외, 「주택단지 개발계획 및 사업전개」 『성남시지城南市誌』, 영림서관, 1982, 246~248쪽; 권락용, 「광주대단지사업의 주체별 갈등구성 – 성남 본시가지를 중심으로」, 서울대학교대학원 건설환경공학부 석사학위논문, 2012, 37~50쪽; 김수현, 「지역개발 계획, 모란단지와 광주대단지」 『성남시사 6: 도시개발사』, 성남시사편찬위원회, 2014, 62~64쪽; 류성민, 「광주대단지 개발사업」 『성남시사 2: 성남의 역사』, 성남시사편찬위원회, 2004, 355~357쪽.

16) '광주대단지 성남지구 환지위원회'가 조직된 시점은 자료마다 약간의 차이가 있다. 여기서는 다음 자료를 따랐다. 류성민, 「광주대단지 개발사업」 『성남시사 2: 성남의 역사』, 성남시사편찬위원회, 2004, 355~357쪽.

17) 광주대단지의 '경영사업' 성격과 그 특징에 대해서는 주로 다음 자료를 참고했다. 김수현, 「지역개발 계획, 모란단지와 광주대단지」 『성남시사 6: 도시개발사』, 성남시사편찬위원회, 2014, 70~72쪽; 김수현, 「1971년 광주대단지사건 연구」, 서강대학교대학원 정치외교학과 석사학위논문, 2007, 29~34쪽; 류성민, 「광주대단지 개발사업」 『성남시사 2: 성남의 역사』, 성남시사편찬위원회, 2004, 407~408쪽 · 419~420쪽 · 459~460쪽.

18) 장세훈, 「광주대단지 사건과 3공 도시정책의 파행」 『월간중앙』 1991년 3월호, 554쪽. 이는 다음 자료에서 재인용. 김수현, 「지역개발 계획, 모란단지와 광주대단지」 『성남시사 6: 도시개발사』, 성남시사편찬위원회, 2014, 71쪽.

4장 산과 골에 짓는 도시 – 서울시의 무리한 이주정책

1) 이하의 1969년도 서울시 국정감사에 관한 사항은 다음 자료를 참고해 구성했다. 국회사무처 편, 「1969년도 서울시 국정감사 내무위원회회의록」(1969.12.8)

2) 경향신문 1969년 12월 3일의 "강추위에 내쫓긴 4천 주민, 시민아파트 완공 전에 무허건물 7백 채 헐어" 기사를 이른다. 이 기사에 따르면, 시민아파트에 입주할 서대문구 영천동 일대 700여 무허가건물을 아파트 완공 전에 헐려버려 4000여 주민이 헐려버린 집터에 천막이나 움막을 치고 지내며 추위에 떨었다고 한다. 구청에서 완공됐다고 한 아파트는 층계 등의 골조공사마저 제대로 되지 않아 입주자가 칸막이마저 설치할 수 없는 실정이었다.

3) 광주대단지 실태조사단 구성에 관한 결의안 처리 과정에 대해서는 다음 자료를 참고해 구성했다. 국회사무처 편, 「제75회 국회운영위원회회의록(제28호)」(1970.12.24)

4) 1971년 8월 14일에 있었던 국회 건설위원회의 서울시 정책질의에 관한 사항은 다음 자료를 참고해 구성했다. 국회사무처 편, 「제77회 건설위원회회의록(제3호)」(1971.8.14)

5) 양택식梁鐸植 시장의 이름은 한자어 그대로 읽으면, '鐸'이 '방울 탁'이니 양탁식이 된다. 그런데 일부 지역과 문중에서 '鐸'을 항렬자로 쓰면서 옥편과 다른 발음인 '택'으로 읽어온 관습이 있었으며, 양택식 서울시장 본인도 양택식이라 불러달라고 했다고 한다. 이후 '양택식' 표기가 일반화됐으며, 이 원고에서도 일반화된 표기를 따랐다.

6) 이 시기 이주민 수치에 대해서는 다음을 참고해 정리했다. '광주시 중부면 이주민 입주 현황(1969.6.12)', 「성남지구 도시건설에 따른 지시」, 『신도시개발(광주군 도시건설)』, 경기도, 1969 (국가기록원 기록물, BA0005481)

7) '철도연변 철거민정착지 택지조성 공사조치', 「성남지구 주택단지 조성계획」, 『신도시개발(광주대단지 일반서류)』, 광주군, 1969 (국가기록원 기록물, BA0005489)

8) 광주대단지 지목 현황과 정지공사 실상에 대해서는 다음 자료를 참고했다. 권기흥 외, 「주택단지 개발계획 및 사업전개」, 『성남시지城南市誌』, 영림서관, 1982, 250~252쪽; 김수현, 「지역개발 계획, 모란단지와 광주대단지」, 『성남시사 6: 도시개발사』, 성남시사편찬위원회, 2014, 64~65쪽; 류성민, 「광주대단지 개발사업」, 『성남시사 2: 성남의 역사』, 성남시사편찬위원회, 2004, 351~360쪽.

9) 돌산마을 주민의 대단지 이주 실태와 자체 정지작업에 대해서는 다음 자료를 참고해 정리했다. 권락용, 「광주대단지사업의 주체별 갈등구성 – 성남 본시가지를 중심으로」, 서울대학교대학원 건설환경공학부 석사학위논문, 2012, 50~55쪽.

10) 김상운, 「광주대단지 철거민들이 애환」, 『신동아』 3월호, 동아일보사, 1986.

11) 경기도지사와 경기도 산하 행정기관의 서울시 철거민 이송 중지 요청과 중단 조치 시도에 대해서는 다음

자료를 참고. 권기흥 외, 「격동하는 광주대단지」 『성남시지城南市誌』, 영림서관, 1982, 290~291쪽; 류성민, 「광주대단지 개발사업」 『성남시사 2: 성남의 역사』, 성남시사편찬위원회, 2004, 403~404쪽.

12) 장세훈 「도시화, 국가 그리고 도시 빈민 – 서울시의 무허가 정착지 철거정비정책을 중심으로」 『사회와 역사』 14, 1988, 131쪽.

5장 성남시민 1세대, 그들은 광주대단지에서 어떻게 살았나?

1) "사람과 동물의 경계"라는 제명은 다음 자료에서 착상을 얻었다. 이광일 「근대화의 일그러진 자화상: 광주대단지 '폭동사건'」 『기억과 전망』 1, 2002, 175쪽.

2) 입주 당시의 열악한 수용상태에 대해서는 다음 자료를 참고했다. 김수현, 「지역개발 계획, 모란단지와 광주대단지」 『성남시사 6: 도시개발사』, 성남시사편찬위원회, 2014, 66쪽; 류성민, 「광주대단지 개발사업」 『성남시사 2: 성남의 역사』, 성남시사편찬위원회, 2004, 362~363쪽.

3) 광주대단지 개발사업 투자 현황에 대해서는 다음 자료를 참고했다. 권기흥 외, 「격동하는 광주대단지」 『성남시지城南市誌』, 영림서관, 1982, 273~278쪽; 류성민, 「광주대단지 개발사업」 『성남시사 2: 성남의 역사』, 성남시사편찬위원회, 2004, 386~393쪽.

4) 주거환경 미비와 그 열악함에 대해서는 다음 자료를 참고해 정리했다. 권기흥 외, 「격동하는 광주대단지」 『성남시지城南市誌』, 영림서관, 1982, 287~291쪽; 류성민, 「광주대단지 개발사업」 『성남시사 2: 성남의 역사』, 성남시사편찬위원회, 2004, 363쪽; 임미리, 「8.10 광주대단지 사건의 발생 배경과 의의」 『성남시사 6: 도시개발사』, 성남시사편찬위원회, 2014, 78~79쪽.

5) 생계, 일자리, 수입, 교통 등과 관련한 내용은 다음 자료를 참고했다. 권기흥 외, 「주택단지 개발계획 및 사업전개」 『성남시지城南市誌』, 영림서관, 1982, 252~254쪽; 김수현, 「지역개발 계획, 모란단지와 광주대단지」 『성남시사 6: 도시개발사』, 성남시사편찬위원회, 2014, 73~75쪽; 류성민, 「광주대단지 개발사업」 『성남시사 2: 성남의 역사』, 성남시사편찬위원회, 2004, 363~364쪽; 임미리, 「8·10 광주대단지 사건의 발생 배경과 의의」 『성남시사 6: 도시개발사』, 성남시사편찬위원회, 2014, 77~83쪽; 조명래, 「8.10 성남대단지 사건의 재해석과 성남 도시정체성의 모색 – 도시권리의 관점에서」 『공간과 사회』 38, 2011, 53~54쪽. 월평균 수입에 대한 수치가 자료마다 약간씩 차이가 나는데, 여기서는 임미리의 자료를 취했다.

6) 조명래, 「8.10 성남대단지사건의 재해석과 성남 도시정체성의 모색 – 도시권리의 관점에서」 『공간과 사회』 38, 2011, 54쪽.

7) 서울대학교 법과대학 사회법학회, 「광주대단지 빈민실태 조사보고서」, 1971, 6쪽.

8) 김원, 「1971년 광주대단지 사건 연구 – 도시봉기와 도시하층민」, 『기억과 전망』 18, 2008, 209쪽.

9) '성남주택단지의 현황 및 문제점', 「광주대단지 내 무허가건물 철거에 따른 관계관 회의」, 『신도시개발(광주대단지건설사업)』, 광주군, 1971 (국가기록원 기록물, BA0005486)

10) 임미리, 「8·10 광주대단지 사건의 발생 배경과 의의」, 『성남시사 6: 도시개발사』, 성남시사편찬위원회, 2014, 80쪽.

11) 광주대단지의 교육여건과 학교 증설 현황에 대해서는 다음 자료를 참고했다. 류성민, 「광주대단지 개발사업」, 『성남시사 2: 성남의 역사』, 성남시사편찬위원회, 2004, 364쪽; 임미리, 「광주대단지 이주민을 통해 본 1960~1970년대 이촌향도 경험(2)」, 『2012년도 수집 구술자료(사료군 COH009)』, 국사편찬위원회 전자사료관, 2012, 4쪽; 임미리, 「8.10 광주대단지 사건의 발생 배경과 의의」, 『성남시사 6: 도시개발사』, 성남시사편찬위원회, 2014, 80~82쪽.

12) 1971년 9월 무렵의 광주대단지 학교 수는 자료에 따라 약간의 차이가 난다. 1971년 10월 14일 자 『대통령문서(제71-631호)』에는 초등학교가 5개교, 중학교가 2개교로 나온다. 그런데 1971년 8월 14일에 실시된 국회 건설위원회의 서울시 질의답변에 제출된 자료에는 초등학교 6개교, 중학교 3개교로 나온다. 여기서는 『대통령문서(제71-631호)』를 따랐다.

13) 광주대단지 취학률과 학업에 대해서는 다음 자료를 참고해 정리했다. 서울대학교 법과대학 사회법학회, 「광주대단지 빈민실태 조사보고서」, 1971, 12쪽; 임미리, 「1971년 광주대단지 사건의 재해석 – 투쟁 주체와 결과를 중심으로」, 『기억과 전망』 26, 2012, 256~257쪽.

14) '광주대단지 아사자'에 대한 사실성 여부는 다음 자료를 참고했다. 임미리, 「광주대단지 이주민을 통해 본 1960~1970년대 이촌향도 경험(2)」, 『2012년도 수집 구술자료(사료군 COH009)』, 국사편찬위원회 전자사료관, 2012, 4쪽.

15) 광주대단지 주민 식생활 실태 조사는 다음 자료를 참고했다. 서울대학교 법과대학 사회법학회, 「광주대단지 빈민실태 조사보고서」, 1971, 9~11쪽.

16) 광주대단지 이주 전후의 실태 비교에 대해서는 다음을 참고해 정리했다. 서울대학교 법과대학 사회법학회, 「광주대단지 빈민실태 조사보고서」, 1971, 9~16쪽.

17) 무허가판자촌 철거와 대단지 이주를 국가권력에 의한 차별과 배제의 시각으로 풀이한 이하의 내용은 다음 자료를 참고해 정리했다. 박홍근, 「1960년대 후반 서울 도시근대화의 성격: 도시빈민의 추방과 중산층 도시로의 공간재편」, 『민주주의와 인권』 15-2, 2015, 265~270; 이효정, 「A. P. T 스펙터클과 모던공간체험」, 한국예술종합학교 예술전문사과정 영상원 영상이론과 한국 및 동아시아영화연구 전공 예술전문사 학위논문, 2012, 227~228; 조명래, 「8.10 성남대단지사건의 재해석과 성남 도시정체성의 모색 – 도시권리의 관점에서」, 『공간과 사회』 38, 2011, 48~54쪽.

6장 부동산투기장이 된 광주대단지

1) 권기흥 외, 「주택단지 개발계획 및 사업전개」 『성남시지城南市誌』, 영림서관, 1982, 252쪽.

2) 이하에 나오는 '광주대단지 택지분양과 관련한 전반적인 내용'은 다음 자료를 참고해 정리했다. 권기흥 외, 「주택단지 개발계획 및 사업전개」 『성남시지城南市誌』, 영림서관, 1982, 254~256쪽 · 291~294쪽; 김수현, 「지역개발 계획, 모란단지와 광주대단지」 『성남시사 6: 도시개발사』, 성남시사편찬위원회, 2014, 67~75쪽; 김수현, 「1971년 광주대단지 사건 연구」, 서강대학교대학원 정치외교학과 석사학위논문, 2007, 35~51쪽; 김원, 「1971년 광주대단지 사건 연구: 도시봉기와 도시하층민」 『기억과 전망』 18, 2008, 203~209쪽; 류성민, 「광주대단지 개발사업」 『성남시사 2: 성남의 역사』, 성남시사편찬위원회, 2004, 365~367쪽 · 403~407쪽; 임미리, 「8.10 광주대단지 사건의 발생 배경과 의의」 『성남시사 6: 도시개발사』, 성남시사편찬위원회, 2014, 83~87쪽. 광주대단지 택지분양 시작일이 1969년 7월과 1969년 11월로 자료마다 차이가 난다. 이를 고려해, 여기서는 '1969년 하반기'로 넓게 잡았다.

3) 「광주대단지 내 무허가건물 철거에 따른 관계관 회의」 『신도시개발(광주대단지 건설사업)』, 광주군, 1971.6. (국가기록원 기록물, BA0005486)

4) 손정목, 「광주지구 대단지 조성사업, 그 현장을 가다」 『도시문제』 4-6, 1969, 80~81쪽.

5) '광주대단지 주민을 개인이 아닌 거대한 인구집단으로 본다'는 개념은 다음 자료에서 착상을 얻어 정리했다. 박홍근, 「1960년대 후반 서울 도시근대화의 성격 – 도시빈민의 추방과 중산층 도시로의 공간재편」 『민주주의와 인권』 15-2, 2015, 265~270쪽; 이효정, 「A. P. T 스펙터클과 모던공간체험 – 1960~70년대 대도시 서울과 영화」, 한국예술종합학교 예술전문사과정 영상원 영상이론과 한국 및 동아시아영화연구 전공 예술전문사 학위논문, 2012, 227~228쪽.

6) 이하의, 토지매수계약과 전매금지 조치에 대해서는 다음 자료를 참고했다. 권기흥 외, 「격동하는 광주대단지」 『성남시지城南市誌』, 영림서관, 1982, 291~294쪽; 류성민, 「광주대단지 개발사업」 『성남시사 2: 성남의 역사』, 성남시사편찬위원회, 2004, 403~407쪽; 임미리, 「8.10 광주대단지 사건의 발생 배경과 의의」 『성남시사 6: 도시개발사』, 성남시사편찬위원회, 2014, 83~87쪽.

7) 이하에 나오는, 전매금지 조치 유보 후의 분양증 전매와 부동산투기 추세, 그 요인 등에 관해서는 다음 자료를 참고했다. 특히 임미리의 논문을 요약 정리했다. 류성민, 「광주대단지 개발사업」 『성남시사 2: 성남의 역사』, 성남시사편찬위원회, 2004, 406~408쪽; 임미리, 「8.10 광주대단지 사건의 발생 배경과 의의」 『성남시사 6: 도시개발사』, 성남시사편찬위원회, 2014, 85~87쪽.

8) 4장의 주 5)를 참고.

9) 「광주대단지 중심지대 종로 상가 땅값과 같아」 『한국일보』 1971년 3월 21일.

10) 1971년 상반기에 일어난 '모란단지 건설계획 사기사건'에 대해서는 다음 자료를 참고했다. 김수현, 「지역개발 계획, 모란단지와 광주대단지」『성남시사 6: 도시개발사』, 성남시사편찬위원회, 2014, 48~53쪽; 류성민, 「광주대단지 개발사업」『성남시사 2: 성남의 역사』, 성남시사편찬위원회, 2004, 418~428쪽.

11) 모란단지 면적 규모는 자료마다 차이가 난다. 1971년 당시 언론기사에서도 3500여만 평(『매일경제』 1971.3.17.), 4000만 평(『경향신문』 1971.4.19.) 등으로 규모를 달리 표기했다.

12) 사업비 증액과 상향 조정된 이주정책에 대해서는 다음을 참고. 「광주단지 사업비 대폭 증액, 56억 원서 269억 원으로」『동아일보』 1971년 6월 16일.

13) 1971년 5월경에 서울시에서 사업비를 증자하고 새로운 이주계획을 수립한 배경과 요인이 '부동산투기 붐 지속에 따른 유보지 매각수입 증가 예상'에만 있었던 게 아니라, 전매입주자에게 분양계약을 강요하고 고가의 택지대금을 부과하는 데도 있었다는 주장이 가능은 하다. 사업비 증자를 할 때 이미 전매입주자에 대한 고가 분양계약 시책을 계획해놓았을 가능성 말이다. 하지만 뚜렷한 근거자료가 없는 지금으로서는 추정에 가까운 그야말로 가능성의 하나로만 봐야 할 것이다.

14) 광주대단지 사업과 관련한 서울시 시책과 전매금지와 분양계약 조치에 대해서는 주로 다음 자료를 참고해 정리했다. 김수현, 「1971년 광주대단지 사건 연구」, 서강대학교대학원 정치외교학과 석사학위논문, 2007, 52~58쪽; 류성민, 「광주대단지 개발사업」『성남시사 2: 성남의 역사』, 성남시사편찬위원회, 2004, 407~408쪽; 임미리, 「8.10 광주대단지 사건의 발생 배경과 의의」『성남시사 6: 도시개발사』, 성남시사편찬위원회, 2014, 86~87쪽.

15) 서울시가 1971년 7월에 행한 2차 전매금지조치에서 철거이주민에게 통고한 사실(분양계약 체결 및 계약금 납부)에 대해서는 다음 자료를 참고했다. 「광주 성남대단지 난동사건 진상보고」, 『대통령보고서(대통령문서)』 제71-458호, 대통령비서실, 1971.8.11.(국가기록원 기록물 EA0006876); 임미리, 「8.10 광주대단지 사건의 발생 배경과 의의」『성남시사 6: 도시개발사』, 성남시사편찬위원회, 2014, 89쪽; 「연年 4분기로 (2년 거치) 3년 상환」『조선일보』 1971년 4월 13일; 「진통 겪는 위성도시 광주단지 주민 난동의 저변」『매일경제』 1971년 8월 12일. 특히 위 『대통령보고서』에는 "서울시가 대지불하가격(택지분양가격)에 있어 철거이주민과 전매입자(전매입주자)를 구별해 차등을 두었다"면서 "전매입자 대지가격은 평균 8000원에서 16000원, 일시불"이며 "철거이주민 대지가격은 평균 1800원, 5년 상환"이라고 명기했다. 당시 철거이주민에게도 "분양대금(택지대금)을 일시불로 상환(납부)하라"고 공고했다는 자료가 있으나, 이는 오류이거나 표기상의 잘못으로 보인다. 철거이주민에게는 일시불 납부가 아니라, 분양계약을 강제하되 분양대금 납부는 계약금 10% 외는 애초의 '2년 거치 3년 상환(5년 상환)'이었던 것이다. 위에 언급한 두 신문의 기사 내용도 이러한 사실을 뒷받침하며, 위 임미리의 자료도 이런 사실에 입각해 당시 철거이주민의 사정을 살폈다. 즉 "분양계약 체결은 강제하되 평당 2000원씩 2년 거치 3년 분할상환 혜택은 그대로였기 때문에 공고로 인해 철거민들이 입은 재산상의 문제는 분양가격의 10%에 해당하는 계약금을 곧바로 납부해야 한다는 것이었다"고 밝힌다.

7장 1971년 8월 10일, 그날의 진실은 무엇인가? - '8.10 성남 민권운동'의 실상

1) 시정위원회 결성과 그 주도층에 관한 전반적인 사항은 다음 자료를 참고해 정리했다. 김동춘 「광주대단지 사건'의 성격과 현재적 의미」 『정책토론회 - 성남의 역사 '광주대단지 사건'을 조명한다』, 2017, 74~76쪽; 김수현, 「1971년 광주대단지사건 연구」, 서강대학교대학원 정치외교학과 석사학위논문, 2007, 58~59쪽; 김원, 「1971년 광주대단지 사건 연구: 도시봉기와 도시하층민」 『기억과 전망』 18, 2008, 211~213; 손정목, 「광주대단지 사건」 『도시문제』 38-420, 2003, 99~100쪽; 임미리 「1971년 광주대단지 사건의 재해석 - 투쟁 주체와 결과를 중심으로」 『기억과 전망』 26, 2012, 241~243쪽; 임미리, 「8.10 광주대단지 사건의 발생 배경과 의의」 『성남시사 6: 도시개발사』, 성남시사편찬위원회, 2014, 90~91; 하동근, 「8.10사건의 재조명은 무엇을 뜻하는가」 『공간과 사회』 38, 2011, 74쪽.

2) 시정위원회 위원장과 전성천의 재력에 대해서는 다음 자료를 참고했다. 임미리 「1971년 광주대단지 사건의 재해석 - 투쟁 주체와 결과를 중심으로」 『기억과 전망』 26, 2012, 242쪽.

3) 이 절의 이하에 나오는, 1971년 7월 19일의 '유지 대회'에서 8월 9일에 이르는 대단지 측과 서울시 및 경기도 측의 동향에 대해서는 주로 다음 자료를 참고해 정리했다. 김동춘 「광주대단지 사건'의 성격과 현재적 의미」 『정책토론회 - 성남의 역사 '광주대단지 사건'을 조명한다』, 2017, 70~76쪽; 김수현, 「1971년 광주대단지사건 연구」, 서강대학교대학원 정치외교학과 석사학위논문, 2007, 57~64쪽; 김원, 「1971년 광주대단지 사건 연구: 도시봉기와 도시하층민」 『기억과 전망』 18, 2008, 204~207·213~215; 류성민, 「광주대단지 개발사업」 『성남시사 2: 성남의 역사』, 성남시사편찬위원회, 2004, 408~410쪽; 손정목, 「광주대단지 사건」 『도시문제』 38-420, 2003, 100~103; 임미리 「1971년 광주대단지 사건의 재해석 - 투쟁 주체와 결과를 중심으로」 『기억과 전망』 26, 2012, 241~251쪽; 임미리, 「8·10 광주대단지 사건의 발생 배경과 의의」 『성남시사 6: 도시개발사』, 성남시사편찬위원회, 2014, 87~95쪽; 하동근, 「8.10사건의 재조명은 무엇을 뜻하는가」 『공간과 사회』 38, 2011, 72~74쪽.

4) 이 시기 공식집계된 광주대단지 내의 전체 가구수와 철거이주민 가구수, 전매입주자 가구수에 대해서는 다음 자료를 참고했다. '성남주택단지 내외 주요 현황 및 문제점', '성남주택단지 추진현황' 『신도시개발(광주대단지 일반서류)』, 광주군, 1971 (국가기록원 기록물, BA0005489)

5) 「광주 성남대단지 난동사건 진상보고」 『대통령보고서(대통령문서)』 제71-458호, 대통령비서실, 1971.8.11. (국가기록원 기록물 EA0006876)

6) 당시 서울시 기획관리관으로 근무했던 손정목은 시정대책위원회가 진정서를 시 본청에 직접 제출하지 않았으며, 이런 관계로 진정서가 서울시 본청 시장과 부시장에게 전달되지 않고 대단지사업소나 주택관리과 선에서 묵살되었다고 보았다. 이에 대해서는 다음을 참고. 손정목, 「광주대단지 사건」 『도시문제』 38-420, 2003, 101쪽.

7) 서울시에서 작성한 문서[「8.10 사고 및 조치상황」, 『광주대단지 조성사업』, 서울특별시, 1971(국가기록원 기록물, BA0005491)]에는 8월 10일 시장과 주민대표의 협의시간이 11시에서 11시 30분으로 나와 있다. 당시 언론이나 이후의 연구자료는 약속한 협의시간을 대체로 오전 11시로 기술한다. 한편, 이날 서울시장이 광주대단지에 오기로 한 시간이 오전 10시였다는 구술증언이 있다. 김철 구술, 「철거이주민이 겪은 광주대단지」, 『성남시사 8: 생애사』, 성남시사편찬위원회, 2014, 40쪽; 박봉근 구술, 「성남시와 함께 한 40년 공직생활」, 『성남시사 8: 생애사』, 성남시사편찬위원회, 2014, 75쪽. 협의를 하기로 한 시간대가 공식적으론 11시대라 하더라도 당시 주민과 대단지 내 공무원 일부는 오전 10시로 알았을 가능성이 높다.

8) 폭력행사를 지양한 전성천의 대응방식에 대해서는 다음 자료를 참고해 정리했다. 김원, 「1971년 광주대단지 사건 연구: 도시봉기와 도시하층민」, 『기억과 전망』 18, 2008, 215~221쪽.

9) 전성천, 『십자가 그늘에서: 전성천 회고록』, 동영사, 2001, 211쪽.

10) 8월 9일에 나온 '요구조건'과 '구호'의 특징에 대해서는 다음 자료에서 착상을 얻어 발전시켰다. 김원, 「1971년 광주대단지 사건 연구: 도시봉기와 도시하층민」, 『기억과 전망』 18, 2008, 214쪽.

11) 이주 전에 통장과 반장을 했던 이들의 역할에 대해서는 다음 자료를 참고했다. 특히, 2012년에 발표한 임미리의 연구자료에 많은 도움을 받았다. 김수현, 「1971년 광주대단지사건 연구」, 서강대학교대학원 정치외교학과 석사학위논문, 2007, 59~60쪽; 임미리 「1971년 광주대단지 사건의 재해석 – 투쟁 주체와 결과를 중심으로」, 『기억과 전망』 26, 2012, 241~251쪽; 임미리, 「8·10 광주대단지 사건의 발생 배경과 의의」, 『성남시사 6: 도시개발사』, 성남시사편찬위원회, 2014, 87~95쪽.

12) 임미리 「1971년 광주대단지 사건의 재해석 – 투쟁 주체와 결과를 중심으로」, 『기억과 전망』 26, 2012, 250쪽.

13) 이하에 나오는 8월 10일 궐기대회 전반에 관한 사항은 다음 자료를 참고해 정리했다. 김수현, 「1971년 광주대단지사건 연구」, 서강대학교대학원 정치외교학과 석사학위논문, 2007, 64~67쪽; 김원, 「1971년 광주대단지 사건 연구: 도시봉기와 도시하층민」, 『기억과 전망』 18, 2008, 214~225쪽; 박기정, 「르뽀 광주대단지」, 『신동아』 1971년 10월호; 손정목, 「광주대단지 사건」, 『도시문제』 38-420, 2003, 103~108쪽; 임미리, 「광주대단지 사건의 오해와 진실」, 『정책토론회 – 성남의 역사 '광주대단지 사건'을 조명한다』, 2017, 27~34쪽; 임미리, 「8·10 광주대단지 사건의 발생 배경과 의의」, 『성남시사 6: 도시개발사』, 성남시사편찬위원회, 2014, 95~101쪽; 최인기 「60년대 도시빈민과 경기도 광주대단지 투쟁」, 『우리사회의 빈민운동사』, 참세상, 2010.

14) 8월 10일 집단시위 규모는 적게는 3만여 명에서 많게는 6만 명에 이르기까지 다양하게 기록돼 있다. 당시 서울시 기획관리관을 지낸 손정목은 3만여 명으로 기록했으며(「광주대단지 사건」, 『도시문제』 38-420, 104쪽), 경찰도 3만 명으로 집계했다(「공소장 71고합836」, 서울형사지방법원, 1972.2.10) 1971년 8월 11일자 대통령보고서[광주 성남대단지 난동사건 진상보고, 『대통령보고서(대통령문서)』 제71-458호, 대통령비

서실, 1971.8.11. (국가기록원 기록물, EA0006876)]에는 "5만 명 동원"으로 나와 있다. 광주대단지 관련 연구자들 대부분은 5~6만 명은 되었을 것으로 추산한다.

15) 이하에 나오는, 이날 사태의 폭력행위 양상과 정도에 대해서는 주로 다음 자료를 참고해 정리했다. 「광주 성남대단지 난동사건 진상보고」 『대통령보고서(대통령문서)』 제71-458호, 대통령비서실, 1971.8.11.(국가기록원 기록물, EA0006876); 임미리, 「광주대단지 사건의 오해와 진실」 『정책토론회 - 성남의 역사 '광주대단지 사건'을 조명한다』, 2017, 27~34쪽. 특히 임미리의 연구자료는 사건 당시 언론기사, 1982년과 2004년에 간행된 『성남시사』, 검찰 공소장, 집단시위 참가자와 성남출장소 공무원의 증언 등을 비교하고 종합해 당시 폭력행위의 정도에 대해 논리정연하게 기술했다. 이 원고에서는 대체로 임미리 연구자료의 결과를 취했다.

16) 김수현, 「1971년 광주대단지사건 연구」, 서강대학교대학원 정치외교학과 석사학위논문, 2007, 64쪽.

17) 8월 10일의 대단지 대표와 서울시장과의 협상에 대해서는 다음 자료를 참고해 정리했다. 「8.10 사고 및 조치상황」 『광주대단지 조성사업』, 서울특별시, 1971 (국가기록원 기록물, BA0005491)

18) 「공소장 71고합836」, 서울형사지방법원, 1972.2.10.

19) 「광주단지 주민 난동, 빗속의 대치 5시간」 『한국일보』 1971년 8월 11일.

20) 「광주 성남대단지 난동사건 진상보고」 『대통령보고서(대통령문서)』 제71-458호, 대통령비서실, 1971.8.11 (국가기록원 기록물, EA0006876)

21) 임미리, 「광주대단지 이주민을 통해 본 1960~1970년대 이촌향도 경험(부분공개)」 『2011년도 수집 구술자료(사료군 COH008)』, 국사편찬위원회 전자사료관, 2011.

8장 이주정착지에서 성남시로 - 광주대단지의 향방

1) 8월 10일 사태 이후 정부와 정치권의 조치, 동향에 대해서는 다음 자료를 참고해 정리했다. 「광주단지를 시로 승격」 『경향신문』 1971년 8월 11일; 「광주 성남대단지 난동사건 진상보고」 『대통령보고서(대통령문서)』 제71-458호, 대통령비서실, 1971.8.11 (국가기록원 기록물 EA0006876); 「성남지역 종합개발」 『매일경제』 1971년 8월 12일; 임미리, 「광주대단지 사건의 오해와 진실」 『정책토론회 - 성남의 역사 '광주대단지 사건'을 조명한다』, 2017, 37쪽·43~44쪽; 임미리, 「8.10 광주대단지 사건의 발생 배경과 의의」 『성남시사 6: 도시개발사』, 성남시사편찬위원회, 2014, 101~103쪽.

2) 손정목, 「광주대단지 사건」 『도시문제』 38-420, 2003, 108쪽.

3) 주모자 파악 방식에 대해서는 다음 자료를 참고. 임미리(구술정리), 「철거이주민이 겪은 광주대단지」 『성남시

사 8: 생애사』, 성남시사편찬위원회, 2014, 41~42쪽; 「난동자 12명 구속」 『동아일보』 1971년 8월 12일; 임미리(구술정리) 「성남시와 함께 한 40년 공직생활」 『성남시사 8: 생애사』, 성남시사편찬위원회, 2014, 77쪽.

4) 구속자에 대한 반사회적 인물이나 정신이상자 규정에 대해서는 다음 자료를 참고했다. 「광주대단지 사건, 진상규명 요구」 『MBC 뉴스』 2006년 6월 23일. 이는 다음 자료에서 재인용. 김국현, 「1960년대 서울의 공간문제와 광주대단지 사건」, 연세대학교 교육대학원 역사교육 전공 석사학위논문, 2014, 50쪽.

5) 집회 해산명령과 시위 강행에 관련된 사항은 다음 자료를 참고해 재정리했다. 임미리, 「광주대단지 사건의 오해와 진실」 『정책토론회 – 성남의 역사 '광주대단지 사건'을 조명한다』, 2017, 38~39쪽; 임미리 「1971년 광주대단지 사건의 재해석 – 투쟁 주체와 결과를 중심으로」 『기억과 전망』 26, 2012, 263~264쪽.

6) 임미리 「1971년 광주대단지 사건의 재해석 – 투쟁 주체와 결과를 중심으로」 『기억과 전망』 26, 2012, 262~263쪽.

7) 8월 10일 사태에 있어서 전성천이 행한 역할과 그로 인한 성과, 사태 후의 전성천의 위상 강화 등에 대해서는 다음 자료를 참고해 재정리했다. 임미리, 「광주대단지 사건의 오해와 진실」 『정책토론회 – 성남의 역사 '광주대단지 사건'을 조명한다』, 2017. 38~43쪽; 임미리 「1971년 광주대단지 사건의 재해석 – 투쟁 주체와 결과를 중심으로」 『기억과 전망』 26, 2012, 232~240쪽; 임미리, 「8.10 광주대단지 사건의 발생 배경과 의의」 『성남시사 6: 도시개발사』, 성남시사편찬위원회, 2014, 103쪽.

8) 서울대학교 법과대학 사회법학회, 『광주대단지 빈민실태 조사보고서』, 1971, 19쪽.

9) 이는 다음 자료에서 재인용. 김수현, 「1971년 광주대단지사건 연구」, 서강대학교대학원 정치외교학과 석사학위논문, 2007, 73~74쪽.

10) 서울특별시사편찬위원회, 『서울육백년사 6』, 서울특별시, 1996, 1042쪽.

11) 류성민, 「광주대단지 개발사업」 『성남시사 2: 성남의 역사』, 성남시사편찬위원회, 2004, 414쪽.

12) 처음부터 차례로, 『경향신문』 1971년 8월 11일 기사; 『동아일보』 1971년 8월 10일 기사; 『매일경제』 71.8.11.기사.

13) 광주대단지 사태의 폭력행위 과장과 왜곡, 그 영향과 효과에 대한 전반적인 내용은 다음 자료를 취합해 정리했다. 김국현, 「1960년대 서울의 공간문제와 광주대단지 사건」, 연세대학교 교육대학원 역사교육 전공 석사학위논문, 2014, 51~53쪽; 김수현, 「1971년 광주대단지사건 연구」, 서강대학교대학원 정치외교학과 석사학위논문, 2007, 73~75쪽; 김원, 「1971년 광주대단지 사건 연구: 도시봉기와 도시하층민」 『기억과 전망』 18, 2008, 224~225; 임미리 「1971년 광주대단지 사건의 재해석 – 투쟁 주체와 결과를 중심으로」 『기억과 전망』 26, 2012, 259~263쪽; 임미리, 「8.10 광주대단지 사건의 발생 배경과 의의」 『성남시사 6: 도시개발사』, 성남시사편찬위원회, 2014, 105~109쪽.

14) 앞에서 차례로, 「빗속 무법 6시간」, 『경향신문』, 1971년 8월 11일; 「광주단지 주민 난동, 빗속의 대치 5시간」, 『한국일보』 1971년 8월 11일; 「광주단지 주민들의 가난한 나날, '무법' 부른 불모의 황야」, 『동아일보』 1971년 8월 11일.

15) 이하에 나오는, 광주대단지 사태 시의 폭력행위의 성격에 대해서는 다음 자료를 참고했다. 강진구, 「한국 문학을 통해 본 공주대단지 사건」, 『정책토론회 – 성남의 역사 '광주대단지 사건'을 재조명한다』, 2017, 51쪽; 김동춘 「광주대단지 사건'의 성격과 현재적 의미」, 『정책토론회 – 성남의 역사 '광주대단지 사건'을 조명한다』, 2017, 73∼80쪽; 김수현, 「1971년 광주대단지사건 연구」, 서강대학교대학원 정치외교학과 석사학위논문, 2007, 70∼71쪽; 김원, 「1971년 광주대단지 사건 연구: 도시봉기와 도시하층민」, 『기억과 전망』, 18, 2008, 220∼227쪽; 류성민, 「광주대단지 개발사업」, 『성남시사 2: 성남의 역사』, 2004, 413쪽; 박태순, 「밑에서부터 본 8.10 사건」, 『제9회 학술회의: 광주대단지 사건의 역사적 재조명』, 성남문화원 부설 향토문화연구소, 2004, 44쪽.

16) 신상웅, 「르뽀 광주대단지」, 『창조』, 1971년 10월호, 127쪽.

17) 서울대학교 법과대학 사회법학회, 「광주대단지 빈민실태 조사보고서」, 1971, 19쪽.

18) 「광주 성남대단지 난동사건 진상보고」, 『대통령보고서(대통령문서)』 제71–458호, 대통령비서실, 1971.8.11 (국가기록원 기록물, EA0006876)

19) 광주대단지 시민의 상징석, 역사적 역할과 위상에 대해서는 다음 자료를 참고해 정리했다. 김원, 「1971년 광주대단지 사건 연구: 도시봉기와 도시하층민」, 『기억과 전망』 18, 2008, 197쪽.

20) 김동춘 「광주대단지 사건'의 성격과 현재적 의미」, 『정책토론회 – 성남의 역사 '광주대단지 사건'을 조명한다』, 2017, 76∼80쪽.

21) 민권운동형 도시항쟁으로 보는 시각에 대해서는 다음 자료를 참고. 조명래, 「8.10 성남대단지 사건의 재해석과 성남 도시정체서의 모색 – 도시권리의 관점에서」, 『공간과 사회』 38, 2011, 45∼48쪽. 2020년 10월에 개최한 '광주대단지 사건 명칭 지정을 위한 학술토론회'에서 결정한 '8.10 성남 (광주대단지) 항쟁'도 이날의 사태를 '항쟁'의 시각에서 해석해낸 입장이라 할 수 있다.

22) 도시권리운동의 하나로 보는 시각에 대해서는 다음 자료를 참고. 조명래, 「8.10 성남대단지 사건의 재해석과 성남 도시정체서의 모색 – 도시권리의 관점에서」, 『공간과 사회』 38, 2011, 48∼64쪽.

23) 도시봉기의 일환으로 보는 시각에 대해서는 다음 자료를 참고. 김원, 「1971년 광주대단지 사건 연구: 도시봉기와 도시하층민」, 『기억과 전망』 18, 2008. 특히 197쪽과 226∼227쪽을 참고.

24) '폭력과 난동, 차별과 배제'라는 이 절은 다음 자료를 요약해 정리하고 의견을 덧붙였다. 임미리, 「'경기동부연합'의 기원과 형성, 그리고 고립」, 『기억과 전망』 28, 2013, 73∼77쪽; 임미리, 「광주대단지 이주민을 통해

본 1960~1970년대 이촌향도 경험(부분공개)」, 『2011년도 수집 구술자료(사료군 COH008)』, 국사편찬위원회 전자사료관, 2011; 임미리 「1971년 광주대단지 사건의 재해석 – 투쟁 주체와 결과를 중심으로」, 『기억과 전망』 26, 2012, 259~263쪽; 임미리, 「8.10 광주대단지 사건의 발생 배경과 의의」, 『성남시사 6: 도시개발사』, 성남시사편찬위원회, 2014, 105~109쪽.

25) 성남 YMCA시민회, 『성남시 현실과 시민의식: 성남 시민의식 실태조사보고서』, 1990. 이는 다음 자료에서 재인용했으며, 이하에 나오는 '귀속감 비제공' 관련 개념 또한 이 자료를 참고해 재정리했다. 김수현, 「광주대단지의 갈등과 통합」, 『성남시사 6: 도시개발사』, 성남시사편찬위원회, 2014, 126~127쪽.

26) 계엄군 파견과 제2의 봉기예상지에 대한 내용은 다음 자료를 참고. 김원, 「1971년 광주대단지 사건 연구: 도시봉기와 도시하층민」, 『기억과 전망』 18, 2008, 222~223쪽.

27) 이하의, 광주대단지 사업주체 이관과 성남시로의 발전에 관한 전반적인 내용은 다음 자료를 참고해 정리했다. 김수현, 「광주대단지의 갈등과 통합」, 『성남시사 6: 도시개발사』, 성남시사편찬위원회, 2014, 113~122쪽; 류성민, 「광주대단지 개발사업」, 『성남시사 2: 성남의 역사』, 성남시사편찬위원회, 2004, 429~457쪽; 신광철, 「성남시의 탄생」, 『성남시사 2: 성남의 역사』, 성남시사편찬위원회, 2004, 464~500쪽; 최문수, 「성남의 분리와 시 승격」, 『성남시사 6: 도시개발사』, 성남시사편찬위원회, 2014, 142~157쪽.

28) 이주 요인에 대한 조사결과는 다음 자료를 참고. 이유경, 「성남시의 인구이동 및 인구구조에 관한 연구」, 서울대학교대학원 사회교육과 지리전공 석사학위논문, 1975. 이는 다음 자료에서 재인용. 김수현, 「광주대단지의 갈등과 통합」, 『성남시사 6: 도시개발사』, 성남시사편찬위원회, 2014, 120~121쪽.

29) 사회복지를 포함한 개발정책과 저소득층과 중산층 혼합 이주정책에 대해서는 다음 자료를 참고해 정리했다. 임미리, 「광주대단지 이주민을 통해 본 1960~1970년대 이촌향도 경험(2)」, 『2012년도 수집 구술자료(사료군 COH009)』, 국사편찬위원회 전자사료관, 2012, 6쪽.

30) 광주대단지 사태 이후 무허가촌 정비정책의 변화에 대해서는 다음 자료를 참고했다. 김국현, 「1960년대 서울의 공간문제와 광주대단지 사건」, 연세대학교 교육대학원 역사교육 전공 석사학위논문, 2014, 55쪽. 김영욱 외(세종대학교 산학협력단), 『저소득층 주거지 변천사 연구 – 무허가 정착지를 중심으로』, 서울특별시, 2014, 19~20쪽.

31) 광주대단지 경영행정(경영사업)의 속성과 이후 한국사회 개발정책의 연계성 및 영향에 대한 전반적인 내용은 다음 자료를 참고해 정리했다. 김동춘, 「'광주대단지 사건'의 성격과 현재적 의미」, 『정책토론회 – 성남의 역사 '광주대단지 사건'을 조명한다』, 2017, 80~88쪽.

9장 누가 왜 수도권 신도시를 조성했나? - 분당 신도시의 탄생

1) 고건 전 국무총리의 광주대단지(성남지역) 관련 업무와 남단 녹지 일화는 다음 자료를 참고해 구성했다. 고건, 「고건의 공인 50년 (34) - 71년 광주대단지사건 ①」『중앙일보』 2013년 4월 1일; 고건, 「고건의 공인 50년 (35) - 71년 광주대단지사건 ②」『중앙일보』 2013년 4월 2일.

2) 이 분당지구 가구와 인구는 가옥소유자와 세입자를 합한 수치다. 분당 신시가지 건설지구 내의 가옥소유자는 1600여 가구이며 인구는 4700명이었다. 세입자는 양 2400가구에 인구는 7500여 명이었다. 다음을 참고. 김성기, 「분당개발계획 - 개발 직전의 현황」『성남시사 2: 성남의 역사』, 성남시사편찬위원회, 2004, 589쪽.

3) 이하의 '남단녹지'에 대한 사항은 다음 자료를 참고해 정리하고 의견을 덧붙였다. 김양수, 「판도라의 상자, 판교 신도시 - 부동산정책에 대한 근본적인 패러다임 바꿔야」『제254회 국회(임시회) 경제분야 대정부질문 자료집』, 2005, 11쪽; 박지환, 「분당신도시의 사회적 생산과 구성: 공간과 계급의 관계에 대한 연구」, 서울대학교 대학원 인류학과 석사학위논문, 2003, 19쪽; 변창흠, 「수도권 제2 신도시 건설계획의 평가와 발전방향 - 판교 신도시 건설계획을 중심으로」『공간과 사회』 15, 2001, 308~309쪽; 변창흠, 「판교 신도시의 성격과 새로운 개발방식의 모색」『토지연구』 16-2, 2005, 57쪽; 심광주, 「성남 판교지구 개발계획」『성남시사 2: 성남의 역사』, 성남시사편찬위원회, 2004, 703~704쪽; 양안식 외, 「배경 및 추진전략」『분당 신도시 개발사』, 한국토지공사, 1997, 55쪽.

4) 분당 신도시를 비롯한 수도권 1기 신도시 건설계획과 담당 조직에 대한 전반적인 사안은 다음 자료를 참고해 정리했다. 양안식 외, 「배경 및 추진전략」『분당 신도시 개발사』, 한국토지공사, 1997, 54~77쪽.

5) 한국토지개발공사는 1996년에 한국토지공사로 명칭을 변경했고, 2009년엔 대한주택공사와 통합해 한국토지주택공사로 거듭났다. 여기서는 해당 시기의 명칭을 사용해 한국토지개발공사라 표기했다.

6) 분당 신도시 개발계획 입안과정에서의 성남시 배제와 관련된 내용은 다음 자료를 참고했다. 박지환, 「분당 신도시의 사회적 생산과 구성: 공간과 계급의 관계에 관한 연구」, 서울대학교대학원 인류학과 석사학위논문, 2003, 57쪽; 한상진, 「서울 대도시권 신도시 개발의 성격 - 광주대단지와 분당신도시 비교연구」『사회와 역사』 37, 1992, 74~75쪽.

7) 수도권 1기 신도시의 주택공급 규모는 발표 기관에 따라 차이가 난다. 본서에서는 당시 사업시행자인 한국토지(개발)공사에서 1992년과 1997년에 작성한 다음 자료의 기록을 취했다. 한국토지개발공사, 「주택공급부문 - 신도시 주택공급」『분당 신도시 개발지(1989~1991)』, 1992, 274쪽; 한국토지공사, 「주택건설」『분당 신도시 개발사』, 1997, 803쪽. 한편 1기 신도시 건설계획 발표 뒤 언론에 보도된 주택공급 규모는 사업시행자 측에서 밝힌 규모와 차이가 난다. 언론기사에 나온 규모가 한국토지개발공사에서 밝힌 규모보다 약간 큰데, 대체로 분당과 일산을 합쳐 18만 가구(호), 나머지 3개 신도시를 합쳐 15만 3000가구(호)로 잡아

모두 33만 3000가구(호)라고 보도했다. (「성남 분당·고양 일산에 주택도시」 『경향신문』 1989년 4월 27일; 「안양 평촌, 군포 산본, 부천 중동 아파트 단지 규모 확정」 『동아일보』 1989년 7월 21일; 「주택도시시대가 열린다 – ⟨1⟩ 대대적 물량 공세로 투기 근절」 『매일경제』 1989년 4월 27일) 이는 신도시 건설계획 발표 이후 주택공급 규모를 축소한 데 따른 차이로 보인다. 본 원고에서는 실제 공급량인 한국토지개발공사의 기록을 따랐다.

8) 서울 남쪽의 신도시로 분당지역을 선정한 이유, 곧 분당의 입지요건에 대해서는 다음 자료를 참고해 정리했다. 권용우, 「신도시 개발배경과 추진전략」 『성남시사 2: 성남의 역사』, 성남시사편찬위원회, 2004, 569~570쪽; 김형태, 「신도시 개발상의 문제점과 개선방안에 관한 연구 – 분당 신도시 개발 사례를 중심으로」, 경기대학교 행정대학원 도시 및 지역개발행정 전공 석사학위논문, 1997, 64~66쪽; 도승연, 「여성이 행복한 도시가 가지는 반여성적 장치와 효과들: 푸코의 공간화된 사유를 중심으로 바라본 분당의 경우에 대하여」 『사회와 철학』, 18, 2009, 272쪽; 양안식 외, 「배경 및 추진전략」 『분당 신도시 개발사』, 한국토지공사, 1997, 54~57쪽; 이규인, 「분당 신도시 생산구조」 『18세기 신도시와 20세기 신도시』, 발언, 1996, 86~87쪽.

9) 이하에 나오는, 분당을 비롯한 수도권 1기 신도시 개발계획 수립과 추진의 '단기 졸속성', '절차상의 문제'에 대해서는 다음 자료를 참고했다. 김소연, 「분당·일산 신도시 건설계획의 비판적 검토」 『이화여자대학교 대학원 연구논총』 17, 1989, 197~198쪽; 소진광, 「신도시개발 20년의 성과와 과제」 『성남시사6: 도시개발사』, 성남시사편찬위원회, 2014, 284쪽; 안건혁, 「도시설계과정에서 참여자의 역할이 미치는 영향: 분당 신도시 설계사례를 통한 경험적 연구」, 경원대학교대학원 도시계획학과 박사학위논문, 1994, 48~53쪽; 일산·분당 신도시 계획연구팀(서울대학교 환경대학원), 「일산·분당 신도시 건설계획의 재검토」 『환경연구』 9, 1989, 18~20쪽.

10) 이하에 나오는, 분당 신도시 건설계획 발표 후의 토지소유자 현황, 지가 상승, 현지 주민의 반응과 감정 상태 등에 대해서는 다음 자료를 참고해 정리했다. 「신도시계획 반대」 왜 나오나」 『동아일보』 1989년 5월 6일; 「외지인 발길 잦지만 거래는 뚝 」 『동아일보』 1989년 4월 28일; 「외지 차량 성시成市… "기대" "불안" 엇갈려」 『경향신문』 1989년 4월 28일.

11) 분당 신도시 건설에 대한 성남시민의 반응에 대해서는 다음 자료를 참고했다. 성남시사편찬위원회, 「성남의 탄생과 발전 – 시제 실시 이후의 성남」 『성남시사』, 성남시, 1993, 519쪽.

12) 1980년대 전반기에 경기도와 성남시의 분당지역 개발계획 수립과 포기 실상에 대해서는 다음 자료를 참고했다. 양안식 외, 「현황조사」 『분당 신도시 개발사』, 한국토지공사, 1997, 85~87쪽.

13) 신도시 발표에 대한 성남시민의 당혹감에 대해서는 다음 자료를 참고했다. 서범석, 「성남·분당의 균형발전을 위해」 『성남연구』 창간호, 1992, 131쪽. 이는 다음 자료에서 재인용했다. 박지환, 「분당 신도시의 사회적 생산과 구성: 공간과 계급의 관계에 관한 연구」, 서울대학교대학원 인류학과 석사학위논문, 2003, 57쪽.

14) 분당 신도시 건설계획 발표 직후, 이에 대한 언론의 전반적인 평가에 대해서는 주로 다음 자료를 참고해 정리하고 의견을 덧붙였다. 한국토지개발공사, 「사업의 결정 및 추진전략」, 『분당 신도시 개발지 (1989~1991)』, 1992, 43쪽; 「성남 분당·고양 일산에 주택도시」, 『경향신문』, 1989년 4월 27일; 「아파트값 폭등에 공급 처방」, 『경향신문』, 1989년 4월 27일; 「전문가의 견해」, 『동아일보』, 1989년 4월 27일; 「주택도시 시대가 열린다 – 〈1〉 대대적 물량 공세로 투기 근절」, 『매일경제』, 1989년 4월 27일.

15) 아파트가격 상승 추이와 주택보급률 실상 등 부동산 문제와 관련한 신도시 건설의 배경과 요인에 대해서는 다음 자료를 참고했다. 권용우, 「신도시 개발배경과 추진전략」, 『성남시사 2: 성남의 역사』, 성남시사편찬위원회, 2004, 568~570쪽; 김형태, 「신도시 건설상의 문제점과 개선방안에 관한 연구 – 분당 신도시 개발사례를 중심으로」, 경기대학교 행정대학원 도시 및 지역개발행정 전공 석사학위논문, 1997, 40~43쪽; 양안식 외, 「배경 및 추진전략」, 『분당 신도시 개발사』, 한국토지공사, 1997, 52~54쪽; 한상진, 「서울 대도시권 신도시 개발의 성격 – 광주대단지와 분당신도시 비교연구」, 『사회와 역사』 37, 1992, 69~70쪽.

16) 이하에 나오는, 경제 위기 타개와 관련한 신도시정책 추진의 배경과 요인에 대해서는 다음 자료를 참고해 정리했다. 조명래, 「분당 신도시의 사회 경제적 배경」, 『18세기 신도시와 20세기 신도시』, 발언, 1996, 34~37쪽; 양안식 외, 「배경 및 추진전략」, 『분당 신도시 개발사』, 한국토지공사, 1997, 52~54쪽; 일산·분당 신도시 계획연구팀(서울대학교 환경대학원), 「일산·분당 신도시 건설계획의 재검토」, 『환경연구』 9, 1989, 9~12쪽; 최병두, 「분당 신도시의 정치 경제적 분석」, 『18세기 신도시와 20세기 신도시』, 발언, 1990, 48~53쪽; 황희연, 「분당 신도시, 어떻게 바라볼 것인가」, 『도시문제』 36–386, 2001, 25쪽.

17) 6공화국 정권과 TK 계열 건설업체를 위시한 건설자본과의 결탁과 그 결과에 대해서는 다음 자료를 참고해 정리했다. 김홍식, 「역사적 신도시인 수원도성, 오늘날의 신도시 분당의 비교연구」, 『18세기 신도시와 20세기 신도시』, 발언, 1996, 301~303쪽; 김홍식, 「역사적 신도시 수원도성과 오늘날의 신도시 분당, 비교연구 가능한가?」, 『18세기 신도시와 20세기 신도시』, 발언, 1996, 16~23쪽; 변창흠, 「신도시 건설에서 건설자본의 구조적 특성과 역할」, 『18세기 신도시와 20세기 신도시』, 발언, 1996, 124쪽.

18) 주택가격 조작에 대한 의혹 제기에 대해서는 다음 자료를 참고. 김홍식, 「역사적 신도시 수원도성과 오늘날의 신도시 분당, 비교연구 가능한가?」, 『18세기 신도시와 20세기 신도시』, 발언, 1996, 22~23쪽.

19) 이하에 나오는, 중산층 포섭 및 지지기반 획득과 관련한 수도권 신도시 건설의 배경과 요인에 대해서는 다음 자료를 참고해 정리하고 의견을 덧붙였다. 장세훈, 「중산층 프로젝트로서의 '분당 만들기': 분당 신도시 조성의 사회학적 해석」, 『지역사회학』 18–1, 2017, 12~14쪽; 최병두, 「분당 신도시의 정치 경제적 분석」, 『18세기 신도시와 20세기 신도시』, 발언, 1996, 40~56쪽.

10장 중산층 신도시 만들기

1) 분당 시범단지 모델하우스 개장 현황과 당시 상황, 분양 실상에 대해서는 주로 다음 자료를 참고해 내용을 구성하고 관련 정보를 정리했다. 「내 집 열풍인가 투기 광풍인가」, 『경향신문』 1989년 11월 27일; 「북새통 분당 무엇이 문제인가」, 『한겨레』 1989년 11월 29일; 「분당 과열… 평균 47.8대 1」, 『동아일보』 1989년 12월 7일; 「분당 미달 될까봐 신경」, 『한겨레』 1989년 11월 24일; 「분당 민영아파트 평균 경쟁률 48대 1」, 『한겨레』 1989년 12월 7일; 「분당 인파' 이틀새 25만 북새통」, 『한겨레』 1989년 11월 28일; 「분당 중산층 "집 늘리기" 불붙은 경쟁」, 『경향신문』 1989년 11월 30일; 「서민 내 집 마련 이번에도 제외되나」, 『매일경제』 1989년 11월 24일; 「신도시는 과연 이상향인가」, 『경향신문』 1989년 11월 28일.

2) 분당 신도시의 전체 분양 현황에 대해서는 다음 자료를 참고했다. 김경철, 「주택건설」, 『분당 신도시 개발사』, 한국토지공사, 1997, 803~805쪽; 박지환, 「분당신도시의 사회적 생산과 구성: 공간과 계급의 관계에 대한 연구」, 서울대학교대학원 인류학과 석사학위논문, 2003, 65~66쪽.

3) 분당 신도시 건설의 성격 변화에 대해서는 다음 자료를 참고했다. 권용우, 「신도시 개발배경과 추진전략」, 『성남시사 2: 성남의 역사』, 성남시사편찬위원회, 2004, 563~567쪽; 이수철, 「시민들의 주거와 일상생활」, 『성남시사 5: 현대사회』, 성남시사편찬위원회, 2014, 520~521쪽.

4) 전병은, 「수도권 위성도시 신·구시가지 간 사회적 관계구조에 대한 연구: 성남·분당의 사례」, 서울대학교대학원 사회학과 석사학위논문, 2008, 19~20쪽.

5) 1997년에 조사한 주거만족도에 대해서는 다음 자료를 참고. 양승우·백인길, 「수도권 신도시의 주거만족도에 관한 비교연구 – 분당, 일산, 평촌을 중심으로」, 『국토계획』 32-6, 1997.

6) 2006년에 조사한 주거만족도에 대해서는 다음 자료를 참고. 이용배 외, 「수도권 신도시와 구도시 간의 주거만족도 비교연구 – 분당, 일산, 강남, 과천 거주자를 대상으로」, 『대한국토·도시계획학회 2006 정기학술대회 논문집』, 2006.

7) 이하의, 직업분포와 교육수준에 대한 조사는 다음 자료를 참고. 통계청, 『2000 인구 및 주택 총조사 보고서』, 2000. 이는 다음 자료에서 재인용. 박지환, 「분당 신도시의 사회적 생산과 구성: 공간과 계급의 관계에 관한 연구」, 서울대학교대학원 인류학과 석사학위논문, 2003, 76~77쪽.

8) 통계청, 『2000 도시가계연보』, 2000, 152~153쪽. 이는 다음 자료에서 재인용. 박지환, 「분당 신도시의 사회적 생산과 구성: 공간과 계급의 관계에 관한 연구」, 서울대학교대학원 인류학과 석사학위논문, 2003, 77~78쪽.

9) 이윤호, 「성남시 여성의 일상과 소비문화공간을 통해서 본 지역의 차별적 생성과 변화」, 이화여자대학교대학원 사회생활학과 박사학위논문, 2000, 100~101쪽.

10) 이하에 나오는, 분당이 중산층 거주지로 실질적으로 정착되는 과정과 요인, 그로 인한 거주지역 표현 등에 대해서는 다음 자료를 요약해 정리하고 의견을 덧붙였다. 박지환, 「분당 신도시의 사회적 생산과 구성: 공간과 계급의 관계에 관한 연구」, 서울대학교대학원 인류학과 석사학위논문, 2003, 78쪽 · 130~134쪽.

11) 이윤호, 「성남시 여성의 일상과 소비문화공간을 통해서 본 지역의 차별적 생성과 변화」, 이화여자대학교대학원 사회생활학과 박사학위논문, 2000, 114~115쪽.

12) 피에르 부르디외 지음, 『구별짓기: 문화와 취향의 사회학 上』, 새물결, 2006, 198쪽.

13) 이 절의 제목은 다음 자료에서 가져와 혼합하고 변형했다. 박지환, 「분당 신도시의 사회적 생산과 구성: 공간과 계급의 관계에 관한 연구」, 서울대학교대학원 인류학과 석사학위논문, 2003, 42쪽; 장세훈 「중산층 프로젝트로서의 '분당 만들기': 분당 신도시 조성의 사회학적 해석」, 『지역사회학』 18-1, 2017, 14쪽.

14) 이하에 나오는, '아파트분양가 상한제' 완화와 그에 따른 '분양가 원가연동제' 실시과정에 대해서는 주로 다음 자료를 참고해 정리했다. 박지환, 「분당 신도시의 사회적 생산과 구성: 공간과 계급의 관계에 관한 연구」, 서울대학교대학원 인류학과 석사학위논문, 2003, 45~46쪽; 「분양가 서울 50% 이상 뛸 듯」, 『동아일보』 1989년 10월 14일; 「수도권 신도시 건설업체 아파트 분양가 인상요구」 『조선일보』 1989년 10월 12일; 「아파트분양가 연동제 건축비사정심위 구성」 『동아일보』 1989년 10월 18일; 「아파트분양가 2배까지 뛴다」 『경향신문』 1989년 11월 4일; 「최종 단계서 업계 입김 작용」 『한겨레』 1989년 11월 5일; 「'현실' 내세워 업계 요구 들어준 셈」 『조선일보』 1989년 11월 5일.

15) 「분양가 서울 50% 이상 뛸 듯」, 『동아일보』 1989년 10월 14일.

16) 「'현실' 내세워 업계 요구 들어준 셈」 『조선일보』 1989년 11월 5일; 「최종 단계서 업계 입김 작용」 『한겨레』 1989년 11월 5일.

17) 용적률 상향 조정에 대해서는 다음 자료를 참고했다. 박지환, 「분당 신도시의 사회적 생산과 구성: 공간과 계급의 관계에 관한 연구」, 서울대학교대학원 인류학과 석사학위논문, 2003, 46쪽; 양안식 외, 「개관」『분당 신도시 개발사』, 한국토지공사, 1997, 40쪽; 장세훈 「중산층 프로젝트로서의 '분당 만들기': 분당 신도시 조성의 사회학적 해석」『지역사회학』 18-1, 2017, 20쪽.

18) 이하에 나오는, 정부와 건설업계의 관계 및 결속 양상, 합동개발방식, 주택상환사채, 중대형 아파트 비율 증가, 이러한 제도 실행의 결과라 볼 수 있는 '중산층 도시' 분당의 생성 등에 대해서는 다음 자료를 참고해 구성을 틀을 잡고 핵심내용을 취했다. 특히 박지환과 장세훈의 논문이 큰 도움이 되었다. 도승연, 「여성이 행복한 도시가 가지는 반여성적 장치와 효과들: 푸코의 공간화된 사유를 중심으로 바라본 분당의 경우에 대하여」『사회와 철학』, 18, 2009, 273~278쪽; 박지환, 「분당 신도시의 사회적 생산과 구성: 공간과 계급의 관계에 관한 연구」, 서울대학교대학원 인류학과 석사학위논문, 2003, 42~49쪽; 서대승, 「신도시개발 이후 주택의 의미변화와 사회적 경계형성 – '분당의 경계'와 '강남이라는 가상'의 등장을 중심으로」, 중앙대

학교대학원 사회학과 석사학위논문, 2011, 31~36쪽; 장세훈 「중산층 프로젝트로서의 '분당 만들기': 분당 신도시 조성의 사회학적 해석」『지역사회학』 18-1, 2017, 16~23쪽.

19) 이하에서 이 절의 마지막에 이르는, '중산층 신도시'로서의 분당에 대한 여러 가지 홍보방안과 각인 작업에 대해서는 다음 자료를 참고해 정리했다. 박지환, 「분당 신도시의 사회적 생산과 구성: 공간과 계급의 관계에 관한 연구」, 서울대학교대학원 인류학과 석사학위논문, 2003, 49~52쪽; 장세훈 「중산층 프로젝트로서의 '분당 만들기': 분당 신도시 조성의 사회학적 해석」『지역사회학』 18-1, 2017, 16~29쪽; 양안식 외, 「계획수립과정」『분당 신도시 개발사』, 한국토지공사, 1997, 185~187쪽.

20) 신도시 조성 초창기에는 애초 개발공약과 달리 교육환경이 열악했다. 서울의 유명 사립고등학교를 유치하겠다는 계획은 학교부지가격이 너무 비싸 무산됐으며, 1990년 이후 신설한 학교는 공립학교로 건설한 탓에 주민 입주가 이뤄지고도 개교하지 못하는 사태가 발생하기도 했다. 이런 실정에서 일부 학생들은 직전 거주지 학교로 원거리 통학을 하거나 콩나물 교실에서 수업을 받는 불편을 겪었다. 이는 다음을 참고. 박지환, 「분당 신도시의 사회적 생산과 구성: 공간과 계급의 관계에 관한 연구」, 서울대학교대학원 인류학과 석사학위논문, 2003, 69쪽.

21) 각각 차례로, 다음을 참고. 『동아일보』 1989년 11월 23일 10면(분당 1차 분양광고); 『중앙일보』 1990년 6월 16일 14면(분당 3차 분양광고); 『우리신문』 1993년 3월 29일 8면(분당 14차 분양광고)

22) 『조선일보』 1990년 10월 20일(분당 6차 분양광고)

23) 「분당신도시 단독택지 수의계약 안내」 『조선일보』 1993년 5월 1일 4면.

24) 이 절의 제목은 다음 자료에서 가져와 혼합하고 변형했다. 박지환, 「분당 신도시의 사회적 생산과 구성: 공간과 계급의 관계에 관한 연구」, 서울대학교대학원 인류학과 석사학위논문, 2003, 83쪽; 장세훈 「중산층 프로젝트로서의 '분당 만들기': 분당 신도시 조성의 사회학적 해석」『지역사회학』 18-1, 2017, 23쪽.

25) '분당의 사회적 구성'이라는 이 절의 전반적인 내용과 구성은 다음 자료에 기반을 두었다. 특히 장세훈과 박지환의 논문을 구성과 내용의 근간으로 삼았으며, 일부 내용은 이 두 논문의 관련 부분을 요약하고 정리했다. 도승연, 「여성이 행복한 도시가 가지는 반여성적 장치와 효과들: 푸코의 공간화된 사유를 중심으로 바라본 분당의 경우에 대하여」『사회와 철학』 18, 2009, 278~284쪽; 박지환, 「분당 신도시의 사회적 생산과 구성: 공간과 계급의 관계에 관한 연구」, 서울대학교대학원 인류학과 석사학위논문, 2003, 57~138쪽; 서대승, 「신도시개발 이후 주택의 의미변화와 사회적 경계형성 – '분당의 경계'와 '강남이라는 가상'의 등장을 중심으로」, 중앙대학교대학원 사회학과 석사학위논문, 2011, 52~57쪽 · 90~96쪽; 장세훈 「중산층 프로젝트로서의 '분당 만들기': 분당 신도시 조성의 사회학적 해석」『지역사회학』 18-1, 2017, 23~33쪽.

26) 이하에 나오는, 분당이 중산층의 도시로 형성될 수 있었던 요건과 한국사회의 근대화 및 산업화와 관련된 분당 신도시의 성격은 다음 자료의 요지에서 도움을 받아 정리하고 의견을 덧붙였다. 박지환, 「분당 신도시의 사회적 생산과 구성: 공간과 계급의 관계에 관한 연구」, 서울대학교대학원 인류학과 석사학위논문, 2003, 136~141쪽

11장 다시 중산층 신도시를 조성하라 – 판교 신도시의 탄생

1) 이하에 나오는, 판교 납골당 조성에 대한 분당주민의 반대 기류와 시위에 대해서는 다음 자료를 참고해 구성했다. 「김현욱 의원, 판교 신도시 납골당부지 바꿔야」, 『경인일보』 2005년 4월 27일; 「납골당 들어선다」, 『MBC 뉴스』 2005년 3월 15일; 「성남에만 납골당 2곳이라니」, 『중부일보』 2005년 4월 2일; 「판교 납골당 설명회' 주민 반발로 무산」, 『경인일보』 2005년 5월 7일; 「판교 납골당에 분당주민 왜 나서나」, 『서울신문』 2005년 5월 11일; 「판교 신도시 납골당」, 『경기일보』 2005년 5월 14일; 「판교 신도시 '님비시설' 늘린다」, 『서울신문』 2005년 3월 15일; 「판교에 유럽형 '메모리얼 파크'」, 『문화일보』 2005년 5월 27일.

2) 이후에도 판교 신도시 납골당(메모리얼 파크) 조성계획은 우여곡절을 겪는다. 분당주민의 반대에도 불구하고 납골당 조성을 추진해 사업설명회를 개최하고 참여업체 제안서 접수까지 받았지만 2006년 4월 들어 건립계획을 백지화했다. 그런데 이듬해에 감사원이 중재에 나서 자연장지 상태로 기부채납하는 것으로 결론이 났으며, 이후 대한주택공사에서 자연장지 조성공사를 실시했다. 이 자연장지는 2011년 12월에 성남시로 소유권이 이전됐으며, 2013년 5월 들어선 미활용 상태로 방치되던 자연장지에 대한 용도를 폐지하고 공원으로 활용하는 방안을 검토한다고 발표했다. 이에 대해서는 다음을 참고. 「35억 원 들인 판교 신도시 자연장지 무용지물」, 『연합뉴스』 2011년 10월 13일; 「'판교 자연장지' 용도 폐지... 공원으로 전환」, 『연합뉴스』 2013년 5월 10일. 하수종말처리장은 '성남판교 수질복원센터'라는 이름으로 2009년에 완공됐으며, 쓰레기소각장은 '판교 환경에너지시설'이란 명칭으로 건립됐다.

3) 여기에서 기술한 판교 신도시 주택규모와 수용인구, 개발기간은 2001년 12월 택지개발지구로 지정될 무렵의 수치이다. 이는 다음 자료를 참고했다. 임승빈 외(한국행정학회), 「판교 신도시 분양 및 개발 추진 사례」, 중앙공무원교육원, 2007, 31~33쪽. 이후 계획변경을 거쳐 주택규모와 수용인구, 사업기간(개발기간)이 늘어났다. 국토교통부에서 밝힌 자료를 보면, 2017년 9월 현재 주택은 2만 9300호이며, 수용인구는 8만 8000명, 사업기간은 2003~2017년이다.

4) 분당주민의 판교 신도시에 대한 이중적인 입장에 대해서는 다음 자료를 참고해 정리했다. 박지환, 「분당신도시의 사회적 생산과 구성: 공간과 계급의 관계에 대한 연구」, 서울대학교대학원 인류학과 석사학위논문, 2003, 139쪽.

5) 분당주민의 판교 신도시 이주 의향과 그 이유에 대해서는 다음 자료를 참고. 오동훈 외(대한국토·도시계획

학회), 「판교 신도시 개발방향에 관한 설문조사 결과 보고서」, 대한주택공사, 2004, 56~60쪽.

6) 도시형태와 주민 간 사회관계 변화와 관련한 판교 신도시 조성 효과에 대해서는 다음 자료를 참고. 박지환, 「분당 신도시의 사회적 생산과 구성: 공간과 계급의 관계에 대한 연구」, 서울대학교대학원 인류학과 석사학위논문, 2003, 139쪽. 판교구 설립 및 분당구 분구를 둘러싼 갈등과 성남시의 도시 삼원화(삼분화)에 대해서는 본서의 1장 2절을 참고. 판교개발 후의 삼원화 구조의 정도에 대한 설문조사는 다음 자료를 참고. 박문석, 「삶의 질 격차에 따른 지역갈등 연구 – 성남 신·구 시가지를 사례로」, 고려대학교 정책대학원 도시 및 지방행정학과 석사학위논문, 2002, 58쪽.

7) 분당구 독립 의사와 그 독립형태에 대한 설문조사는 다음을 참고. 박문석, 「삶의 질 격차에 따른 지역갈등 연구 – 성남 신·구 시가지를 사례로」, 고려대학교 정책대학원 도시 및 지방행정학과 석사학위논문, 2002, 53~54쪽.

8) 분당 신도시와 판교 신도시의 월평균 소득과 주택가격 지수, 평균 거주계층에 대해서는 다음 자료를 참고. 김성준 안건혁, 「신도시 조성 이후 신·구도시의 계층변화 및 양극화 – 성남시 사례」, 『도시설계』 14-1, 2013, 58~63쪽.

9) 판교개발추진위원회가 주도한 집단시위에 대해서는 다음 자료를 참고해 구성했다. 서굉일·윤종준, 「오늘의 성남, 도시 만들기 40년」, 『성남시사 2: 역사』, 성남시사편찬위원회, 2014, 410쪽; 「판교주민 개발유보 항의 집회」, 『경인일보』 2001년 1월 13일.

10) 판교개발추진위원회 결성과 활동에 대해서는 다음 자료를 참고해 정리했다. 서굉일·윤종준, 「오늘의 성남, 도시 만들기 40년」, 『성남시사 2: 역사』, 성남시사편찬위원회, 2014, 418~410쪽.

11) 판교지역 규제와 완화조치, 뒤이은 개발계획 수립 추진과정에 대한 추이에 대해서는 다음 자료를 참고해 정리했다. 심광주, 「성남 판교지구 개발계획」, 『성남시사 2: 성남의 역사』, 성남시사편찬위원회, 2004, 705~710쪽; 임승빈 외(한국행정학회), 「판교 신도시 분양 및 개발 추진 사례」, 중앙공무원교육원, 2007, 109~117쪽; 최만순, 「현재 진행형의 도시」, 『성남시사 6: 도시개발사』, 성남시사편찬위원회, 2014, 292~294쪽.

12) 「오락가락하는 개발정책」, 『경인일보』 2000년 1월 26일.

13) 「신도시 1~2곳 더 건설」, 『매일경제』 2001년 1월 21일; 「판교개발 여론 수렴 후 판단」, 『경인일보』 2001년 1월 22일.

14) 판교지역 보전에 대한 두 가지 난제에 대해서는 다음 자료를 참고했다. 임승빈 외(한국행정학회), 「판교 신도시 분양 및 개발 추진 사례」, 중앙공무원교육원, 2007, 116~117쪽·143~144쪽.

15) 이하에 나오는, 수도권 2기 신도시 건설에 대한 사회경제적 배경과 요인에 대해서는 주로 다음 자료를 참

고해 정리하고 의견을 덧붙였다. 소진광, 「신도시개발 20년의 성과와 과제」 『성남시사 6: 도시개발사』, 성남시사편찬위원회, 2014, 270쪽; 심광주, 「성남 판교지구 개발계획」 『성남시사 2: 성남의 역사』, 성남시사편찬위원회, 2004, 695~699쪽; 임승빈 외(한국행정학회), 『판교 신도시 분양 및 개발 추진 사례』, 중앙공무원교육원, 2007, 15~20쪽·29~30쪽·55~66쪽·154쪽; 최만순, 「현재 진행형의 도시」 『성남시사 6: 도시개발사』, 성남시사편찬위원회, 2014, 287~288쪽; 최현일, 「한일 신도시 개발사례와 판교개발의 방향」 『지역복지정책』, 15, 2001, 141~149쪽.

16) 안건혁, 「분당 신도시개발 10년을 맞이하며」 『건축』, 43-6, 1999, 27쪽.

17) 판교 신도시개발에서 이전과 비교해 긍정적 평가를 받은 사항에 대해서는 다음 자료를 참고해 정리했다. 임승빈 외(한국행정학회), 『판교 신도시 분양 및 개발 추진 사례』, 중앙공무원교육원, 2007, 67~68쪽 · 96~102쪽 · 154쪽 · 217~222쪽; 천화숙 외, 「들어가는 말」 『판교마을지』, 성남문화원, 2002, 22쪽.

18) 경기도와 성남시에 대한 개발사업자 지정에 대해서는 다음 자료를 참고. 김양수, 「판도라의 상자, 판교 신도시사업」 『판도라의 상자, 판교 신도시(제254회 국회 경제분야 대정부질문 자료집)』, 2005, 19~20쪽; 임승빈 외(한국행정학회), 『판교 신도시 분양 및 개발 추진 사례』, 중앙공무원교육원, 2007, 119~120쪽; 최만순, 「현재 진행형의 도시」 『성남시사 6: 도시개발사』, 성남시사편찬위원회, 2014, 294쪽.

19) 다수 개발사업자 방식의 긍정적인 면과 부정적인 면에 대해서는 다음 자료를 참고. 김양수, 「판도라의 상자, 판교 신도시사업」 『판도라의 상자, 판교 신도시(제254회 국회 경제분야 대정부질문 자료집)』, 2005, 19~22쪽; 임승빈 외(한국행정학회), 『판교 신도시 분양 및 개발 추진 사례』, 중앙공무원교육원, 2007, 54~55쪽· 67~68·119~121쪽 · 221~225쪽.

20) 개발사업자와 건설교통부가 제시한 판교 신도시 개발계획의 성격과 양상, 개발방향에 대해서는 다음 자료를 참고해 정리하고 의견을 덧붙였다. 김양수, 「판도라의 상자, 판교 신도시사업」 『판도라의 상자, 판교 신도시(제254회 국회 경제분야 대정부질문 자료집)』, 2005, 20~22쪽; 변창흠, 「판교 신도시의 성격과 새로운 개발방식의 모색」 『토지연구』, 16-2, 2005, 57~59쪽; 심광주, 「성남 판교지구 개발계획」 『성남시사 2: 성남의 역사』, 성남시사편찬위원회, 2004, 722~726쪽; 임승빈 외(한국행정학회), 『판교 신도시 분양 및 개발 추진 사례』, 중앙공무원교육원, 2007, 112~117쪽; 지휘봉, 「국토개발사업의 갈등해소방안에 관한 연구 – 판교 신도시와 위례신도시를 중심으로」, 고려대학교 정책대학원 국토계획경제학과 석사학위논문, 2008, 36~38쪽; 최현일, 「한·일 신도시 개발사례와 판교개발의 영향」 『지역복지정책』, 15, 2001, 143~146쪽.

21) 2005년 상반기 아파트가격 상승 추세와 그 요인에 대한 분석에 대해서는 다음 자료를 참고해 정리했다. 특히 변창흠과 조명래의 논문에 많은 도움을 받았다. 「되돌아본 상반기 아파트시장」 『국민일보』 2005년 6월 28일; 변창흠, 「판교 신도시의 성격과 새로운 개발방식의 모색」 『토지연구』 16-2, 2005, 56~62쪽; 「상반기 수도권 집값 신도시 잡고 '둥실'」 『서울경제』 2005년 6월 28일; 조명래, 「판교발 부동산 파동과 새로

운 주택정책의 모색」, 『노동사회』 101, 2005; 「판교 후폭풍은」, 『매일경제』 2005년 6월 16일.

22) 아파트값 거품빼기 운동본부, 「판교 신도시 제1차 민간 동시분양 아파트 원가공개 실태분석 기자회견(보도 자료)」, 경제정의실천시민연합, 2006.12.5.

23) 주택 규모와 수용인구, 중대형 주택의 공급물량 변경에 대해서는 다음 자료를 참고해 정리했다. 김양 수, 「판도라의 상자, 판교 신도시사업」, 『판도라의 상자, 판교 신도시(제254회 국회 경제분야 대정부질 문 자료집)』, 2005, 16~19쪽; 변창흠, 「판교 신도시의 성격과 새로운 개발방식의 모색」, 『토지연구』 16- 2, 2005, 59~60쪽; 최만순, 「현재 진행형의 도시」, 『성남시사 6: 도시개발사』, 성남시사편찬위원회, 2014, 293~299쪽.

12장 그들만의 개발이익 – 토건개발족과 개발주의

1) 판교택지개발지구 토지 및 지장물 보상 현황과 그 추이에 대해서는 다음 자료를 참고해 구성하고 내용을 정 리했다. 「땅부자들, 판교보상비 1조 4천억 원 돈잔치」, 『매일신문』 2005년 7월 25일; 조유전 외, 「생활·문화 로 들여다본 판교마을」, 『판교마을의 생활·문화지도』, 성남문화원 향토문화연구소, 2004, 56쪽; 「토지가 뛴 다 – 〈상〉 판교」, 『한국일보』 2004년 1월 12일; 「토지보상금 212억 '인생역전'」, 『세계일보』 2003년 12월 25 일; 「토지보상 70% 이상 진행, 이달 투기지역 지정될 듯」, 『매일경제』 2004년 2월 5일; 「판교개발 지장물 보 상 착수」, 『경인일보』 2004년 2월 10일.

2) 판교택지개발지구 전체의 토지 보상액은 언론기사와 그 보도시기에 따라 차이가 난다. 최저 2조 4000여억 원에서 최고 2조 5189억 원에 이른다. 여기서는 이곳 원고 내용의 시기와 거의 일치하는 2005년 1월에서 2월 초순에 나온 2조 4641억 원으로 잡았다. 한편 최고치인 2조 5189억 원은 보상이 거의 마무리된 2005 년 7월 24일에 국회 건설교통위원회 소속 안택수 의원이 사업시행자로부터 제출받은 토지보상금 현황을 정리해 발표한 것인데, 이는 실제 보상액수에 가장 근접한 보상액으로 보인다.

3) 판교택지개발지구 고액 보상자 수치를 밝힌 자료(조유전 외, 「생활·문화로 들여다본 판교마을」, 『판교마을의 생활·문화지도』, 성남문화원 향토문화연구소, 2004, 56쪽)에서는 토지공사와 주택공사, 성남시가 보상처리 를 맡은 지역을 합쳐 100억 원 이상 보상자는 10여 명, 10억 원 이상 보상자는 500여 명에 이를 것으로 추 정했다. 본서에서는 토지공사의 보상처리 규모에 경기도가 관할하는 구역의 보상이 포함된 것으로 보았다. 이는 판교지구 토지보상 규모를 산정할 때 "토지공사(경기도 구역 포함) 1조 2200억 원, 주택공사 7322억 원, 성남시 5120억 원"으로 집계해 발표한 데 따른 것이다. 이는 다음 자료를 참고. 「토지보상금 212억 '인생 역전'」, 『세계일보』 2003년 12월 25일; 「조상 덕분에... 212억 땅부자 판교 토박이농부 6600평 보상받아 "대 박"」, 『한국일보』 2003년 12월 25일.

4) 당시 언론에서는 판교 보상토지의 70%를 외지인이 소유하고 있다고 보도했다. 이는 다음을 참고. 「쏟아지

는 민원 "혼란의 판교", 『문화일보』, 2003년 12월 29일; 「판교 토지보상 진행 순조. 소유자 40% 보상액 청구」, 『파이낸셜 뉴스』, 2004년 1월 14일.

5) 한국토지공사가 담당한 구역의 토지 및 지장물 소유자의 거주지 현황에 대해서는 다음 자료를 참고했다. 임미화, 「택지개발지구 원주민 재정착 제고방안에 관한 연구 – 판교택지개발지구 중심으로」, 건국대학교 부동산대학원 부동산건설·개발 전공 석사학위논문, 2006, 42~43쪽.

6) 분당 신도시와 서울 강남지역 거주자 및 기업의 판교택지개발지구 토지 소유 현황과 보상 실상에 대해서는 다음 자료를 참고해 정리했다. 「땅부자들, 판교보상비 1조 4천억 원 '돈잔치'」, 『매일신문』, 2005년 7월 25일; 「판교 신도시 토지 보상금」, 『영남일보』, 2005년 7월 25일; 「판교 토지보상비 58% 1조 4천억 강남 땅부자 생겼다」, 『경향신문』, 2005년 7월 25일.

7) 「조상 덕분에… 212억 땅부자 판교 토박이농부 6600평 보상받아 "대박"」, 『한국일보』, 2003년 12월 25일; 「토지보상금 212억 '인생역전'」, 『세계일보』, 2003년 12월 25일; 「판교 신도시 토지수용 세 표정」, 『한국일보』, 2004년 2월 23일.

8) 토지보상에 대한 판교주민들의 반발 양상과 요구사항, 절박한 처지에 대해서는 다음 자료를 참고해 정리했다. 「메트로 현장, 신도시 보상의 그늘」, 『한국일보』, 2004년 1월 15일; 조유전 외, 「생활·문화로 들여다본 판교마을」, 『판교마을의 생활·문화지도』, 성남문화원 향토문화연구소, 2004, 56~58쪽·122~123쪽; 「쏟아지는 민원 '혼란의 판교'」, 『문화일보』, 2003년 12월 29일; 「판교 신도시 토지수용 세 표정」, 『한국일보』, 2004년 2월 23일; 「현장, 핀교새도시 예정지 가보니」, 『한겨레』, 2004년 1월 7일.

9) 건설공사 착공은 시기에 따라 2005년 초, 2005년 4월 등으로 계획했지만, 실제로 부지 정지整地공사가 착공된 때는 2005년 6월 하순이었다.

10) 2006년에 실제로 임대아파트가 분양되었을 때, 평수는 23~32평이었으며, 임대보증금은 1억 6000만 원 ~2억 4000만 원이었다. 월임대료는 35만 원~59만 원 선이었다. 판교지역 철거세입자들은 임대아파트에 입주하려면 수억 원의 보증금 외에도 임대료와 관리비를 합하면 최고 100만 원에 달하는 목돈을 매달 부담해야 하는 실정이었다. 이는 다음 자료를 참고. 「음독사건 부른 판교 임대아파트」, 『세계일보』, 2006년 5월 31일; 「판교 철거세입자」, 『경기일보』, 2006년 5월 20일.

11) 홀로 사는 할머니 사연에 대해서는 다음 자료를 참고해 정리했다. 「판교 새도시 예정지 가보니」, 『한겨레』, 2004년 1월 7일.

12) 판교 신도시 개발이익에 관한 경실련과 건설교통부의 주장에 대해서는 다음 자료를 참고해 정리했다. 「뜨거운 감자 '개발이익 환수'」, 『한국경제』, 2005년 6월 7일; 「판교 개발이익 진실은」, 『서울신문』, 2005년 3월 10일; 「판교 땅값차익 10조 예상」, 『파이낸셜 뉴스』, 2005년 3월 7일; 「"판교 택지분양 16조 차익" 논란」, 『SBS 뉴스』, 2005년 3월 7일.

13) 김양수 의원의 판교 신도시 토지개발이익 산정에 대해서는 다음 자료를 참고. 김양수, 「건교부의 판교 개발이익 축소 의혹」, 『판도라의 상자, 판교 신도시[제254회 국회(임시회) 경제 분야 대정부질문 자료집]』, 2005, 29~33쪽.

14) 이하에 나오는, 1990년대와 2000년대의 시기별 개발이익 규제와 환수 제도, 선분양 및 분양가 통제에 대해서는 다음 자료를 참고해 정리했다. 경실련 시민감시국, 「노무현 정권은 퇴임일까지 개발계획을 남발하려는가!」, 경실련, 2007; 아파트값거품빼기운동본부, 「아파트 반값의 진실 (1)」, 경실련, 2006.

15) 이하에 나오는, 개발계획과 개발사업비, 분양가 변경에 대해서는 다음 자료를 참고. 아파트값 거품빼기 운동본부, 「판교 신도시 제1차 민간 동시분양 아파트 원가공개 실태분석 기자회견」, 경실련, 2006, 3쪽.

16) 「2006 부동산시장 결산」, 『국민일보』 2006년 12월 20일.

17) 「2006 부동산 결산, 섣부른 정책이 내성만 키워」, 『세계일보』 2006년 12월 18일.

18) 「미친 집값이 '서민의 삶' 갈랐다」, 『경향신문』 2006년 12월 30일; 「부동산 狂코리아」, 『헤럴드 경제』 2006년 11월 25일; 「부동산 광풍 심층 취재를」, 『국제신문』 2006년 12월 20일; 「부동산 정책 '헛발질'에 전국민 '스트레스'」, 『문화일보』 2006년 12월 4일; 「2006 경제 빛과 그림자 (4) 부동산 광풍」, 『국민일보』 2006년 12월 25일.

19) 이 시기 부동산정책 실패에 대한 다방면의 요인분석, 당시 정부의 부동산 관련 법과 제도 운용의 문제점에 대해서는 다음 자료를 참고해 요약정리했다. 윤순철, 「부동산과 개발오적, 그리고 주택분양정책」, 『황해문화』 54, 2007, 301~303쪽.

20) '개발오적'이란 용어는 2005년 당시 경실련 소속인 김헌동 아파트값거품빼기운동본부장이 처음 사용했다. 개발오적에 관한 사실은 다음 자료를 참고해 정리했다. 윤순철, 「부동산 광풍의 주역, 보이지 않는 손 '개발오적'」, 경실련, 2007; 윤순철, 「부동산과 개발오적, 그리고 주택분양정책」, 『황해문화』 54, 2007, 302~306쪽; 「참여정부 부동산정책 고양이(개발오적)에 생선 맡긴 꼴」, 『주간경향』 2006년 11월 3일.

21) 개발오적의 결탁 실상, 유착 관계와 얼개의 구조에 대해서는 다음 자료를 요약정리하고 의견을 덧붙였다. 윤순철, 「부동산 광풍의 주역, 보이지 않는 손 '개발오적'」, 경실련, 2007; 윤순철, 「부동산과 개발오적, 그리고 주택분양정책」, 『황해문화』 54, 2007, 303~306쪽.

22) 경실련 시민감시국, 「경제정의 실현을 위해 특혜와 특권은 청산되어야 한다」, 경실련, 2006.

23) 이하에 나오는, 정부와 건설업계의 개발사업 추진 성격과 양상, 건설업계의 폐단과 그 원인 등에 대해서는 다음 자료를 참고해 정리했다. 경실련 시민감시국, 「경제정의 실현을 위해 특혜와 특권은 청산되어야 한다」, 경실련, 2006; 윤순철, 「부동산과 개발오적, 그리고 주택분양정책」, 『황해문화』 54, 2007; 「참여정부는 개혁정부가 아니라 개발정부」, 『프레시안』 2005년 8월 24일.

24) 한국사회의 개발주의 추이와 개발동맹의 실상에 대해서는 다음 자료를 참고해 정리했다. 특히 조명래의 논문에 많은 도움을 받았다. 윤순철, 「부동산과 개발오적, 그리고 주택분양정책」 『황해문화』, 54, 2007, 302~306쪽; 조명래, 「한국 개발주의의 역사와 현주소」 『환경과 생명』 37, 2003; 최지훈, 「개발동맹의 실체와 특성 및 형성과정」 『환경과 생명』 37, 2003, 69~78쪽.

13장 재산권과 생존권을 보장하라 - 토건개발족과 저항자

1) 경기도 고양군은 1992년 2월 1일에 고양시로 승격됐다. 5월 18일 일산 주엽공원에서 열린, 창릉신도시를 비롯한 수도권 3기 신도시 조성사업에 대한 반대시위 현황과 실상에 대해서는 다음 자료를 참고해 정리했다. 「'김현미 아웃' 피켓 들고 사무실 앞서 항의 시위」 『한국경제』, 2019년 5월 19일; 「더 높아진 '3기 신도시 반대 함성'」 『서울신문』, 2019년 5월 19일; 「무주택자 집값 부담 vs 자족도시 기대감」 『세계일보』, 2019년 5월 18일; 「서울서 싼 X은 서울이 치워라」 『중앙일보』, 2019년 5월 29일; 「점잖은 신도시 주민 1만 명 '얼굴 팔면서' 길거리에 앉았다」 『동아일보』, 2019년 5월 20일.

2) 수도권 3기 신도시 조성사업이 미칠 여러 가지 파급효과에 대한 진단에 대해서는 다음 자료를 참고해 정리했다. 강윤경, 「ISSUE: 밑그림 그려진 3기 신도시」 『마이더스Midas』 2019-6, 2019; 김상조, 「제3기 신도시에 바란다」 『도시정보』 447, 2019; 「3기 신도시, "수도권 집값 안정에 도움 vs 공급과잉 우려"」 『한국경제』 2019년 5월 7일.

3) 「3기 신도시 반발 집회 피로감」 『세계일보』 2019년 6월 30일.

4) 수도권 3기 신도시 조성계획 발표 이후에 일어난 일산지역 주민의 창릉신도시 지정 철회 및 사업반대 활동에 대해서는 주로 다음 자료를 참고했다. 「'김현미 아웃' 피켓 들고 사무실 앞서 항의 시위」 『한국경제』 2019년 5월 19일; 「3기 신도시 때문에 집값 빠진다」 『세계일보』 2019년 5월 8일; 「일산에 사망선고, 3기 신도시 반발 국민청원까지」 『중앙일보』 2019년 5월 9일; 「주민 거센 반발, 설명회도 못 여는 3기 신도시」 『매일경제』 2019년 5월 17일.

5) 「무주택자 집값 부담 vs 자족도시 기대감」 『세계일보』 2019년 5월 18일.

6) 일산 신도시와 분당 신도시의 집값 격차와 그 요인에 대해서는 주로 다음 자료를 참고. 「서울서 싼 X은 서울이 치워라」 『중앙일보』 2019년 5월 29일.

7) 3기 신도시 조성의 긍정적 효과에 대해서는 주로 다음 자료를 참고해 정리했다. 「3기 신도시 집중분석」 『매일경제』 2020년 9월 27일; 「우리 동네에 들어서면 어떻게 되는 건가요. 불안한 신도시 후보지 주민들」 『조선일보』 2020년 7월 9일.

8) 30년 만의 구도심과 신도심 역전 개념, 30년 전 신도시 조성 반대 목소리와 지금의 신도시 조성 반대 목소

리의 다른 성격에 대해서는 다음 자료의 도움을 받아 착상을 얻고 정리했다. 「1989~2019, 고양신문에 담긴 '고양 30년'」, 『고양신문』, 2019년 6월 1일.

9) 신도시 조성과 관련해 비관 자살(1989년 5월 19일)한 주민의 장례식(1989년 5월 21일)과 그 사연에 대해서는 다음 자료를 참고해 구성했다. 김준기, 「민원」, 『일산 신도시 개발사』, 한국토지공사, 1997, 352~353쪽; 「보통 사람이 농민 죽이네」, 『한겨레』, 1989년 5월 23일; 「실의失意의 일산주민 눈물도 말랐다」, 『경향신문』, 1989년 12월 16일; 「50대 음독 자살」, 『동아일보』, 1989년 5월 20일; 「일산 농민 '새도시 비관 자살'」, 『한겨레』, 1989년 5월 20일; 임준수, 「여론이 이끈 고양시 발전」, 『고양시사 6: 현대사회(하)』, 고양시사편찬위원회, 2005, 236~242쪽; 「중산층 위해 농민·도시빈민 희생될 수 없다」, 『한겨레』, 1989년 5월 28일. 한편 이날 장례식은 '투쟁위원회장'으로 발인했다는 기록(의 김준기의 자료)과 '가족장'으로 치렀다는 기록(위 임준수의 자료)이 있는데, 본 원고에서는 임준수의 자료를 따랐다.

10) 정부에서 일산지역을 신도시 예정지로 선택한 이유, 이에 대한 현지 주민의 이의제기에 대해서는 다음 자료를 참고해 정리했다. 「아픔 딛고 선 스무살 도시, 도약의 꿈」, 『고양신문』, 2009년 11월 3일; 윤인숙, 「도시와 주택」, 『고양시사 5: 현대사회(중)』, 고양시사편찬위원회, 2005, 322쪽; 이지연, 「스물넷 청신한 얼굴, 일산 신도시를 가다」, 『도시문제』 48-531, 2013, 38쪽; 임준수, 「여론이 이끈 고양시 발전」, 『고양시사 6: 현대사회(하)』, 고양시사편찬위원회, 2005, 233쪽; 「1989~2019, 고양신문에 담긴 '고양 30년'」, 『고양신문』, 2019년 6월 1일; 허석렬, 「일산 신도시 개발현장을 가다」, 『실천문학』, 17, 1990, 142쪽.

11) 최근 들어, 일산 신도시 부지의 매립과 관련한 시가지 지하의 안전사고 문제가 제기되기도 했다. 일산 신도시 지역에서 2010년대 후반에 일어난 Y-City 앞 땅 꺼짐(2017), 백석역 부근 온수관 파열(2018) 등의 사고가 지대가 낮은 농경지를 매립해 조성한 시가지 부지와 관련성이 있지 않은가 하는 의문이 제기됐다. 이는 다음 자료를 참고. 「1989~2019, 고양신문에 담긴 '고양 30년'」, 『고양신문』, 2019년 6월 1일.

12) 일산신도시 예정지역의 토양 및 토지 특성에 대해서는 다음 자료를 참고해 정리했다. 류기선, 「삶과 문화 – 농업생산과 교환」, 『일산 새도시 개발지역 학술조사보고 2』, 한국선사문화연구소·경기도·단국대학교 한국민족학연구소, 1992, 94~95쪽; 양안식 외, 「현황조사」, 『일산 신도시 개발사』, 한국토지공사, 1997, 84~85쪽; 허석렬, 「일산 신도시 개발현장을 가다」, 『실천문학』, 17, 1990, 141~142쪽.

13) 고양지역 및 신도시 예정지의 인문지리 특징, 주민구성, 직업분포 등에 대해서는 다음 자료를 참고해 정리했다. 김준기, 「취득 부분」, 『일산 신도시 개발사』, 한국토지공사, 1997, 283~287쪽; 나각순, 「고양시 건설」, 『고양시사 1: 역사』, 고양시사편찬위원회, 2005, 532~535쪽; 양안식 외, 「현황조사」, 『일산 신도시 개발사』, 한국토지공사, 1997, 83~85쪽; 이지연, 「스물넷 청신한 얼굴, 일산 신도시를 가다」, 『도시문제』 48-531, 2013, 38쪽; 허석렬, 「일산 신도시 개발현장을 가다」, 『실천문학』 17, 1990, 142~143쪽.

14) 일산신도시 건설사업이 발표될 즈음의 신도시 예정지역 인구수는 자료에 따라 차이가 난다. 예를 들면, 『일산 새도시 개발지역 학술조사 보고 2』에서는 1989년의 인구 규모를 4523가구 17102명으로 집계했다

(류기선 외 「역사배경- 근세의 일산」 『일산 새도시 개발지역 학술조사 보고 2』, 한국선사문화연구소·경기도·단국대학교 한국민족학연구소, 1992, 32쪽). 본 원고에서는 일산신도시 사업시행자인 한국토지공사에서 집계한 기록을 따랐는데, 여기서 펴낸 『일산 신도시 개발사』 내에서도 차이가 난다. 위 양안식의 자료에는 5256가구(1988년 11월 기준)로 나오며, 김준기의 자료에는 5341가구(1989년 6월 기준)로 기록돼 있다. 이는 시기에 따른 차이로 보이는데, 본 원고에서는 신도시 조성사업 발표 시기에 좀 더 가까운 김준기의 자료를 취했다. 사업지구 내 농업종사자에 대한 수치 또한 자료에 따라 상당한 차이가 난다. 다수의 언론기사와 기고문, 기록 자료[허석렬, 「일산 신도시 개발현장을 가다」 『실천문학』 17, 1990, 143·148쪽; 홍현영, 「고양시민들의 생활 의식 변화」 『고양시사 6: 현대사회(하)』, 고양시사편찬위원회, 2005, 109쪽)는 농업가구를 전체 가구의 약 3분의 1 정도로 파악했다. 이와 달리, 『일산 신도시 개발사』에서는 농업가구를 3분의 2가 넘는 78%(4166가구)로 집계했다.(『일산 신도시 개발사』 284쪽 참고). 그런데 이 『일산 신도시 개발사』의 수치는 1990년 고양군에서 펴낸 『제30회 통계연보』에 기록된 수치와 큰 차이를 보인다. 이 『제30회 통계연보』에 의거해, 신도시 사업지구에 들어가는 일산읍과 송포면의 농가수를 보면, 1989년 12월 31일 현재 일산읍의 농가가 2180가구이며 송포면의 농가가 1361가구로 합하면 3541가구이다. 하지만 일산읍 전체 지역에서 일산 1~8리와 장항 3~5리 등은 신도시 사업지구에서 제외되며, 송포면의 경우는 대화리 일부만이 신도시 사업지구에 포함돼 신도시 사업지구에 들어가는 실제 농가 수는 3541가구에 훨씬 못 미치게 된다. 지금 상태로는 어느 쪽이 실제 수치인지 확증하기 불가능하다고 판단했으며, 이런 이유로 본 원고 본문에서는 농가 수(규모)를 명기하지 않았다. 일산신도시 사업지구에 편입된 지역의 농가 규모에 대한 검토가 필요해 보인다.

15) 일산신도시 사업지구에 편입된 토지의 소유자 수치는 『일산 신도시 개발사』 내에서도 차이가 난다. 제6장 취득부문 중 '용지취득 개요' 절(284쪽)에서는 4193명으로 집계했고, 제6장 취득부문 중 '용지 등의 취득' 절(310쪽)에서는 5043명으로 집계했다. 전자는 1989년 6월 현재를 기준으로 '거주지별 토지소유 현황'을 파악하면서 나온 수치이며, 후자는 '보상금 수령자별 현황'을 파악하면서 나온 수치다. 보상금 지급이 1990년 이후에 이뤄진 것으로 미루어, 실제 보상금 수령 시에는 국외자, 미등기 소유자 등의 사유로 '집계 토지소유자'가 증가한 것으로 보인다. 여기서는 원고 내용의 시점(시기)이 신도시 사업 발표 즈음임을 고려해 전자를 취했다.

16) 이하에 나오는, 일산신도시를 비롯한 수도권 1기 신도시 개발계획 수립에 대한 비판 사안은 다음 자료를 참고해 요약하고 의견을 덧붙였다. 허석렬, 「일산 신도시 개발현장을 가다」 『실천문학』 17, 1990, 139~141쪽.

17) 일산 신도시 개발계획 발표 뒤의 현지 동향에 대해서는 다음 자료를 참고해 정리했다. 나각순, 「고양시 건설」 『고양시사 1: 역사』, 고양시사편찬위원회, 2005, 536~538쪽; 「'신도시계획 반대' 왜 나오나」 『동아일보』 1989년 5월 6일; 윤인숙, 「도시와 주택」 『고양시사 5: 현대사회(중)』, 고양시사편찬위원회, 2005, 326~327쪽; 임준수, 「여론이 이끈 고양시 발전」 『고양시사 6: 현대사회(하)』, 고양시사편찬위원회, 2005,

231~236쪽.

18) 김준기, 「취득 부분」『일산 신도시 개발사』, 한국토지공사, 1997, 310~311쪽.

19) 5월 24일 자살 사건에 대해서는 다음 자료를 참고. 「일산 60대 농민 또 자살」『한겨레』 1989년 5월 26일.

20) 6월에서 9월 초순에 이르는 자살자에 대해서는 차례대로 다음 자료를 참고. 「일산 주민 또 '새도시 비관'
자살」『한겨레』 1989년 6월 25일; 「한 달 전 자살 기도 일산 농민 또 농약 마셔 중태」『한겨레』 1989년 7
월 18일; 「일산 주민 또 자살, 신도시 반대 유서」『동아일보』 1989년 9월 6일. 9월 초순에 자살한 주민이
남긴 유서는 다음 자료에서 인용했다. 허석렬, 「일산 신도시 개발현장을 가다」『실천문학』 17, 1990, 143쪽.

21) 정부의 대체농지 제안에 대해서는 다음 자료를 참고. 허석렬, 「일산 신도시 개발현장을 가다」『실천문학』
17, 1990, 145쪽.

22) 이하에 나오는, 7월 1일 발표한 정부의 보상안과 이에 대한 주민 측의 요구안에 대해서는 다음 자료를 요
약하고 정리했다. 허석렬, 「일산 신도시 개발현장을 가다」『실천문학』 17, 1990, 146~147쪽.

23) 기본조사 거부 등 신도시사업 추진에 대한 주민들의 저항 양상에 대해서는 주로 다음 자료를 참고해 정리
했다. 김준기, 「취득 부문」『일산 신도시 개발사』, 한국토지공사, 1997, 290~294쪽 · 352~354쪽; 허석
렬, 「일산 신도시 개발현장을 가다」『실천문학』 17, 1990, 145~149쪽; 홍용석, 「남기고 싶은 이야기 – 일
산신도시 건설 반대투쟁」『일산 신도시 개발사』, 한국토지공사, 1997, 901~903쪽. 사업시행자 명칭과 관
련해서는 일산신도시 사업이 추진되던 당시의 명칭을 사용했다. 한국토지개발공사는 1996년에 한국토지
공사로 사명을 변경했다.

24) 4052동이라는 지장물 규모는 기본조사가 완료되기 전에 집계한 규모이며, 이는 이후 유사구조 조정 등의
과정을 거쳐 축소돼 3412동으로 최종 집계된다. 이에 대해서는 다음을 참고. 김준기, 「취득 부문」『일산 신
도시 개발사』, 한국토지공사, 1997, 294쪽

25) 일산지역의 저항과 비교되는 분당지역의 저항 양상과 성격에 대해서는 다음 자료를 참고해 정리했다. 손정
목, 「수도권 내 신도시건설계획의 발표와 여론의 동향」『도시문제』 24-7, 1989, 17~23쪽; 일산·분당 신도
시 계획연구팀, 「일산·분당 신도시 건설계획의 재검토」『환경연구』 9, 1989, 17~18쪽.

26) 1990년도 집단시위에 대해서는 다음 자료를 참고. 나각순, 「고양시 건설」『고양시사 1: 역사』, 고양시사편
찬위원회, 2005, 537~538쪽; 임준수, 「여론이 이끈 고양시 발전」『고양시사 6: 현대사회(하)』, 고양시사편
찬위원회, 2005, 236~238쪽.

27) 일산 신도시 사업에 대한 주민 계층에 따른 입장 차이는 다음 자료를 참고했다. 허석렬, 「일산 신도시 개발
현장을 가다」『실천문학』 17, 1990, 148~149쪽.

28) 한국토지개발공사 내놓은 차등 보상안에 대해서는 다음 자료를 참고. 김준기, 「취득 부문」『일산 신도시 개

발사』, 한국토지공사, 1997, 330쪽; 「1989년 일산의 봄, 그리고 2008년」『고양신문』 2008년 6월 2일.

29) 보상과 이주, 철거작업에 대해서는 다음 자료를 참고해 정리했다. 김준기, 「취득 부문」『일산 신도시 개발 사』, 한국토지공사, 1997, 347~351쪽; 윤인숙, 「도시와 주택」『고양시사 5: 현대사회(중)』, 고양시사편찬위 원회, 2005, 326~327; 홍용석, 「남기고 싶은 이야기 – 일산신도시 건설 반대투쟁」『일산 신도시 개발사』, 한국토지공사, 1997, 908~910쪽.

30) 김준기, 「취득 부문」『일산 신도시 개발사』, 한국토지공사, 1997, 354쪽.

14장 떠난 자와 남은 자 – 신도시 원주민 생존기

1) 1991년 6월을 전후한 시기의 신도시 반대투쟁 동향과 신도시 공사 현황에 대해서는 주로 다음 자료를 참고 했다. 김준기, 「취득부문」『일산 신도시 개발사』, 한국토지공사, 1997, 352~356쪽; 홍용석 외, 「남기고 싶은 이야기」『일산 신도시 개발사』, 한국토지공사, 1997, 908쪽.

2) 『고양군지명유래집』 출간 경위와 이 작업에 참가한 정동일의 활동상에 대해서는 다음 자료를 참고해 정리 했다. 「고양 역사연구에 30년 헌신한 전문일꾼」『고양신문』 2018년 12월 10일; 「기획–我저씨 – 정동일 고 양시문화재전문위원」『내일신문』 2011년 2월 28일; 「본지 '향토사 산책' 필자 정동일 연구위원」『고양신문』 2004년 10월 11일; 이은만 편·정동일 집필, 『고양군지명유래집』, 고양문화원, 1991, 8~16쪽 · 892~944 쪽; 「일산신도시 개발에도 살아남은 유일한 초가집」『고양신문』 2013년 4월 3일; 「밤가시 초가를 지킨 건 보존가치 꿰뚫어 본 안목」『고양신문』 2010년 12월 30일.

3) 정동일의 고양군지명위원 활동과 신도시 아파트단지에 옛 마을이름 붙이기 작업에 대해서는 다음 자료를 참고했다. 나각순, 「고양시 건설」『고양시사 1: 역사』, 고양시사편찬위원회, 2005, 540쪽; 「백석동 임진년 흰 돌도당제 봉행」『고양신문』 2012년 4월 4일; 「주엽 2동 – 오마리엔 아기장수의 슬픈 전설」『고양신문』 2004 년 10월 18일; 「주엽 1동 – '강선'은 신선이 내려와 산다는 뜻」『고양신문』 2004년 10월 19일; 이지연, 「스물 넷 청신한 얼굴, 일산 신도시를 가다」『도시문제』 48–531, 2013, 38~39쪽.

4) 이하에 나오는, 오마리 실상을 포함한 오씨 노인 사례에 대해서는 다음 자료를 참고해 구성하고 내용을 전 개했다. 이은만 편·정동일 집필, 「지명유래 – 일산읍」『고양군지명유래집』, 고양문화원, 1991, 307~312쪽; 정동일, 「생활사 – 토박이 오씨네」『일산 새도시 개발지역 학술조사보고 2』, 한국선사문화연구소·경기도· 단국대학교 한국민족학연구소, 1992, 303~312쪽. 『일산 새도시 개발지역 학술조사보고 2』에 대한 내용은 1991년 하반기에서 1992년 상반기에조사가 이뤄진 것으로 판단되는데, 이를 고려해 오씨 노인과 관련한 구성의 시점을 1992년 4월로 잡았다.

5) 오마리에 거주한 해주 오씨 가구 수는 자료에 따라 차이가 난다. 45명으로 보는 자료(최경애, 「신도시 개발

과정에서 종족마을의 변화 – 고양시를 중심으로」, 『동양사회사상』 24, 2011, 298쪽)가 있으며, 약 35가구로 보는 자료(정동일, 「생활사 – 토박이 오씨네」, 『일산 새도시 개발지역 학술조사보고 2』, 1992, 304쪽)가 있다. 이러한 차이는 가구 수 집계 시기에 따른 것으로 보이는데, 전자의 자료는 1987년을 기준으로 삼았으며, 후자의 자료는 신도시 건설에 들어간 1991년 후반기에서 1992년 초반기에 걸친 시기를 기준으로 삼은 것으로 판단된다. 본 원고에서는 전자의 자료에 나온 수치를 취했다.

6) 일산신도시 건설로 사라진 집성촌에 대해서는 다음 자료를 참고. 류기선, 「역사배경 – 근세의 일산」, 『일산 새도시 개발지역 학술조사보고 2』, 한국선사문화연구소·경기도·단국대학교 한국민족학연구소, 1992, 25~32쪽.

7) 일산신도시 건설 후의 문중 묘소를 중심으로 한 동족 공동체 유지 실상에 대해서는 다음 자료를 참고. 최경애, 「신도시 개발과정에서 종족마을의 변화 – 고양시를 중심으로」, 『동양사회사상』 24, 2011, 300~307쪽.

8) 묘지 이장지역 현황에 대해서는 다음 자료를 참고. 정하석, 「신도시개발에 따른 이주민 의식 구조에 관한 연구 – 일산 신도시 이주 농민을 중심으로」, 동국대학교 경영대학원 부동산학 전공 석사학위논문, 1994, 50쪽.

9) 신도시개발 뒤 고양지역에 남은 부류에 대해서는 다음 자료를 참고해 정리했다. 나도은, 「기억의 구술을 통해 본 신도시 주민들의 공간과 일상에 대한 관계맺기와 실천 연구 – 경기도 고양시 송산동을 중심으로」, 성균관대학교 문과대학원 비교문화협동과정 비교문화 전공 석사학위논문, 2011, 104쪽.

10) 장성마을 내력과 그곳에 거주했던 김씨에 대한 사연은 다음 자료를 참고해 구성했다. 류기선, 「생활사 – 실향정착민 김씨네」, 『일산 새도시 개발지역 학술조사보고 2』, 한국선사문화연구소·경기도·단국대학교 한국민족학연구소, 1992, 313~329쪽.

11) 위 류기선의 자료에는 임차농에 대한 생활대책으로 공급한 상가용지 분양권에 대해서는 언급이 없다. 본 원고에서는, 당시 법적 의무사항은 아니었으나 신도시 건설의 원활한 수행을 위해 특별 조치 형태로 공급한 상가용지 분양권을 기술했다. 이에 대해서는 다음을 참고. 김준기, 「취득부문」, 『일산 신도시 개발사』, 한국토지공사, 1997, 333~334쪽.

12) 장성마을의 공동체 신앙과 마을문화 실상, 계 조직에 대해서는 다음 자료를 참고해 요약했다. 류기선, 「생활사 – 실향정착민 김씨네」, 『일산 새도시 개발지역 학술조사보고 2』, 한국선사문화연구소·경기도·단국대학교 한국민족학연구소, 1992, 329쪽.

13) 이하에 나오는, 일산 11리에 거주했던 김씨에 대한 내용은 다음 자료를 참고해 정리했다. 박명도, 「생활사–농업이주민 김씨네」, 『일산 새도시 개발지역 학술조사보고 2』, 한국선사문화연구소·경기도·단국대학교 한국민족학연구소, 1992, 331~351쪽.

14) 문화촌(일산 11리)의 내력과 인구 현황에 대해서는 자료에 따라 차이가 난다. 한 자료(류기선, 「역사배경 –

근세의 일산」, 『일산 새도시 개발지역 학술조사보고 2』, 한국선사문화연구소·경기도·단국대학교 한국민족
학연구소, 1992, 26쪽)에서는 호주의 원조로 문화주택이라 불린 집을 지으면서 마을 이름 또한 그렇게 불
렸다고 한다. 다른 자료(정동일, 「삶과 문화 – 언어와 설화(지명유래)」 『일산 새도시 개발지역 학술조사보
고 2』, 한국선사문화연구소·경기도·단국대학교 한국민족학연구소, 1992, 232쪽)에서는 피난민들이 모여
살아 생활이 어려워지자 이름이라도 좋게 짓자고 하여 붙여진 지명이라는 설과 문화인이 많이 모여 살았
기 때문에 붙여진 지명이라는 설이 있다고 소개한다. 앞으로 문화가 발달한 마을로 변하기를 소원하는 마
음으로 붙여진 이름이라는 설명도 있다.(정동일, 『고양의 지명 이야기』, 고양시 지명위원회, 2013, 274쪽).
인구에 대해서도 1989년 현재 인구를 209가구 853명으로 집계하는 자료(위 류기선과 정동일의 자료)가
있으며, 일산신도시 개발 직전의 인구를 228세대로 보는 자료(박명도, 「생활사 – 농업이주민 김씨네」 『일
산 새도시 개발지역 학술조사보고 2』, 한국선사문화연구소·경기도·단국대학교 한국민족학연구소, 1992,
336쪽)도 있다.

15) 이주 농민이 정착하는 데 있어 가장 힘들어하는 요인인 직업전환에 대한 조사결과와 직업전환 실상에
대해서는 다음 자료를 참고했다. 정하석, 「신도시개발에 따른 이주민 의식 구조에 관한 연구 – 일산 신
도시 이주 농민을 중심으로」, 동국대학교 경영대학원 부동산학 전공 석사학위논문, 1994, 36~37
쪽·64~66쪽.

16) 정하석, 「신도시개발에 따른 이주민 의식 구조에 관한 연구 – 일산 신도시 이주 농민을 중심으로」, 동국대
학교 경영대학원 부동산학 전공 석사학위논문, 1994, 60~61쪽.

17) 동탄 신도시 가구와 인구 규모는 자료에 따라 차이가 나는데, 본 원고에서는 국토교통부 홈페이지에서 제
공하는 자료를 취했다. (국토교통부 – 정책자료 – 정책정보 – 신도시 개념 및 건설 현황)

18) 동탄 신도시 개발방식, 개발전략, 특성 등에 대해서는 다음 자료를 참고해 정리했다. 동탄신도시 사이트
(dongtan.lh.or.kr – 동탄신도시 소개 – 동탄의 특징); 윤택림, 「신도시의 지역성을 찾아서: 동탄 신도시 사
례 연구」 『구술사 연구』 8-1, 2017, 46~47쪽; 추명희, 「동탄신도시 개발과 공간구성」 『화성시사 10: 동탄
신도시 주민의 생활문화와 정체성』, 화성시사편찬위원회, 2018, 9~25쪽.

19) 동탄신도시 개발 이전의 지역 현황과 1970년대 이후 지역 변화상에 대해서는 다음 자료를 참고해 정리했
다. 추명희, 「동탄 신도시의 지역 이미지와 위상」 『화성시사 10: 동탄신도시 주민의 생활문화와 정체성』, 화
성시사편찬위원회, 2018, 27~34쪽.

20) 「화성 신도시 계획 꼬이네」 『한국일보』 2000년 12월 30일.

21) 「화성 동탄신도시 택지개발법 적용 논란」 『세계일보』 2001년 5월 2일.

22) 동탄 신도시사업 추진에 대응한 현지 주민의 활동에 대해서는 다음 자료를 참고. 최정은, 「원주민들이 겪
은 개발, 그때의 이야기」 『화성시사 10: 동탄신도시 주민의 생활문화와 정체성』, 화성시사편찬위원회,

2018, 114~130쪽.

23) 「턱없이 낮은 정부 보상가, 대체농지 구입 꿈도 못 꿔」 『경인일보』 2001년 2월 8일.

24) 이주 및 생활 대책과 관련한 사항은 다음 자료를 참고해 정리했다. 「동탄 대체농지 용도변경 논란」 『경기일보』 2008년 7월 18일; 「동탄 신도시, 전국 최초 단지 내 농지 조성」 『중부일보』 2003년 7월 31일; 최정은, 「원주민들이 겪은 개발, 그때의 이야기」 『화성시사 10: 동탄신도시 주민의 생활문화와 정체성』 화성시사편찬위원회, 2018, 126~137쪽; 「화성 동탄1 대체농지, 체육공원 조기 조성을」 『경인일보』 2019년 3월 7일.

25) 이주자택지 공급 실상에 대해서는 다음 자료를 참고. 최정은, 「신도시 개발에 따른 원주민의 생활 변화와 적응」 『화성시사 10: 동탄신도시 주민의 생활문화와 정체성』 화성시사편찬위원회, 2018, 124~125쪽·162~163쪽.

26) 신도시에 재정착한 주민과 신도시 지역을 떠난 주민 현황과 실상에 대해서는 다음 자료를 참고해 정리했다. 윤택림, 「동탄 신도시 주민의 인구 구성적 특징」 『화성시사 10: 동탄신도시 주민의 생활문화와 정체성』 화성시사편찬위원회, 2018, 297~303쪽; 최정은, 「신도시 개발에 따른 원주민의 생활 변화와 적응」 『화성시사 10: 동탄신도시 주민의 생활문화와 정체성』 화성시사편찬위원회, 2018, 138~139쪽·161~164쪽.

27) 최정은, 「신도시 개발에 따른 원주민의 생활 변화와 적응」 『화성시사 10: 동탄신도시 주민의 생활문화와 정체성』 화성시사편찬위원회, 2018, 162쪽.

28) 이하에 나오는, 원주민의 동탄 신도시 적응 양상과 추이에 대한 전반적인 내용은 다음 자료를 참고했으며, 일부는 이를 요약 정리했다. 윤택림, 「신도시의 지역성을 찾아서: 동탄 신도시 사례 연구」 『구술사연구』 8-1, 2017, 30~53쪽; 최정은, 「신도시 개발에 따른 원주민의 생활 변화와 적응」 『화성시사 10: 동탄신도시 주민의 생활문화와 정체성』 화성시사편찬위원회, 2018, 138~159쪽·165~177쪽.

15장 | 에필로그 | 신도시 이주원주민의 탄생과 진화 – 수도권 신도시에 남겨진 과제

1) 이하에 나오는, 안산시의 도시로서의 성격에 대해서는 다음 자료를 참고했으며, 의견을 덧붙였다. 김지수, 「계획도시 안산의 공간에 대한 문화지리학적 분석 – 개발, 이주, 노동의 문제를 중심으로」 경희대학교대학원 언론정보학과 석사학위논문, 2016, 1~4쪽 · 22~25쪽; 정건화, 「산업지구론의 관점에서 본 산업도시 안산의 형성, 발전과 위기」 『지역사회연구』 14-1, 2006, 51~54쪽.

2) 1976년 신공업도시 건설계획과 입지 선정, 배경 등에 대해서는 다음 자료를 참고해 구성했다. 이정남, 「서해안 시대를 주도하는 이상향 – 안산시」 『지방행정』 38-434, 1989, 202~206쪽; 정건화, 「산업지구론의 관점에서 본 산업도시 안산의 형성, 발전과 위기」 『지역사회연구』 14-1, 2006, 53~54쪽; 정건화, 「탈서울 지

향의 임해공업도시, 반월 신공업도시」, 「안산시사 6: 현대 안산의 변화와 발전」, 안산시사편찬위원회, 2011, 20~29쪽.

3) 반월 신공업도시 도시계획구역과 개발구역 면적 및 인구는 1977년 건설부고시 제53호에 의해 소폭 변경된 수치를 적용했다. 이는 다음을 참고. 정건화, 「탈서울 지향의 임해공업도시, 반월 신공업도시」, 「안산시사 6: 현대 안산의 변화와 발전」, 안산시사편찬위원회, 2011, 24~29쪽.

4) 신공업도시로서의 입지여건과 인구 및 산업기능 분산정책의 배경에 대해서는 다음 자료를 참고해 정리했다. 김지수, 「계획도시 안산의 공간에 대한 문화지리학적 분석 – 개발, 이주, 노동의 문제를 중심으로」, 경희대학교대학원 언론정보학과 석사학위논문, 2016, 24쪽; 정건화, 「산업지구론의 관점에서 본 산업도시 안산의 형성, 발전과 위기」, 「지역사회연구」 14-1, 2006, 54쪽; 정건화, 「탈서울 지향의 임해공업도시, 반월 신공업도시」, 「안산시사 6: 현대 안산의 변화와 발전」, 안산시사편찬위원회, 2011, 20~24쪽.

5) 손정목, 「서울 도시계획 이야기 4」, 한울, 2003, 186~187쪽.

6) 반월 신공업도시 개발사업 추진과정에 대해서는 다음 자료를 참고해 정리했다. 정건화, 「산업지구론의 관점에서 본 산업도시 안산의 형성, 발전과 위기」, 「지역사회연구」 14-1, 2006, 55쪽; 정건화, 「전원적 공업도시의 이상과 현실」, 「안산시사 6: 현대 안산의 변화와 발전」, 안산시사편찬위원회, 2011, 47~57쪽.

7) 정건화, 「산업지구론의 관점에서 본 산업도시 안산의 형성, 발전과 위기」, 「지역사회연구」 14-1, 2006, 56~58쪽.

8) 전면매수방식, 토지 등 보상비 내역 등 정부의 반월 신공업도시 조성사업 방식과 원주민 재정착 현황과 이후의 생활 실상 등에 관해서는 주로 다음 자료를 참고해 정리했다. 강신표·천성창, 「안산 원주민의 생활문화와 그 변화과정」, 「인간과 경험」 3, 1991, 366~370쪽; 정건화, 「산업지구론의 관점에서 본 산업도시 안산의 형성, 발전과 위기」, 「지역사회연구」 14-1, 2006, 51~53쪽.

9) 안산 신도시 2단계 개발계획(고잔신도시 조성사업)에 대한 내용은 주로 다음 자료를 바탕으로 정리했다. 김지수, 「계획도시 안산의 공간에 대한 문화지리학적 분석 – 개발, 이주, 노동의 문제를 중심으로」, 경희대학교대학원 언론정보학과 석사학위논문, 2016, 58~61쪽; 정건화, 「급속히 성장한 수도권 신도시, 안산」, 「안산시사 6: 현대 안산의 변화와 발전」, 안산시사편찬위원회, 2011, 66~72쪽. 고잔 신도시의 가구와 인구 규모는 세 차례 설계변경을 거치는데, 본 원고에서는 1995년 12월의 3차안을 취했다. 이는 위 정건화 자료의 69쪽을 참고.

10) 안산시의 지역 분리 및 계층 격리의 실상과 그 성격에 대해서는 주로 다음 자료를 참고해 정리하고 의견을 덧붙였다. 김지수, 「계획도시 안산의 공간에 대한 문화지리학적 분석 – 개발, 이주, 노동의 문제를 중심으로」, 경희대학교대학원 언론정보학과 석사학위논문, 2016, 62~69쪽.

11) 이하에 나오는, 과천 신도시 개발사업에 관한 일반적인 내용과 과천 신도시의 성격과 특성 등에 대해서는

다음 자료를 참고해 정리했다. 배경식, 「출장소에서 시 승격」, 『과천시지 3: 신도시개발과 지방자치제』, 과천시사편찬위원회, 2007, 172~186쪽; 이영수, 「과천: 역사와 삶이 담긴 지역만들기」, 『건축사』 368, 1999; 조명래, 「신도시 개발계획과 추진」, 『과천시지 3: 신도시개발과 지방자치제』, 과천시사편찬위원회, 2007, 25~35쪽. 한편, 개발계획이 최종 확정된 1979년 10월에 수립한 과천 신도시 계획가구는 1만 40가구인데, 1984년 8월 입주가 완료됐을 때는 모두 1만 3522가구로 보는 자료(손정목 「과천시의 탄생 (상)」, 『도시문제』 39-426, 2004, 109쪽)가 있다. 1984년 사업 완료 후의 과천 신도시 건설 호수를 약 1만 4000호로 잡는 자료(이영수, 「과천: 역사와 삶이 담긴 지역만들기」, 『건축사』 368, 1999, 67쪽)도 있다.

12) 안보 사안과 관련된 정부 제2종합청사 및 과천신도시 건설의 배경과 이유에 대해서는 다음 자료를 참고. 손정목 「과천시의 탄생 (상)」, 『도시문제』 39-426, 2004, 104~107쪽.

13) 1984년 입주가 끝난 직후의 인구 규모와 서울거주 인구 유입 비율에 대해서는 다음 자료를 참고. 대한주택공사, 「수도권에서의 과천 신도시의 기능과 역할」, 『과천 신도시 개발사』, 1984, 27~30쪽; 배경식, 「출장소에서 시 승격」, 『과천시지 3: 신도시개발과 지방자치제』, 과천시사편찬위원회, 2007, 185쪽. 위 대한주택공사의 자료에는 서울거주 인구 유입 비율을 "전체 인구의 80% 이상에 해당하는 약 4만 5000명 정도"로 보았는데, 1984년의 전체 인구 6만 9640명 중에서 4만 5000명은 그 비율이 약 65%로 계산돼 본 원고에서는 65%로 기술했다.

14) 이주민 부류와 원주민 유출 현황에 대해서는 다음 자료를 참고해 정리했다. 대한주택공사, 「수도권에서의 과천 신도시의 기능과 역할」, 『과천 신도시 개발사』, 1984, 26~27쪽; 배경식, 「출장소에서 시 승격」, 『과천시지 3: 신도시 개발과 지방자치제』, 과천시사편찬위원회, 2007, 182~185쪽; 윤택림 「아파트 원주민들의 삶 이야기」, 『과천시지 5: 과천, 우리 삶 우리 이야기』, 과천시사편찬위원회, 2007, 179~181쪽. 위 대한주택공사와 배경식의 자료에서는 과천에 남은 원주민을 약 4000명, 과천을 떠난 원주민을 약 3000명으로 보았는데, 본 원고에서는 개발 이전 과천 인구가 6800명인 점을 고려해 과천에 남은 원주민을 약 3900명, 과천을 떠난 원주민은 약 2900명으로 잡았다.

15) '아파트 원주민' 명칭 및 과천 신도시 초창기 입주민의 생활 실상에 대해서는 다음 자료를 참고해 정리했다. 류현희, 「2~3단지 아파트 풍경과 주민의 삶」, 『줄타기와 경기소리의 본향 갈현동誌』, 과천문화원, 2009, 172~174쪽; 윤택림, 「과천 신도시의 주민 되기 – 구술생애사를 통한 지역정체성의 형성 분석」, 『지방사와 지방문화』 11-2, 2008, 325~327쪽; 윤택림, 「아파트 원주민들의 삶 이야기」, 『과천시지 5: 과천, 우리 삶 우리 이야기』, 과천시사편찬위원회, 2007, 179~187쪽.

16) 이하에 나오는, 과천 신도시 지역사회운동의 전반적인 내용은 다음 자료를 참고해 정리했다. 일부는 자료의 내용을 요약했으며, 일부는 의견을 덧붙였다. 송준규, 「부모됨·이웃됨·시민됨: 과천시 풀뿌리 시민운동의 형성과 도전」, 서울대학교대학원 인류학과 석사학위논문, 2011.

17) 홍석준, 「지역축제를 통해 본 지역정치와 정체성: 전남 영암 영보 풍향제의 사례」, 『지방사와 지방문화』

6-2, 2003, 89쪽.

18) 이하에 나오는, 과천의 부동산가격 상승, 주민 유출, 서울 중산층 유입, 인구구성 교체의 배경과 성격 등에 대해서는 다음 자료를 참고했으며 일부는 이들 자료를 요약해 정리했다. 송준규, 「부모됨·이웃됨·시민됨: 과천시 풀뿌리 시민운동의 형성과 도전」, 서울대학교대학원 인류학과 석사학위논문, 2011, 17~25쪽; 윤택림, 「과천 신도시의 주민 되기 – 구술생애사를 통한 지역정체성의 형성 분석」, 『지방사와 지방문화』 11-2, 2008, 327~329쪽; 윤택림, 「아파트 원주민들의 삶 이야기」, 『과천시지 5: 과천, 우리 삶 우리 이야기』, 과천시사편찬위원회, 2007, 187~194쪽.

19) 이하에 나오는, 과천 재건축과 관련한 전반적인 내용은 주로 다음 자료를 참고해 정리했다. 류현희, 「2~3단지 아파트 풍경과 주민의 삶」, 『줄타기와 경기소리의 본향 갈현동誌』, 과천문화원, 2009, 169~176쪽; 송준규, 「부모됨·이웃됨·시민됨: 과천시 풀뿌리 시민운동의 형성과 도전」, 서울대학교대학원 인류학과 석사학위논문, 2011, 67~70쪽; 송준규, 「아파트 키드에게 재건축이란?」, 『환경과 조경』 348, 2017; 차선혜, 「동장이 말하는 갈현동의 오늘과 내일」, 『줄타기와 경기소리의 본향 갈현동誌』, 과천문화원, 2009, 258~260쪽.

20) 이 인용자료는 다음 논문에서 재인용했다. 송준규, 「부모됨·이웃됨·시민됨: 과천시 풀뿌리 시민운동의 형성과 도전」, 서울대학교대학원 인류학과 석사학위논문, 2011, 67쪽.

21) 박진석, 「공공주택단지 재개발에 따른 원거주민의 재정착 활성화 – 과천 주공아파트 재건축 사례를 중심으로」, 인천대학교 공학대학원 건축학과 석사학위논문, 2010, 92쪽.

참고문헌

1장 |프롤로그| 한국 신도시의 한 원형을 찾아서 – 성남지역 신도시의 유산

권락용, 「광주대단지 사업의 주체별 갈등구성」, 서울대학교대학원 건설환경공학부 석사학위논문, 2012.

김국현, 「1960년대 서울의 공간문제와 광주대단지 사건」, 연세대학교 교육대학원 역사교육전공 석사학위논문, 2014.

김동춘·임미리 외, 『정책토론회 – 성남의 역사 '광주대단지 사건'을 조명한다』, 국회의원 김병욱 의원실, 2017.

김수현·임미리 외, 『성남시사 6: 도시개발사』, 성남시사편찬위원회, 2014.

김시덕, 『갈등도시』, 열린책들, 2019.

박지환, 「분당 신도시의 사회적 생산과 구성: 공간과 계급의 관계에 관한 연구」, 서울대학교대학원 인류학과 석사학위논문, 2003.

박태순, 「밑에서부터 본 8.10사건」 『광주대단지 사건의 역사적 재조명』, 2004.

박홍근, 「1960년대 후반 서울 도시근대화의 성격」 『민주주의와 인권』, 15-2, 2015.

이기철 외, 「성남 구시가지 주거지역의 점진적 재생을 위한 도시주거 설계 제안」 『대한건축학회논문집 계획계』 27-12, 2011.

이상준 외, 「성남시 구시가지 주거지 구조에 관한 연구」 『대한건축학회논문집 계획계』 22-7, 2006.

이효정, 「A. P. T 스텍터클과 모던공간체험: 1960~70년대 대도시 서울과 영화」 한국예술종합학교 예술전문사과정 영상원 영상이론과 한국 및 동아시아영화연구 전공 예술전문사 학위논문, 2012.

임미리, 「'경기동부연합'의 기원과 형성, 그리고 고립」 『기억과 전망』 28, 2013.

임미리, 「광주대단지 사건 – 박정희 정권 최대 도시봉기는 어떻게 잊혀졌나」 『오늘보다』 6, 2015.

임미리 외, 『성남시사 8: 생애사』, 성남시사편찬위원회, 2014.

임미리, 「1971년 광주대단지 사건의 재해석 – 투쟁주체와 결과를 중심으로」 『기억과 전망』 26, 2012

조명래, 「성남대단지 사건의 재해석과 성남 도시정체성의 모색 – 도시권리의 관점에서」 『공간과 사회』 38, 2011.

하동근, 「8.10사건의 재조명은 무엇을 뜻하는가」 『공간과 사회』 38, 2011.

2장 누가 왜 광주대단지를 조성했나?

권락용, 「광주대단지 사업의 주체별 갈등구성」, 서울대학교대학원 건설환경공학부 석사학위논문, 2012.

김국현, 「1960년대 서울의 공간문제와 광주대단지 사건」, 연세대학교교육대학원 역사교육 전공 석사학위논문, 2014.

김다현, 「집단 이주 정착지의 주거지 안정화 과정과 요인 – 광주대단지 사례를 중심으로」, 서울대학교환경대학원 환경계획학고 석사학위논문, 2016.

김수현 외, 『성남시사 6: 도시개발사』, 성남시사편찬위원회, 2014.

김수현, 「1971년 광주대단지사건 연구」, 서강대학교대학원 정치외교학과 석사학위논문, 2007.

김영욱 외, 『저소득층 주거지 변천사 연구 – 무허가 정착지를 중심으로』, 서울특별시, 2014.

류성민 외, 『성남시사 2: 성남의 역사』, 성남시사편찬위원회, 2004.

서울특별시 시사편찬위원회, 『서울육백년사 6』, 서울특별시, 1996.

손정목, 「광주대단지 사건」 『도시문제』 38–420, 2003.

손정목, 「광주지구 대단지 조성사업, 그 현장을 가다」 『도시문제』 4–6, 1969.

왕건굉, 「1960년대 한국사회의 이농 현상과 도시빈민 연구」, 건국대학교대학원 사학과 박사학위논문, 2015.

장세훈, 「도시화, 국가 그리고 도시 빈민」 『사회와 역사』 14, 1988.

장진범, 「한국 (반)지하 주거의 사회적 표상과 거주자의 정체성 연구」, 서울대학교대학원 사회학과 석사학위논문, 2012.

최유리, 「1960년대 서울시 무허가주택문제」, 성균관대학교대학원 사학과 석사학위논문, 2013.

3장 광주대단지가 성남으로 간 까닭은?

권기흥 외, 『성남시지城南市誌』, 영림서관, 1982.

권락용, 「광주대단지사업의 주체별 갈등구성 – 성남 본시가지를 중심으로」, 서울대학교대학원 건설환경공학부 석사학위논문, 2012.

김국현, 「1960년대 서울의 공간문제와 광주대단지 사건」, 연세대학교 교육대학원 역사교육 전공 석사학위논문, 2014.

김수현 외, 『성남시사 6: 도시개발사』, 성남시사편찬위원회, 2014.

김수현, 「1971년 광주대단지사건 연구」, 서강대학교대학원 정치외교학과 석사학위논문, 2007.

김원, 「1971년 광주대단지 사건 연구: 도시봉기와 도시하층민」 『기억과 전망』 18, 2008.

류성민 · 윤종준 · 서굉일 외, 『성남시사 2: 성남의 역사』, 성남시사편찬위원회, 2004.

박태순, 「무너지는 산」 『창작과 비평』 25, 1972.

박홍근, 「1960년대 후반 서울 도시근대화의 성격 – 도시빈민의 추방과 중산층 도시로의 공간재편」, 『민주주의와 인권』 15-2, 2015.

손정목, 「광주대단지 사건」, 『도시문제』 38-420, 2003.

임미리, 「'경기동부연합'의 기원과 형성, 그리고 고립」, 『기억과 전망』 28, 2013.

임미리, 「광주대단지 이주민을 통해 본 1960 1970년대 이촌향도 경험(2)」, 『2012년도 수집 구술자료(사료군 COH009)』, 국사편찬위원회 전자사료관, 2012.

한상진, 「서울 대도시권 신도시 개발의 성격 – 광주대단지와 분당신도시의 비교연구」, 『사회와 역사』 37, 1992.

4장 산과 골에 짓는 도시 – 서울시의 무리한 이주정책

권기흥 외, 『성남시지城南市誌』, 영림서관, 1982.

권락용, 「광주대단지사업의 주체별 갈등구성 – 성남 본시가지를 중심으로」, 서울대학교대학원 건설환경공학부 석사학위논문, 2012.

김상운, 「광주대단지 철거민들이 애환」, 『신동아』 3월호, 동아일보사, 1986.

김수현 외, 『성남시사 6: 도시개발사』, 성남시사편찬위원회, 2014.

류성민 외, 『성남시사 2: 성남의 역사』, 성남시사편찬위원회, 2004.

장세훈, 「도시화, 국가 그리고 도시 빈민 – 서울시의 무허가 정착지 철거정비정책을 중심으로」, 『사회와 역사』 14, 1988.

조명래, 「8.10 성남대단지 사건의 재해석과 성남 도시정체성의 모색 – 도시권리의 관점에서」, 『공간과 사회』 38, 2011.

이광일, 「근대화의 일그러진 자화상: 광주대단지 '폭동사건'」, 『기억과 전망』 1, 2002.

5장 성남시민 1세대, 그들은 광주대단지에서 어떻게 살았나?

권기흥 외, 『성남시지城南市誌』, 영림서관, 1982.

김수현·임미리 외, 『성남시사 6: 도시개발사』, 성남시사편찬위원회, 2014.

김원, 「1971년 광주대단지 사건 연구 – 도시봉기와 도시하층민」, 『기억과 전망』 18, 2008.

류성민 외, 『성남시사 2: 성남의 역사』, 성남시사편찬위원회, 2004.

박홍근, 「1960년대 후반 서울 도시근대화의 성격: 도시빈민의 추방과 중산층 도시로의 공간재편」, 『민주주의와 인권』 15-2, 2015.

서울대학교 법과대학 사회법학회, 『광주대단지 빈민실태 조사보고서』, 1971.

손정목, 「광주대단지 사건」, 『도시문제』 38-420, 2003.

이광일, 「근대화의 일그러진 자화상: 광주대단지 '폭동사건'」, 『기억과 전망』 1, 2002.

이효정, 「A. P. T 스펙터클과 모던공간체험」, 한국예술종합학교 예술전문사과정 영상원 영상이론과 한국 및 동아시아영화연구 전공 예술전문사 학위논문, 2012.

임미리, 「광주대단지 이주민을 통해 본 1960~1970년대 이촌향도 경험(2)」, 『2012년도 수집 구술자료(사료군 COH009)』, 국사편찬위원회 전자사료관, 2012.

조명래, 「8.10 성남대단지 사건의 재해석과 성남 도시정체서의 모색 – 도시권리의 관점에서」, 『공간과 사회』 38, 2011.

6장 부동산투기장이 된 광주대단지

권기흥 외, 『성남시지城南市誌』, 영림서관, 1982.

김수현, 임미리 외, 『성남시사 6: 도시개발사』, 성남시사편찬위원회, 2014.

김수현, 「1971년 광주대단지 사건 연구」, 서강대학교대학원 정치외교학과 석사학위논문, 2007.

김원, 「1971년 광주대단지 사건 연구: 도시봉기와 도시하층민」, 『기억과 전망』 18, 2008.

류성민 외, 『성남시사 2: 성남의 역사』, 성남시사편찬위원회, 2004.

박홍근, 「1960년대 후반 서울 도시근대화의 성격 – 도시빈민의 추방과 중산층 도시로의 공간재편」, 『민주주의와 인권』 15-2, 2015.

손정목, 「광주지구 대단지 조성사업, 그 현장을 가다」, 『도시문제』 4-6, 1969.

이효정, 「A. P. T 스펙터클과 모던공간체험 – 1960~70년대 대도시 서울과 영화」, 한국예술종합학교 예술전문사과정 영상원 영상이론과 한국 및 동아시아영화연구 전공 예술전문사 학위논문, 2012.

7장 1971년 8월 10일, 그날의 진실은 무엇인가? – '8.10 성남 민권운동'의 실상

김동춘 · 임미리 외, 『정책토론회 – 성남의 역사 '광주대단지 사건'을 조명한다』, 국회의원 김병욱 의원실, 2017.

김수현, 「1971년 광주대단지 사건 연구」, 서강대학교대학원 정치외교학과 석사학위논문, 2007.

김원, 「1971년 광주대단지 사건 연구: 도시봉기와 도시하층민」, 『기억과 전망』 18, 2008.

류성민 외, 『성남시사 2: 성남의 역사』, 성남시사편찬위원회, 2004.

박기정, 「르뽀 광주대단지」, 『신동아』 1971년 10월호.

손정목, 「광주대단지 사건」, 『도시문제』 38-420, 2003.

임미리, 「1971년 광주대단지 사건의 재해석 – 투쟁 주체와 결과를 중심으로」, 『기억과 전망』 26, 2012.

임미리 외, 『성남시사 6: 도시개발사』, 성남시사편찬위원회, 2014.

전성천, 『십자가 그늘에서: 전성천 회고록』, 동영사, 2001.

최인기, 「60년대 도시빈민과 경기도 광주대단지 투쟁」 『우리사회의 빈민운동사』, 참세상, 2010.

하동근, 「8.10 사건의 재조명은 무엇을 뜻하는가」 『공간과 사회』 38, 2011.

8장 이주정착지에서 성남시로 - 광주대단지의 향방

강진구 · 김동춘 · 임미리 외, 『정책토론회 - 성남의 역사 '광주대단지 사건'을 조명한다』, 국회의원 김병욱 의원실, 2017.

김국현, 「1960년대 서울의 공간문제와 광주대단지 사건」, 연세대학교 교육대학원 역사교육 전공 석사학위논문, 2014.

김수현 · 임미리 외, 『성남시사 6: 도시개발사』, 성남시사편찬위원회, 2014.

김수현, 「1971년 광주대단지사건 연구」, 서강대학교대학원 정치외교학과 석사학위논문, 2007.

김영욱 외(세종대학교 산학협력단), 『저소득층 주거지 변천사 연구 - 무허가 정착지를 중심으로』, 서울특별시, 2014.

김원, 「1971년 광주대단지 사건 연구: 도시봉기와 도시하층민」 『기억과 전망』 18, 2008.

류성민 · 신광철 외, 『성남시사 2: 성남의 역사』, 성남시사편찬위원회, 2004.

박태순 · 하동근 외, 『제9회 학술회의: 광주대단지 사건의 역사적 재조명』, 성남문화원 부설 향토문화연구소, 2004.

서울대학교 법과대학 사회법학회, 『광주대단지 빈민실태 조사보고서』, 1971.

서울특별시사편찬위원회, 『서울육백년사 6』, 서울특별시, 1996.

손정목, 「광주대단지 사건」 『도시문제』 38-420, 2003.

신상웅, 「르뽀 광주대단지」 『창조』, 1971년 10월호.

이유경, 「성남시의 인구이동 및 인구구조에 관한 연구」, 서울대학교대학원 사회교육과 지리전공 석사학위논문, 1975.

임미리, 「'경기동부연합'의 기원과 형성, 그리고 고립」 『기억과 전망』 28, 2013.

임미리 「1971년 광주대단지 사건의 재해석 - 투쟁 주체와 결과를 중심으로」 『기억과 전망』 26, 2012.

조명래, 「8.10 성남대단지사건의 재해석과 성남 도시정체성의 모색 - 도시권리의 관점에서」 『공간과 사회』 38, 2011.

9장 누가 왜 수도권 신도시를 조성했나? – 분당 신도시의 탄생

권용우·김성기 외, 『성남시사 2: 성남의 역사』, 성남시사편찬위원회, 2004.

김소연, 「분당·일산 신도시 건설계획의 비판적 검토」, 『이화여자대학교 대학원 연구논총』 17, 1989.

김양수, 「판도라의 상자, 판교 신도시 – 부동산정책에 대한 근본적인 패러다임 바꿔야」, 『제254회 국회(임시회) 경제분야 대정부질문 자료집』, 2005.

김홍식·변창흠 외, 『18세기 신도시와 20세기 신도시』, 발언, 1996.

김형태, 「신도시 개발상의 문제점과 개선방안에 관한 연구 – 분당 신도시 개발 사례를 중심으로」, 경기대학교 행정대학원 도시 및 지역개발행정 전공 석사학위논문, 1997.

도승연, 「여성이 행복한 도시가 가지는 반여성적 장치와 효과들: 푸코의 공간화된 사유를 중심으로 바라본 분당의 경우에 대하여」, 『사회와 철학』 18, 2009.

박지환, 「분당 신도시의 사회적 생산과 구성: 공간과 계급의 관계에 대한 연구」, 서울대학교 대학원 인류학과 석사학위논문, 2003.

변창흠, 「수도권 제2 신도시 건설계획의 평가와 발전방향 – 판교 신도시 건설계획을 중심으로」, 『공간과 사회』 15, 2001.

변창흠, 「판교 신도시의 성격과 새로운 개발방식의 모색」, 『토지연구』 16-2, 2005.

성남시사편찬위원회, 『성남시사』, 성남시, 1993.

소진광 외, 『성남시사6: 도시개발사』, 성남시사편찬위원회, 2014.

안건혁, 「도시설계과정에서 참여자의 역할이 미치는 영향: 분당 신도시 설계사례를 통한 경험적 연구」, 경원대학교대학원 도시계획학과 박사학위논문, 1994.

양안식 외, 『분당 신도시 개발사』, 한국토지공사, 1997.

일산·분당 신도시 계획연구팀(서울대학교 환경대학원), 「일산·분당 신도시 건설계획의 재검토」, 『환경연구』 9, 1989.

장세훈, 「중산층 프로젝트로서의 '분당 만들기': 분당 신도시 조성의 사회학적 해석」, 『지역사회학』 18-1, 2017.

한국토지개발공사, 『분당 신도시 개발지(1989~1991)』, 한국토지개발공사, 1992.

한상진, 「서울 대도시권 신도시 개발의 성격 – 광주대단지와 분당신도시 비교연구」, 『사회와 역사』 37, 1992.

황희연, 「분당 신도시, 어떻게 바라볼 것인가」, 『도시문제』 36-386, 2001.

10장 중산층 신도시 만들기

권용우 외, 『성남시사 2: 성남의 역사』, 성남시사편찬위원회, 2004.

김경철·양안식 외, 『분당 신도시 개발사』, 한국토지공사, 1997.

도승연, 「여성이 행복한 도시가 가지는 반여성적 장치와 효과들: 푸코의 공간화된 사유를 중심으로 바라본 분당의 경우에 대하여」, 『사회와 철학』 18, 2009.

박지환, 「분당신도시의 사회적 생산과 구성: 공간과 계급의 관계에 대한 연구」, 서울대학교대학원 인류학과 석사학위논문, 2003.

서대승, 「신도시개발 이후 주택의 의미변화와 사회적 경계형성 - '분당의 경계'와 '강남이라는 가상'의 등장을 중심으로」, 중앙대학교대학원 사회학과 석사학위논문, 2011.

양승우 · 백인길, 「수도권 신도시의 주거만족도에 관한 비교연구 - 분당, 일산, 평촌을 중심으로」, 『국토계획』 32-6, 1997.

이수철 외, 『성남시사 5: 현대사회』, 성남시사편찬위원회, 2014.

이용배 외, 「수도권 신도시와 구도시 간의 주거만족도 비교연구 - 분당, 일산, 강남, 과천 거주자를 대상으로」, 『대한국토 · 도시계획학회 2006 정기학술대회 논문집』, 2006.

이윤호, 「성남시 여성의 일상과 소비문화공간을 통해서 본 지역의 차별적 생성과 변화」, 이화여자대학교대학원 사회생활학과 박사학위논문, 2000.

장세훈, 「중산층 프로젝트로서의 '분당 만들기': 분당 신도시 조성의 사회학적 해석」, 『지역사회학』 18-1, 2017.

전병은, 「수도권 위성도시 신 · 구시가시 간 사회적 관계구조에 대한 연구: 성남 · 분당의 사례」, 서울대학교대학원 사회학과 석사학위논문, 2008.

피에르 부르디외, 『구별짓기: 문화와 취향의 사회학 上』, 새물결, 2006.

11장 다시 중산층 신도시를 조성하라 - 판교 신도시의 탄생

김성준 안건혁, 「신도시 조성 이후 신 · 구도시의 계층변화 및 양극화 - 성남시 사례」, 『도시설계』 14-1, 2013.

김양수, 「판도라의 상자, 판교 신도시(제254회 국회 경제분야 대정부질문 자료집)」, 2005.

박문석, 「삶의 질 격차에 따른 지역갈등 연구 - 성남 신 · 구 시가지를 사례로」, 고려대학교 정책대학원 도시 및 지방행정학과 석사학위논문, 2002.

변창흠, 「판교 신도시의 성격과 새로운 개발방식의 모색」, 『토지연구』 16-2, 2005.

박지환, 「분당신도시의 사회적 생산과 구성: 공간과 계급의 관계에 대한 연구」, 서울대학교대학원 인류학과 석사학위논문, 2003.

서굉일 · 윤종준 외, 『성남시사 2: 역사』, 성남시사편찬위원회, 2014.

소진광 · 최만순 외, 『성남시사 6: 도시개발사』, 성남시사편찬위원회, 2014.

심광주 외, 『성남시사 2: 성남의 역사』, 성남시사편찬위원회, 2004.

아파트값 거품빼기 운동본부, 「판교 신도시 제1차 민간 동시분양 아파트 원가공개 실태분석 기자회견(보도자료)」,

경제정의실천시민연합, 2006.

안건혁, 「분당 신도시개발 10년을 맞이하며」, 『건축』 43-6, 1999.

오동훈 외(대한국토·도시계획학회), 「판교 신도시 개발방향에 관한 설문조사 결과 보고서」, 대한주택공사, 2004.

임승빈 외(한국행정학회), 「판교 신도시 분양 및 개발 추진 사례」, 중앙공무원교육원, 2007.

조명래, 「판교발 부동산 파동과 새로운 주택정책의 모색」, 『노동사회』 101, 2005.

조유전 외, 『판교마을의 생활·문화지도』, 성남문화원 향토문화연구소, 2004.

지휘봉, 「국토개발사업의 갈등해소방안에 관한 연구 – 판교 신도시와 위례신도시를 중심으로」, 고려대학교 정책
　　　　대학원 국토계획경제학과 석사학위논문, 2008.

천화숙 외, 『판교마을지 I』, 성남문화원, 2002.

최현일, 「한일 신도시 개발사례와 판교개발의 방향」, 『지역복지정책』 15, 2001.

12장 그들만의 개발이익 – 토건개발족과 개발주의

강진연, 「국가성의 지역화 – 한국의 토건국가 형성과정과 성장연합의 역사적 구성」, 『사회와 역사』 105, 2015.

경실련 시민감시국, 「국민들도 모르는 개발오적의 특혜와 특권을 청산하자 1~2」, 경실련, 2006.

국정브리핑 특별기획팀, 『대한민국 부동산 40년』, 한스미디어, 2007.

김양수, 『판도라의 상자, 판교 신도시[제254회 국회(임시회) 경제 분야 대정부질문 자료집]』, 2005.

변창흠, 「판교 신도시의 성격과 새로운 개발방식의 모색」, 『토지연구』 16-2, 2005.

아파트값거품빼기운동본부, 『아파트 반값의 진실 1~7』, 경실련, 2006.

윤순철, 「부동산과 개발오적, 그리고 주택분양정책」, 『황해문화』 54, 2007.

윤순철, 「부동산 광풍의 주역, 보이지 않는 손 '개발오적'」, 경실련, 2007.

윤순철, 「부동산 불로소득을 부추기는 사회, '토본주의'」, 경실련, 2007.

임미화, 「택지개발지구 원주민 재정착 제고방안에 관한 연구 – 판교택지개발지구 중심으로」, 건국대학교 부동산
　　　　대학원 부동산건설·개발 전공 석사학위논문, 2006.

조명래, 「한국 개발주의의 역사와 현주소」, 『환경과 생명』 37, 2003.

조명래, 「판교발 부동산 파동과 새로운 주택정책의 모색」, 『노동사회』 101, 2005.

조유전 외, 『판교마을의 생활·문화지도』, 성남문화원 향토문화연구소, 2004.

최지훈, 「개발동맹의 실체와 특성 및 형성과정」, 『환경과 생명』 37, 2003.

13장 재산권과 생존권을 보장하라 – 토건개발족과 저항자

강윤경, 「ISSUE: 밑그림 그려진 3기 신도시」, 『마이더스Midas』 2019–6, 2019.

김상조, 「제3기 신도시에 바란다」, 『도시정보』 447, 2019.

나각순 외, 『고양시사 1: 역사』, 고양시사편찬위원회, 2005.

류기선 외, 『일산 새도시 개발지역 학술조사보고 2』, 한국선사문화연구소 · 경기도 · 단국대학교 한국민족학연구소, 1992.

손정목, 「수도권 내 신도시 건설계획의 발표와 여론의 동향」, 『도시문제』 24–7, 1989.

양안식 외, 『일산 신도시 개발사』, 한국토지공사, 1997.

윤인숙 외, 『고양시사 5: 현대사회(중)』, 고양시사편찬위원회, 2005.

윤정중 · 윤정란, 「수도권 신도시에 대한 주민의 인식 평가 연구」, 『지역연구』 35–3, 2019.

윤종석 외, 「ISSUE: 3기 신도시」, 『마이더스Midas』 2019–1, 2019.

이지연, 「스물넷 청신한 얼굴, 일산 신도시를 가다」, 『도시문제』 48–531, 2013.

이희환, 「인천에서 듣는 '수도권 3기 신도시'와 지방분권, 주민자치」, 『황해문화』 102, 2019

임준수 외, 『고양시사 6: 현대사회(하)』, 고양시사편찬위원회, 2005.

일산 · 분당 신도시 계획연구팀, 「일산 · 분당 신도시 건설계획의 재검토」, 『환경연구』 9, 1989.

최봉문, 「3기 신도시 정책의 숨은 함수」, 『도시정보』 448, 2019.

허석렬, 「일산 신도시 개발현장을 가다」, 『실천문학』 17, 1990.

14장 떠난 자와 남은 자 – 신도시 원주민 생존기

강진실 · 김상헌, 「이야기를 잃어버린 공간에 이야기 만들기 – 소설가의 역할」, 『2016 글로벌 문화콘텐츠학회 하계학술대회(발표자료집)』, 2016.

강진실, 「'도시 산책자' 모델을 활용한 신도시 공간 스토리텔링 연구 – 일산 신도시를 중심으로」, 상명대학교 문화기술대학원 소설창작학과 석사학위논문, 2017.

김준기 · 홍용석 외, 『일산 신도시 개발사』, 한국토지공사, 1997.

나각순 외, 『고양시사 1: 역사』, 고양시사편찬위원회, 2005.

나도은, 「기억의 구술을 통해 본 신도시 주민들의 공간과 일상에 대한 관계맺기와 실천 연구 – 경기도 고양시 송산동을 중심으로」, 성균관대학교 문과대학원 비교문화협동과정 비교문화 전공 석사학위논문, 2011.

류기선 · 정동일 외 『일산 새도시 개발지역 학술조사보고 2』, 한국선사문화연구소 · 경기도 · 단국대학교 한국민족학연구소, 1992.

윤택림, 「신도시의 지역성을 찾아서: 동탄 신도시 사례 연구」, 『구술사 연구』 8-1, 2017.

이은만 편 · 정동일 집필, 『고양군 지명유래집』, 고양문화원, 1991.

이지연, 「스물넷 청신한 얼굴, 일산 신도시를 가다」, 『도시문제』 48-531, 2013.

정하석, 「신도시개발에 따른 이주민 의식 구조에 관한 연구 – 일산 신도시 이주 농민을 중심으로」, 동국대학교 경영대학원 부동산학 전공 석사학위논문, 1994.

최경애, 「신도시 개발과정에서 종족마을의 변화 – 고양시를 중심으로」, 『동양사회사상』 24, 2011.

최정은 · 추명희 외, 『화성시사 10: 동탄신도시 주민의 생활문화와 정체성』, 화성시사편찬위원회, 2018.

홍현영 외, 『고양시사 6: 현대사회 (하)』, 고양시사편찬위원회, 2005.

정동일 · 장계순 외, 『고양시사 3: 마을과 민속』, 고양시사편찬위원회, 2005.

15장 | 에필로그 | 신도시 이주원주민의 탄생과 진화 – 수도권 신도시에 남겨진 과제

강신표 · 천성창, 「안산 원주민의 생활문화와 그 변화과정」, 『인간과 경험』 3, 1991.

김지수, 「계획도시 안산의 공간에 대한 문화지리학적 분석 – 개발, 이주, 노동의 문제를 중심으로」, 경희대학교대학원 언론정보학과 석사학위논문, 2016.

대한주택공사, 『과천 신도시 개발사』, 대한주택공사, 1984.

류현희 · 차선혜 외, 『줄타기와 경기소리의 본향 갈현동誌』, 과천문화원, 2009.

박진석, 「공공주택단지 재개발에 따른 원거주민의 재정착 활성화 – 과천 주공아파트 재건축 사례를 중심으로」, 인천대학교 공학대학원 건축학과 석사학위논문, 2010.

배경식 · 조명래 외, 『과천시지 3: 신도시개발과 지방자치제』, 과천시사편찬위원회, 2007.

손정목, 「과천시의 탄생 (상)」, 『도시문제』 39-426, 2004.

손정목, 『서울 도시계획 이야기 4』, 한울, 2003.

송준규, 「부모됨 · 이웃됨 · 시민됨: 과천시 풀뿌리 시민운동의 형성과 도전」, 서울대학교대학원 인류학과 석사학위논문, 2011.

송준규, 「아파트 키드에게 재건축이란?」, 『환경과 조경』 348, 2017.

윤택림 외, 『과천시지 5: 과천, 우리 삶 우리 이야기』, 과천시사편찬위원회, 2007.

윤택림, 「과천 신도시의 주민 되기 – 구술생애사를 통한 지역정체성의 형성 분석」, 『지방사와 지방문화』 11-2, 2008.

이영수, 「과천: 역사와 삶이 담긴 지역만들기」, 『건축사』 368, 1999.

이정남, 「서해안 시대를 주도하는 이상향 – 안산시」, 『지방행정』 38-434, 1989

전은주, 「공동체 개념을 도입한 단지형 공동주택 재생방안 – 과천 신도시 공동주택 단지를 중심으로」, 성균관대

　　학교 디자인대학원 건축도시디자인학과 석사학위논문, 2015.

정건화, 「산업지구론의 관점에서 본 산업도시 안산의 형성, 발전과 위기」, 『지역사회연구』 14-1, 2006.

정건화 외, 『안산시사 6: 현대 안산의 변화와 발전』, 안산시사편찬위원회, 2011.

조봉희, 「재건축사업 시공자 계약방식 개선방안에 관한 연구 – 경기도 과천시 재건축사업 사례를 중심으로」, 건국
　　대학교 행정대학원 도시 및 지역계획학과 석사학위논문, 2017.

홍석준, 「지역축제를 통해 본 지역정치와 정체성: 전남 영암 영보 풍향제의 사례」, 『지방사와 지방문화』 6-2,
　　2003.

경기그레이트북스 **27**

도시의 두 얼굴

초판 1쇄 발행 2021년 07월 23일

발 행 처 경기문화재단
       (16614) 경기도 수원시 권선구 서둔로 166 생생 1990

기   획 경기문화재단 경기학센터

집   필 조윤민

편   집 디자인 구름 (전화 031-949-6009)

인   쇄 우리들행복나눔 인쇄사업단 (전화 031-442-0470)

ISBN 979-11-965669-9-9
ISBN 979-11-965669-8-2 (세트)